KB261407

문화 감응 교육학

CULTURALLY RESPONSIVE PEDAGOGY

문화 감응 교육학

CULTURALLY RESPONSIVE PEDAGOGY

초판 1쇄 발행 2016년 3월 9일

지은이 추병완

펴낸이 박민우
기획팀 송인성, 김선명, 박민하, 박종인
편집팀 박우진, 김영주, 김정아, 최미라
관리팀 임선희, 정철호, 김성언, 권주련
펴낸곳 (주)도서출판 하우

주소 서울시 중랑구 망우로68길 48
전화 (02)922-7090
팩스 (02)922-7092
홈페이지 http://www.hawoo.co.kr
e-mail hawoo@hawoo.co.kr
등록번호 제306-2004-22호

값 18,000원
ISBN 979-11-86610-61-9 93370

문화 감응 교육학

CULTURALLY RESPONSIVE PEDAGOGY

추병완 지음

도서출판 夏雨

* 이 저서는 2013년 정부(교육부)의 재원으로 한국연구재단의 지원을 받아 수행된 연구임
(NRF-2013S1A6A4A02014042).

최근 우리 사회에 다문화 열풍이 몰아치면서 다문화교육에 대한 연구와 실천이 활발하게 진행되고 있다. 다문화교육에 관한 저서와 번역서, 학술 논문의 양적인 성장은 그 어느 학문 분야에 비해 월등한 편이다. 오늘날 다문화는 모든 교육 현상과 분야에 사용·적용되는 접두어로서의 위상을 점점 더 확고하게 만드는 중이다.

그럼에도 불구하고, 문화 감응 교육학이라는 용어는 우리에겐 매우 생소한 용어이다. 엄밀한 의미에서 볼 때, 문화 감응 교육학은 다문화교육의 여러 차원 중의 하나이다. 이를테면, 다문화교육의 국제적 권위자인 미국의 뱅크스(Banks) 교수는 문화 감응 교육학을 공평 교수법(equity pedagogy)의 하나로 취급한다. 그러나 달리 생각해보면 문화 감응 교육학은 모든 다문화교육의 기저를 이루는 핵심 명제, 사고, 가치를 담고 있다고 평가할 수 있다. 왜냐하면 문화 감응 교육학은 문화적으로 다양한 학생들의 장점에 맞추어 가르치는 방식을 의미하기 때문이다.

현재 우리나라 교실의 문화적 다양성은 주로 국제결혼 이주 여성 자녀들에 의해 비롯된 것이고, 그들은 거의 모두 한국 국적을 가진 대한민국 구성원이라는 사실을 고려해 볼 때, 문화 감응 교육학은 외견상 지금 당장 우리의 교육 현실과는 다소 부합하지 않는다고 볼 수도 있다. 그런 점에서 본다면, 이 책에서 다룬 대부분의 내용은 어찌 보면 아주 먼 미래를 대비한 것일지도 모른다. 그러나 한국 국적을 소유하지 않은 외국인 근로자들의 자녀들이 초등학교에 입학하여 우리나라 교실의 문화적 다양성을 증가시킬 가까운 미래를 생각한다면, 문화 감응 교육학에 대한 연구의 중요성은 아무리 강조해도 지나치지 않을 것이다. 이 책은 바로 이러한 사전 예방적인 의도에서 저술된 것이다.

이 책에서 다루고 있는 내용들을 간략하게 소개하면 다음과 같다.

이 책의 1부는 문화 감응 교육에 대한 예비적 고찰로서 문화에 대한 이해, 문화적 다양성에 대한 세 가지 교육 이데올로기, 다문화교육에 관한 이해를 다루고 있다. 1장에서는 문화의 개념 정의와 특성 등 문화에 대한 일반적인 이해를 촉진하는 데 도움을 줄 수 있는 주요 개념들의 의미를 분석하였다. 2장에서는 문화적 다양성을 다루기 위한 세 가지 교육 이데올로기로서 문화다원주의, 동화주의, 다문화주의의 차이점을 살펴보았다. 3장에서는 다문화교육의 의미와 특성에 대한 개론적 설명을 제공하였다.

이 책의 2부는 문화 감응 교육이 구체적으로 어떤 것인지에 관한 상세한 서술을 담고 있다. 4장에서는 문화 감응 교육의 세 가지 차원을 다루고 있으며, 5장에서는 문화 감응 교육과정의 기본 원리에 대해 살펴보았다. 6장에서는 문화 감응 교수의 개념과 이론적 기초를 규명하였으며, 7장에서는 문화 감응 교수 방법의 적용 사례를 도덕, 국어, 사회, 수학, 과목을 중심으로 소개하였다. 8장은 문화와 학습 스타일에 대해 다루었으며, 학생들의 학습 스타일을 이해하기 위해 교사가 필수적으로 알아야 할 기본 지식과 정보들을 제시하였다. 9장은 문화 감응 배려에 대해 다루었으며, 문화 감응적인 방식에서 교사가 학생들을 배려하기 위한 방안을 제시하였다. 10장은 문화 감응 교실 관리에 대해 다루었으며, 문화 감응적인 방식에서 교실을 관리하기 위한 효과적인 방안을 제시하였다. 11장은 문화 감응 훈육에 대해 다루었으며, 문화 감응적인 방식에서 학생들을 훈육하기 위한 방안을 제시하였다. 12장은 다문화 가정 학생의 희망 수준을 제고하기 위한 방안을 희망 이론(hope theory)에 근거하여 제시하였다. 13장은 다문화 교실에서의 우정 형성에 대해 다루었으며, 다문화 교실에서 학생들 상호 간의 우정 형성을 촉진하기 위한 지도 방안을 제시하였다. 14장은 문화 감응 상담에 대해 다루었으며, 문화 감응 상담의 기본 원리에 근거하여 다문화 가정 학생을 상담하기 위한 방안을 제시하였다. 15장은 문화 감응적인 학부모 참여에 대해 다루었으며, 학교가 문화 감응적인 학부모 참여를 촉진하기 위한 방안을 제시하였다. 16장은 문화 감응 교사교육에 대해 다루었으며, 교사 양성 과정에서 간문화 역량을 발달시키기 위한 교육 방법을 제시하였다.

　이 책이 나오기까지 많은 분들에게 크고 작은 은혜를 입었다. 먼저 필자가 이 책을 저술할 수 있는 기회를 제공해 준 한국연구재단에 깊은 감사를 드린다. 그리고 저자가 안정적으로 연구에만 전념할 수 있게 해 준 춘천교육대학교에 많은 빚을 진 것도 사실이다. 그리고 저술에 필요한 자료를 입수하여 활용하는데 도움을 준 미국 UC Riverside와 UC Irvine의 도서관도 필자의 감사 인사를 받아야 할 마땅한 곳이다. 원고를 편집하고 교정하는 데 많은 도움을 준 춘천교육대학교 교육대학원 다문화윤리교육 전공의 최윤정, 김향, 맹영복 선생님도 마땅히 감사를 받아야 할 분들이다. 끝으로, 이번에도 이렇게 한 권의 책으로 만들어주신 하우출판사 관계자분들에게 깊이 감사를 드린다.

2015년 8월

홍익관 연구실에서

저자 추병완

그림 목차

문화 감응 교육을 살펴보기에 앞서서 우리는 그것의 기본 요소를 이루고 있는 대표적인 기본 개념인 문화, 문화적 다양성, 다문화교육을 이해할 필요가 있다. 문화는 우리가 누구인지를 설명하는 데 도움을 주고, 우리의 지식·신념·가치에 영향을 주며, 우리가 생각하고 느끼고 행동하는 방식에 영향을 주는 청사진을 제공한다. 과거에는 문화를 단일문화적인 것으로 파악하였으나, 오늘날에는 문화적 다양성을 인정하고 중시하는 관점이 지배적이다. 민족과 인종, 계급과 사회적 지위, 젠더와 성적 취향, 장애아 혹은 영재아와 같은 예외성, 언어, 종교, 지리적 배경, 연령과 같은 여덟 가지 요인들은 다문화를 구성하는 대표적인 요소들이다. 이러한 여덟 가지 요인들은 우리 자신의 정체성이나 문화적 정체성에 커다란 영향을 미친다. 다문화교육은 문화적으로 다양한 학생들의 교육적 요구를 효과적으로 충족시켜 주는 결정을 내리기 위한 개념, 이론 틀, 사고방식, 철학적 관점, 가치관, 그리고 일군의 기준이다. 하나의 개념, 아이디어 혹은 철학으로서의 다문화교육은 생활양식, 사회적 경험, 개인적 정체성, 개인·집단·국민의 교육 기회를 조형함에 있어서 민족적·문화적 다양성의 중요성을 인정하고 소중하게 여기는 일군의 신념이자 설명이다.

문화란 무엇인가? 문화는 어떤 특징을 갖고 있으며, 우리의 삶에 어떻게 영향을 미치고 있는가? 사실 우리는 문화라는 용어를 사용하고 있으면서도 이런 질문에 답을 해 본 경우는 그리 많지 않다. 이에 여기서는 우선 문화에 대한 기본 이해를 제고하는 데 도움을 줄 수 있는 사항들을 다루고자 한다.

문화의 개념 정의

문화는 인류학자와 사회학자들이 다양한 방법으로 정의를 내린 매우 복합적인 개념이다. 1950년대 후반 이전에는 문화가 주로 행동과 풍습의 양식을 의미하는 용어로서 사용되었다. 1871년에 타일러(Tylor)는 문화를 지식, 신앙, 예술, 도덕, 법률, 관습 등 인간이 사회의 구성원으로서 획득한 능력 또는 습관의 총체라고 정의하였다(배용광, 1983, 53-54에서 재인용). 문화에 대한 고전적인 개념 정의의 전형적 사례라고 할 수 있는 타일러의 개념 정의는 습관이나 행동보다는 공유된 지식과 신념체계 혹은 상징이나 의미에 초점을 맞춘 현대의 문화에 대한 개념 정의와 상당한 대조를 이룬다. 이를테면 현대 문화인류학자인 기어츠(Geertz, 1973, 89)는 문화를 역사적으로 전달된 상징에 의해 채택된 의미의 형태, 사람들의 소통의 도구로 쓰인 상징의 형태 안에 표현되어 계승된 개념, 영속적이고 발전된 그들의 삶에 대한 지식과 태도라고 정의하였다. 스프래들리(Spradley)와 매커디(McCurdy)는 문화를 사람들이 경험을 해석하거나 사회적 행동을 하기 위해서 사용한 습득된 지식이라고 정의하였다. 그들은 문화적 지식이란 행동과 가공물을 생산해 내기 위한 조리법과 같은 것이라고 주장했다(Spradley & McCurdy, 1975, 5).

문화는 사람들이 학습함으로써 전달되며 개인의 행동과 경험, 사건을 인식하는 데 지침을 주는 복잡한 정보의 망이다. 문화는 '우리가 여기서 행동하는 방식'을 의미한다. 우리는 어릴 때 문화를 배운다. 문화의 학습을 통해 사람과 세상에 대한 폭넓은 가치와 가정들을 배운다. 그리고 이러한 가정들의 시각을 통해 새로운 사건과 사람들을 인식한다. 문화적 가치는 우리가 아주 어릴 적에 배우는 기본적인 신념으로서 시간 엄수와 같은 수많은 행동들의 토대를 이룬다. 이를테면 독일인들과 스칸디나비아 사람들은 시간 엄수를 매우 중시하여 정시에 회의에 참석한다. 그러나 라틴아메리카 사람들은 시간 엄수에 대해 독일 사람들이나 스칸디나비아 사람들과 동일한 가치를 갖고 있지 않다. 문화적 가정(cultural assumptions)은 가치·신념·행동·의사소통에 영향을 주는 선호하는 존재 방식에 대한 기대이다. '사람들은 본래 선하다.' 혹은 '사람들은 본래 악하다.'와 같은 가정들은 문화적 가정의 전형적인 사례이다. 이렇듯 문화는 사람들 사이에서 세상을 설명하고 사회적으로 행동하기 위해 사용해 온 지식을 포함한다(Moran et al., 2009, 208).

문화는 집단 구성원들의 삶의 방식이고, 또한 그들이 자신의 경험을 인식하는 방식이다. 문화를 학습한다는 것은 공동체 안에서 예측되고 이해될 수 있는 방식으로 인식하고, 판단하고, 행동하는 방법을 배운다는 것을 뜻한다. 모든 사람들은 문화를 학습한다. 모든 부모들은 자녀에게 문화를 가르친다. 많은 문화적 지식은 언어를 통해 암호화되고 기록되어 젊은이들에게 전승된다. 또한 문화는 사회의 조직과 기관을 통해 익히고 전해진다. 즉 문화는 개별적인 것이 아니다. 개인들은 문화를 독특하게 경험하고 전승하지만, 문화 그 자체는 개인들의 경험을 초월한다. 개인들은 문화 안에서 적절한 사회적 행동에 대한 상호적이고 학습된 시각을 공유한다. 학교에 입학할 때, 아이들은 자신이 완벽하게 새로운 가치 혹은 새로운 언어의 공동체 속에 있는 것을 인식하게 되고, 언어를 포함한 새로운 문화적 가치들을 학습한다.

20세기 초반까지 문화라는 용어는 엘리트와 권력자의 세련된 행동 방식을 일컬었다. 사람들은 역사, 문학, 예술에 대해 알고 있는 사람들이 문화를 소유하고 있다고 생각했었다. 그러나 이제는 문화를 그렇게 제한된 의미로 여기지 않는다. 문화는 우리가 누구인지를 설명하는 데 도움을 주고, 지식·신념·가치에 영향을 주며, 생각하고 느끼고 행동하는 방식에 영향을 주는 청사진을 제공한다. 다른 사람들에 대해 배우고 그들과 상호작용하는 자연스러운 방식은 우리의 문화에 의해 결정된다. 일반적으로 수용적이고 유형화된 행동 방식은 인간 집단이 함께 사는 데 필요한데, 문화는 우리의 경험에 질서와 의미를 부여하며 타자가 특정 환경에서 어떻게 행동할 것인지를 예측하게 한다.

문화적으로 결정된 규범은 우리의 언어·행동·사고·감정에 영향을 준다. 그 규범은 우리의 문화 안에서 적절한 행동의 준수 사항과 금지 사항이다. 우리는 같은 문화를 공유하는 사람들과는 그들의 말과 행동의 의미를 알기 때문에 편안함을 느끼지만, 다른 문화권에서 온 사람들의 문화적 상징에 대해서는 간혹 오해를 한다. 문화는 우리의 일부이기 때문에, 모든 사람들이 우리의 사고나 행동 방식을 공유하지 않고 있음을 잘 알거나 느끼지 못한다. 이것은 우리가 우리 자신과 전혀 다른 문화적 배경에 놓여 있지 않았기 때문이다. 이러한 지식의 결핍 때문에 가끔 우리는 단순한 문화 차이를 개인에 대한 모욕으로 받아들인다. 이런 오해는 관찰자에게 별로 중요하지 않지만, 당사자에게는 중요할 수 있다. 예컨대 대화하면서 자신은 큰소리로 말하지 않았다고 생각하는데 상대방은 큰소리라고 받아들인다든지, 자신은 행사장에 제 시간에 도착했다고 생각하는데 다른 사람들은 늦었다고 생각한다든지, 자신은 친하다고 생각하여 상대방 옆에 섰는데 상대방은 무례하고 불손하다고 생각하는 경우이다(Campbell, 2000, 38).

한편 문화는 개념적으로 사회와 구분되지만 이들 개념 간에는 상당한 연관성이 있다(김미숙 외, 1992, 55). 문화는 주어진 사회 구성원들의 생활방식과 관련되며, 사회는 공통의 문화를 공유한 개인들 상호간을 연계시키는 상호 관계의 체제를 가리킨다. 어떠한 문화도 사회 없이는 존재할 수 없는 것과 마찬가지로 어떠한 사회도 문화 없이는 존재할 수 없다. 문화 없이 우리는 결코 인류가 될 수 없을 것이다.

문화의 특징

문화라는 용어는 어떤 종류의 현상이나 사실을 추상화한 개념이다. 인류학자들 사이에 문화에 관한 개념 규정에 있어서 다양한 견해들이 양립하고 있음에도 불구하고, 인류학자들이 어떤 것을 문화라고 부를 때 그것이 갖는 공통적 속성에 관해서는 어느 정도 의견을 일치를 보인다. 이종각(1999, 22)은 문화의 속성을 공유성, 학습성과 누적성, 통합성, 보편성과 상대성, 초유기체성, 가변성으로 정리한 바 있다.

우리 모두에게는 문화가 있다. 그러나 그것을 어떻게 습득했을까? 문화의 특성 중 하나는 학습된다는 사실이다. 동일한 문화 속의 사람들은 유사하지만 반드시 동일하지는 않은 학습 경험을 갖는다. 이러한 학습 경험들은 가치와 신념, 그리고 궁극적으로 행동에 영향을 준다. 우리는 태어나서 부모나 돌보는 사람의 문화에 영향을 받는다. 아이가 붙잡고 먹고 목욕하고 입고 말하는 방식은 문화적으로 결정되는데 바로 여기에서 가족문화의 학습 과정이 시작된다. 이 과정은 우리가 우리 자신과 다른 문화의 구성원과 상호작용하면서 생애에 걸쳐 지속적으로 일어난다.

두 가지 유사한 과정인 문화화(enculturation)와 사회화(socialization)는 사람들이 사회에서 어떻게 행동할 것일지를 학습할 때 상호작용한다(Gollnick & Chinn, 1998, 4). 문화화는 토착문화의 특성을 획득하는 과정이며, 그 토착문화의 언어·행동·앎의 방식에 능숙해지는 과정이다. 사회화는 문화의 사회적 규범을 학습하는 일반적인 과정이다. 이 과정을 통해 사회적·문화적 규칙을 내재화한다. 우리는 어머니, 남편, 학생, 아동이 어떤 역할을 하고, 교사·은행원·정치인이 직업적으로 어떤 역할을 하는지를 학습한다.

부모, 형제자매, 간호사, 의사, 교사, 이웃은 우리가 태어날 때부터 문화화와 사회화를 가르치는 교사이다. 이 다양한 교사들은 그들이 가르치는 과정을 문화화 또는 사회화라고 생각하지는 않지만, 아동에게 바람직한 행동이 무엇인지를 보여주고 바람직한 행동에 대해 보상한다. 우리는 사회와 문화에서 관찰하고 거기에 참여함으로써, 즉 우리가 만든 문화 유형을 학습함으로써 어떻게 행동할지를 배운다. 학자들은 문화의 학습과 관련하여 다음의 네 가지 중요한 사항들을 발견하였다. 첫째, 개인의 아동 초기 경험은 그의 인성에 강력한 영향을 미친다.

둘째, 유사한 초기의 경험은 그것을 경험한 아동에게 있어서 유사한 인성 유형을 산출한다. 셋째, 모든 문화의 아동 양육과 사회화 관행은 유형화되어 있으며, 동일 문화 속의 가정에 있어서 유사하다. 넷째, 아동 양육 관행은 문화에 따라서 상이하다(Moral et al., 2009, 298).

문화는 이런 방식으로 내재화되기 때문에 문화를 생물학적·문화적 유산과 혼동할 수 있다. 우리는 문화적 유산의 동일성을 파악하는 데 있어서 선천적인 문화에 기초하지 않는다. 예컨대 로마 가톨릭 신자이자 중류층인 이탈리아계 미국인 부모에게 입양된 베트남계 아동은 베트남인의 문화적 유산보다는 로마 가톨릭 신자이자 중류층인 이탈리아계 미국인의 문화적 유산을 공유하고 있을 것이다. 그러나 관찰자들은 입양아의 신체적 특성만을 고려한다든지 또는 문화적 경험에 관한 지식의 부족으로 말미암아 그 입양아를 베트남계 미국인으로 생각할 것이다.

문화의 두 번째 특성은 공유된다는 것이다. 공유된 문화 유형과 관습은 사람들을 하나의 집단으로 묶고, 함께 살고 쉽게 기능하게 한다. 공유된 문화에서 생활하는 개인은 그 문화를 공유하는 집단을 식별할 수 있다. 문화의 어떤 영역에 대해 일부 일치하지 않는 측면이 있지만, 대부분의 영역에서는 보편적인 수용과 일치가 있다. 실제로 일치하는 부분은 대개 지각 범주 밖에 있다. 예컨대 우리는 서로 의사소통하는 방식과 아이를 양육하는 방식이 문화의 일부라는 사실을 항상 인식하지는 않는다.

문화의 세 번째 특성은 적응이다. 문화는 환경적 조건과 활용할 수 있는 자연적·기술적 자원을 수용한다. 따라서 혹한·눈·얼음·가죽·바다와 함께 사는 에스키모들은 제한된 땅, 무제한의 바다, 희박한 자원을 가진 태평양의 섬사람들과는 다른 문화를 만든다. 도시인의 문화는 농촌사람의 문화와 다른데, 그 이유 중 하나는 다른 환경에서 이용할 수 있는 자원 때문이다. 비주류집단의 문화는 사회에서의 권력관계 때문에 주류집단의 문화와 다르다.

문화의 네 번째 특징은 끊임없이 변화하는 역동적 구조를 갖고 있다는 것이다. 어떤 문화는 지속적이고 급격한 변화를 겪는 반면, 어떤 문화는 변화에 매우 둔감하다. 신조어나 새로운 헤어스타일과 같은 변화는 상대적으로 미미하고 문화에 미치는 영향이 대체로 작지만, 어떤 변화는 극적인 충격을 준다. 예컨대 기술을 문화에 도입하는 것은 기술 그 자체보다 훨씬 더 광범위한 변화를 만들어 낸다. 한 가지 예를 들면, 컴퓨터의 사용은 비즈니스와 개인적인 목적을 위해 서로 커뮤니케이션을 하는 방식에서 커다란 변화를 가져왔다. 컴퓨터는 많은 사람들이 서로 만나는 방식조차 바꿔 놓았다. 컴퓨터 데이트 서비스는 미팅이나 소개팅 대신 만남을 원하는 남녀를 짝지어 준다(Gollnick & Chinn, 2009, 4-6).

끝으로 문화는 매우 복합적이다. 문화는 마치 빙산과 같은 것이다. 문화의 10분의 1은 물 위에 드러나 있어서 우리가 눈으로 볼 수 있다. 그러나 10분의 9는 물 밑에 가라앉아 있어서 우리 눈으로 볼 수가 없다. 모란과 그 동료들은 문화의 10가지 측면들을 다음과 같이 제시한 바 있다(Moran et al., 2009, 299).

① **자아감(sense of self)**: 개인의 자아감은 어떤 문화에서는 겸손한 행동방식으로 드러나지만, 어떤 문화에서는 매우 용맹스러운 방식으로 드러난다. 개별 문화는 독특한 방식으로 자아를 확인시켜 준다. 어떤 문화는 매우 구조화되어 있고 형식적이지만, 어떤 문화는 매우 유연하고 비공식적이다. 어떤 문화는 매우 친밀하고 정교하게 개인의 위상을 결정하지만, 어떤 문화는 더욱 개방적이고 변화하는 방식으로 개인의 위상을 결정한다.

② **의사소통과 언어**: 언어적 그리고 비언어적인 의사소통 시스템은 한 집단을 다른 집단으로부터 구별시켜 준다.

③ **의복과 용모**: 의복과 장식은 문화적으로 독특하다.

④ **음식과 섭식 습관**: 음식을 선택·준비·조리·표현하는 방식, 그리고 먹는 방식은 문화에 따라서 다르다.

⑤ **시간과 시간 의식**: 시간에 대한 감각은 문화마다 다르다.

⑥ **관계**: 문화는 연령, 젠더, 지위, 권력, 지혜에 의해 인간관계와 조직관계를 결정한다.

⑦ **가치와 규범**: 문화의 가치체계로부터 그 사회를 위한 행동 규범이 결정된다.

⑧ **신념과 태도**: 모든 문화의 사람들은 그들의 종교와 종교적 관행에서 분명하게 드러나는 초자연적인 존재에 대한 신념을 갖고 있다.

⑨ **정신과정과 학습**: 정신은 문화를 내재화하고, 사람들의 내적인 정신 과정은 정보가 조직·처리되는 방식을 포함한다.

⑩ **작업 습관과 관행**: 어떤 문화에서는 활동의 가치를 개인이 획득한 재화의 관점에서만

문화 감응 교육학

협소하게 규정하는 경향이 있다.

거시 문화와 미시 문화

대부분의 사회과학자들에 의해서 형성된 문화의 개념은 국가 문화 내에 존재하거나 국가 문화 내 하위문화 속에 존재하는 변인은 고려하지 않는다. 그러나 다문화교육에 대한 논의에서는 국가 문화 내의 변인들을 반드시 설명해야 한다. 왜냐하면 다문화교육은 한 국가 문화 내의 다양한 집단을 위한 교육 기회의 평등에 중점을 두고 있기 때문이다. 두 가지의 상호 연계된 개념이 우리가 국가 문화 내 존재하는 문화적 변인들을 이해하는 데 도움을 준다. 우리는 한 국가의 국가문화 혹은 공유된 문화를 큰 문화, 즉 거시 문화라고 부른다. 그리고 그것을 구성하는 보다 작은 문화를 미시 문화라 칭할 수 있다. 모든 국가는 미시 문화들이 공유하는 보편적인 가치, 상징, 사상을 지닌다. 그러나 국가 내 다양한 미시 문화 집단들은 이러한 지배적인 국가적 가치관과 이상을 상이하게 전달하고, 해석하고 재해석하며, 인식하고 경험할 수 있다.

문화의 다섯 가지 이슈

문화는 도덕적으로 수용할 수 있는 행동 방식에 대한 상호 기대이다. 호프스테데(Hofstede, 2009, 90)는 문화에 관련된 사회의 기본적인 가치 지향을 제시하였다. 여기서 문화는 개인의 속성이 아닌 사회의 속성이고, 다섯 가지의 독립적인 가치 차원을 담고 있다. ① 정체성: 개인주의와 대 집단주의, ② 위계: 큰 권력 거리 대 작은 권력 거리, ③ 젠더와 공격: 남성성 대 여성성, ④ 불안: 취약한 불확실성 회피 대 강한 불확실성 회피, ⑤ 만족: 단기 지향 대 장기 지향.

이를 보다 자세하게 살펴보면 다음과 같다. 첫째, 정체성의 수준은 개인의 독립성 수준을 의미한다. 어떤 사회에서는 개인의 독립성을 강조하지만 어떤 사회에서는 개인의 독립성보다는 집단의 응집성을 더욱 중시한다. 둘째, 어떤 사회에서는 위계를 중시하지만, 어떤 사회에서는 위계를 크게 중시하지 않는다. 셋째, 어떤 사회에서는 남성과 여성은 근본적으로 다르다는 기본 신념을 갖고 있다. 남성은 공동체를 방어하기 위한 전사이고, 여성은 사회의 조직을 유지하는 사람이다. 남성중심적인 사회에서는 대부분의 사람들을 신뢰할 수 없다는 암묵적인 신념이 널리 퍼져 있다. 이와는 달리 여성중심적인 사회에서는 처벌이 그리 강하지 않으며 비폭력을 중시한다. 남성중심적인 사회에서는 남녀의 위계가 분명하지만, 여성중심적인 사회에서는 남녀가 동등하다는 신념이 강하다. 넷째, 강한 불확실성 회피 전략을 가진 문화에서는 집단 응집성을 증진하는 의례를 중시한다. 이런 사회에서는 외부자를 내부자로 인식하는 것 자체가 매우 어렵다. 또한 불안은 긴장을 완화하기 위한 방식으로서 공격으로 이어질 수 있으며, 외국인이나 이민자들은 그 희생양이 될 수 있다. 반대로 불확실성을 관용하는 사회에서는 긴급한 상황이 아닌 한, 이완의 경향성이 존재한다. 다섯째, 장기 지향 문화에서는 만족의 지연을 중시한다. 단기 지향 문화는 융통성이 부족하고 전통적인 규칙에 의존하는 경향이 강하다. 그러나 장기 지향 문화는 변화하는 환경을 인식하고, 문제를 실용적인 관점에서 인식한다.

한편, 홀(Hall)은 고맥락문화(high-context culture)와 저맥락문화(low-context culture)를 구분하기 위하여 사회문화적 견고함의 연속선을 가정하였다(Hall, 1972, 172-180 참조). 구체적인 문화들은 연속선 중 어디에 위치하고 있는가에 따라 설명될 수 있다. 그는 개인 간의 소통 스타일을 기초적인 문화적 차이점과 공통점을 명확하게 하는 열쇠로 보았다. 미국, 독일, 스칸디나비아 대부분의 저맥락문화는 의미가 구전의 설명, 메모, 컴퓨터 프로그램과 같은 음성 메시지를 통해서 스스로 모아진다. 누가 말했는지에 비해 무엇을 말했는지가 더욱 중요하다. 우리는 심지어 작가가 누구인지도 모른다. 예를 들면, 대학 사회의 구성원들은 종종 전화나 이메일로 실제로 만나지 않고 몇 년 동안 의사소통을 계속한다. 동아시아, 아랍, 남유럽, 북아메리카 원주민, 멕시코, 미국 시골과 같은 일부 고맥락문화들은 보통 정반대이다. 의미는 의사소통이 일어난 상황을 고려하여 이해되어야만 한다. 대표적인 한 예가 중국어이다. 중국어의 경우 많은 단어들이 쓰인 맥락에 따라서 여러 가지 다른 방식으로 발음된다.

이론적으로 고맥락문화와 저맥락문화는 시간과 장소에 따른 적응, 이유, 언어적 메시지, 사회적 역할, 대인관계, 그리고 사회조직 내에서의 법과 권위에 따라 다르다. 고맥락사회의 구성원들은 자연과 사회 네트워크의 부분인 다른 사람들과 조화롭게 사는 경향이 있다. 저맥락문화의 사람들은 종종 자연과 갈등하고 보다 분절된 사회관계를 갖는 경향이 있다. 저맥락문화의 사람들은 그들의 개인적인 노력이나 성취에 의해서 개인의 특성을 계발시키는 반면, 고맥락문화의 사람들은 그들의 특성을 집단 교류를 통해 얻는 경향이 있다. 고맥락문화의 구성원들은 낯선 사람들에게 덜 개방적이고 내부자와 외부자의 구별을 뚜렷이 한다. 그들은 엄격한 역할 기대와 구시대적이고 효율이 떨어지는 관료제 전통에 따른다. 저맥락문화에서 개인의 자유, 개방, 개인적 선택의 기초들은 기계적이라기보다 훨씬 인간적으로 보인다. 고맥락문화와 저맥락문화 모두 사람들이 생존하기 위해서 필요한 요소이다. 예를 들어 고맥락문화는 기술적 사회의 소외감에 대처하도록 도와주는 인적 자원 네트워크를 제공한다. 반면에 저맥락문화는 습득, 변화, 기아나 질병 등 인간 문제들을 해결하는 데 도움을 줄 수 있는 새로운 지식을 제공한다.

<표 1> 고맥락/저맥락에 따른 홀(Hall)의 문화 개념 요약

	고맥락문화	저맥락문화
시간	**다원적** ·느슨한 일정, 끊임없는 변화, 동시에 일어나는 여러 가지 행동들, 중요한 계획의 마지막 순간의 바꿈 ·시간은 덜 유형적이다.	**일원적** ·빡빡한 일정, 한 번에 하나의 사건, 선형적 ·시간 맞추는 것의 중요성 ·시간은 더 유형적이다. 시간은 곧 돈이다.
장소와 속도	**고공시성(high-sinc)** ·다른 것들 및 자연과 조화를 이루며 움직이는 공시성은 가치가 있다. ·사회 리듬은 의미를 가진다.	**저공시성(low-sync)** ·공시성은 덜 두드러진다. ·사회 리듬은 덜 개발되었다.
이유	**종합적인 논리** ·지식은 직관, 나선형 논리, 묵상을 통해서 얻어진다. ·감정의 중요성	**선형적 논리** ·지식은 분석적인 이유에 의해서 얻어진다 (소크라테스 방법). ·단어들의 중요성

언어적 메시지	**제한된 코드** ·속기담화(shorthand speech)는 비언어적이고 문맥상의 단서에 의지한다. 전체의 감정적 특성이 각각 단어의 의미보다 더욱 중요하다. ·만족스러울 정도로 경제적이고 빠르고 효과적인 의사소통은 변화를 늦춘다. 응집력을 촉진하고 사회의 안정을 위해 인간이 필요로 하기 때문에 제공한다. ·사회 통합과 조화를 강조, 예의바름	**정교한 코드** ·말이나 글의 연장에 따른 언어적 확대 ·비언어적, 문맥상의 단서에 적게 의존한다. ·응집력을 촉진하지 않지만 빠르게 변화할 수 있다. ·적응과 변화를 위한 인간의 욕구를 위해 제공한다. ·직접적인 논쟁과 설득을 강조
사회적 역할	**탄탄한 사회구조** ·개인의 행동은 예측이 가능하고 역할기대에 부합한다.	**느슨한 사회구조** ·행동은 예측 불가능하고 역할행동 기대는 덜 명확하다.
대인관계	**집단이 가장 중요하다.** ·명확한 지위의 구분(예: 나이, 순위 등), 내부자와 외부자의 명확한 구분 ·인간의 상호감정은 사람이 만드는 감정에 기초한다. ·강한 개인의 굴레, 관계의 목적을 위한 개인 흥미의 규합 ·강하게 서로 연결된 인간관계인 응집력이 행동 사슬을 완성한다. ·집단의 구성원은 최우선이며 으뜸이다.	**개인이 최고다.** ·지위는 크게 중요하지 않다. 내부자와 외부자의 구분이 중요하지 않다. ·인간의 상호작용은 기능을 기초로 한다. 접근은 전문화된다. ·깨지기 쉬운 상호적 굴레는 지리적 이동 때문이다. ·분절화되고 짧은 인간관계는 관계가 만족스럽지 않을 때 행동 사슬을 끊는다. ·개인들이 최우선이고 집단은 그 다음이다.
사회 조직	**개인화된 법과 권리** ·관례적 절차들과 사람을 아는 것이 중요하다. ·구두계약은 구속력이 있다. ·둔감한 관료에 대항하여 관료제가 융통성을 허용하지 않을 때, 일을 해결하기 위해서는 내부에 아는 사람이 있어야 한다. 내부자가 되거나 사건이 일어날 수 있도록 할 수 있는 친구를 가져야 한다. ·사람들의 행동에 대한 개인적이고 실제적인 책임이 있다.	**절차상의 법과 권위** ·절차, 법, 정책들은 누구를 아는 것보다 더욱 중요하다. ·서면계약은 구속력이 있다. ·공식적인 규정이 중요하다. 규정에 벗어난 관료의 융통성은 바람직하지 않다. ·권위 있는 사람들은 책임을 전가하려고 한다. ·개인적인 이해관계를 배제한다. ·합법적 절차를 중시한다.

단일문화와 다문화의 의미

과거에는 문화를 주로 단일문화로서 이해하였다. 이러한 전통적 문화 개념은 세 가지 규정 요소를 특징으로 한다. 첫째, 사회적 동질화이다. 일반적으로 한 사회는 문화의 학습과 세대 간 전수를 통해 동질성을 안정적으로 유지할 수 있다. 둘째, 인종적·민족적 기반이다. 문화는 대체로 인종과 민족에 따라 구별되는 특징을 갖는다. 셋째, 외부와의 경계이다. 여기서 외부란 다른 공동체, 다른 인종, 다른 민족, 다른 문화권 등을 가리킨다. 이러한 전통적 문화관에 의거하여 특정 사회 내에서 동질적인 하나의 문화를 추구하는 이념을 단일문화주의(monoculturalism)라고 부른다. 이것은 높은 수준의 동질성을 전제로, 하나의 국가나 민족이 하나의 문화를 가진다는 생각인데, 단일문화국가나 단일민족국가는 사실상 이념형으로만 존재할 뿐 현실에서는 매우 작은 소규모 공동사회 정도를 제외하고는 거의 찾아보기 어렵다(구정화·박윤경·설규주, 2009, 15).

이와는 달리 다문화는 단일문화주의에서 이해하는 방식의 문화 개념 요소들에 생긴 변화를 반영한 표현이다. 그 변화의 양상은 다음과 같다. 첫째, 대부분의 사회는 더 이상 동질적이지 않고 수직적·수평적으로 다양화되었다. 이에 따라 다양한 계층과 하위문화가 나타났다. 둘째, 문화가 인종·민족·영토적 외연 등과 일치하지 않는 경우가 증가하고 있다. 이것은 활발한 이동과도 관계가 깊다. 한편 역사적으로 인류는 이미 오래 전부터 뒤섞여 왔기 때문에 단일민족이라는 개념 자체가 허구이기도 하다. 셋째, 외부와의 경계를 강조하는 문화적 인종주의는 문화 간 상호 이해를 불가능하게 하고 분리주의나 인종 청소 등과 같은 비극으로 귀결되는 문제가 있었다. 이에 따라 그와 같은 경계 만들기에 대한 일대 반성이 제기되었다. 다문화라는 표현이 갖는 의의는 그동안 단일문화적이었거나 혹은 그것을 지향해 왔던 사회 내부에 변화가 생겼다는 데 있다(구정화·박윤경·설규주, 2009, 15-16).

그렇다면 한 사회의 다문화를 구성하는 요소는 무엇일까? 골닉과 친(Gollnick & Chinn, 2009)은 민족과 인종, 계급과 사회적 지위, 젠더와 성적 취향, 장애아 혹은 영재아와 같은 예외성, 언어, 종교, 지리적 배경, 연령과 같은 여덟 가지 요인들을 다문화를 구성하는 대표적인 요소라고 보았다. 그들은 이러한 여덟 가지 요인들이 우리 자신의 개인적 정체성 및 문화적 정체성에 영향을 미친다고 보았다. 그러므로 기술적 의미에서 볼 때, 다문화 사회는 민족, 인종, 언어 등을 기반으로 하는 다양성과 특수성이 존재하는 사회를 의미한다.

한편 뱅크스(Banks, 2001, 76)는 국가 내 다양성의 문제를 더욱 깊이 다룬 바 있다. 그에게 있어서 다양성이란 다문화 국가 안에서 살고 있는 집단들의 내부 및 집단 간에 존재하는 인종,

문화, 민족, 언어, 종교의 광범위한 편차를 나타낸다. 그는 특히 다양성의 변수들이 복잡한 양식으로 상호작용하고 있음에 주목하는 가운데, 그것을 아래 그림과 같이 표현하였다. 그의 논리에 의하면, 어떤 학생은 여성이면서 멕시코계 미국인이고, 가톨릭을 믿으며 동시에 노동자계급일 수도 있다. 그리고 그 학생이 속한 각 집단은 그 학생의 행동에 영향을 미치게 된다. 하지만 각각의 변수가 어떤 방식으로 학생의 행동에 영향을 미칠 것인가는 구체적인 맥락과 상황에 따라 다른 것이다.

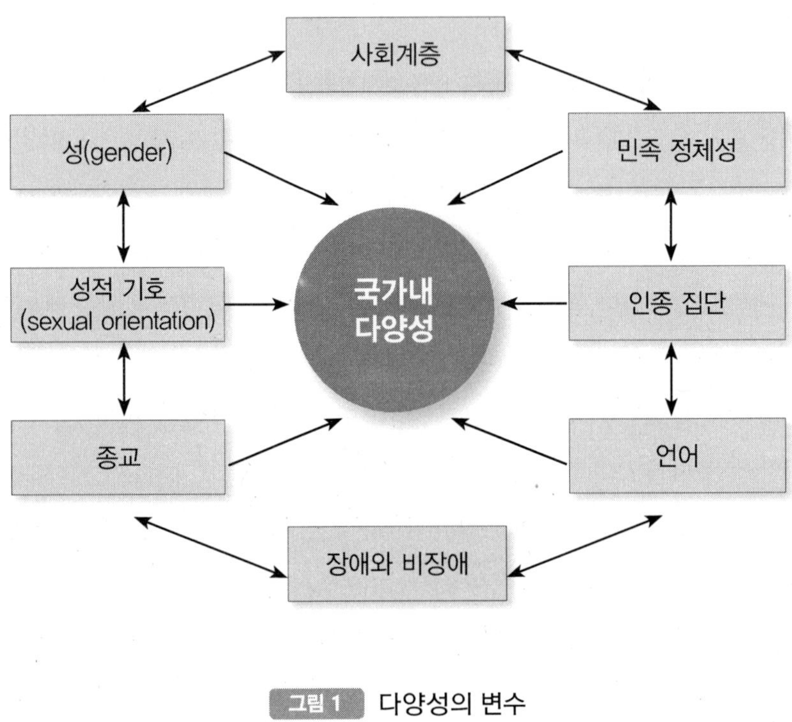

그림 1 다양성의 변수

참고 문헌

구정화·박윤경·설규주(2009), 『다문화교육 이해』, 서울: 동문사.

김미숙 외 6인 공역(1992), 『현대사회학』, 서울: 을유문화사.

배용광(1983), 동서양 규범문화의 변화에 관한 사회학적 연구, 『한국사회의 규범문화』, 성남: 한국정신문화연구원.

이종각(1999), 『교육인류학의 탐색』, 서울: 도서출판 하우.

Campbell, D. E. (2000), *Choosing democracy*, Upper Saddle River: Prentice-Hall.

Geertz, C. (1973), *Interpretation of culture*, New York: Basic Books.

Gollnick, D. M. & Chinn, P. C. (2009), *Multicultural education in a pluralistic society*, Upper Saddle River: Prentice-Hall.

Hall, E. T. (1972), "Proxemics: The study of man's spatial relations", In L. A. Samour & R. E. Porter (Eds.), *Intercultural communication: A reader*, Belmont: Wadsworth.

Moran, R. T., Youngdahl, W. E. & Moran, S. V. (2009), "Intercultural competence in business", In D. K. Deardorff (Ed.), *The SAGE handbook of Intercultural competence*, Los Angeles: SAGE, 287-303.

Spradley, J. P. & McCurdy, D. W. (1975), *Anthropology: The cultural perspective*, New York: John Wiley.

2장

문화적 다양성에 대한
세 가지 교육 이데올로기

앞 장에서 우리는 문화라는 개념에 대해 살펴보았다. 그렇다면 문화와 교육은 어떠한 관련성을 맺고 있을까? 외견상 교육은 문화의 한 부분이다. 교육은 한 세대에서 다음 세대로 문화를 전수하는 중요한 통로가 된다. 하지만 교육을 통해 우리는 새로운 문화를 형성하기도 한다. 이종각(1997, 7)은 문화와 교육의 관계를 다음과 같이 정리한 바 있다. ① 교육의 기능은 문화 전승과 혁신이다. ② 문화는 교육 목표와 내용의 자원이며, 선택된 문화를 가르치는 학교는 문화의 전달과 통제 기관으로서 기능을 하게 된다. ③ 인간의 학습은 본질적으로 문화적인 것이다. 따라서 교육의 과정 또한 본질적으로 사회문화적 과정이다. 나아가 교수·학습의 효율성을 높이려면 상호작용 방식의 문화적 적절성을 고려해야 한다. ④ 문화는 인격 형성의 중요 요인이다. ⑤ 교육은 문화 통합의 기능을 수행한다. 그러나 상황에 따라서는 문화 갈등의 장소가 되기도 한다. ⑥ 교육 체제와 문화 현상은 문화적 분석의 대상이 된다. 교육 제도의 발명도 인간이 변화하는 환경에 적응하기 위한 능력 습득을 위한 발명품이다. 따라서 교육 체제는 그 자체가 문화적 분석의 주요 대상이다. ⑦ 문화의 혁신과 변화에 대해서도 교육이 영향을 미친다. 특히 비서구 사회에서 서구 문화를 전달하는 학교교육은 이러한 사회적 영향이 더 크다.

이렇듯 교육은 그 자체가 문화적 산물인 동시에 교육은 문화를 유지하고 계승하며 나아가 발전시키기도 한다. 따라서 교육은 문화 전달의 과정인 동시에 문화의 혁신 과정인 셈이다. 이러한 성격을 가진 교육의 과정에는 필연적으로 문화와의 다양한 만남이 발생한다.

　　1장에서 우리는 문화적 다양성을 구성하는 요인들에 대해 살펴보았다. 학교와 같은 공적 기관 및 제도들은 그러한 다양성을 어떻게 다루어야 할까? 여기에는 크게 보아 세 가지의 교육 이데올로기적 입장이 존재한다. 이에 여기서는 다양성을 다루기 위한 교육과 연관된 세 가지의 이데올로기적 입장에 대해 살펴보고자 한다(Banks, 2006, 113-121).

문화다원주의적 이데올로기(the cultural pluralist ideology)

　　문화다원주의는 하나의 커다란 사회에서 작은 집단들이 그들의 독특한 문화적 정체성·가치·관행을 유지하는 것이 더 큰 문화에 의해 용인되는 것을 의미한다. 문화적 다원주의는 종종 다문화주의와 혼동되기도 하는데, 엄격히 말해 다문화주의는 지배문화의 필요성을 결여하고 있다는 점에서 차이가 있다. 문화적 다원주의 이론에 따라 조직된 사회는 주류 집단이 다른 집단을 동화시키는 것을 허용하지 않으면서, 둘 또는 그 이상의 다른 집단이 서로 다르지만, 평등하게 기능하도록 한다.

　　문화다원주의 이데올로기는 여러 사회에서 형성되어 왔기에 그 형태도 다양하다. 다원주의자들은 문화적 정체성과 민족적 정체성은 다원주의적인 서구 사회에서 매우 중요하다고 주장한다. 다원주의자들에 따르면 서구의 국민 국가는 경쟁적인 문화 집단과 민족 집단으로 구성되어 있고, 각자는 자기 나름의 경제적·정치적 이해관계를 옹호한다. 다원주의자들에 의하면, 개인은 자신이 속해 있는 문화 집단과 민족 집단을 향한 헌신을 보여 주어야 하며, 특히 자신이 속한 집단이 사회 속에서 더 강력한 집단에 의해 억압을 당하고 있는 경우에는 더욱 그래야만 한다. 문화 집단이나 민족 집단에 속한 개인의 에너지와 기능은 그 집단의 독립 투쟁에 도움이 될 수 있기에 개별 성원들은 독립 투쟁에 참여할 도덕적 의무를 갖고 있다. 그러므로 다원주의자들은 개인의 권리에 대한 집단 권리의 우위를 강조한다. 다원주의자들은 문화 집단이나 민족 집단이 강력한 지위로부터 교섭할 수 있을 때에만, 사회에서 포함과 완전한 참여 기회를 획득할 수 있다고 가정한다.

다원주의자들은 개인의 사회화 과정에서 문화 집단이나 민족 집단의 역할을 매우 중시한다. 개인은 그가 속해 있는 특정한 문화 집단에서 언어, 생활 방식, 가치를 발달시킨다. 개인은 문화 집단에서 중요한 1차 집단 관계와 애착을 경험한다. 문화 공동체는 개인을 위한 지지적인 환경을 제공하고, 특히 하나의 지배 집단에 의해 주로 통제되는 현대 사회에서 매우 중요한 정체감과 심리적 지지를 개인들에게 제공한다. 다원주의자들은 공동체 문화가 매우 중요하다고 믿고 있으며 학교와 같은 공적 제도들은 정책이나 실천을 통해 여러 문화 집단이나 민족 집단들의 이익을 적극적으로 증진시켜야만 한다고 본다.

다원주의자들은 소수 집단 학생들의 문화가 일탈적이거나 결함이 있는 것으로 보지 않는다. 그들의 문화는 오히려 잘 구조화되어 있으며, 단지 주류집단의 문화와 차이가 있다고 본다. 이에 다원주의자들은 민족 집단이나 문화 집단에 대해 연구할 때에 문화 차이 모델(cultural difference model)을 활용한다. 문화 차이 패러다임의 지지자들은 아프리카계, 멕시코계, 아시아계, 그리고 미국 원주민과 같은 민족 집단들은 강력하고 풍부하며 다양한 문화를 지니고 있다고 생각한다. 그들은 소수 민족들의 문화에는 모든 미국인들의 삶을 풍성하게 할 수 있는 언어, 가치관, 행동양식, 관점 등이 포함되어 있다고 믿는다. 이들의 관점에 따르면, 저소득 계층 학생들과 유색 인종 학생들이 학교에서 낮은 학업 성취도를 보이는 것은 그들이 주류 문화와 비교하여 무언가 박탈된 문화를 갖고 있어서가 아니라 그들의 문화가 학교의 문화와 다르며, 사회가 가장 중시하는 주류 문화와 다르기 때문이다.

따라서 문화 차이론자들은 저소득 계층 학생들 및 유색 인종 학생들의 낮은 학업 성취도에 대한 일차적 책임은 학생들의 문화에 있는 것이 아니라 학교 밖 사회의 불평등과 학교에 있다고 생각하는 것이다. 그러므로 저소득층 학생들 및 유색 인종 학생들의 문화를 존중하고 반영하는 방향으로 학교 자체가 변화해야 하는 동시에, 그 학생들의 문화적 특징에 부합하는 교수 전략을 활용해야 한다. 이에 문화다원주의자들은 유색 인종 학생들이 독특한 학습상의 특징을 갖고 있으므로 학교의 교육과정과 교수 전략들은 유색 인종 학생들의 문화적·인지적 학습 특성에 더욱 일치하도록 개정되어야 한다고 본다. 학생들의 삶 속에서 민족 집단이나 문화 집단의 중요성을 강조하는 다원주의자들은 교육과정이 유색 인종 학생들의 인지 양식, 문화적 역사, 문화 집단의 경험을 반영할 수 있도록 개정되어야 한다고 주장한다. 이렇듯 문화다원주의자들은 학교의 교육과정이 문화 집단의 경험과 일치할수록 유색 인종 학생들의 학습과 적응 상의 문제가 감소할 것이라고 믿는다. 따라서 학습 자료들은 문화적으로 특수한 것이 되어야 하고, 교육과정의 목표는 학생들이 그들의 공동체 안에서 더욱 성공적으로 기능할 수 있도록 도와주는 것이어야 한다. 교육과정은 특정한 민족 집단 관점으로부터의 사건들에 초점을 맞추어야 한다. 달리 말해, 학교의 교육과정은 특정한 민족 집단이나 문화 집단의 학생들이 그들의 공동체의 권한을 강화하는 데 도움을 줄 수 있는 시민적 행동 실천에 필요한 기능과 결단을 얻을 수 있도록 민족 집단이나 문화 집단에 대한 애착과 충성심을 증진시켜 주어야 한다.

동화주의적 이데올로기(the assimilationist ideology)

동화는 어떤 한 집단이 지배문화를 채택하거나 지배문화로 바뀌는 과정을 의미한다. 달리 말해, 동화란 두 문화를 구분지어 주었던 문화적 양상들이 사라지는 것 또는 두 문화의 독특한 문화적 양상들이 지배문화의 일부가 되거나 두 문화 간의 결합이 발생하는 것이다. 이렇듯 동화는 이전에 독특하면서도 분리된 집단이 하나의 공통 문화를 공유하고 사회적으로 병합되는 것을 의미한다. 어떤 사회가 동화를 경험하게 되면 집단들 간의 차이점은 감소하게 된다. 동화라는 개념을 처음 주장한 사람은 미국의 쿠벌리(Cubberly, 1909)이다. 그는 미국 사회에서 이른바 WASP(백인, 앵글로색슨, 프로테스탄트) 문화와 기타 소수민족 집단 간의 갈등을 해결하기 위해서는 소수 민족이 기존의 미국식 가치와 민주주의 제도, 미국식 삶의 방식을 습득해야만 한다고 보았다. 이러한 주장을 가리키는 동화주의는, 사회는 단일하고 동질적인 문화로 구성되어야 안정적으로 발전할 수 있다고 전제하고, 주류 문화를 중심으로 사회를 통합해야 한다는 처방을 제시한다. 이에 따라 동화주의는 기본적으로 소수 문화를 주류 문화로 편입시키려는 목적을 가지고 있다.

미국의 사회학자들은 1820년대부터 1920년대까지 유럽으로부터 이주해 온 사람들의 동화 경험에 근거하여 풍부한 개념과 이론들을 만들어 내었는데, 이것을 동화에 대한 전통적 관점이라고 부를 수 있다. 동화에 관한 많은 이론들은 파크(Park)의 연구에 토대를 둔다. 파크는 1920-1930년대에 미국에서 하나의 학문 분과로서의 사회학을 정립하는 데 있어서 주도적인

문화 감응 교육학

역할을 수행했던 사람이다. 그는 집단 간 관계가 인종 관계 사이클(race relation cycle)을 거친다고 보았다. 달리 말해서, 집단 간 관계는 우리가 충분히 예측할 수 있는 일군의 단계들을 거친다는 것이다. 이민이나 경쟁을 통해 집단들이 처음으로 접촉하게 될 때, 집단 간 관계는 갈등적이고 경쟁적이다. 하지만 궁극적으로 집단 간 관계는 동화 혹은 집단들의 상호 침투나 융합을 지향하게 된다는 것이다(Park & Burgess, 1924, 735). 파크는 민주적인 산업 사회에서 동화는 필연적인 것이라고 주장했다. 민주주의, 공정성, 불편부당한 정의에 근거한 정치 체제에서 모든 집단들은 궁극적으로 법 앞에서 안전하면서도 동등한 평등을 모색한다. 산업 사회에서 사람들은 민족이나 인종이 아닌 능력이나 재능과 같은 합리적인 근거에서 평가를 받기를 원한다. 그러므로 미국 사회가 현대화·도시화·산업화될수록 민족·인종 집단들은 점차적으로 그 중요성을 상실하게 된다. 따라서 집단 간의 경계가 점차적으로 사라지고 더욱 합리적이고 통합된 사회가 출현하게 된다. 이렇듯 파크에게 있어서 동화란 다양한 인종적 배경과 상이한 문화적 유산을 지닌 사람들이 공통 영역을 확보하여 국가 생존을 유지하는 데 충분한 문화적 연대성을 실현하는 것을 의미한다(Gordon, 1964, 63).

그러나 일부 학자들은 파크가 동화가 실현되는 시간 틀을 구체적으로 적시하지 않았기 때문에 동화가 필연적이라는 그의 생각을 입증하는 것이 불가능하다고 비판하였다. 또한 그는 동화 과정의 본질을 명확하게 밝히지 않았다. 파크의 동화 이론은 어떻게 동화가 진척되는지, 동화됨에 따라서 사람들의 일상생활이 어떻게 변화하는지, 그리고 집단의 특성들 가운데 어떤 것이 제일 먼저 변화하는지와 같은 여러 질문에 명확한 대답을 하지 못하는 약점이 있다.

파크가 해결하지 못했던 여러 문제들을 명료화하기 위해 미국의 사회학자인 고돈(Gordon, 1964)은 전반적인 동화의 과정을 7개의 하위 과정들로 세분하였다. 그는 사회의 구조적 요소들과 문화적 요소들을 구분하였다. 문화는 인적 집단과 연합된 생활방식의 모든 측면들을 포괄한다. 문화는 인간의 삶을 조직하고 그 실존을 해석하는 데 활용되는 언어, 종교적 신념, 관습과 예의범절, 가치와 관념들을 포함한다. 사회 구조 혹은 사회의 구조적 요소들은 사회적 관계의 네트워크, 집단, 조직, 계층 체제, 공동체, 가족을 포함한다. 사회 구조는 사회의 활동을 조직화하고, 개인을 상호 간에 그리고 더 큰 사회와 연결시켜 준다. 이러한 사회 구조는 1차 집단과 2차 집단으로 구분된다. 1차 집단은 가족이나 친구 집단처럼 친밀하고 개인적인 대인 관계를 포함한다. 1차 집단은 대부분 규모가 매우 작다. 2차 집단은 대중적이고 과업 지향적이며 비개인적인 집단이나 조직들로 구성된다. 2차 집단은 1차 집단에 비해 규모가 매우 크고 기업, 공장, 학교, 관료 등을 포함한다.

고돈(Gordon, 1964, 71)에 의하면, 동화 과정은 새로운 문화 집단이 그들의 문화적 패턴을 지배 집단의 문화적 패턴으로 바꾸는 것, 지배 집단과 대규모의 1차 집단 관계를 발전시키는 것, 지배 집단과 대규모로 결혼하는 것, 지배 집단으로 분리된 것으로서의 민족의식에 대한 감각을 상실하는 것, 차별이 없이 조우하는 것, 편견을 가진 태도 없이 조우하는 것, 지배 집단과의 가치 갈등과 권력 갈등을 포함하는 어떤 이슈도 제기하지 않는 것의 일곱 가지 단계를 거치게 된다.

<표 2> 동화 변인들

하위 과정 혹은 조건	동화의 유형 혹은 단계	특정한 명칭
문화적 패턴을 주류 집단의 문화적 패턴으로 변화시키는 것	문화적 혹은 행동적 동화	문화 적응
1차 집단 수준에서 주류 사회의 도당·클럽·제도에 대규모로 가입하는 것	구조적 동화	없음
주류 집단과의 대규모 결혼	혼인 동화	혼합(amalgamation)
주류사회에 배타적으로 근거한 민족의식의 발달	동일시적 동화	없음
편견의 부재	태도 수용적 동화	없음
차별의 부재	행동 수용적 동화	없음
가치·권력 갈등의 부재	시민적 동화	없음

첫 번째 단계는 새로운 혹은 억압을 당하는 집단들이 지배 집단의 문화적 패턴을 채택하는 문화 적응(acculturation)이다. 이것은 이민 집단에게서 볼 수 있는 대표적인 현상이다. 어떤 집단들은 자신들의 독창적인 문화를 유지하려고 노력하지만, 자녀들이 학교에 다니고 사

회에 진출함에 따라서 대부분 실패하고 만다. 지배 집단과의 지속적이고 1차적인 접촉은 초기의 문화적 패턴들을 바뀌게끔 만든다. 문화 적응 과정의 신속성과 성공은 장소와 차별을 포함한 몇 가지 요인들에 달려 있다. 미국 내의 원주민처럼 소수 집단이 시골 지역에 공간적으로 고립되어 있거나 분리되어 있다면 문화 적응 과정은 느리게 이루어진다. 이례적으로 심한 차별로 말미암아 교육 기회와 취업 기회 및 주류 집단과의 일차적 접촉 기회를 박탈당한 집단 성원들의 문화 적응 과정 역시 매우 더디게 이루어진다.

두 번째 단계부터 일곱 번째 단계까지를 포괄하여 구조적 동화(structural assimilation)라고 부른다. 하지만 대부분의 집단들에게는 아주 제한된 구조적 동화만이 이루어진다. 대부분의 집단에게 있어서 문화 적응에서의 성공이 구조적 동화로 쉽게 이어지지는 않는다. 편견이나 차별이 없어지지도 않으며, 지배 집단과의 대규모 결혼이 이루어지지도 않는다. 만약 동화 과정이 효과적이라면 지배 집단과 구별되는 문화 집단의 소멸 현상이 생길 것이다.

여기서 중요한 것은 문화 적응이 부분적으로 개인에 의해 결정된다는 것이다. 즉 개인은 어느 정도까지 지배 집단 사람처럼 옷을 입고, 말을 하고, 행동할 것인지를 결정할 수 있다. 하지만 많은 집단의 성원들은 이민자로서 성공함에 있어서 거의 선택권이 없다. 그들은 자신들의 모국어와 고유한 행동 방식을 포기하거나 혹은 집에 감추어 두어야만 한다. 그렇다고 해서 지배 집단으로부터의 승인이 보장되는 것은 결코 아니다. 지배 집단의 가치와 행동을 채택한 사람들조차도 주류 사회에 완전히 동화되는 것이 잘 허용되지 않는 게 엄연한 현실이기 때문이다.

동화주의자들은 다원주의자들이 서구 사회에서의 문화적 차이의 내용을 지나치게 과장하였다고 생각한다. 그러나 동화주의자들은 서구 사회에 문화적·민족적 차이가 존재한다거나 또는 민족성이 어떤 집단에게는 중요하다는 것을 부정하지는 않는다. 동화주의자들과 다원주의자들은 현대 서구 사회에서의 민족성을 다르게 해석한다. 동화주의자들은 현대 사회에서 민족적 애착을 덧없는 것이자 일시적인 것으로 파악하는 경향이 있다. 동화주의자들에 의하면 민족성은 현대화의 영향 속에서 감소하거나 사라지게 된다. 그들에 의하면 민족성은 현대화와 민주화의 영향을 받고 있는 선진 사회보다는 개발도상국가나 사회에서 중요한 것이다. 동화주의자들은 현대 국가를 강력한 민족적 충성과 애착의 특징을 가진 것이 아니라 보편적인 것으로서 파악한다.

다문화주의 이데올로기(the multicultural ideology)

문화적 다원주의 이데올로기나 동화주의 이데올로기의 양 극단을 회피하는 연속선상의 중앙에 위치한 것이 바로 다문화주의 이데올로기라고 할 수 있다. 다문화주의자들은 문화 다원주의가 개인의 사회화에 있어서 민족 집단의 중요성을 과장하고 있는 반면에, 동화주의는 서구 사회와 개인적 삶에 있어서 문화 집단과 민족 집단의 역할을 과소평가하고 있다고 본다. 달리 말해, 문화적 다원주의와 동화주의 이데올로기는 사회적 현실에 대해 왜곡된 관점을 견지하고 있다는 것이다. 민족 집단이나 민족 공동체가 개인들의 사회화에 있어서 매우 중요한 것임에도 불구하고, 개인들은 초기 사회화 동안에 공통의 국민문화의 영향을 받을 수밖에 없다. 국민문화는 학교, 대중 매체, 법원 등과 같은 제도를 통하여 사회의 모든 성원들에게 영향을 미친다. 다문화주의는 민족 집단들이 독특한 문화적 특성을 갖고 있다고 할지라도 사회 속의 모든 집단들은 많은 문화적 특징과 가치들을 공유하고 있다고 본다.

다문화주의 이론가들은 다원주의자들이 주장하는 분리주의나 동화주의자가 주장하는 전적인 통합을 이상적인 사회적 목적으로 설정하지 않는다. 대신에 다문화주의 이론가들은 다양한 문화·민족·언어·사회 계층 집단의 사람들이 기능과 참여에 있어서 동등한 기회를 갖고 있는 개방 사회를 만드는 것을 중시한다. 개방 사회에서 개인들은 자신들의 조상이나 민족적 정체성에 상관없이 모든 사회적·경제적·정치적 제도 안에서 기회와 보상을 최대한으로 향유할 수 있다. 개방 사회에서 개인들은 그들의 독특한 민족적·문화적 속성들을 유지하는 가운데 사회에 완전하게 참여할 수 있고, 조상·젠더·계층의 자격과 상관없이 타인들과 자발적인 접촉의 기회를 가질 수 있다(Sizemore, 1972, 281). 다문화 국가의 시민들은 국가 수준에서 공유되는 문화에 효과적으로 참여할 수 있어야 할 뿐만 아니라, 자신이 속한 공동체의 문화에 대한 애정도 간직할 수 있어야 한다. 다양성이 결여된 통일성은 문화적 억압과 헤게모니로 귀결되고, 통일성이 결여된 다양성은 분파주의와 균열을 야기하기 때문이다.

다문화주의 이론가들이 비전으로 삼고 있는 다문화적이고 개방적인 사회에서 개인들은 자신들의 민족적 정체성을 유지할 자유를 갖는다. 그들은 공통의 문화 안에서 그리고 여타의 민족 문화들을 가로질러서 효율적으로 기능할 수 있다. 그들은 정의, 평등, 인간 존엄성 등과 같은 국가의 이상화된 지배적인 가치들과 갈등을 일으키지 않는 한, 그들이 속한 민족 집단의 규범·가치들과 일치하는 방식에서 자유롭게 행동할 수 있다. 사회의 모든 성원들은 국가의 이상화된 지배적 가치들에 순응하여 행동할 필요가 있기 때문에, 다문화적인 개방 사회의 구성원들은 국가의 지배적인 가치들과 갈등을 일으키는 방식에서 행동을 해서는 안 된다. 그러한 가치들은 사회적 응집성을 유지·증진하는 문화의 통합적인 요소들이라고 할 수 있다.

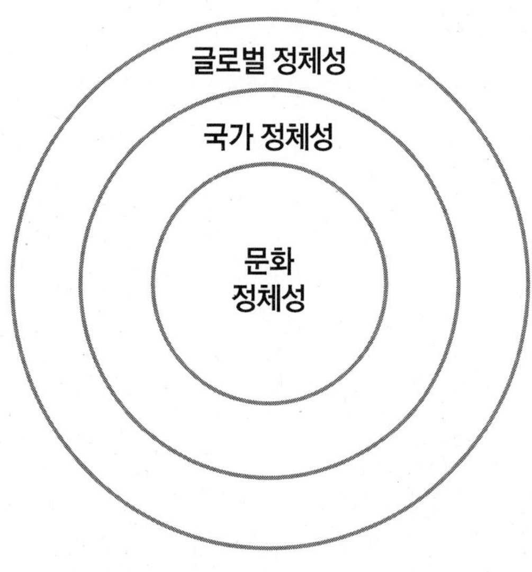

그림 2 문화, 국가, 글로벌 정체성

다문화주의 이론가들은 교육과정의 1차적인 목표는 자신만의 문화 공동체, 여타의 문화 공동체, 국민문화, 지구 공동체 안에서 효과적으로 기능을 수행할 수 있는 방법을 학생들에게 가르쳐 주는 데에 도움을 주는 것이라고 믿는다. 그들은 학생들이 문화적·국가적·지구적 혹은 세계적 정체성 간의 미묘한 균형을 이룰 수 있는 능력을 발달시켜야만 한다고 믿는다. 하지만 학교는 교육의 과정에 있어서 학생들을 그들의 문화적·민족적 연계성이나 유대를 제거하거나 그것으로부터 소외시키는 것이 아니라, 자신들의 문화적·민족적 정체성을 명료화하도록 돕는 가운데 여타의 문화적·민족적 대안들에 대해 인식할 수 있도록 도와주어야 한다 (Banks, 2006, 121).

뱅크스(Banks, 2007)는 학생들이 문화, 국가, 지구적 혹은 글로벌 정체성의 적절한 균형을 발달시켜야 한다고 주장한다. 그럼에도 불구하고 교사들은 흔히 학생들의 민족적·공동체적 문화를 제거하는 가운데 강한 국가 정체성을 기르려고 시도하며, 학생들이 그들의 가족·공동체 신념·언어·행동에 대해 수치심을 갖도록 가르치고 있다. 이에 뱅크스는 학생들이 문화·민족 공동체에 대한 연계성과 유대를 유지하도록 지원해야 하며, 동시에 보다 큰 국민문화와 공동체 참여에 필요한 지식과 기능을 습득하도록 해 주어야 한다고 주장한다.

이에 다문화주의 이론가들은 학교의 교육과정이 여러 민족·문화·언어 집단, 국민문화, 지구 공동체의 문화들을 반영해야만 한다고 주장한다. 학생들은 민주적인 다문화 국가와 지구 공동체 속에서 효과적인 참여자 및 의사결정자로서의 기능 수행을 위해 위에 언급한 모든 문화들을 학습할 필요가 있다. 학교의 교육과정은 학생들이 속해 있는 공동체의 문화와 지식들을 존중하여, 그들이 그것들을 긍정적인 방식에서 활용할 수 있도록 해야 한다. 학생들은 그들의 문화적·민족적 유대감을 중시하는 정치적 선택과 행동과 관련하여 선택권을 부여받아야만 한다. 달리 말해, 학교는 학생들이 민족적 유대감과 충성심을 발휘하지 않으려 할 경우에, 그들이 민족적인 결정과 선택을 내리도록 강요해서는 절대 안 된다. 그것은 어디까지나 학생들의 자유로운 선택에 따라 이루어져야 한다.

다문화주의 이론가들은 학생들이 속해 있는 상당수 집단들이 매우 독특한 학습 특성을 갖고 있다고 가정한다. 대부분의 집단들이 여타의 집단들과 많은 학습 특성들을 공유하고 있기도 하지만, 어떤 집단들은 다른 집단들과는 구분되는 독특한 학습 특성을 갖고 있다. 이에 다문화주의 이론가들은 교육자들이 그러한 집단의 학습 특성을 제대로 인식하여 그러한 집단 출신의 학생들이 학교와 사회 속에서 성공할 수 있도록 도와줘야 한다는 믿음을 갖고 있다.

<표 3> 서구 사회에서 민족성과 다원주의와 관련된 이데올로기

문화다원주의적 이데올로기	다문화주의적 이데올로기	동화주의적 이데올로기
•분리주의 •근본적으로 특수적인 소수자를 강조함. •집단의 권리가 근본적임. •공통의 조상과 유산이 단일화시킴.	•개방사회, 다문화주의 •보편적이고 특수적인 •소수자와 다수자가 권리를 갖고 있음. •집단과 개인을 위한 제한된 권리 •민족적 유대와 공통의 국민문화 이데올로기가 개인들의 모든 충성심을 위해 경쟁함.	•전적인 통합 •보편적인 •다수자를 강조함. •개인의 권리가 우선임. •공통의 문화 이데올로기가 단일화시킴.
연구 가정	연구 가정	연구 가정
•민족적 소수 문화가 잘 조직화되어 있고 구조화되어 있으나 매우 상이함. •문화적 차이 연구 모델 •소수자는 독특한 학습 스타일을 갖고 있음.	•민족적 소수 문화가 상당히 고유한 특성을 갖고 있으나, 소수자와 다수자 집단이 많은 문화적 특성·가치·행동양식들을 공유하고 있음. •이중문화 연구 모델 •소수자는 상당히 독특한 학습 스타일을 갖고 있으면서도 여타의 집단들과 많은 학습 특성들을 공유하고 있음.	•공통 문화 속에서 그 성원들이 성공적으로 기능하지 못하게 만드는 하위집단 문화들은 박탈된 상태이고, 병리적인 것이며 기능적 속성들을 결여하고 있음. •사회병리 모델과 유전자적 연구 모델 •인간의 학습 스타일과 특성들은 보편적인 것임.
교육과정	교육과정	교육과정
•문화 특수적인 자료와 교수 스타일을 활용함. 교육과정의 목적은 학생들로 하여금 그들이 속한 민족 문화 속에서 더욱 성공적으로 기능을 수행할 수 있도록 도와주고 그들의 민족 집단을 억압으로부터 해방시키는 데 도움을 주는 것임.	•교육과정은 아동의 민족성을 존중해야 하고, 그것을 긍정적인 방식에서 활용하도록 해야 함. 교육과정은 학생들이 속한 공통의 문화, 민족 문화 그리고 여타의 민족 문화 속에서 효과적으로 기능을 수행할 수 있는 방법을 학습하도록 도와주는 것임.	•공통의 문화와 관련된 자료와 교수 스타일을 활용함. 교육과정은 학생들이 공통의 국민문화와 그것의 이상화된 이데올로기에 헌신하도록 학생들을 도와주는 것임.
교사	교사	교사
•소수자 학생들은 역할 모델을 위해, 더욱 효과적으로 학습하기 위해, 더욱 긍정적인 자아개념과 정체성을 지니기 위해 동일한 인종·민족 배경을 가진 숙련된 교사를 필요로 함.	•학생들은 그들의 민족문화와 인지적 양식에 민감하고 그에 대해 잘 알고 있는 숙련된 교사를 필요로 함.	•민족성·인종·사회적 계층에 상관없이, 학습 이론에 대해 잘 알고 있고 그것을 효과적으로 실행할 수 있는 교사야말로 학생들에게 있어서 좋은 교사임. 학생들에게 도움을 줄 수 있는 좋은 교사를 양성하는 것이 중요함.

참고 문헌

구정화·박윤경·설규주(2009), 『다문화교육 이해』, 서울: 동문사.

이종각(1997), 『교육인류학의 탐색』, 서울: 도서출판 하우.

Banks, J. A. (2006), *Cultural diversity and education: Foundations, curriculum, and teaching*, 5th ed., Boston: Pearson.

Gordon, M. (1964), *Assimilation in American life*, New York: Oxford University Press.

Park, R. E. & Burgess, E. W. (1921), *Introduction to the science of Sociology*, Chicago: University of Chicago.

Sizemore, B. A. (1972), Is there a case for separate schools?, *Phi delta Kappan*, 53, 281-284.

3장 다문화교육에 관한 이해

최근 우리 사회의 핵심 키워드는 다문화사회라고 할 정도로, 이제 문화적 다원성은 한국 사회를 규정하는 하나의 규범적 기술(normative description)이다. 국제결혼 및 외국인 노동자의 증가, 탈북 주민의 유입 등은 우리 사회를 다문화 사회로 급격하게 변모시키는 중요한 기제로 작용하고 있다. 이러한 우리의 사회적 현실은 학교교육에 새로운 과제를 부여하고 있다. 다문화적 민주 국가로서의 대한민국은 학교교육을 통하여 구성원들이 문화 공동체, 국민국가, 그리고 지구 공동체에 대하여 균형 있고 사려 깊은 애착심과 일체감을 발달시킬 수 있는 방안을 모색해야 할 시점에 놓여 있다. 오늘날 세계사적인 시대 조류는 다문화적 시민성(multicultural citizenship)을 갖춘 시민을 요구하고 있으며, 국가의 구성원들이 다문화 세계에 적절히 대처하지 못하는 나라는 엄청난 불이익을 당함은 물론 생존 자체가 어려워지는 상황이 될 것이 분명하다(Banks, 2007, 22).

다문화적 민주 사회의 시민들은 국가 수준에서 공유되는 문화에 효과적으로 참여할 수 있어야 할 뿐 아니라, 소속 공동체의 문화에 대한 애정도 간직할 수 있어야 한다. 다양성이 결여된 통일성은 문화적 억압과 헤게모니로 귀결되며, 통일성이 결여된 다양성은 분파주의와 균열을 야기하기 때문이다. 진정한 의미의 다문화교육은 다양성과 통일성의 정교한 균형을 추구한다. 따라서 참다운 의미의 다문화교육의 실천을 위해서는 다양성과 통일성의 정교한 균형을 추구하는 교사의 역할이 무엇보다도 중요하다. 이에 이 장에서는 다문화교육이란 무엇인지를 구체적으로 살펴보고자 한다.

다문화교육의 기본 가정과 특징

다문화교육은 다문화주의 철학을 반영하는 몇 가지의 가정에 기반을 둔다. 살리리(Salili)와 후세인(Hoosain)은 다문화교육의 기본 가정을 다섯 가지로 요약하였다. 첫째, 문화적 다양성은 긍정적이고 풍부한 경험이며, 사람들로 하여금 서로의 문화에 대해 학습하도록 도와줌으로써 인간을 더욱 완전한 존재로 만들어 준다. 둘째, 다문화교육은 모든 학생들을 위한 것이지 소수 집단에게만 해당하는 것이 아니다. 셋째, 교수 활동은 문화 교차적인 만남이다. 넷째, 다문화교육은 전체 교육과정 속에 스며들어야 한다. 다섯째, 교육 체제가 모든 학생들에게 동등한 도움을 주지 못하였다(Salili & Hoosain, 2001, 9-10).

골닉(Gollnick)과 친(Chinn)은 다문화교육의 기본 가정을 다음과 같이 요약하였다. 첫째, 문화적 차이는 강점과 가치를 지니고 있다. 둘째, 학교는 인권과 문화적 차이에 대한 존중의 표현을 위한 모델이 되어야만 한다. 셋째, 사회 정의와 만인의 평등은 교육과정의 설계 및 실천에 있어서 최고의 중요성을 가져야만 한다. 넷째, 민주 사회의 지속을 위해 필요한 태도와 가치는 학교에서 장려될 수 있다. 다섯째, 학교교육은 다양한 집단으로부터의 학생들이 학습하도록 돕기 위해 지식·기능·성향을 학생들에게 제공해 줄 수 있다. 여섯째, 가정 및 지역 공동체와 협력적인 교육자들은 다문화주의를 지지하는 환경을 창출해 낼 수 있다(Gollnick & Chinn, 2006, 7).

게이(Gay, 1994, 19)는 다문화교육이 네 가지의 전제에 바탕을 두고 있다고 주장하였다. 첫째, 공통의 학습 결과를 성취하기 위해 다양화된 수단을 활용하는 것이 문화적으로 상이한 학생들에게 동등한 교육 기회를 부여하는 최상의 방식이다. 둘째, 문화적 다양성은 현대 사회의 주요한 특징이며, 학교의 주된 기능은 국민문화로의 사회화이기 때문에 민족적·문화적 다양성은 교육적 과정의 핵심 요소가 되어야만 한다. 셋째, 다문화교육은 독립되거나 분리된 실체가 아니라 교육적 과정의 모든 차원에 스며들어 있어야 한다. 넷째, 효과적인 다문화교육은 태도·가치·내용·행동을 통합하고, 동시에 교육 체계의 모든 측면들을 포함하는 포괄적인 시도와 노력을 필요로 한다.

한편, 장인실(2006, 30)은 다문화교육이 다음과 같은 특징을 갖는다고 보았다. 첫째, 다문화교육은 평등을 추구하는 철학적 개념이 교육과정 속에 적용된다는 점이다. 둘째, 특정 집단을 위한 교육이 아니라, 모든 학생을 위한 교육과정이다. 셋째, 사회적 공평과 평등의 발달을 촉진시키는 사회 정의 교육이다. 넷째, 학생의 비판적 사고와 주체적 활동 및 의사결정을 강조하는 사회 실천 교육이다. 다섯째, 다문화교육은 기본 교육과정으로 세계 사회에서 효율적으로 상호작용할 수 있는 필수적인 지식과 기술을 제공한다. 여섯째, 교육개혁 운동으로 학교를 비롯한 교육기관의 구조를 바꾸는 종합적 개혁 과정이다. 일곱째, 전체적인 과정으로 다양한 교육과정이 한 번으로 끝나는 교육이 아닌 역동적이고 지속적인 경험이다.

이렇듯 다문화교육의 옹호론자들은 현대 사회 및 학교교육에서 문화적 차이와 다양성을 약점으로 볼 것이 아니라, 오히려 장점으로 볼 것을 권장한다. 또한 그들은 다문화교육이 어느 특정 교과나 특정 단원에 국한되는 것이 아니라 학교의 모든 측면에 스며들어야 효과가 있음을 강조한다. 학교의 교육과정은 진정한 의미에서 다문화적으로 적용되어야 하며, 학교 교직원 구성이나 중요한 의사결정에 있어서 소수 문화 집단의 목소리가 반영될 수 있어야 한다. 나아가 다문화교육의 성공 여부는 교사 변인에 크게 좌우될 수 있음을 암시한다. 다문화교육에 임하는 교사들은 학습자의 문화에 대한 지식과 이해 능력, 학습자의 강점과 약점을 식별해 낼 수 있는 기능 및 학습자 나름의 고유한 학습 양식과 문화에 적절하게 감응할 수 있는 기능, 문화적 다양성에 대한 긍정적 태도 및 문화적·인종적·민족적·종교적·성적 배경에 상관없이 모든 학생들에 대한 관심과 존중이 장려되는 학습 환경을 만들어 내는 능력을 갖추고 있어야 한다.

다문화교육의 개념 정의

다문화교육의 개념 정의 역시 학자들마다 상이한 경향을 보인다. 다문화교육에 대한 전문가들의 개념 정의를 몇 가지 소개하면 다음과 같다.

다문화교육은 효과적인 교실 수업과 학교 환경을 만들기 위해 학생들의 문화적 배경을 활용하는 교육 전략이다. 그것은 학교라는 무대 속에서 문화, 다원성, 평등, 사회 정의, 민주주의의 개념을 지지하고 확장시켜 준다(Gollnick & Chinn, 2006, 5).

다문화교육은 하나의 아이디어, 교육 개혁 운동, 그리고 하나의 과정이다. 다문화교육의 주된 목적은 교육 제도의 구조를 변화시킴으로써 남학생과 여학생, 예외적인 학생, 다양한 인종·민족·언어·문화 집단의 성원인 학생들이 학교에서 학구적으로 성취할 수 있는 평등한 기회를 가지게끔 하는 데 있다(Banks & Banks, 2001, 1).

다문화교육은 인종차별주의에 반대하고, 인류평등주의적이며 포함적인 하나의 확산적인 교육학적 과정이다. 다문화교육은 교육과정과 학교에서 활용되는 제도적 전략뿐만 아니라 교사, 학생과 학부모 사이의 상호작용, 그리고 더 나아가 학교가 교수·학습의 본질을 개념화하는 방식까지 스며든다. 다문화교육은 기저의 철학으로서 비판교육학을 활용하며, 사회 변화의 근간으로서 지식, 성찰, 실천에 초점을 맞추고 있기 때문에 사회 정의라는 민주적 원리를 촉진시켜 준다(Nieto, 2000, 305).

다문화교육은 학생의 학구적·사회적·언어적 욕구를 충족시키는 다양한 학습 환경을 제공하는 학제적인 수업 프로그램이다. 이러한 프로그램은 여러 가지 목적을 가지고 있다. ① 다양한 인종, 성, 민족, 사회 계층 배경을 가진 학생들을 위한 기본적인 학문 기능을 개발한다. ② 자신이 속한 문화 집단 및 타 집단을 존중하고 인정하도록 학생들을 가르친다. ③ 자민족중심적이고 편견적인 태도를 극복한다. ④ 현재의 민족 소외와 불평등을 초래한 사회역사적·경제적·심리적 요인들을 이해한다. ⑤ 실생활에서의 민족적·인종적·문화적 문제들을 비판적으로 분석하고 지적인 결정을 내릴 수 있는 능력을 육성한다. ⑥ 더욱 인간적이고 정의롭고 자유로우며 평등한 사회를 개념화하고 열망하며, 그것을 실현하는 데 필요한 지식과 기능을 획득하도록 도와준다(Suzuki, 1984, 305).

　다문화교육은 모든 학생들로 하여금 강한 자존감을 발달시키고, 다양한 문화적 배경을 가진 사람들에 대한 공감을 나타내며, 자신의 잠재력을 최대한 실현할 수 있도록 공평한 기회를 경험하게끔 만드는 포함적인 교수·학습 과정이다(Tiedt & Tiedt, 2002, 17).

　이렇듯 하나의 개념, 아이디어 혹은 철학으로서의 다문화교육은 생활양식, 사회적 경험, 개인적 정체성, 개인·집단·국민의 교육 기회를 조형함에 있어서 민족적·문화적 다양성의 중요성을 인정하고 중히 여기는 일군의 신념이자 설명이다. 결과적으로 그것은 기술적 차원과 규정적 차원을 갖고 있다. 기술적으로 다문화교육은 민족적으로 문화적으로 다양한 사회구조를 인정한다. 다문화교육은 다양한 집단을 위한 공평한 처우를 보증하기 위해 행해져야만 하는 것을 규정한다. 평등, 상호 존중, 수용과 이해, 사회 정의에 대한 도덕적 결단의 원리에 기반을 둔 교육 체제 속에서 문화적 다원주의의 철학을 제도화하는 것이 바로 다문화교육인 셈이다. 반면에 개혁 운동으로서의 다문화교육은 사회적·문화적·민족적·인종적·언어적 다양성을 반영하기 위한 교육 기획의 구조적·절차적·본질적 구성 요소들의 개정을 강조한다.

　비록 학자들마다 다문화교육의 개념 정의에 있어서 차이점을 드러내고 있는 것이 사실이지만, 그럼에도 불구하고 우리는 몇 가지 공통점을 찾을 수 있다. 다문화교육의 옹호론자들은 다문화교육의 내용이 민족적 정체성, 문화적 다원주의, 자원과 기회의 불평등한 분배, 오랜 억압의 역사로부터 파생하는 여타의 사회정치적 문제들을 포함해야만 한다고 주장한다. 그들은 다문화교육이 교육 개혁을 위한 철학이자 방법론인 동시에 수업 프로그램 안에서의 일군의 내용 영역이라고 믿고 있다. 즉, 다문화교육은 문화적 다원성에 대한 학습, 문화적 다원성을 위한 준비, 문화적 다원성의 경축을 의미하는 것이므로, 다문화교육은 학교의 프로그램·정책·관행에서의 변화를 필수적으로 요청한다는 것이다.

　다문화교육의 옹호론자들은 명백하게 다원성을 중시하고 있으며, 다문화교육을 실현하는 데 활용되는 특정한 내용·구조·관행은 학교가 처한 상황에 따라 다를 수 있음을 인정하고 있다. 따라서 다문화교육의 실행에 있어서 획일적인 구조를 부과하기보다는 학교가 처해 있는 특정한 요구 사항에 부합하는 방식을 채택할 것을 권장하고 있다.

　또한, 다문화교육의 옹호론자들은 다문화교육이 학교의 수업·행정·경영·상담·프로그램

계획·수행 사정·학교 풍토 등 교육의 모든 수준에서의 작동에 영향을 주는 의사결정을 위한 시사점을 갖고 있다고 믿는다. 그러므로 다문화교육에 관련된 모든 사람들은 그 실행에 있어서 적극적인 역할을 수행해야만 한다. 그들에게 있어서 다원성을 장려하는 것은 다원성을 인정하는 것, 다원성을 모든 수준에 통합하는 것, 다원성이 바람직하다는 진지한 신념 속에서 문화적 다원주의에 대한 자긍심을 표현하는 것을 의미한다. 학교에서 다문화교육을 위해 채택된 행동들은 지구 공동체 속의 인종, 언어, 민족 집단의 습관과 관습을 반영해야만 한다. 학교는 문화 집단에 대한 학생들의 포괄적 이해를 위해 다학문적이고 다차원적인 방법을 활용해야만 한다. 나아가 단일 문화 지향적인 방식에서 관리되어 왔었던 교육 체제에서의 근본적인 수정이 요청된다. 따라서 다문화교육은 학교의 다양한 수준에서의 동시적인 변화를 요구한다.

다문화교육의 목표

다문화교육은 무엇을 목표로 하는가? 이에 대한 다문화교육 옹호론자들의 답변에는 목적과 목표 개념이 서로 혼재하여 있는 것이 사실이다. 여기서는 편의상 목표 개념으로 단일화하여 기술하고자 하였다. 먼저 뱅크스는 다문화교육을 모든 학생들이 문화적, 민족적 다양성이 증대되는 오늘날의 세계를 살아가는 데 필요한 지식과 기술, 태도를 함양하는 총체적 교육 개혁 운동으로 정의하면서 그 목표를 다음과 같이 제시하였다(모경환, 2008, 2-7). ① 개인들로 하여금 다른 문화의 관점을 통해 자신의 문화를 바라보게 함으로써 자기 이해를 증진한다. ② 학생들에게 문화적·민족적·언어적 대안들을 가르친다. ③ 모든 학생이 자문화, 주류문화, 그리고 타문화가 공존하는 다문화사회에서 요구되는 지식과 기능, 태도를 습득하게 한다. ④ 소수 민족집단이 그들의 인종적·신체적·문화적 특성 때문에 겪는 고통과 차별을 감소시킨다. ⑤ 전(全)지구적이고 평평한 테크놀로지 세계에서 살아가는 데 필요한 읽기, 쓰기, 수리적 능력을 습득하도록 돕는다. ⑥ 학생들이 자신이 속한 문화공동체, 국가적 시민 공동체, 지역 문화, 그리고 전(全)지구적 공동체에서 제구실을 하는 데 필요한 지식, 태도, 기능을 다양한 인종, 문화, 언어, 종교 집단의 학생들이 습득하도록 돕는다.

술레이만(Suleimann, 2004, 13)은 다문화교육을 모든 학생들을 위한 학습 기회를 증대하고 교육과 사회제도 속에서 문화적 다양성을 찬양하는 포괄적인 교육적 접근이라고 정의하면서, 다문화교육의 목표를 학생의 차원과 예비 교사의 차원에서 구분하여 제시하였다(Suleimann, 2004, 14-16). 그는 다문화교육은 학생들에게 다음과 같은 풍부한 기회를 제공하는 목표를 가진다고 보았다: ① 다양한 배경을 가진 타인들에 대한 긍정적인 태도 함양, ② 다양성을 인식하기 위한 지식과 기능의 습득, ③ 자민족중심주의에 의해 조장된 부정적이고 고정관념적인 이미지 제거, ④ 이해와 공감을 통한 차이의 간격 해소, ⑤ 다민족 사회에 대한 역사적 이해의 개발, ⑥ 민주적인 기능과 다원주의적인 시민 가치의 개발, ⑦ 민주주의에서의 역동적인 사회 변화의 인식, ⑧ 자신을 둘러싼 실제 세계에 대한 인식 개발, ⑨ 모든 사회에 영향을 주는 현실적인 인구 변인과 문화 변인에 대한 탐색

나아가 그는 다문화교육은 예비 교사들이 다음과 같은 사항을 구비할 것을 목표로 한다고 주장하였다: ① 미국 사회의 소수자와 다른 민족 집단의 상이한 경험과 공헌에 대한 지식·이해·평가, ② 다원주의 사회의 본질, 미국 사회에서의 갈등, 제도적인 인종차별주의·성차별주의·사회적 불평등의 기본 원인에 대한 철저한 이해, ③ 교육과정 영역에 전이될 수 있는 교육학적 원리들을 통합하는 철학적 근거를 통하여 다문화교육의 건전한 이론적 근거(sound rationale) 개발, ④ 학습 과정에 영향을 주는 사회문화적 요인을 포함하는 지식과 절차를 통해 학생에게 최선의 학구적·사회적 발달 증진, ⑤ 학생의 수행에 영향을 주는 학생 태도·가치 및 다른 동기적 요인의 이해, ⑥ 교사와 학생 모두에게 전문적인 학습이 일어나도록 교실에서 민주주의 정신 증대를 위한 다문화적 교수법과 수업에 대한 지식의 획득, ⑦ 다양한 사회문화적 배경을 가진 학생들에게 도움이 되는 효율적인 학급 경영 및 중재 기법의 학습, ⑧ 학생들의 학업 성취를 극대화하기 위해 그들의 사회문화적 배경에 민감하고 적절한 다문화적 자료의 활용

존슨과 존슨(Johnson & Johnson, 2001, 4-5)은 모든 학생들이 자신의 잠재력을 최대한 실현할 수 있도록 그들의 지적·사회적·개인적 발달을 조장하는 것은 개별 학생들에게 학습할 평등한 기회를 제공하는 것을 필요로 하며, 그것이 바로 다문화교육의 목표라고 보았다. 나아가 그들은 다문화교육의 목표는 4가지의 상호 관련된 활동을 통해 성취될 수 있다고 주장하였

다. ① 모든 학생들이 자신의 잠재력을 실현할 수 있도록 모든 학생들에게 공정하고 평등한 교육 기회를 보장한다. ② 학생들이 다문화적·세계적인 관점을 학습할 수 있도록 교육과정을 개혁한다. ③ 학생들이 자신과는 상이한 문화의 성원들과 효과적으로 상호작용할 수 있도록 간문화적 역량(intercultural competence)을 가르친다. ④ 편견과 차별에 맞서 싸우는 데 필요한 지식과 사회 행위 기능을 가르친다.

그랜트와 슬리터(Grant & Sleeter, 2007, 185-186)는 평등한 기회와 문화적 다원주의의 이상에 근거한 다문화교육은 다음과 같은 목표를 추구한다고 역설하였다. 첫째, 문화적 다양성의 이해·인정·수용을 증진한다. 둘째, 자신의 인종, 젠더, 장애, 언어, 종교, 성적 지향, 사회 계층 배경을 완전히 확인한 사람들을 위한 대안적인 선택을 장려한다. 셋째, 모든 학생들이 학업에서 성공할 수 있도록 돕는다. 넷째, 권력의 불평등한 분배 및 지배 집단이 아닌 사람들의 기회를 제한하는 특권 등과 같은 사회적 이슈에 대한 인식력을 제고한다.

한편, 베넷(Bennett, 2007, 32)은 포괄적인 다문화 교육과정의 개념 모델을 제안하면서 다문화교육의 핵심 가치와 목표를 제시한 바 있다. 그에 의하면 다문화교육의 핵심 가치는 문화적 다양성의 수용과 인정, 인간 존엄성과 보편적 인권의 존중, 세계 공동체에 대한 책임, 지구 존중이다. 한편 다문화교육의 목표는 다양한 역사적 관점의 이해, 문화적 의식의 개발, 간문화적 능력의 개발, 인종차별주의·성차별주의 및 모든 형태의 억압·차별과의 항쟁, 지구와 세계 공동체의 상태에 대한 인식의 제고, 사회 행위 기능의 개발이다.

이상의 논의들을 종합해 볼 때, 다문화교육의 목표는 크게 보아 일곱 가지로 정리될 수 있다(Gay, 1994, 10-14).

① **민족적·문화적 리터러시(cultural literacy)의 계발:** 이것은 수업 자료 및 교육과정에서 전통적으로 배제되어 왔었던 다양한 민족 집단의 역사와 기여에 대한 정보를 학생들에게 제공하는 것을 의미한다. 대부분의 학생들은 주류가 아닌 소수 민족 집단의 역사에 대해 아는 바가 별로 없다. 다양한 소수 민족 집단의 구성원 역시 자신들의 문화와 역사에 대해 많이 알지 못하는 경우가 빈번하다. 어떤 민족 집단의 성원이라는 것이 그 집단에 대한 자기 지식 혹은 배타적인 지식의 소유를 보장하지는 않기 때문이다. 그러므로

다문화교육을 통해 학생들에게 자기 집단의 문화적 유산과 타 집단의 문화적 유산에 대해 정확하게 학습할 수 있도록 해 주어야 한다.

② **개인적 발달**: 다문화교육의 심리학적 토대는 자기 이해, 긍정적 자아개념, 자신의 민족적 정체성에 대한 자긍심을 강조한다. 자신에 대해 좋게 느끼는 학생들은 타인과의 상호작용에 있어서 더욱 개방적이고 수용적이며, 자신들의 문화와 정체성을 존중하는 경향이 높다. 자신이 속한 집단 및 다른 민족 집단에 대한 이해를 제고하는 것은 자신이 속한 집단 및 다른 민족 집단에 대한 부정적이거나 왜곡된 개념을 교정할 수 있는 기회를 제공해 준다. 그러므로 다문화교육은 개인 및 학습 환경에서의 심리적인 준비 상태를 갖추게 함으로써 학생들이 학업과 과제 숙달에서 성공할 수 있도록 도와준다.

③ **태도와 가치명료화**: 개인의 속성과 행위를 그가 속해 있는 전체 민족 집단으로 귀인하려는 경향성은 고정관념, 편견, 인종차별주의를 영속화하는 근거가 된다. 다문화교육은 민족적 태도와 가치를 명료화하는 목표를 지닌다. 이것은 편견, 고정관념, 자민족중심주의, 인종차별주의에 직접적으로 맞서는 것, 부정적인 민족적 태도와 가치의 근원·표현·효과를 비판적으로 분석하는 것, 민족적 신념과 진리 간의 차이를 일치시키는 것, 낡고 부정적인 민족적 태도와 가치를 새롭고 긍정적인 민족적 태도·신념·가치로 대체하는 것을 포함한다. 다문화교육은 인간 존엄성, 정의, 평등, 자유, 자기 결정, 민주주의의 원리에서 파생하는 핵심 가치들을 조장하는 목적을 갖고 있다. 다문화교육은 이러한 핵심 가치들의 교육을 통하여 학생들로 하여금 민족적 다양성을 존중하고 포용하며, 다양성은 인간적 삶의 총체적인 조건임을 인식하도록 만든다. 따라서 다문화교육을 통하여 민족적 가치와 태도를 분석하고 명료화하는 것은 인간의 창조적 잠재력을 펼치는 과정에 있어서 그리고 자기 혁신 및 사회의 성장과 발전을 위해 필수불가결한 것이다.

④ **다문화적인 사회적 능력**: 학생들이 민족적·인종적·문화적으로 다른 사람들을 이해하고 그들과 상호작용하는 방법을 배우는 것은 매우 중요하다. 다문화교육은 다른 문화 집단 성원과의 의사소통, 대인 관계, 입장 채택, 맥락적 분석, 대안적 관점 혹은 준거 틀의 이해, 문화적 조건이 가치·태도·신념·선호·기대·행위에 영향을 주는 방식의 분석에 필요한 기능을 가르침으로써 문화 간 단절과 고립을 해결하고자 한다. 다문화교육은 이러

한 목표 달성을 위해 학생들로 하여금 그들의 문화적 능력을 실천하고, 상이한 문화 집단과 상호작용할 수 있는 다양한 기회를 부여한다.

⑤ **기본적 기능 숙달**: 다문화교육은 민족적으로 상이한 학생들의 기본적인 리터러시 기능을 촉진시켜 주는 것을 목표로 한다. 다문화교육은 민족 자료, 경험, 사례를 수업에 활용함으로써 민족적으로 상이한 집단에 속한 학생들의 기본 기능을 숙달시켜 준다. 즉, 다문화교육은 교육의 과정을 민족적으로 다양한 학생들에게 더욱 효과적으로 만들기 위해 문화적으로 맥락적인 교수 활동을 전개하는 것을 목표로 한다.

⑥ **교육적 공평과 수월성**: 다문화교육은 공정한 교육적 기회의 부여를 통하여 교육적 수월성을 추구한다. 어떤 집단이 최상의 품질을 갖춘 교육을 받을 공평한 기회를 부여받지 못한다면 그 집단에 속한 학생이 교육적 수월성을 나타내는 것은 불가능하다. 그런데 공평한 교육 기회를 제공함에 있어서 핵심이 되는 것은 동일성(sameness)이 아니라 동등성(comparability)이다. 학습 기회의 동등성을 확보하게 만드는 것이 무언인지를 결정하기 위해 교사는 문화가 학습 양식, 교수 행위, 교육적 결정을 조형하는 방식을 이해해야만 한다.

⑦ **사회 개혁을 위한 개인적 능력의 구비**: 다문화교육의 궁극적인 목표는 학교에서 변화의 과정을 시작하여 그것이 사회로 확대되도록 하는 것이다. 그러므로 다문화교육은 기회에서의 민족적·인종적 불균형을 없애기 위해 사회를 개혁하려는 의지를 지닌 사회 변화의 주체 세력이 갖추어야 할 태도·가치·습관·기능을 계발하는 것에 초점을 맞춘다. 학생들은 다문화교육을 통하여 자신들의 민족적 이슈에 대한 지식을 확대하고, 의사결정 능력·사회 행위 기능·리더십 능력·정치 효능감·인간 존엄성과 평등에 대한 도덕적 결단을 계발하게 된다.

다문화교육의 차원과 접근 방법

다문화교육은 복잡하고 다차원적인 성격을 가지고 있다. 그럼에도 불구하고 현재 국내에서 다문화교육에 대한 논의는 다문화가정 학생들의 학교 적응력 제고 및 다문화가정 학생들에 대한 편견 해소에만 초점을 맞추는 경향이 있다. 일부 교사들은 다문화교육을 사회 교과에 국한된 활동으로 치부하기도 한다.

뱅크스(Banks, 2002, 14)는 다문화교육의 차원을 다섯 가지로 제시하였다. 내용 통합은 교사들이 자신의 교과나 학문 영역에 등장하는 주요 개념, 원칙, 일반화, 이론을 설명하기 위해서 다양한 문화 및 집단에서 온 사례, 자료, 정보를 가져와 활용하는 정도를 지칭한다. 지식 구성 과정은 특정 학문 영역에 내재하는 문화적 가정, 준거 틀, 관점, 편견 등이 해당 학문 영역에서 지식이 형성되는 과정에 어떠한 영향을 미치는지를 학생들이 이해하고, 조사하고, 판단할 수 있도록 교사가 돕는 것을 의미한다. 편견 감소는 학생들의 인종적 태도의 특징과 학생들이 보다 긍정적인 인종적·민족적 태도를 습득할 수 있도록 하는 데 활용할 수 있는 전략을 다룬다. 공평 교수법은 교사가 다양한 인종, 민족, 사회계층 집단에서 온 학생들의 학업 성취도를 향상시키기 위하여 수업을 수정하는 것을 칭한다. 이것은 여러 문화적·인종적 집단 내에 존재하는 독특한 학습 습관에 부합하는 다양한 교수법을 사용하는 것을 포함한다. 학생들에게 기회를 제공하는 학교문화와 사회구조는 다양한 인종, 민족, 언어, 사회계층 집단에서 온 학생들이 장차 교육적 평등과 권한 부여를 경험하도록 학교의 문화와 구조를 재구성하는 과정을 뜻한다. 이것은 모든 집단에서 온 학생들이 평등한 성공의 기회를 가질 수 있도록 학교를 변화의 단위로 개념화하고, 학교 환경을 구조적으로 변화시키는 것을 의미한다.

한편 베넷(Bennett, 2007, 4-10)은 다문화교육의 차원을 네 가지로 제시하였다. 공평 교육은 모든 학생들에게 공정하고 평등한 교육 기회를 제공하는 것을 의미한다. 교사는 긍정적인 교실 풍토를 창조하고, 학생들의 성취를 위해 문화 감응 교수를 활용하며, 교수·학습에 대한 접근에 있어서 빈부와 같은 조건뿐만 아니라 문화적 양식 및 문화에 기반을 둔 아동의 사회화를 고려한다. 교육과정 개혁은 백인 위주의 전통적인 교육과정을 재고하여 개혁하는 것을 의미한다. 다문화 능력은 민족적 정체성을 발달시키고, 주류 문화와 토착 문화 간의 분열적인 이분법을 회피하며, 다문화주의를 정상적인 인간 경험으로서 인식하여 편견을 해소하는 것을 의미한다. 사회 정의를 지향한 교수는 적절한 이해·태도·사회 행위 기능의 발달을 통하여 인종 차별주의, 성차별주의, 계급차별주의에 맞서려는 결단력을 키워 주는 것을 의미한다.

한편, 다문화교육의 옹호론자들은 다문화교육이 학교에서 실행되기 위한 다양한 제안을 내놓고 있다. 〈그림 3〉에서 볼 수 있듯이, 뱅크스는 문화적인 내용을 학교의 교육과정에 통합할 때 사용하는 네 가지 접근법을 언급하였다. 기여적 접근법에서는 민족 및 문화 집단에 대한 내용이 아시아 및 태평양 문화 주간, 흑인 역사의 달 등과 같은 공휴일과 기념일에 국한된다. 이 접근법은 초등학교 단계에서 주로 사용된다. 부가적 접근법은 교육과정의 기본적인 구조나 목적, 특징은 변화시키지 않고 문화와 관련된 내용, 개념 그리고 주제를 교육과정에 덧붙이는 것이다. 부가적 접근법은 교육과정 체제의 변화 없이 책, 단원 또는 하나의 과정을 더함으로써 이루어진다. 기여적 접근법이나 부가적 접근법 모두 교육과정의 기본 구조나 규준에는 도전하지 않는다. 현존하는 교육과정의 체제와 그 가정의 범위 안에서 문화적 기념일 및 문화적 활동과 내용이 교육과정에 삽입된다. 문화와 관련된 내용을 교육과정에 포함시킬 때 두 접근법을 적용하면 민족 집단과 관련된 인물, 여성, 사건, 설명은 해당 집단의 규범이나 가치보다는 지배문화의 규범과 가치를 반영하게 된다. 현상이나 제도에 도전하는 개인이나 집단은 교육과정에 포함되기 어렵다. 따라서 백인이 인디언의 영토를 차지하는 것에 저항하였던 제로니모(Geronimo)보다는 백인이 미국 원주민의 영토를 정복하도록 도왔던 사카자웨아(Sacajawea)가 포함될 가능성이 더 크다.

변혁적 접근법은 기여적 접근법이나 부가적 접근법과는 본질적으로 다르다. 변혁적 접근법은 교육과정의 규준, 패러다임, 기본적인 가정을 변화시키고 학생들이 다른 관점에서 개념, 이슈, 주제와 문제를 조망해 볼 수 있도록 한다. 이 접근법의 주요 목표는 학생들이 다양한 민족과 문화의 관점에서 개념과 사건, 그리고 인물을 이해하고 지식이 사회적 구성물임을 이해하도록 돕는 것이다. 이 접근법에서 학생들은 정복자와 피정복자 모두의 목소리를 읽고 들을 수 있다. 또한 사건과 상황에 대한 교사의 관점을 분석하며 사건과 상황에 대한 자신만의 해석을 만들어 보고 정당화해 보는 기회를 가진다. 변혁적 접근법의 중요한 목적은 비판적으로 사고하고 결론과 일반화를 도출하여 이를 증명하고 정당화하는 기능을 발달시키는 데 있다.

변혁적 접근법을 적용하여 '서진운동'과 같은 단원을 가르칠 때 교사는 적절한 읽기 자료를 부과하고 학생들에게 다음과 같은 질문을 할 수 있다. 서진 운동이 무엇을 의미한다고 생각하는가? 서부로 이동한 사람은 누구인가? 백인인가? 원주민인가? 미대륙의 어떤 지역을 서부라고 하는가? 그리고 그 이유는 무엇인가? 이러한 질문은 학생들이 서진운동은 유럽중심적인 용어라는 것을 이해하도록 돕는 것을 목적으로 한다. 서진운동은 태평양 쪽으로 향했던 유럽계 미국인의 이동을 칭하는 말이다. 라코타 수우(Lakota Sioux) 종족은 이전부터 서부에 살고 있었으며 그들은 자신들의 터전에서 이동하는 것을 원하지 않았다. 그들은 자신들의 터전을 서부가 아니라 우주의 중심이라 생각했다. 교사는 학생들에게 수우족의 관점에서 서진운동을 설명해 보도록 할 수 있다. 학생들은 말세, 최후의 날, 우리 영토를 갈취한 사람들의 도래와 같은 용어들을 사용할 수도 있다. 교사는 학생들에게 서진운동보다 중립적인 단원명을 작성해 보라고 요구할 수도 있다. 이 때 학생들은 단원명을 '두 문화의 만남'이라고 명명할 수도 있을 것이다.

제4수준 사회행동적 접근법
학생들이 중요한 사회문제들과 관련하여 결정을 내리고 문제 해결에 도움이 되는 행동을 취한다.

제3수준 변혁적 접근법
학생들이 다양한 민족집단 및 문화집단의 관점에서 개념, 이슈, 사건, 주제를 바라볼 수 있도록 교육과정의 구조를 변화시킨다.

제2수준 부가적 접근법
교육과정의 구조는 변화시키지 않은 채 내용, 개념, 주제, 관점을 교육과정에 더한다.

제1수준 기여적 접근법
영웅, 공휴일, 개별적인 문화적 요소에 초점을 맞춘다.

그림 3 다문화교육에 관한 네 가지 접근법

　　의사결정 및 사회적 행동 접근법은 학생들이 의사결정을 내리고, 학습한 개념·문제·주제들과 관련된 개인적·사회적·시민적 행동을 할 수 있는 프로젝트와 활동을 수행할 수 있도록 함으로써 변혁적 교육과정을 확장한 것이다. 학생들은 서진운동을 바라보는 상이한 관점들에 대해 배우고 난 후, 미국 원주민에 대해 더 많이 학습하고, 더 정확하고 긍정적인 관점에서 미국 원주민을 다루도록 해달라는 요구를 할지도 모른다. 학생들은 원주민이 집필한 책의 목록을 작성하여 사서에게 도움을 요청하거나 학생 활동의 일환으로 '서진운동: 상대편에서 바라본 관점'에 대한 연극을 공연하거나 전시회를 개최할 수도 있다.

한편 슬리터와 그랜트(Sleeter & Grant, 2007, 29-30)는 다문화교육에 대한 문헌 분석을 토대로 하여 다문화교육에 대한 다섯 가지 접근법을 제안하였다. 첫째, 문화적으로 상이한 학생을 가르치는 접근법(teaching the culturally different approach)은 문화적으로 적절한 수업을 통하여 유색 인종 학생의 학업 성취를 향상시키고자 한다. 이 접근법은 문화적으로 상이한 학생들을 주류 사회에 조화시키는 데 초점을 맞춘다. 둘째, 인간관계 접근법(human relations approach)은 학생들로 하여금 그들의 사회적·문화적 차이에 대해 이해하게 함으로써 모든 인간의 공통성을 학습하게 한다. 이 접근법은 다양한 사람들이 서로 조화롭게 사는 것을 강조하고 있다. 셋째, 단일 집단 연구 접근법(single group studies approach)은 유색 인종·여성·동성애자·낮은 사회경제적 집단에 대한 억압의 역사와 현재의 이슈에 대해 가르치는 것에 초점을 맞추고 있다. 이 접근법은 시간의 흐름 속에서 어느 한 집단에 대한 인식·존중·수용을 발달시키는 데 치중한다. 넷째, 다문화교육 접근법(multicultural education approach)은 다원주의 사회에서 민주주의의 이상을 반영하기 위해 교육적인 과정의 변혁을 조장하고자 한다. 이 접근법은 편견 감소, 만인을 위한 동등한 기회 제공 및 사회 정의의 구현, 불공평한 권력 분배가 민족·인종 집단에 미치는 구체적인 영향에 초점을 맞춘다. 다섯째, 사회 재건가 접근법(social reconstructionist approach)은 학생들로 하여금 사회 변화를 위한 주체 세력으로서의 역할에 대해 학습함으로써 더욱 평등한 사회를 만드는 일에 참여하게 하는 데 강조점을 둔다. 이 접근법은 다양한 집단들 사이에서의 권력 및 여타 자원의 재분배에 헌신하는 분석적·비판적 사고가와 사회 개혁가로서의 학생들을 만드는 일에 초점을 맞춘다.

그 밖의 학자들에 의해 제안된 접근법들 또한 위에 언급한 것들과 큰 차이를 보이지는 않는다. 게이(Gay, 1994, 14-16)는 다문화교육에 대한 접근법과 관련한 여타 학자들의 논의를 크게 세 부류로 요약하여 제시하였다. 문화적 다원주의에 관한 내용을 가르치는 것, 문화적으로 다양한 학생을 가르치는 것, 여타의 학문 주제와 지적 기능을 가르치기 위하여 문화적 다원주의를 활용하는 것이 바로 그것에 해당된다.

문화적 다원주의에 대하여 가르치는 것은 가장 전통적이면서도 공통적인 접근법이다. 그것은 민족 집단의 역사·유산·기여·사회적 이슈에 관한 수업 요소들을 개발하는 것에 강조점을 두고 있기에 주로 내용 중심적인 특징을 보여준다. 이를테면 사회, 음악, 미술 등의 수업에서 특정 민족 집단에 관한 수업을 전개하는 것이다. 이 접근법은 주류 사회에서 과소평가되거나 편견과 오해로 얼룩져 있는 특정한 민족·문화 집단에 대하여 학생들에게 사실적으로 올바른 정보를 제공하는 데에 치중한다.

문화적으로 상이한 학생들을 가르치는 것은 내용 지향적이라기보다는 과정 지향적이다. 이 접근법은 교육 기회 및 결과를 개선하기 위한 하나의 기반으로서 상이한 민족·문화·인종 배경에서 온 학생들과 더욱 효율적인 수업 관계 및 래포를 형성하는 일에 관심을 둔다. 이 접근법은 문화와 인지, 교육과 민족성, 교수·학습 양식과 문화적 조건화 사이에는 상호작용이 존재한다는 것을 전제로 한다. 앞에 언급한 문화적 다원주의에 대하여 가르치는 것이 자료 개발과 교육과정 개선을 강조한다면, 이 접근법은 교사교육, 직원 역량 개발, 교실 수업에 우선권을 부여한다. 이 접근법은 문화적으로 상이한 집단에서 온 학생들에 대해 교사가 갖고 있는 태도·가치·지식이 개선된다면, 교사들이 그들에게 문화적으로 더욱 적절한 수업을 전개할 수 있을 것이라고 본다.

세 번째의 접근법은 내용과 과정을 결합한 것이다. 실제에 있어서 이 접근법은 여타의 지식과 기능을 가르침에 있어서 문화적으로 다원적인 내용·경험·관점을 활용하는 것을 의미한다. 이를테면 이해, 어휘, 의미 추론 등과 같은 여러 가지 읽기 기능을 가르치는 과정에서 특정 민족 집단의 소설·시·민담 등을 활용하는 것이다. 지리적 입지 개념을 가르침에 있어서 특정 민족 집단의 이주 및 정착 유형을 활용할 수도 있다. 나아가 학생들은 특정 문화 집단의 상황이나 사건을 조사함으로써 문제 해결, 비판적 사고, 가치 분석 기능 등을 함양할 수도 있다. 이에 덧붙여 교사는 문화적 조건화가 학습 상황에서의 행위에 미치는 영향에 대한 지식을 획득함으로써 어떤 수업 전략·수행 평가·요구 사정·교육과정 자료·학습 풍토가 문화적으로 상이한

학생들의 교육 기회를 극대화하는 데 가장 적합한 것인지에 대한 의사결정을 내리는 데 도움
을 얻을 수 있다.

참고 문헌

모경환 외 3인 공역(2008), 『다문화교육 입문』, 서울: 아카데미프레스.

장인실(2006), "미국 다문화교육과 교육과정", 『교육과정연구』, 24(4), 27-53.

Banks, J. A. & Banks, C. A. M. (2001). *Multicultural education: Issues and perspectives*, 4th ed., Boston: Allyn & Bacon.

Banks, J. A. (2002). *An introduction to multicultural education*, 3rd ed., Boston: Allyn & Bacon.

Banks, J. A. (2007). *Educating citizens in a multicultural society*, 2nd ed., New York: Teachers College Press.

Bennett, C. I. (2007). *Comprehensive multicultural education*, 6th ed., Boston: Pearson.

Cooper, R. & Slavin, R. E. (2001). "Cooperative learning programs and multicultural education: Improving intergroup relations", In F. Salili & R. Hoosain, (Eds.), *Multicultural education: Issues, politics and practices*, Greenwich: Information Age publishing.

Gay, G. (2000). *Culturally responsive teaching*, New York: Teachers College Press.

Gay, G. (1984). *A synthesis of scholarship in multicultural education*, Urban Education Monograph.

Gollnick, D. M. & Chinn, P. C. (2006). *Multicultural education in a pluralistic society*, 7th ed., Upper saddle River, NJ: Pearson, 2006.

Johnson, D W. & Johnson, R. T. (2001). *Multicultural education and human relations*, Boston: Allyn and Bacon.

Nieto, S. (2000). *Affirming diversity: The sociopolitical context of multicultural education*, 3rd ed., New York: Teachers College Press.

Pang, V. O. (2001). *Multicultural education: A caring centered, reflective approach*, Boston: McGraw Hill.

Ramsey, P. G. (1982). "Multicultural Education in early childhood", *Young Children*, 37(2).

Ramsey, P. G. (1987). *Teaching and learning in a diverse world: Multicultural education for young children*, New York: Teachers College Press.

Ramsey, P. G. (2004). *Teaching and learning in a diverse world*, 3rd ed., New York: Teachers College Press.

Salili, F., & Hoosain, R. (2001). Multicultural education: History, issues, and practices, In F. Salili &

R. Hoosain, (Eds.), *Multicultural education: Issues, politics and practices*, Greenwich: Information Age publishing.

Sleeter, C. E. & Grant, C. A. (2007). *Making choices for multicultural education: Five approaches to race, class, and gender*, 5th ed., Hoboken: Wiley.

Suleimanm, M. F. (2004). Multiculral education: A blueprint for educators, In G. S. Goodman & K. Carey, Eds., *Critical multicultural conversations*, Cresskill, NJ: Hampton Press, Inc.

Sterba, J. P. (2001). *Three challenges to ethics: environmentalism, feminism, and multiculturalism*, NY: Oxford University Press.

Suzuki, B. H. (1984). Curriculum transformation for multicultural education, *Education and Urban Society*, 16.

Tiedt, P. L. & Tiedt, I. M. (2002). *Multicultural teaching*, 6th ed., Boston: Allyn & Bacon.

2부.
문화 감응 교육의
이론과 실제

문화 감응 교수라는 개념은 소수 인종 학생의 낮은 학업 성취를 역전시키고자 하는 취지에서 비롯되었다. 문화 감응 교수는 가정문화와 학교문화가 서로 달라 고전하는 학생을 이해하고 도와주기 위해 시작된 연구에서 비롯된 개념이다. 문화 감응 교수는 다문화교육의 기본 요소로서, 그것은 학생들의 문화를 확인하고, 학생들의 문화와 경험을 장점으로 생각하며, 수업 과정에 학생들의 문화를 반영하는 것이다. 이것은 문화가 학생들의 학습 방식에 영향을 준다는 가정에 근거한다. 또한 이것은 지식의 지배적인 원칙과 앎의 방식을 뛰어넘는 것이다. 교사는 문화 감응 교수를 통해 학생들로 하여금 민족적·인종적·문화적 다양성을 존중하고 포용하며, 다양성은 인간적 삶의 총체적인 조건임을 인식하도록 만들어야 한다.

문화 감응 교육의
세 가지 차원

앞에서 살펴본 바와 같이, 문화 감응 교육은 다문화교육의 중요한 한 차원을 이룬다. 흔히 공평 교수법의 하나로 통칭되긴 하지만, 엄밀하게 말해 문화 감응 교육은 다문화교육의 중핵을 이룬다고 할 수 있다. 다문화교육의 기본 요소로서 문화 감응 교육은 학생들의 문화를 확인하고, 학생들의 문화와 경험을 장점으로 생각하며, 수업 과정에 학생들의 문화를 반영하는 것이다. 이것은 문화가 학생들의 학습 방식에 영향을 준다는 가정에 근거한다. 또한, 이것은 지식의 지배적인 원칙과 앎의 방식을 뛰어넘는 것이다. 이에 게이(Gay, 2000, 34)는 학생들이 그들의 문화적 정체성과 문화적 배경을 변명하거나 부끄럽게 생각하는 대신, 그것들에 자긍심을 갖도록 가르쳐야 한다고 주장하였다.

문화 감응 교육은 모든 학생들의 성공을 촉진하고 지원하는 것을 목표로 한다. 문화 감응적인 교실에서 효과적인 교수·학습은 문화적으로 지지되고 학습자 중심적인 맥락에서 이루어진다. 이러한 맥락에서는 학생들의 성공을 위해 학생들이 학교에 가지고 오는 강점들을 발견·계발·활용한다. 문화 감응 교육은 제도, 개인, 수업이라는 세 차원으로 구성된다. 제도 차원은 행정 및 그것의 정책과 가치를 반영한다. 개인 차원은 교사가 문화적으로 감응적인 인간이 되기 위하여 갖추어야 할 인지적·정서적 과정을 언급한다. 수업 차원은 수업의 토대를 형성하는 자료·전략·활동을 포함한다. 이 세 차원들은 교수·학습 과정에서 상호작용을 하며, 문화 감응 교육의 효율성을 이해하는데 있어서 핵심적이다.

제도 차원

교육 체제는 학교를 위한 물리적·정치적 구조를 제공하는 제도이다. 이 제도가 문화 감응적인 제도가 위해서는 적어도 세 분야에서 개혁이 이루어져야만 한다. 첫째, 학교 조직에서의 변화가 필요하다. 이것은 행정 구조, 그리고 행정 구조가 다양성과 관계하는 방식, 학교를 계획하고 교실을 배열함에 있어서 물리적 공간의 활용을 포함한다. 둘째, 학교 정책과 절차에서의 변화가 필요하다. 이것은 다양한 배경을 가진 학생들에 대한 서비스의 제공에 영향을 주는 학교의 정책과 관행을 언급한다. 셋째, 지역사회 관여에서의 변화가 필요하다. 이것은 학교가 가정 및 지역사회와의 연계를 모색하는 것이라기보다는 오히려 가정과 지역사회가 학교에 참여할 수 있는 방법을 모색한다는 의미에서의 지역사회 참여에 대한 제도적 접근을 다룬다. 사실상 세 가지 분야 모두에서 문화 감응적이어야 하지만, 그중에서도 가장 중요한 것은 자원의 할당에 관한 학교 정책과 절차의 영향력이다. 니토(Nieto, 1999)가 말한 바와 같이, 우리는 매우 어려운 질문을 해야만 한다. 최고의 교사를 어디에 근무시킬 것인가? 어떤 학생들이 상급 코스를 수강해야 하는가? 무슨 목적을 위해, 그리고 어디에 자원을 할당할 것인가? 우리는 교육 체제와 그것의 다양한 요소들과의 관계를 비판적으로 조사해야만 한다.

개인 차원

교사의 자기 성찰은 개인 차원의 중요한 부분이다. 그들 자신과 타인에 관한 태도와 신념을 정직하게 조사해 봄으로써, 교사는 자신이 누구이고 왜 그래야 하는지를 발견하기 시작하고, 자신의 가치 체계에 영향을 미치는 편견들에 직면할 수 있다. 교사의 가치는 학생들 및 가정과의 관계에 영향을 주기 때문에 교사는 어떤 문화·언어·민족 집단을 향한 부정적 감정을 조정해야만 한다. 교사의 가치관은 어떤 집단을 향한 편견이나 인종차별을 반영할 수도 있다. 교사가 그러한 편견과 차별의식을 제거할 때, 학생과 그 가정을 위한 신뢰와 수용의 풍토를 만들어 낼 수 있으며, 그 풍토 속에서 모든 학생들은 성공할 기회를 더 많이 가지게 될 것이다.

개인 차원에서 또 하나의 중요한 측면은 탐색이다. 교사는 자신이 가르치는 학생 및 그 가정의 역사와 현재의 경험들뿐만 아니라 자신의 역사와 경험들을 탐색해야만 한다. 그러한 탐색을 통한 지식을 바탕으로 교사는 자아와 타인들에 대한 이해를 제고하고 다양성을 제대로 감지할 수 있게 된다. 교사가 자신의 수업에 있어서 편파적이지 않고, 자신 및 학생들에 대해 잘 알고 있을 때 교사는 비로소 모든 학생들의 요구에 더 잘 반응할 수 있게 된다. 개인 차원에서 문화 감응적인 교사가 되기 위해 필요한 특별한 활동을 제시하면 다음과 같다.

첫째, 성찰적인 사고와 작문을 시작해야 한다. 교사는 자신의 행동을 지배하는 개인적 동기들을 밝히고자 노력함으로써 자신의 행동과 상호작용에 대한 성찰의 시간을 가져야 한다. 첫 단계는 바로 인종차별주의나 자민족중심주의와 같은 모종의 행동에 기여하는 요인들을 이해하는 것이다. 그러한 이해를 통해 행동을 변화시킬 수 있기 때문이다. 자기 성찰적인 저널이나 일기를 쓰는 것이 매우 효과적이다.

둘째, 개인과 가족의 역사를 탐색한다. 교사는 인종적 존재로서의 자신에 대한 이해에 기여했던 자신의 이전 경험과 가족 이벤트를 탐색할 필요가 있다. 이러한 과정의 일부로서 교사는 사회에서 상이한 집단들에 대한 자신의 신념과 경험에 대하여 부모나 조부모 등의 가족 구성원들과 비공식적인 인터뷰를 시행할 수 있다. 공유된 정보는 자기 나름의 관점이 생긴 근원을 알게 해 준다. 교사가 자신의 가치관의 역사적 형성에 대해 알게 될 때, 여타의 개인들과 더 좋은 관계를 맺을 수 있다.

셋째, 상이한 집단 안에서의 소속감을 인정한다. 교사는 사회 속에서 여러 집단에 소속되어 있다는 사실, 그리고 각 집단에 소속된 것의 유리함과 불리함을 인정하고 용인해야 한다. 예를 들어 백인 여교사이며 중산층에 속하는 사람은 사회 속에서의 모종의 특권을 누린다. 동시에 그 교사가 여성이라는 사실은 남성 지배적인 사회에서 많은 도전에 직면하게 한다. 덧붙여 교사는 한 집단에의 소속감이 다른 집단을 바라보고 그 집단들과 관계하는 데 미치는 영향을 평가할 필요가 있다.

넷째, 다양한 집단의 역사와 경험에 대하여 학습한다. 상이한 역사적 경험들이 어떻게 다양한 집단들의 태도와 관점을 형성하였는지를 이해하기 위하여 교사가 타 집단의 삶과 역사에 대해 학습하는 것이 매우 중요하다.

다섯째, 학생의 가정과 공동체를 방문한다. 교사는 학생의 가정환경으로 실제로 들어가 봄으로써 학생의 가정과 그가 속한 인종·민족 등의 공동체에 대한 정보를 입수하는 것이 매우 중요하다. 이것은 교사가 복잡한 사회적·문화적 네트워크에 연관된 사회적·문화적 존재로서의 학생들을 이해하는 데 많은 도움을 준다. 학생의 가정에서의 삶을 이해함으로써 교사는 학생의 태도와 행동에 영향을 준 것들에 대한 통찰을 얻을 수 있다. 나아가 교사는 가정과 공동체를 학생의 교육적 성장에 기여할 수 있는 잠재적 자원으로써 활용할 수 있게 된다.

여섯째, 다양한 환경에서의 성공적인 교사들을 방문한다. 교사는 다양한 배경을 가진 학생들을 교육하기 위한 성공적인 접근법에 대해 학습할 필요가 있다. 다양한 배경을 가진 학생들을 가르치고 있는 성공적인 교사의 교실을 방문하는 것 혹은 그러한 성공에 대한 참된 설명이 담긴 서적을 읽어 봄으로써 교사는 그 나름의 기능을 발달시키기 위한 모범 사례를 접할 수 있다.

일곱째, 다양성에 대한 감식 능력을 계발해야 한다. 다양한 교실에서 효능감을 발휘하기 위해 교사는 다양성을 감지하고 이를 사회의 표준으로 여길 수 있어야 한다. 교사는 어떤 문화가 다른 문화보다 우월하다는 개념을 거부해야만 한다. 이것은 교사가 차이에 대한 존중감을 발달시키고, 그러한 관점에서 학생들을 가르쳐야 한다는 것을 함축한다. 교사는 또한 자신의 세계관이 유일한 관점은 아니라는 사실을 인정해야만 한다.

여덟째, 제도를 개혁하는 데 참여한다. 역사적으로 볼 때, 교육제도는 문화적으로 편파적인 기준과 가치를 설정함으로써 학교 인구 가운데 한 부분의 성취를 장려하였다. 학교의 단일 문화적 가치는 교육과정 개발과 수업 실행에서의 편견을 조장하였으며, 그것은 문화적·언어적으로 다양한 배경을 가진 학생들의 성취에 해로운 결과를 초래하였다. 교사는 교육 체제를 개혁하는 일에 참여하여 교육 체제가 좀 더 포함적인 체제가 될 수 있게 해야 한다. 제도와 학생 간의 직접적인 연결자로서의 교사는 변화를 촉진하기 위한 중추적인 역할을 수행해야 한다. "내 말을 듣지 않으면 실패할 것이다."와 같은 전통적인 방식의 수업을 지속할 때 교사는 단

문화 감응 교육학

일문화적 제도를 영속시키는 존재가 된다. 전통적 정책과 관행에 의문을 제기하고, 수업 실행에 있어서 문화 감응적인 방식을 선택하는 것에 의해 교사는 제도를 변화시키는 노력을 할 수 있다.

수업 차원

서적, 교수 방법, 활동 등과 같은 수업 도구들이 학생의 문화적 경험과 양립하지 않거나 학생의 문화적 경험을 무시할 때, 학교와의 분리가 생길 수 있다. 학교의 문화가 학생의 문화적 배경과 일치하지 않을 때 학업 부진에서부터 중도 탈락에 이르기까지 많은 문제를 야기할 수 있다. 문화 감응 교육은 학생의 문화와 언어를 수업에서 인정하고 활용하며, 궁극적으로는 학생 개인의 정체성과 공동체의 정체성을 존중한다. 문화 감응 수업을 위한 구체적인 활동을 제시하면 다음과 같다(Banks & Banks, 2004; Gay, 2000; Ladson-Billings, 1994; Nieto, 1999).

첫째, 학생들의 공통점과 차이점을 인정한다. 교사는 학생들의 공유된 가치와 관례에 주목해야 함과 동시에 학생들의 개인차를 인정해야 할 의무가 있다. 교사는 학생들의 공유된 가치와 실천에 대하여 알고 있어야 할 뿐만 아니라, 그들의 개별적인 차이점도 분명하게 인식해야 한다. 문화와 언어는 학생들의 행동과 태도에 영향을 준다. 우리나라를 포함한 일부 문화에서는 아이들이 어른을 향해 눈을 똑바로 치켜세우는 것을 금지한다. 그 학생이 교사와 눈을 맞추는 것을 거부할 때, 그 행위는 교사에 대해 도전하는 것이 아니라 오히려 그 학생의 문화를 따르는 경우일 수가 있다. 만약 교사가 주류 문화인 자신의 관점에서 그 학생의 행동을 판단할 경우 상당한 오해가 생길 수 있다. 실제로 조기 유학을 간 한국의 많은 학생들이 미국 교실에서 이런 현상을 경험한다. 교사에게 꾸중을 들을 경우 우리나라 학생들은 반성과 뉘우침의 표시로 고개를 푹 숙이고 미국 교사의 말을 듣는 경우가 많다. 그러나 그러한 한국의 문화 풍토를 이해하지 못하는 많은 미국의 교사들은 잘못을 뉘우치기는커녕 오히려 계속해서 자기에게 도전한다고 생각하여 더 화를 내는 경우가 빈번하게 발생한 적이 있다. 따라서 모든 학생들이 주류 문화에 따를 것이라는 것 자체가 하나의 편견이라는 사실을 교사는 한시도 잊어서는 안 된다. 또한 모든 학생들은 독특하고 고유한 존재이므로 그들의 학습 요구 역시 매우 다양하다. 교사가 이러한 차이들을 인식하는 것은 학생들의 개별적 요구 사항들을 충족시켜 주는 데 큰 도움을 준다. 교사는 학생의 인종적·민족적 집단 소속감을 근거로 한 선입견에 근거하여 개별 학생들에게 반응하는 것이 아니라, 교사 스스로 발견한 학생들의 강점과 약점에 근거하여 반응하는 것이 바람직하다.

둘째, 교실 관행과 수업 자료에 있어서 학생의 문화적 정체성을 승인해야 한다. 교사는 가능한 한 학생들의 문화를 지지해 줄 수 있는 방향에서 교과서를 활용하고, 게시판을 디자인하며, 교실 활동을 전개해야 한다. 학교가 지정한 교과서나 여타의 수업 자료들이 다양한 집단을 충분하게 대변하지 못하거나 고정관념을 영속화할 수도 있을 때, 교사는 다양한 배경을 가진 개인들을 묘사함에 있어서 민감하고 다양성을 풍부하게 반영한 자료들을 가지고 수업을 보완해야 한다. 교사는 학생들에게 낯익은 이미지와 관행들을 효율적으로 활용함으로써 학생들이 학교에 가지고 오는 강점들을 이용할 수 있다. 학생들이 수업에서 낯익은 관행들을 많이 경험하고 다양한 방식으로 사고하는 기회를 많이 가질수록, 학생들이 교실 공동체에 포함되어 있다는 감정은 더욱 커지고 그 결과 학습에서의 성공 가능성도 그만큼 커진다. 이를테면 일부 민족 공동체에서는 그 성원들이 일상적인 삶에서 많은 과제들을 달성하기 위해 지지적인 방식 속에서 협동을 하는 경우가 있다. 이런 경우에 수업에 대한 접근법으로서 협동학습을 활용하는 것은 그러한 민족 공동체에서 온 학생들의 학업 성공을 증가시키는 데 큰 도움을 줄 수 있다.

셋째, 교사는 학생들 주변을 둘러싸고 있는 세계의 다양성에 대해 가르쳐야 한다. 지구촌 시대에서 학생들은 다양한 배경을 가진 사람들과 상호작용을 해야 하는 새로운 도전에 직면해 있다. 학생들이 다른 집단들의 차이점에 대해 무지할 때에는 갈등의 가능성이 그만큼 커지게 된다. 특히 학생들의 다양성이 증가하고 있는 교실 안에서 문화나 언어의 차이에 상관없이 서로 긍정적으로 관계하는 데 필요한 기능의 습득은 이제 학생들이 갖추어야 할 필수적인 역량으로 부상하고 있다. 이에 교사는 자신과는 상이한 사람들과의 만남에 있어서 학생들이 문화적으로 풍부한 지식과 유능함을 갖출 수 있도록 다양한 학습 기회들을 제공할 필요가 있다. 이를테면 학생들이 다른 문화적 배경들을 가진 학생들과 인터뷰를 해 보게 하는 것 혹은

문화 감응 교육학

전자우편 등을 통해 다른 공동체나 문화의 성원들과 온라인 친구 관계를 맺도록 하는 것은 그러한 학습 기회 중의 하나이다. 또한, 학생들은 여러 민족이나 문화 집단들이 인류의 발전에 기여한 바에 대하여 학습할 때에 자신과는 상이한 집단들에 대한 인식력을 발달시킬 필요가 있다. 그러한 학습 과정에 있어서 특히 교사는 학생들의 문화적 고정관념이 부주의하게 강화되는 일이 없도록 적극적인 연구와 계획의 시간을 확보해야 한다.

넷째, 교사는 학생들 간의 공평과 상호 존중을 조장해야 한다. 다양한 문화·언어·능력을 가진 교실 안에서는 모든 학생들이 공정한 대우와 존중을 받고 있다는 느낌을 갖는 것이 절대적으로 중요하다. 자신들의 차이점 때문에 학생들이 불공평한 차별을 받게 될 경우 그 결과는 낮은 자존감, 좌절감, 화, 낮은 학업 성취도 등을 수반한다. 그러므로 교사는 교실 안의 모든 사람들을 존중하여 대우하도록 만드는 행동 기준을 설정하여 유지해 나갈 필요가 있다. 교사는 공정성을 시범 보여주고, 차이점이 정상적이라는 것을 학생들에게 끊임없이 상기시켜 주는 역할 모델이 되어야 한다. 교사는 어떤 유형의 행동과 의사소통이 득이 되거나 칭찬을 받는지를 모니터할 필요가 있다. 간혹 그러한 행동 및 의사소통 양식은 문화적 관행들과 결합되어 있을 수도 있다. 이에 교사는 단지 문화적 차이만으로 학생들의 행동을 꾸짖거나 처벌하는 일이 생기지 않도록 세심한 주의를 기울여야 한다.

다섯째, 학생들의 능력과 성취를 타당하게 평가해야 한다. 효과적인 수업 계획이 지속적으로 가능하기 위해서는 학생들의 능력과 성취에 대한 평가가 가능한 정확하고 완전하게 이루어져야 한다. 이것은 평가 도구와 절차가 평가 대상인 모든 학생들에게 타당할 때에 가능해진다. 다양한 배경을 가진 학생들은 상이한 의사소통 관행과 더불어 상이한 응시 기능을 가질 수 있으므로, 평가 도구 자체가 평가 대상인 모든 학생들에게 적절하고 다양해야 한다. 그렇지 못할 경우에는 학생들의 능력과 성취에 대한 타당하지 못한 판단이 나올 수 있다. 학생들의 문화적·언어적 배경에 민감하지 못한 시험들은 학생들이 알지 못하는 것, 즉 비주류 학생들이 주류 문화와 주류 언어에 대해 잘 알지 못하는 것만을 보여줄 뿐 실제 그들이 잘할 수 있는 것에 대해서는 제대로 알려 주는 바가 없게 된다. 달리 말해 문화적으로 민감하지 못한 시험들은 학생들의 능력과 성취를 올바르게 평가할 수 있는 기회 자체를 상실한 것이나 다를 바 없다.

여섯째, 교사는 학생·가정·지역사회·학교 간의 긍정적인 상호 관계를 조장해야 한다. 학생들이 학교에 올 때 그들은 가정과 그가 속한 공동체나 지역사회로부터 사회화한 지식을 가지고 온다. 그리고 학생들은 학교와 교사가 가르쳐 준 새로운 지식을 갖고 가정으로 돌아간다. 그러므로 학교에서 학생의 수행은 가정·공동체·학교의 관계를 조율하는 교사의 역량에 의해 영향을 받을 가능성이 매우 크다. 교사가 교수·학습 과정에서의 존중을 받는 파트너로서 학부모나 지역사회의 인사들을 교실로 초빙하는 것은 가정·공동체·학교의 긍정적인 상호 관계를 강화시켜 준다. 학생과 공동체의 연대를 더욱 강화시키기 위해 교사는 가능하다면 학생들을 공동체나 지역사회의 이벤트에 참여시킬 필요가 있다. 저자가 미국에 체류하던 당시 멕시코계 미국인 학생이 많았던 한 고등학교에서는 '죽은 자의 날'(day of the dead)에 즈음하여 학생들로 하여금 도심에서 열리는 '죽은 자의 날' 기념 이벤트를 관람하고 보고서를 제출하도록 하는 일을 목격한 바가 있다.

일곱째, 교사는 학생들이 학습에 능동적으로 참여할 수 있도록 동기를 부여해 주어야 한다. 교사는 학생들이 성찰과 평가를 통해 자신의 학습을 스스로 조절해 나갈 수 있는 적극적인 학습자가 될 수 있도록 고무시켜 주어야 한다. 학습에 능동적으로 참여하는 학생들은 무비판적으로 정보를 수용하기보다는 오히려 교사에게 질문을 많이 한다. 그런 학생들은 목표를 설정하고, 자신의 수행을 평가하고, 피드백을 효율적으로 활용하고, 전략을 새로 수정함으로써 자신의 학습을 스스로 조절해 나간다. 예를 들어, 그런 학생들은 자신의 학습 유형을 조사해 봄으로써 시각적 도움 자료를 가지고 자료들을 복습하는 것이 암기에 더욱 도움을 준다는 사실을 발견하거나 혹은 학습 파트너와 함께 공부하는 것이 정보를 더욱 잘 처리할 수 있다는 사실을 발견할 수 있다. 그러므로 교사는 탐구 기반 학습에 도움이 될 수 있도록 교실 환경을 정비할 필요가 있다. 그런 교실에서는 학생들이 교사에게 질문을 하거나 학생들 상호 간에 질문을 제기하고 해답을 찾아나가는 과정이 용이하게 이루어진다.

여덟째, 교사는 학생들이 비판적으로 사고하도록 권면해 주어야 한다. 교수 활동의 중요한 목표 가운데 하나는 학생들이 독립적인 사고를 할 수 있는 사람이 되어 그들 스스로 책임 있는 결정을 내리는 것을 학습할 수 있도록 도와주는 일이다. 비판적 사고는 학생들이 정보를 분석하고 종합하는 것, 그리고 주어진 상황을 다양한 관점에서 파악하는 것을 요구한다. 교사가 학생들에게 이러한 유형의 추론 활동에 관여하도록 도와줄 때, 학생들은 상자 밖에서 사고하

문화 감응 교육학

는 방법을 학습할 수 있다. 무엇보다도 학생들은 스스로 사고하는 방법을 배울 수가 있다. 그런 학생들은 무지에 근거한 견해를 형성하거나 또는 고정관념을 여과 없이 그대로 수용할 가능성이 매우 희박하다. 교사는 이러한 사고 기능의 학습을 촉진하기 위해 '만약 이렇다면 … 어떤 일이 발생할까?' 등과 같은 시나리오를 담은 질문을 제시하여 학생들이 다양한 관점으로부터 구체적인 상황에 대하여 사고해 보도록 할 수 있다.

아홉째, 교사는 학생들의 잠재력에 의해 정의되는 수월성을 지향하도록 학생들을 격려한다. 모든 학생들은 그들의 문화적·인종적·민족적 배경에 상관없이 그리고 능력 유무에 상관없이 학습할 수 있는 잠재력을 갖고 있다. 많은 학생들은 실패의 경험 때문에 노력하는 것을 중단한다. 일부 학생들은 의미가 별로 없는 교육 내용이나 저수준의 교육과정을 이수할 만큼의 노력만 기울인다. 따라서 교사는 학생들에게 그들이 학습할 수 있는 능력을 갖고 있다는 사실을 환기시켜 주고, 도전적이고 의미 있는 교육과정을 제공함으로써 학생들을 끊임없이 동기화시켜 줄 필요가 있다. 학생들에 대한 교사의 낮은 기대는 학생들의 낮은 수행을 유발하는 데 그치고 만다. 교사는 학생들이 적절한 도움을 받았을 때에 어느 정도까지 학습할 수 있는지를 실증해 주는 활동들에 학생들이 관여하게 해 주어야 한다. 교사는 비고츠키(Vygotsky)가 말했던 비계 설정(scaffolding)의 중요성을 인식하여 학생들이 그들의 잠재력을 실현할 수 있도록 도와주어야 한다. 비계 설정이란 아동의 학습을 촉진하기 위해 성인이나 더 유능한 또래가 체계적으로 지원을 제공하는 교육 활동이다. 아동은 타인과의 상호 작용 과정을 통해 유능한 타인의 도움을 받게 되는 것을 특징으로 한다. 아동이 과제를 수행하는 데 있어 지원이 너무 부족하면 과제를 완수하지 못하게 되는 반면, 지원이 너무 많으면 아동의 독립적인 과제 수행에 방해가 될 수 있다. 따라서 아동에게 제시되는 지원의 정도는 아동과의 협상과정을 통해 조정되며, 지원의 정도는 아동의 근접발달영역(zone of proximal development: ZPD)을 고려하여 현재 과제 수행 수준보다 약간 우위 수준에서 설정하는 것이 바람직하다. 아동에게 제공되는 비계는 아동이 과제에 숙달됨과 동시에 철회된다. 교육에서 사용하는 비계 적용의 절차는 다음과 같다. ① 교사는 학생이 달성하고자 원하는 행동을 설명하고 모델이 된다. ② 그 행동을 실제로 해볼 수 있는 기회를 준다. ③ 학생의 수행에 대한 피드백을 제공한다. ④ 원하는 행동을 표현하는 능력이 높아질수록 학생에 대한 지원을 점차 줄여 간다.

끝으로, 교사는 학생들이 사회적·정치적으로 의식적인 존재가 될 수 있도록 도와주어야 한다. 교사는 학생들이 교실과 사회에 의미 있고 책임 있는 행위자로서 참여할 수 있도록 학생들을 준비시킬 책무를 가진 존재이다. 의미 있고 책임 있는 참여는 모든 사람들이 사회의 정책과 관행을 비판적으로 조사해 보는 것 그리고 사회에 존재하는 부정의를 교정하기 위해 협력하는 것을 필요로 한다. 우리가 살고 있는 세상이 모든 사람들이 공평하게 대우를 받는 더 나은 장소가 되도록 하기 위해서는 그러한 일이 발생하도록 실제적인 노력을 해야만 한다는 사실을 학생들은 반드시 학습해야만 한다. 이것은 우리 사회의 구성원인 동시에 지구촌의 구성원으로서 우리에게 부여된 시대적 사명이다. 학생들에게 이러한 의식을 심어주기 위해 교사는 특정한 사회적 이슈에 대한 그들의 견해를 담은 편지를 정치인이나 신문사 혹은 방송국에 개별적·집단적으로 수행해 보도록 할 수 있다. 교사는 학생들이 빈곤한 계층의 사람들을 돕기 위한 음식이나 의복을 모으는 사회 운동에 참여해보게 권장할 수도 있다.

교사는 모든 학생들이 그들이 갖고 있는 능력의 최상을 실현할 수 있는 동등한 기회를 갖고 있다는 것을 모든 학생들에게 보증시켜 줄 책임을 가진 존재이다. 만약 교사가 수업에서 어느 한 집단의 문화적·언어적 관행들과 가치들을 반영한다면, 여타의 학생들은 학습에 대한 동등한 기회를 박탈당하게 된다. 문화적으로 감응적인 수업은 모든 학생들의 욕구를 중시한다. 사실상 현재의 학교 체제와 교육과정은 모든 학생들의 욕구를 제대로 반영하지 못하고 있다. 이 간극을 메울 책임은 바로 교사에게 있다. 다양한 배경을 가진 학생들을 배제하는 것이 아니라 오히려 적극적으로 포함하는 일은 문화 감응적인 교사가 해야 할 가장 중요한 일이다.

참고 문헌

Banks, J. A. & Banks, C. A. M. (Eds.), (2004), *Handbook of research on multicultural education*, San Francisco: Jossey-Bass.

Gay, G. (2000), *Culturally responsive teaching: Theory, research, and practice*, New York: Teachers College Press.

Gay, G. (2002), "Preparing for culturally responsive teaching", *Journal of Teacher Education*, 53(2), 106-116.

Ladson-Billings, G. (1994), *The dreamkeepers: Successful teachers of African-American children*, San Francisco: Jossey-Bass.

Nieto, S. (2002/2003), "Profoundly multicultural questions", *Educational Leadership*, 60(4), 6-10.

Richard, V. H., Brown, A. F. & Forde, T. B. (2006), *Addressing diversity in schools: Culturally responsive pedagogy*, Tempe: National Centor for Culturally Responsive Educational Systems.

Villegas, A. M. & Lucas, T. (2002), "Preparing culturally responsive teachers: Rethinking the curriculum", *Journal of Teacher Education*, 53(13), 20-32.

문화 감응 교육과정의
기본 원리

오늘날 학교의 인구통계학적 변화는 수업을 조직화하고 실행하는 새로운 방식을 요구한다. 다양한 학생들은 교사의 지식·신념·관점, 그리고 학교의 지배적인 규범과 다소 상이한 학습 선호도, 생활 경험, 타인과의 관계 방식, 학습과 학교에 대한 기본적인 신념을 갖고 학교에 온다. 따라서 공평성과 수월성이라는 교육의 두 가지 목표를 달성하기 위하여 교사들은 다음의 네 가지 질문들에 관심을 가져야 한다(Armento, 2001, 20).

첫째, 학생, 학습, 그리고 교사로서의 책임에 대해 내가 믿고 있는 것은 무엇인가? (기본 신념)

둘째, 교육 목표를 달성하기 위해 내가 활용해야 할 자료, 사례, 내용은 무엇인가? (내용과 수업 사례)

셋째, 어떻게 학생들의 정신과 마음을 능동적이고 의미 있게 관여시킬 수 있는가? (학생 관여 및 참여 원리)

넷째, 학생들의 학습과 성장을 어떻게 평가할 것인가? 교수·학습을 개선하기 위하여 그러한 정보를 어떻게 활용할 것인가? (학습 평가 원리)

이 장에서는 이러한 네 가지 질문들에 대한 해답을 모색하면서 문화 감응 교육과정의 기본 원리들에 대하여 상세하게 알아볼 것이다.

문화 감응 교사의 기본 신념

문화 감응 교사는 학생들에 대해, 교사로서의 자신에 대해 그리고 전반적인 교수·학습 과정에 대해 특정한 방식으로 생각하는 사람이다. 문화 감응 교사는 모든 학생들의 소중함·가치·역량을 신뢰하고, 개별 학생과 모든 학생들의 최상의 발달을 보장하는 것은 바로 학교와 교사의 책임이라는 사실을 믿는다. 문화 감응 교사는 개별 학생은 최상의 학습 기회에 완전하게 접근할 수 있어야 하고, 학생의 교육과 발달에 있어서 교사와 학부모는 협력자라는 사실을 믿는다. 어바인과 아멘토(Irvine & Armento, 2001, 20-23)는 문화 감응 학습 환경의 기저를 이루고 있는 열 가지 근본 신념을 다음과 같이 제시한 바 있다.

첫째, 문화 감응 교사는 개별 학생에 대해 높은 학업적·개인적 기대를 갖고 있고, 개별 학생은 학습할 수 있고 자신이 가진 잠재력의 최상 수준까지 발달할 수 있어야만 한다는 신념을 갖는다(Darling-Hammond, 2000). 여기서 학생들에 대해 높은 기대를 갖는다는 것은 개별 학생에 대해 높은 수준의 확신을 갖는 것, 개별 학생이 인간으로서의 위대한 잠재력을 갖고 있다는 사실을 믿는 것, 개별 학생이 학습하기를, 그리고 성공하기를 원하고 있다는 사실을 믿는 것을 의미한다.

둘째, 문화 감응 교사는 개별 학생에게 필요한 학습 자원에 대한 공평한 접근과 학습을 위한 충분한 기회를 제공한다. 학생들에 대한 높은 기대를 갖는 것만으로는 충분하지가 않다. 개별 학생이 실제로 학습할 수 있도록 토대를 마련해 주는 것도 필요하다. 많은 학생들은 학습에 있어서 차이가 있기 때문에, 교사는 학생들이 지식과 기능에 있어서 지금 어디에 있는지를 분명하게 알아내어, 학생들이 모든 영역에서 효과적으로 학습할 수 있는 정확한 다음 단계를 제공하는 것이 매우 중요하다. 학생들이 교과 수업에서 높은 기준에 도달하도록 만들기 위해서는 진단과 치료가 필수적이다. 교육과정을 약화시키는 것 혹은 지식과 기능에서의 차이를 충분하게 강조하지 않는 것은 문화 감응 교사가 결코 수용할 수 없는 그릇된 관행이다.

셋째, 문화 감응 교사는 학습 결과가 개별 학생에게 유의미하고, 적절하며, 유용하고, 중요하다는 사실을 확언한다. 이것은 개인적이고 관련된 사례들이 교육 내용의 관념들을 예증하는 데 사용될 수 있도록 학생들을 알고 이해하는 것에 의해 가능해진다. 교사는 학생들이 지금 하고 있는 학습 내용이 그들의 현재의 삶과 미래의 삶에 어떻게 관계되어 있는지를 파악할 수 있도록 학생들을 도와주어야 한다. 학습 내용은 수많은 연결성과 적용 가능성을 가지고 있으므로, 교사와 학생들은 지금 이 학습 내용이 그들의 삶과 어떻게 관련되어 있는지를 사고함에 있어서 매우 숙달되어 있어야 한다. 만약 학생들이 대수(algebra)를 공부하는 것의 적절성을 파악하지 못한다면, 그들은 미적분을 공부하는 데 있어서 많은 어려움을 겪게 될 것이 분명하다.

넷째, 문화 감응 교사는 개별 학생을 위한 학습 지원 공동체(예: 가정, 친구, 지역사회센터 등)를 형성·발전시켜야 한다. 가정은 학생들이 교육의 중요성을 파악하도록 돕는 데 있어서 중요한 역할을 수행한다. 가정은 학생들의 숙제를 점검하고, 학생들의 성공에 필요한 지원을 보장해 줌으로써 학습을 지원해 줄 수 있다(Armento & Scafidi, 1999). 교사는 학생들의 학습에 도움을 주는 지역사회의 자원들에 대하여 부모들이 충분한 정보를 가질 수 있도록 그들을 돕는 역할을 수행해야 한다. 교사는 부모를 비롯한 가족 구성원들이 그들 나름의 학습에 진력하여 새로운 지식과 기능에 열광할 수 있도록 도와주어야 한다. 가족 구성원들의 학구열은 학생들의 학습에 커다란 도움을 줄 수 있기 때문이다. 학생들의 성장을 고양하기 위해서는 교사와 부모 간의 긴밀한 협력 체제가 형성되어 있어야만 한다.

다섯째, 문화 감응 교사는 학습자의 이전 지식·기능·신념과 일치하고 그것에 기반을 둔 학업 상의 적응력을 제고해 줌으로써 개별 학생의 최적 성장을 촉진시킨다. 이것은 개별 학생이 성공하도록 만드는 데 있어서 매우 중요한 측면이다. 학습이 이전 지식과 경험의 재구성이라면 교사는 마땅히 학생들이 생각하고 있는 것, 학생들이 갖고 있는 오개념, 학생들의 재량에 맡겨진 기능들의 본질에 대한 모종의 아이디어를 갖고 있어야만 한다(Cooper, 1993). 교사가 이러한 지식을 가지고 교수·학습에서 적절하게 적용하는 것은 매우 어려운 전문적인 기능이다. 여기서 교수·학습에서의 적응이란 교사가 학생들의 강점과 약점을 진단하여 학생들의 학습을 촉진하기 위한 모종의 방안을 파악한다는 것을 뜻한다. 하지만 학생들이 새로운 아이디어를 창조하기 위해 이전의 지식과 기능을 토대로 하여 능동적으로 활동하지 않는다면, 교사가 학생들의 실제적인 학습을 촉진시켜 주는 일이 그리 쉽지만은 않다.

여섯째, 문화 감응 교사는 문화적 다양성에 대한 상호적이고 실제적인 존중에 토대를 둔 긍정적이고 지지적인 학교·교실 환경을 구축한다(Cochran-Smith, 1995). 이러한 신념은 교사와 여타의 학생들에게 생소한 관습, 신념, 전통, 풍습에 대하여 학습하고 그것들을 소중하게 여기는 것을 의미한다. 또한 그것은 학교와 교실에서의 상호작용의 기초를 인간 존엄성의 원리, 개별 인간에 대한 존중감, 낙관주의와 희망의 태도 위에 세우려는 것을 함의한다. 학교에서 모든 사람들은 교양 있고 정중하게 대우를 받고 지지를 받으며, 학생들은 이러한 기본 원리들을 서로 관련짓는 방법을 학습해야만 한다. 학생들은 교조주의와 노여움이 아닌 토의와 대안적 입장에 대한 존중을 통해 불일치를 해결해야 한다.

일곱째, 문화 감응 교사는 사회 정의, 민주주의, 공평에 토대를 둔 교실 풍토를 조장한다(Delpit, 1988; Villegas, 1991). 달리 말해 학생들은 교실 공동체와 학교 공동체를 발전시킴에 있어서 주도적인 역할을 수행한다. 학생들은 교실과 학교 공동체의 규칙과 그 결과, 서로 관계하는 방식을 발전시킴에 있어서 중요한 역할을 수행한다. 학생들은 서로를 개인으로서 대우하고, 학습 자원에 대한 동등한 접근 기회를 가지며, 특별하고 창의적인 존재로서 가르침을 받는다. 교사와 학생들은 민주적인 교실 안에서 발생하는 문제와 이슈들에 대해 토의하고, 그러한 사안들을 다루는 방법에 대해 합의된 결정을 내린다. 학생들은 발달 정도에 따라서 점차 더 큰 난도와 중요성을 지닌 선택과 결정을 하도록 고무된다.

여덟째, 문화 감응 교사는 개인적인 권한 강화, 자기 효능, 긍정적인 자기 존중, 사회 개혁에 대한 신념을 증진시킨다(Banks, 1993). 교육은 권한 강화를 위한 매체로서 여겨진다. 왜냐하면 교육은 사물이 존재하는 방식에 대한 지식을 가져다줄 뿐만 아니라 사물이 있을 법한 이슈와 방식에 대한 아이디어를 가져다주기 때문이다. 학생들은 그들이 정책 결정에 영향을 줄 수 있는 것처럼 강한 감정을 갖도록 고무된다. 그러한 자기 효능감을 발달시키기 위해 학생들은 실생활 문제에 대한 경험을 가져야만 하고, 이전의 결정을 행동을 옮길 수 있어야만 한다. 학생들의 삶의 범위 안에 있는 이슈들에 대해 사회적 행동을 취하는 것은 자신이 중요한 아이디어를 갖고 있고 자신이 속해 있는 공동체에 커다란 차이를 만들어낼 수 있다는 감정의 중요한 측면이다. 문화 감응적인 교실 안에서의 학생들은 세상의 겉모습에 대해 학습할 뿐만 아니라 표면 아래에 숨겨진 이슈들을 파악하게 된다. 학생들은 공평 문제와 같은 중요한 문제들에 대해 성찰하고, 학교와 공동체에서 전향적인 방법으로 행동하게 된다.

아홉째, 문화 감응 교사는 다양성뿐만 아니라 인간의 공통성을 소중하게 여긴다(Greene, 1993). 모든 인간은 어떤 본질적인 인간적 특성을 공유한다. 우리는 개인 존중, 자유, 평등, 정의와 같은 모종의 핵심 가치들을 공유한다. 이러한 공통의 특성과 가치들은 수많은 범주의 다양성과 개별성이 융성할 여지를 남겨 둔다. 다양성은 각 개인을 특성화시켜 주는 문화, 민족, 인종, 젠더, 언어, 종교, 가치, 신체적·정신적 능력, 장애 등을 언급한다. 문화 감응 교사는 개별 인간의 독특성에 대한 존중만이 아니라 인간의 유사성에 대한 존중을 증진하고자 한다.

끝으로, 문화 감응 교사는 개별 학생에게 효과적이고 유능한 수업을 전개하는 것이 교사의 역할이자 책임이라고 믿는다(Oakes & Lipton, 1999). 교사는 학업 상의 격차에 상관없이 개별 학생의 학습 욕구를 강조하는 것이 자신의 역할이라는 사실을 믿어야만 한다. 이것은 학생이 필요한 학습 자원들을 소유하는 것을 보장하고, 학생을 위해 중요한 수업 적응 방안을 만들어 내며, 학생의 성공을 보장하기 위해 과외의 수업 시간을 할애한다는 것을 의미한다. 이러한 신념은 문화 감응 교사가 가져야 할 중요한 것이다. 많은 교사들은 어떤 학생이 중요한 학습 문제를 갖고 있을 경우, 그 학생의 학습 욕구를 중요하게 다루는 것이 다른 누군가의 몫이라고 믿는다. 따라서 읽기나 수학에서 다른 학생들보다 성적이 뒤처지는 학생들은 그들 스스로 적응하는 방법을 헤아리도록 노력하기 위해 방치되어 버린다. 그러한 학생들은 자신이 공부하는 것을 이해하지 못하기 때문에 체제 속에서 상실되고, 학습을 지겨워하며, 학교에서 상당한 좌절감을 맛보게 된다. 결국 이런 학생들은 학교에 결석하는 빈도가 잦아지고, 행동 상의 문제를 드러내며, 결국에는 최소한의 학업 기능과 기술적 기능을 가진 채 중도 탈락하게 된다. 문화 감응 교사는 개별 학생에 대한 책임을 갖고 있는 것이 바로 자신이라는 사실을 신뢰하는 가운데 개별 학생이 완전하게 성공하는 데 필요한 자원들을 진지하게 모색하는 노력을 기울인다.

지금까지 서술한 문화 감응 교사의 열 가지 기본 신념들은 모든 학생들을 위한 효과적인 교수·학습을 위한 토대를 형성하고, 교실에서의 공평과 수월성의 기초가 된다. 이러한 기본적인 신념을 갖고 있는 교사는 개별 학생이 자신의 잠재력을 실현할 수 있고 민주적인 사고와 행동의 본질을 학습할 수 있는 건강한 교실을 만드는 방식을 잘 모색하여 실천할 수 있다.

<표 4> 문화 감응 교육과정의 원리

수업 사례	·포함성(교육과정에 활용된 문화적 사례) ·대안적 관점 ·다양성과 공통성 ·문화적으로 적절한 것, 그리고 학생이 창조한 이미지, 은유, 사례
학생 참여	·목적, 호기심, 기대 ·다양한 학습 선호 ·개인/조화/팀 의사소통 ·협동적/경쟁적/개인적 목표 ·학생 선택/의사결정
평가	·다양한 자료를 활용한 지속적 평가 ·피드백을 제공하고 수업을 고지하기 위한 평가 정보 ·특별한 학습자를 위한 특수한 적용

이제 우리의 관심을 돌려서, 문화 감응 교육과정을 특성화하는 교수·학습의 본질적인 요소에 대하여 살펴보고자 한다. 여기서는 교육과정의 내용과 사용할 수업 사례의 내용, 학습과정에 학생들을 참여시키는 방식, 학생들의 학습을 평가하는 방식에 대하여 알아볼 것이다 (Irvine & Armento, 2001, 23-31).

내용 원리와 수업 사례

교육과정은 어떤 내용을 포함해야 하는가? 교육과정의 항목들은 어떻게, 누구에 의해 그리고 어떤 기준에 의해 선택되는가? 이러한 질문은 오늘날 교육에 있어서 가장 논쟁적인 성격을 띤다. 여기서 우리는 교육과정의 내용에 관한 우리의 사고를 이끄는 데 도움을 주는 원리들에 대해 알아보고자 한다. 이러한 원리들은 문화 감응 교육과정에 적절성을 갖고 있기에 여기에 소개하고자 한다. 그러한 원리는 바로 포함성, 대안적 관점, 다양성과 공통성, 학생 구성 사례(student-constructed examples)이다. 교육과정의 내용에 관한 우리의 사고에 영향을 주는 몇 가지 요인들이 존재하는데, 그것들은 학문의 본질이 급격하게 변하고 있다는 사실, 세계가 줄어들고 있다는 사실, 그리고 민주적인 교육과정을 개발하는 것은 하나의 도전이라는 사실이다. 먼저 이들 요인 각각에 대해 살펴보고자 한다.

① 학문의 본질 변화

모든 분야에서 학문은 새로운 데이터를 발견하고 수많은 주제와 이슈들에 대한 새로운 해석을 제시하였다. 따라서 여러 발달 단계에서 어떤 내용을 학습해야만 하는지를 결정하는 것이 더욱 어려워졌다. 어떤 분야에서는 지식 기반의 본질 자체가 다른 분야에 비해 더욱 현격하다. 이를테면 더욱 다양한 학자들이 역사학, 정치학, 인류학 등의 대열에 참여함에 따라서 사회과 지식은 매우 빠르게 확대되고 있다. 그들은 새로운 질문을 제기하고, 아주 새롭거나 이제껏 파묻혀 있던 데이터의 원천으로부터 데이터를 찾아내었다.

미국의 경우를 예로 들어 살펴보기로 하자. 미국의 많은 학자들은 흑인의 역사, 북미 인디언의 역사, 라틴 역사학 분야 발전시키는 데 기여하였으며, 이 새로운 분야들은 상당한 인정을 받는 가운데 점차 미국 주류사의 한 부분으로 포함되기 시작하였다(Nash, 1992). 이제 우리는 학교에서 학생들이 배우는 역사는 사물이 존재하는 방식에 대한 하나의 해석이라는 사실을 잘 인식한다. 우리가 이슈나 사건들을 새로운 데이터를 가지고 새로운 관점에서 파악함에 따라 이슈나 사건들이 새로운 의미를 가질 수도 있다. 우리가 과거에 일어났었던 일에 대해 더 많은 것을 알게 됨에 따라서 역사 연구는 더욱 복잡해지고 더욱 논쟁적인 것이 되었다고 볼 수도 있다. 그러나 그것은 이전에 비해 더욱 완전하고 정직하며 심층적인 역사 연구가 가능해졌음을 의미하기도 한다. 우리가 더욱 다양한 사회 구성원들의 행동·투쟁·공헌에 관한 이야기를 읽을 수 있게 됨으로써 그리고 사건의 원인과 영향에 대해 우리가 더욱 비판적인 질문을 제기함으로써, 역사학이라는 학문 자체가 더욱 흥미진진해졌음은 아주 분명한 사실이다.

우주 탐험과 같은 기술적 진보, 컴퓨터 기술의 발전, 생물학을 비롯한 자연과학 분야에서의 진보는 거의 모든 생활 분야에서의 발견을 촉진하였다. 인간 육체에 대한 지식과 공간에 관한 연구는 인간의 질병을 다루는 새로운 방식을 가능하게 하였고, 공간에 관한 연구는 우리가 식량을 마련하고, 자원을 개발하며, 우리 자신을 보호하고, 건물과 도시를 건축하는 방식에서의 기술적 변화를 초래하였다. 동시에 기술의 발전은 개발과 보전 간의 갈등, 동물 실험의 윤리적 문제, 신경과학적 인간 향상의 윤리적 문제 등과 같은 새로운 문제를 양산하기도 하였다. 따라서 중요한 과학적·사회적 이슈에 대하여 학생들이 사려 깊은 태도와 비판적 사고력을 함양하게 하는 것은 과학교육의 중요한 목표로 부상하게 되었다.

이렇듯 오늘날 우리는 모든 분야에서 더 많은 지식을 알고 있는 동시에 더욱 당황스럽고 복잡한 새로운 이슈들에 직면해 있다. 이러한 사실은 학생들이 어떤 지식을 학습해야만 하고, 특정 주제와 이슈를 언제 가르쳐야만 하는지를 교육자들이 결정하는 일을 더욱 어렵게 만든다. 지식의 양이 계속하여 증가하고, 새로운 발견이 수반하는 주요 이슈들에 대한 새로운 조명이 가능해짐에 따라 학생들은 학습하는 방법, 지식 기반에서의 변화를 놓치지 않고 따라가는 방법, 새로운 정보의 정확성과 타당성을 비판적으로 평가하는 방법을 학습하는 것이 중요해졌다. 그러므로 이 모든 기능들과 능력들은 오늘날 학생들과 관련된 모든 교육과정의 총체적인 부분이 되어야만 할 것이다.

② 좁아지는 세계

오늘날 우리는 세계의 모든 곳을 여행할 수 있고, 컴퓨터 기술을 통하여 친구나 낯선 사람들과 소통할 수 있다. 대부분의 국가에서 이주는 새로운 흐름이라고 할 수 있을 정도로 사람들은 자발적 혹은 비자발적으로 그들 자신을 위해, 그리고 가족을 위해 더 나은 삶을 찾아 나서고 있다. 세계화의 진전에 따라 세계는 더욱 상호의존적인 장소로 변해 가고 있다. 이를테면 지금 우리는 우리가 사용하는 생필품의 상당 부분을 타국으로부터 수입하고 있다. 우리는 경제 성장을 위해 더 많은 국가들과 교역을 하고 있으며, 타국에서 비즈니스를 하는 사람들의 숫자도 점점 늘어나고 있다. 지구상에서 가장 폐쇄적인 국가인 북한조차도 나름의 생존을 위해 부분적인 개방을 허용하고 있을 정도이다.

이러한 상황 속에서 학생들은 자기와는 다른 문화권의 사람들과 협력하기 위해, 그리고 더 나은 자신의 삶을 영위하기 위해 세계에 대하여 더 많은 것들을 학습해야만 한다. 세계의 모든 국가들이 상호 의존적인 글로벌 시대에서 그리고 정보에 즉각적으로 접근할 수 있는 세계 속에서 교육자들이 교육과정의 내용 그리고 학생들이 필요로 하는 비판적 사고 과정에 대해 재고해 보는 것은 매우 긴요한 일이다. 우리의 새로운 친구, 급우, 직장 동료, 동료 시민들을 더 잘 이해하기 위해 우리는 그들의 문화, 기본 가치와 신념, 관습과 생활방식을 알아야만 한다. 학교는 다양성의 문제를 더욱 진지하게 다루어야 하고, 모든 학생들이 학교에서 성공할 수 있는 방안을 모색해야만 한다. 또한 학교는 모국어가 한국어가 아닌 외국인 근로자 가정이나 국제결혼 이주 여성 가정과 효율적으로 소통할 수 있는 방안을 강구해야만 한다.

국제교류의 진전에 따라 향후 새로운 교육 현상이 발생할 수 있다. 이를테면, 교사는 오직 한국어에만 능통한 교실에서 2-3개 국어를 구사할 줄 아는 학생들이 존재할 수도 있을 것이다. 그러한 상황은 모든 학생들을 위한 공평성과 수월성을 신뢰하는 교사들에게 새롭고 흥미로운 도전을 제기한다.

③ 민주적 교육과정 개발은 하나의 도전

우리는 해방 이후 많은 시행착오를 거치면서 오늘날과 같은 민주 국가의 모습을 갖추게 되었다. 교육자로서 우리는 대한민국은 민주 국가이며, 대한민국의 국가 권력은 국민으로부터 나오는 것이라는 사실을 학생들에게 자랑스럽게 말할 수 있게 되었다. 대한민국이 민주 국가이고, 민주적인 교육을 지향한다면, 대한민국의 모든 구성원들이 학교 교육과정의 문서에 공평하게 반영되어 있어야 할 것이다. 그러나 우리의 교육과정은 주류인 한국인들만을 반영하고 있는 것이 사실이다. 동성애의 예를 들어보기로 하자. 민주 국가는 마땅히 개인의 성적 지향에 따른 차이를 존중해야 한다고 말하면서도, 일부 종교 단체들은 교과서에서 동성애를 언급하는 것 자체에 대해 심각하게 반대 입장을 보이기도 한다. 교육과정에 다양한 사람·관념·문화를 포함하는 것은 더욱 완전하고 정직하며 정확한 교육과정을 만드는 데 기여할 수 있다.

그러나 비록 우리가 교육과정에 다양성을 포함하는 것을 강한 교육적 신조로 삼고 있다고 할지라도, 그것을 어느 정도 포함해야 하는지의 문제에 봉착하게 마련이다. 모든 사람들이 동등하게 표현되어야만 하는가? 모든 관점들이 표현되어야만 하는가? 정직하면서도 현재의 학문에 근거하고 있고, 훌륭한 시민정신과 공적 참여를 증진할 수 있는 교육과정을 설계하는 것이 가능한가? 논쟁적인 이슈를 제기하면서도 학생들을 분석적이고 사려 깊게 만들 수 있는, 그리고 학생들을 냉소적이고 교조적이지 않게 만들 수 있는 교육과정을 만들 수 있는가? 이러한 문제는 매우 복잡하며 쉽게 해결할 수 없는 문제이다. 그러나 우리는 이전에 비해 더욱 균형적이고 정직하며 포함적인 교육과정을 개발하는 것이 가능하다는 사실을 반드시 믿어야만 한다. 문화 감응적인 교육자들은 학생들을 사려 깊고, 공적 책임감이 있으며, 시민으로서의 행동 역량을 갖춘 사람으로 만들 수 있는 민주적인 교육과정을 개발할 수 있을 것이다.

이러한 사항들을 고려해 볼 때, 우리가 문화 감응적인 교육과정을 개발할 때 내용 선택을 다루는 네 가지 기본 원리들은 다음과 같다. 교사들이 중시하는 질문은 아마도 다음과 같을 것이다. 학습 목표를 달성하기 위하여 어떤 자료, 수업 사례, 내용을 활용할 것인가? 이에 대한 대답으로서 여기서 강조하는 네 가지 내용 원리들은 포함성(inclusivenes), 대안적 관점(alternative perspectives), 다양성과 공통성(diversity and commonalities), 그리고 학생 구성 사례(student-constructed examples)이다.

- **포함성**: 교사는 학생들의 목소리와 그들의 문화적 유산을 내용 사례에 반드시 표현해야만 한다. 역사 수업 혹은 여타의 수업에서는 관련된 학생이나 집단을 완전하게 표현하기 위해 참된 문화적 데이터, 문학, 음악, 예술, 공예품, 1차 자료, 문화사들이 반드시 포함되어야 한다. 교사는 과거와 현재 생활의 완전성·정확성·완벽함을 드러내기 위하여 포함적이고 풍부하며 다양한 수업 사례들을 활용해야만 한다. 이번에 내가 가르치는 학급에 어떤 학생들이 있고, 나는 그들을 교육과정에 어떻게 표현할 수 있는가라는 질문은 좋지 않다. 그러한 질문은 포함성을 제한되고 협소하게 정의한 것에 불과하다. 오히려 교사는 다음과 같은 질문을 해야만 한다. 우리가 공부하는 시간·사건·이슈·분야·과학적 주제에 누구를 관련시켜 포함해야만 하는가? 교사는 이 질문에 대한 답을 찾으려는 구체적인 시도와 노력을 해야만 한다. 다양성에 대한 우리 나름의 지식은 한정되어 있기 때문에 교사는 가르쳐야 할 주제에 대해 상당한 연구를 수행할 필요가 있다. 나아가 교사와 마찬가지로 학생들도 탐구자가 되어야 한다. 어느 한 가지 지식 원천만으로는 필요한 모든 정보들을 제공하지 못한다는 것을 학생들도 반드시 알아야만 한다.

- **대안적 관점**: 상이한 관점에서 다르게 보일 수 있는 논쟁적인 주제나 이슈에 대한 대안적 관점들은 반드시 교육과정 내용에 포함되어야 한다. 우리가 우리 자신의 관점에서 벗어나서 상이한 신념을 지닌 사람들의 관점에서 주제나 이슈를 바라볼 때, 수많은 문제들에

대해 상당한 논쟁과 불일치가 존재하는 이유를 파악할 수 있다. 하지만 우리는 대안적 관점을 채택하는 훈련을 많이 받지 않았기 때문에 타인의 관점을 파악하는 것이 매우 어렵다. 관점 채택의 기능은 현대인이 갖추어야 할 가장 중요한 분석적 도구 가운데 하나이다. 우리가 여러 관점에서 이슈를 바라보지 않는다면, 합의를 이룸에 있어서 곤란함에 직면할 뿐만 아니라 상이한 관점을 가진 사람들을 관용하지 못하는 우를 범하게 될 것이다.

예를 들어, 미국의 서부 개척 운동은 백인의 관점에서만 조명된 것이다. 그것을 북미 인디언, 흑인의 관점에서 바라본다면 전혀 다른 사건이 될 수 있다. 백인들이 무자비하게 그들 조상의 생명을 앗아간 충격적인 사전으로 보일 것이다. 이렇듯 어떤 이슈나 사건을 다른 관점을 지닌 사람들의 입장에서 파악하게 하는 것은 학생들이 더욱 완전한 관점을 갖게 하는데 도움을 준다. 문화 감응적인 교육과정에서 학생들은 자신들과는 상이한 집단에 속한 사람들의 관점을 통하여 역사, 문학, 인문학을 공부할 수 있는 기회를 갖게 된다. 자연과학의 경우에도 사람들은 종종 중요한 주제의 숫자에 관하여 상이한 해석을 할 수도 있다. 이 경우에도 마찬가지로 학생들은 대안적 해석의 관점에서 데이터를 조사해 볼 수 있어야만 할 것이다.

• **다양성과 공통성**: 문화 감응적인 교육과정은 다양성과 더불어 모든 사람들을 통합하는 공통성을 강조한다. 학생들이 모든 사람들을 통합하는 유대를 깨닫는 것은 매우 중요한 일이다. 동일한 인류의 한 구성원으로서 우리들 각자는 사회의 공통 가치들에 의해 모두 결속되어 있다. 이를테면 정의, 공평, 개인의 가치, 민주적 이상의 중요성은 우리 사회의 토대를 이루고 있으며 동시에 중요한 정책 결정과 실행 방안의 선택을 안내한다.

나아가 우리는 인간이 지닌 다양성의 전체 범주들이 각 개인을 독특하고 흥미로운 존재로 만들어 주는 요인이라는 사실을 이해할 필요가 있다. 우리가 속해 있는 집단을 이해하는 것은 모종의 자존감, 긍지, 자기 지식을 갖게 해 준다. 이러한 긍정적 감정들은 건전한 자아개념과 자신의 정체성에 대한 긍지를 갖게 해 줌에 있어서 매우 중요한 것이다. 한 집단의 자긍심이 상이한 집단에 속해 있는 사람들에 대한 존중과 갈등을 일으킬 필요는 없다. 한국인으로서의 나의 자긍심은 나와는 다른 국가적 배경을 가진 사람들에 대한 존중감을 고양할 수 있는 것이어야 한다. 학생들은 어떤 특정한 민족적·종교적·성적·문화적 집단 성원들에 대한 과잉 일반화를 해서는 안 된다. 어떤 집단의 성원들은 매우 독특하기에 그 집단의 타인들과 유사한 신념·가치·행동 유형을 갖고 있지 않을 수도 있다.

• **학생 구성 사례**: 구체적 표상, 이미지, 은유, 사례, 시각적 조직자는 문화적·경험적으로 관련된 것이어야 하고, 학습 과제에 의미와 깊이를 부여하기 위해 학생들과 교사에 의해 생성되어야만 한다. 특히 학생들이 새로운 과제를 학습할 때에는 구체적 표상, 이미지, 은유, 사례, 시각적 조직자가 학생들이 인식하는 개념 및 사례들과 함께 제시되는 것이 좋다. 단어, 추론, 사례는 학생들에게 낯익은 것이어야 한다. 학생들이 이미 알고 있는 것에서 시작하는 것은 교사로 하여금 알고 있는 것과 새로운 지식을 가교시키는 데에 큰 도움을 준다. 알려진 사례에 토대를 두는 가운데 교사는 학생들에게 새로운 정보, 사례, 관념을 소개할 수 있다.

학습자가 관념을 새로운 사례에 적용할 수 있을 때 그리고 학습자가 그들 나름의 경험으로부터 사례를 제공할 수 있을 때에 개념 학습이 잘 이루어진다. 여러 가지 이유에서 학생들로 하여금 새로운 관념에 대한 그들 나름의 사례를 구성하게 하는 것이 중요하다. 무엇보다도 가장 중요한 이유는 사례 구성을 통해 학생들은 새로운 관념이 적절성을 가지고 있고, 자신의 삶 속에 존재하며, 여러 가지 방식으로 그 사례들을 명명할 수 있다는 사실을 그들 스스로 느낄 수 있기 때문이다. 덧붙여, 교사는 학생들이 새로운 관념의 의미와 부합하는 사례들을 제공할 수 있을 때에 새로운 관념에 대한 이해를 검증할 수 있기 때문이다.

학생 참여 원리

능동적인 학생 참여는 의미 있는 학습과 효과적인 교수 활동의 핵심을 이룬다. 학습자의 관점에서 볼 때에, 학생들은 자신들의 호기심을 불러일으키거나 또는 학습에서 하나의 목적을 볼 수 있을 때, 수업 과제가 전반적인 학습 양식에 호소할 때, 편안한 의사소통 유형을 실행할 수 있을 때, 의미 있는 방식에서 다른 학습자와 관계할 수 있을 때, 학습하는 동안에 선택과 결정을 할 수 있을 때 학습에 적극적으로 관여하게 된다.

학습은 광범위한 인지적·정의적 과정을 포함하는 복잡한 현상이다. 학습은 이전 관념의 재조직화, 즉 학생이 기억을 되살려 새로운 학습과 관련된 관념과 정보들을 회상하는 과정이다. 학습자는 새로운 사례에 주의를 기울여야 하고, 그들이 갖고 있었던 이전 관념과 적극적으로 비교해 보아야 하며, 새로운 것과 이전 것의 유사성과 차이점에 대한 판단을 내려야만 한다. 많은 경우에 학습자는 더 이상 쓸모가 없는 오래된 관념들을 버린다. 만약 학습자가 이전의 관념이 부정확하거나 불완전하다고 인식한다면, 그는 뇌 속에서 적극적인 조정을 하여 새롭고 개선된 관념들을 저장할 것이다. 관념과 정보에 대한 이러한 능동적이고 역동적인 부가·정련·방출·재구조화의 과정은 인간의 학습을 특징지어 주는 생애적인 과정이다. 동기, 호기심, 흥미, 목적은 학습 과정을 촉진시켜 준다. 모든 것이 동일할 경우, 목적감이 강할수록 인지적·정의적 몰입은 더욱 강렬해진다. 새로운 관념과 정보가 학습자의 이전 지식과 기능에 부합할 경우에, 즉 학습자가 이전에 알고 있던 것과 학습되어야 할 것 사이의 연계성을 잘 알고 있다면 학습은 극대화된다. 달리 말해, 이전 지식과 새로운 학습 간의 지식이나 기능의 격차가 존재한다면, 학습자는 그들이 알고 있는 것과 학습해야 할 것 간의 의미 있는 연계성을 만들어내지 못하기 때문에 당황하거나 좌절감과 상실감을 느끼게 될 것이다. 그러한 경우에 교사는 이전 지식으로부터 새로운 학습으로 전이를 위한 비계를 설정해 주어야 한다. 이러한 일은 이전 지식과 새로운 지식 간의 선행 조직자, 단어 연계성, 시각적 연관성을 통해 가능하다.

문화적 다양성은 여러 가지 중요한 방식으로 학습에 영향을 준다. 문화는 총체적인 생활 방식, 사고와 행동을 위한 일군의 가치와 규범, 일군의 공유된 경험과 신념을 나타낸다. 문화는 집단 성원들에 의해 이전 지식에 들어 있는 것에 상당한 영향을 준다. 경험·언어·역할·신념이 집단들 사이에 차이가 있는 한, 우리는 그들이 서로 다른 것을 알고 있고, 세상을 다르게 바라보고, 사물의 우선순위를 달리 설정한다고 믿는다. 그러므로 교육자는 개별 학생이 보유하고 있는 풍부한 이전 지식에 대하여 의식적으로 생각하여 학생의 현재 지식을 학습 경험과 통합할 수 있는 창조적인 방안을 모색해야 한다.

집단의 가치는 개인이 어떤 유형의 정보에 부가하는 비중이나 공식 교육 자체에 부여하는 가치에 영향을 줄 수 있다. 어떤 신념을 갖고 있는 사람들은 어떤 정보가 자신들의 가치와 일치하지 않을 경우 그 데이터를 폐기할 수 있다. 그러한 사람들의 극단적 사례는 아마도 교조적이거나 폐쇄된 마음을 지녔거나 타인의 관점을 보지 못하는 사람일 것이다.

상당수 사회에서는 나이 든 사람에 대한 존중감에 의해 위계적 선형적인 방식으로 사람들이 서로 관계하는 경우가 있다. 그러한 존중감은 말을 할 때 어른 앞에서 고개를 숙이는 방식으로 표현될 수도 있다. 어떤 사회에서는 연령 집단이 동등한 지위를 가진 채 협력적이고 집단적인 방식으로 사람들이 관계를 맺기도 한다. 그런가 하면 어떤 사회는 상당히 개인주의적이며 경쟁과 개인적 성취를 중시한다.

그렇다면 교사는 학생들에게서 보이는 다양성을 심각하게 고려하는 가운데, 학생들이 학습 과제에 능동적으로 참여하도록 하기 위해 어떻게 해야 하는가? 여기서는 효율적인 교수·학습 상황을 조성할 때 고려해야 할 교사와 학생 간의 상호작용과 참여에 대한 다섯 가지 차원을 제시하고자 한다.

① 학습을 위한 목적 설정

학생들은 주어진 과제를 완수하는 것의 가치를 파악해야만 하고, 학습에 관한 호기심과 목적, 그리고 기대를 갖고 있어야만 한다. 교사는 학습을 해야 하는 이유, 독서를 해야 하는 이유, 비디오를 보아야 하는 이유, 시를 감상해야 할 이유뿐만 아니라 학습을 위한 당혹감, 탐색, 흥미진진함, 에너지를 개발해야만 한다. 그러한 동기 부여가 없다면, 학생들이 학습 과제에 주의를 기울이거나 완벽하게 몰입하지 못하며, 이전의 이해를 새로운 관념에 관련시키는 것이 매우 어렵게 된다. 교사는 학생들을 학습 상황에 초대함에 있어서 창의적이어야만 한다. 인터넷 게임을 비롯하여 학생들의 관심을 사로잡는 자극들이 팽배한 오늘날의 사회에서 교사가 학생들의 주의 집중을 이끌어 내는 것은 매우 어려운 일이다. 하지만 학생들의 완전한 참여와 몰입이 있다면, 학생이 극대화되는 것은 가능하다.

② 학습 양식을 다루기

교사는 학생들의 학습 선호와 학습 양식의 전역에 호소해야 한다. 학생들이 교실에 갖고 오는 지식과 기능에 의거하기 위해 교사는 학생들의 이전 지식, 관념, 오개념, 신념을 탐색해야만 한다. 교사는 학생들은 각기 독특한 존재이고 풍부한 경험과 지식을 가지고 교실에 온다고 생각하는 것이 좋다. 학생들은 학습하기를 좋아하는 방식에 있어서 차이가 있다. 학습자가 지닌 강점에 토대를 두면서 여타의 학습 양식들을 확대시켜 줄 필요가 있다. 달리 말해, 학생이 독서와 언어적 수단을 통해 학습하는 것을 선호할 경우 그 분야를 강화시켜 줄 필요가 있다. 모든 인간은 학습 양식의 전역을 소유하고 있기 때문에, 여타의 분야들도 발달시킬 필요가 있다.

③ 학생의 구어적/문어적 소통 양식 고려

의사소통의 방식은 매우 다양하므로 교사는 다양한 학생들의 의사소통과 언어 유형, 그리고 그들 문화의 가치들이 의사소통을 위해 설정한 기준들에 익숙해질 필요가 있다. 대부분의 교실은 의사소통 유형에 있어서 일차원적이다. 교사는 한 학생에게 질문을 하고, 그 학생은 교사의 질문에 대답을 한다. 교사는 또 다른 학생에게 질문을 하고, 그 학생 역시 교사의 질문에 대답을 한다. 이러한 개인주의적인 반응 양식이 지배적인 유형이며, 많은 학생들은 그것을 편하게 생각한다. 그러나 다른 방법들이 존재한다. 학생들은 교사의 질문에 단체로 대답을 할 수 있다. 학생들은 짝이나 팀을 이루어 활동할 수 있으며, 그 소집단에서 집단적으로 반응할 수 있다. 학생들은 에세이를 쓰거나 시를 짓거나 편집자에게 편지를 보낼 수도 있다. 교사는 학생들이 반응하는 방식에 있어서 학생들에게 선택권을 줌으로써, 학생들이 그들 나름대로 개인적, 문화적, 학구적으로 편안하게 느끼는 방식을 학생들이 선택하게 하는 것이 바람직하다.

④ 상호 작용의 유형 고려

학생들은 짝을 이루어 혹은 팀을 이루어 협동함으로써 학습 목표에 도달할 수 있다. 개인적으로 활동하거나 또는 다른 학생들과 경쟁하면서 학습 목표에 도달할 수도 있다. 교사들과 마찬가지로 학생들도 여러 학습 목표나 상호작용 구조와 관련하여 개인적, 문화적, 학구적으로 편안함을 느끼는 지대가 다르다. 개인주의적이고 경쟁적인 사회에서 교사, 학부모, 학생들이 집단적 시도에 의해 협동하는 것을 학습하는 것은 매우 어려운 일이다. 그러나 일이나 직업의 세계에서 볼 수 있는 바와 같이 학생들은 협동적인 집단에서 성공적으로 활동하는 방법을 학습할 필요가 있다. 그러나 때로는 개별적으로 활동하거나 경쟁적인 상황에서 학습하는 것이 더욱 건전할 뿐만 아니라 의미 있는 결과를 가져올 경우도 분명히 존재한다.

⑤ 교실에서의 권력 관계 다루기

교사는 학습 목표의 달성을 보여 주는 대안적인 과제에 대한 선택과 결정을 내릴 수 있는 기회를 학생들에게 제공해야 한다. 학생에게 선택과 결정을 허용하는 것은 학습을 위한 소유권과 책임감을 학생에게 이동시켜서 학생들을 더욱 유능하게 만드는 기제이다. 학생들을 위한 선택과 결정의 기회는 반드시 발달적으로 적합한 것이어야 하고, 학생의 연령 증가에 따라서 마찬가지로 증가되어야 한다.

학습 평가 원리

학습 평가는 모든 교수·학습 상황의 총체적인 구성 요소이며, 교사와 학부모 그리고 학생들을 위한 중요한 정보를 생산한다. 학습 평가의 세 가지 기본 원리는 다음과 같다.

첫째, 평가는 다양한 자료와 기법에 의해 지속적으로 그리고 맥락 속에서 이루어져야 한다. 학생들이 무엇을, 그리고 얼마나 알고 있는지에 대하여 신뢰할 수 있는 것을 말해 주기 위해서는 1~2가지 척도에 의존해서는 안 된다. 다양한 데이터 원천들은 학생의 지식과 기능에 관한 더욱 완벽한 그림을 제공해 준다. 평가는 공식적인 시험과 평가 척도뿐만 아니라 학생의 성취와 관련된 데이터 원천에 기민한 교사에 의해 많은 맥락 안에서 시행되어야 한다.

둘째, 평가 정보는 수업을 안내하기 위하여 피드백을 제공해야만 한다. 교사는 학생의 기능과 지식 격차를 인식해야 하고, 필요할 경우에는 학습 과제들을 보충하거나 풍부하게 제공해 주어야 한다. 정규 수업이 계속 진행되기 이전에 학생의 학습 격차를 다루는 것이 중요하다. 만약 학생이 중요한 독서 문제나 학습 곤란을 갖고 있다면, 그러한 문제들이 우선순위를 가져야 한다. 유능한 교사는 학생들의 이해 수준에 관해 지속적으로 확보한 정보들을 비중 있게 다루기 위해 하루 일과 중에 수많은 적응적 시도를 한다. 교사는 학생의 구어적 혹은 문어적 활동으로부터 오개념에 관한 추론을 할 수 있어야 한다.

셋째, 특수한 학생들을 위한 특별한 조절이 이루어져야만 한다. 학습에 있어서 특정한 도움을 필요로 하는 학습자들에게는 특수한 평가 조절이 행해져야 한다. 어떤 학생들은 시험을 보는 데 더 많은 시간을 필요로 할 수도 있고, 해석이나 독해의 도움을 필요로 할 수도 있다. 어떤 학생들은 구조화된 과제를 필요로 할 수도 있다. 따라서 교사는 이러한 특별한 학생들을 위한 조절 행동에 익숙해야만 한다.

참고 문헌

Armento, B. J. (2001), "Principles of culturally responsive curriculum", In Irvine, J. J. & Armeto, B. J. (2001), *Culturally responsive teaching: Lesson planning for elementary and middle grades*, Boston: McGraw Hill, 18-33.

Banks, J. A. (1993), "Multicultural education: Development, dimensions, and challenges", *Phi Delta Kappan*, 75(1), 22-28.

Darling-Hammond, L. (2000), "Teacher quality and student achievement", *Education Policy Quarterly*, 8(1), 1-50.

Greene, M. (1993), "Diversity and inclusion: Toward a curriculum for human beings", *Teachers College Record*, 95(2), 211-221.

Irvine, J. J. & Armeto, B. J. (2001), *Culturally responsive teaching: Lesson planning for elementary and middle grades*, Boston: McGraw Hill.

Irvine, J. J. & York, E. D. (1995), "Learning styles and culturally diverse students", In J. Banks & C. M. Banks (Eds.), *Handbook of research on multicultural education*, New York: Macmillan.

Nash, G. (1992), *A teacher's guide to multicultural perspectives in social studies*, Boston: Houghton Miflin.

Oakes, J. & Lipton, M. (1990), *Multiplying inequalities*, Santa Monica: Rand.

Villegas, A. M. (1990), *Culturally responsive pedagogy for the 1990s and beyond*, Trends and Issues paper No. 6. Washington, DC: ERIC Clearinghouse on Teacher Education.

6장

문화 감응 교수의 개념과 이론적 기초

문화 감응 교수의 개념 정의

다문화 사회에서 많은 연구자들은 모든 학생들을 위해 문화 감응적인 교육과정과 수업을 개발·실연해야 한다는 것을 강조한다. 이러한 주장은 학생들이 의미를 창조하고 세계를 이해하도록 만들기 위해서는 수업에서 학생들의 문화를 적극적으로 활용해야 한다는 신념에서 비롯된 것이다. 문화 감응 교수는 단순히 학생들의 학업 성취뿐만 아니라 사회적·문화적 성공을 강조하는 개념이다. 그렇다면 문화 감응 교수(culturally responsive teaching)란 도대체 어떤 것인가? 문화 감응 교수에 대해서는 학자들마다 미묘한 표현의 차이가 존재하는 것이 사실이다. 하지만 용어상의 미묘한 차이가 그 중요성을 폄하하지는 않는다. 문화적으로 적절한(relevant), 민감한(sensitive), 일치하는(congruent), 반성적인(reflective), 매개적인(mediated), 맥락적인(contextualized), 동시적인(synchronized) 등의 여러 표현이 사용되고 있으나(Gay, 2000, 29), 사실상 이 용어들은 모두 문화 감응 교수의 다른 표현에 불과하다.

본래 문화 감응 교수라는 개념은 소수 인종 학생의 낮은 학업 성취를 역전시키고자 하는 취지에서 비롯되었다. 문화 감응 교수는 가정문화와 학교문화가 서로 달라 고전하는 학생을 이해하고 도와주기 위해 시작된 연구에서 비롯된 개념이다. 그 개념은 1990년대 중반 흑인 학생을 성공적으로 가르치는 교사의 특성을 찾아내려는 질적 연구에서 비롯되었다. 당시에 연구 책임자였던 래슨 빌링스(Ladson-Billings, 1994, 164)는 3년간의 연구를 통해 흑인 학생들을 성공적으로 가르치는 교사들의 특성을 밝혀 내었는데, 그러한 특징들이 문화 감응 교수의 이론적 틀을 형성하는 데 큰 기여를 하였다. 이를 상세하게 이해하기 위해 그가 캘리포니아의 흑인 밀집 지역 학군에서 3년 간 수행한 연구를 살펴보기로 하자.

연구의 첫 단계는 흑인 학생을 성공적으로 가르치는 교사들을 찾아내는 것이었다. 그는 4개 학교의 학부모들과 교장들에게 '훌륭한 교사'를 추천해 달라고 부탁하였다. 성공적인 교사를 찾아내는 데 있어서 교장들과 학부모들이 고려하는 조건들은 확연하게 달랐다. 학부모들이 선호하는 조건은 자녀가 해당 교사 반에 있을 때 학습하는 것에 대한 즐거움을 표현하는지, 자녀가 해당 교사로부터 지속적인 존중을 받고 있는지, 교사가 주류 백인 사회와 가정 공동체라는 두 세상에서 살아야만 하는 아동의 입장을 잘 이해하는지 등이다. 이와는 달리 교장들은 다음의 조건들을 중시하고 있었다. 적은 수의 문제 학생, 높은 출석률, 좋은 시험 성적 등이다. 학부모의 조건과 교장의 조건을 모두 충족시키는 교사는 총 9명이었다. 그 가운데 8명이 연구에 참여하겠다는 의사를 표시하였다.

그의 연구 프로젝트는 2년 동안 재정 지원을 받아 수행되었다. 연구 방법은 교사와의 심층 면담, 불시 방문, 학급 관리에 관한 방대한 분량의 비디오 촬영, 교사와 함께 하는 협동학습과 공동 탐구를 포함하였다. 이 프로젝트는 1년 연장되어 리터러시(literacy) 교수 활동도 포함하였다. 그는 처음에 왜 이 교사들이 훌륭한지 그 유형이나 주제를 찾지 못해 매우 절망하였다. 그러나 시간이 지나가면서 교사들이 사용하는 학급 구조, 교수 방식, 학습 전략, 성격 등의 분야에서 다른 교사들과 차이가 있다는 사실을 알아내었다.

그 결과 밝혀진 사실들은 다음과 같다. 첫째, 교사라는 직업에 대한 자긍심을 가지고 있었고, 저소득층 흑인 공동체를 골랐던 자신의 선택에 대해서도 자랑스럽게 생각하고 있었다. 둘째, 교사의 인종적 배경과 상관없이 흑인 학생들이 겪고 있는 사회적 차별을 인식하고 있었고, 그 사회적 차별이 학생의 학업 성취에 대한 학교의 기대를 달리한다는 사실을 인식하고 있었다. 셋째, 동화주의적인 학습 방법을 피하고자 하였다. 그들은 흑인 학생들이 주류 사회에 적응하기보다는 사회를 변화시키는 것을 바라고 있었다. 넷째, 학생들의 다양한 가정환경을 이용해 서로 도와주고 서로에게서 배우는 학급 분위기를 조성하였다.

그는 연구 결과를 통하여 세 가지 중요한 원칙을 발견하였다. 일부 학자들은 이 원칙이 '단순히 좋은 교수 활동'에 불과하다고 혹평하기도 하였다. 그렇지만 이 원칙은 왜 소수 민족 학생들과 저소득층 백인 학생들에게 좋은 교수 활동의 효과가 나타나지 않는지를 파악할 수 있게 해 준다. 그가 발견한 세 가지 원칙은 다음과 같다.

첫째, 학생들은 학업 성공을 경험해야 한다. 민주주의 사회에서 적극적인 참여자가 되려면 학생들은 글을 읽는 능력, 기본적인 계산 능력, 기능 활용 능력, 정치적·사회적 능력을 가져야 한다. 학업 성공은 학생들에게 거짓의 자신감을 고양하게 하는 것이 아니라 오히려 참된 자아 존중감을 갖게 한다.

둘째, 학생들은 문화 역량을 계발·유지해야 한다. 여기서 학생의 가정문화는 학습의 도구가 된다. 예를 들어, 랩 음악을 좋아하는 청소년기 아들을 둔 교사는 시를 짓는 활동 시간에 학생들에게 랩 음악을 적용시켰다. 교사가 랩 음악을 작곡하여 부르도록 시키자, 학생들은 영어와 제 1언어 두 가지 모두를 능숙하게 구사할 수 있었다.

셋째, 학생들은 사회적 불평등에 대한 비판의식을 가져야 한다. 어떤 교사는 학생들에게 낡은 교과서를 다시 쓰게 하였고, 또 다른 교사는 지역사회 봉사활동과 지역사회 문제 해결에 적극적으로 참여할 것을 독려하였다.

래슨 빌링스(1992, 382-383)는 문화 감응 교수라는 용어 대신에 '문화적으로 적절한 교육'이라는 표현을 사용하였다. 그에 의하면 문화적으로 적절한 교육은 학생들을 단순히 사회에 적합하게 만드는 것이 아니라 사회에 변화를 초래할 수 있도록 준비시키는 것이라고 보았다. 사회 환경에 대한 개인적 비평에 초점을 맞춘 비판 교육학과 문화 감응 교수는 문화적 이해, 경험, 세계에 대한 인식 방식에 근거한 집단적 행동을 촉구한다고 주장하였다.

나아가 그는 문화적으로 적절한 교수와 동화주의적 교수를 자아와 타인에 대한 개념, 사회적 관계, 지식의 개념이라는 측면에서 비교하였다. 동화주의적 교사는 민족 집단이 그들 나름의 문화를 보전하는 것이 아니라 지배문화의 가치·신념·행동을 채택해야만 한다고 믿는다. 문화적으로 적절한 교사는 모든 학생들이 성공할 수 있다고 믿는다. 그러나 동화주의적 교사는 일부 학생들에게 있어서 실패는 필연적인 것이라고 믿는다. 문화적으로 적절한 교사는 공동체 구축을 권장하는 반면에 동화주의적 교사는 경쟁적 성취를 권장한다. 그리고 문화적으로 적절한 교사는 지식을 비판적으로 보는 데 비해, 동화주의적 교사는 지식을 오류가 없는 것으로 본다.

오늘날 문화 감응 교수를 주장하는 학자들은 문화가 학습에 있어서 중추적인 것이라고 믿는다. 그들은 또한 사람들이 환경과 상호작용을 할 때 역사적·문화적·사회적 상황에 의해 영향을 받는다고 믿는다. 인간은 문화적 상징과 은유를 포함하는 사회적 과정을 통하여 그들의 세계를 구성한다. 그러므로 그들에게 있어 문화는 개인과 집단의 정보 소통뿐만 아니라 그들의 사고 과정을 조형함에 있어서도 중요한 역할을 수행한다. 그런데 각각의 문화는 고유한 특성이 있어서 지배적인 문화가 아닌 그 자체의 문화에 근거하여 이해되어야 하며, 한 집단의 문화를 다른 집단에게 강요하는 것은 부당한 것이다. 그러므로 개별 문화를 인정·감응·예찬하는 교육은 모든 문화로부터 온 학생들에게 완전하고 공평한 교육 기회를 제공하여 준다.

문화 감응 교수는 학습의 모든 측면에서 학생의 문화적 준거를 포함하는 것의 중요성을 인정하는 교수 방식이다. 문화 감응 교수는 여러 인종·민족의 학생들이 학습 상황에서 직면하는 것들에 효과적으로 대응하기 위해 학생들의 문화적 지식, 이전 경험, 준거 체제, 수행 방식을 사용하는 것을 의미한다. 달리 말해, 문화 감응 교수는 인종적·민족적·문화적으로 다양한 학생들이 지닌 독특한 문화적 지식, 이전 경험, 준거 체제, 관점, 학습 유형, 수행 양식 등을 적극적으로 활용하여 그들의 학습 경험을 보다 효과적이게끔 만들려는 교수 방식을 뜻한다. 문화 감응 교수는 개별 학생의 장점을 이용하여 그 장점을 가르친다. 그러므로 문화 감응 교수는 모든 학생들에게 적합한 것이다. 그것은 경제적 배경, 제 1 언어, 저소득 등의 배경 때문에 학교에서 소외되고 있는 학생들을 포함한다.

문화 감응 교수를 지지하는 핵심 요소

문화 감응 교육의 이론적 토대는 다음의 네 가지 핵심 요소들에 근거한다.

• 문화는 교수·학습 과정에 영향을 주는 강력한 변인이다. 문화는 총체적인 삶의 방식을

의미한다. 문화는 집단 성원들에 의해 공유되는 생활 방식이다. 많은 교사들은 학교가 하나의 문화를 가지고 있다는 사실을 무시하는 경향이 있다. 이를테면 학교는 엄격한 시간 계획에 의해 운영된다. 학교는 분석적 추론을 통해 얻어진 지식을 직관적 추론을 통해 얻어진 지식보다 더욱 중시한다. 학교는 협동을 통한 집단적 성취보다는 경쟁을 통한 개인적 성취를 소중하게 여긴다.

흑인, 라틴계 미국인, 아시아계 미국인, 아메리칸 인디언 학생, 백인 빈곤층 학생들은 학교에 관한 미국 중류 계층의 문화적 규범·행동과 종종 불일치하는 일군의 독특한 가치·신념·규범을 가진 채 학교에 다닌다. 이러한 갈등은 문화적 불일치 혹은 학생과 학교 간의 문화적 동시성의 결여라는 결과를 낳는다. 소수 민족·인종 집단 학생들의 문화가 학교에 의해 거부되거나 승인되지 않을 때에는 어떤 일이 발생할까? 학교라는 무대가 적대적이고 자신과 부조화를 보일 때, 유색 인종 학생들은 심리적 불안과 낮은 학업 성취를 보인다. 학교와 학생의 문화가 일치하지 않을 때에는 잘못된 의사소통, 학교·교사·가정 간의 대결, 적대감, 소외, 자존감 저하, 그리고 궁극적으로는 학교생활의 실패를 초래하게 된다.

유색 인종 학생들뿐만 아니라 모든 학생들이 문화를 가지고 있다는 사실을 인정해야 한다. 주류인 미국 중산층 백인 학생들은 문화적 신념, 가치, 지각, 행동, 언어, 세계관, 지역사회의 기대, 학습 스타일을 가지고 학교에 온다. 여기서 중요한 것은 주류 학생들의 문화는 학교의 문화와 거의 일치하지만, 비주류 학생들의 문화는 학교의 문화와 다르다는 사실이다. 불행하게도 일부 여학생, 유색 인종 학생, 백인 빈곤층 학생들은 학교의 문화와 갈등을 일으키는 행동 방식과 인지 방식을 갖고 있다. 이런 학생들이 학교에서 성공하려면, 학교의 문화와 가정의 문화가 일치하도록 학교 자체가 변해야만 한다.

문화적 차이가 교실에서 나타나는 방식에는 몇 가지가 있다. 첫째는 언어적 의사소통이다. 문화적으로 다양한 학생들은 자신들의 언어가 학교에서 사용하는 언어와 달라서 고생하는 경우가 많다. 영어가 모국어가 아닌 학생들은 자신들의 언어가 학교에서 중시되지 않기 때문에, 자신들의 언어를 문화적 자산이 아닌 문화적 결핍으로 인식하는 경우가 많다. 둘째, 비언어적 의사소통이다. 일반적으로 백인 학생들에게 있어서 교사와 함께 공부를 하고 상호작용을 하는 것은 생산적이고 유쾌한 일이지만, 흑인 학생들에게는 정반대의 경험이다. 인디언 학생이나 흑인 학생들은 교사를 똑바로 쳐다보는 것을 꺼리기에, 교사들은 그들이 주의가 산만하거나 학습과는 무관한 생각이나 행동을 하고 있다고 단정하기 쉽다. 셋째, 학습 스타일이다. 학습 스타일은 학생들이 정보를 지각, 처리, 저장, 복원함에 있어서 선호하는 방식을 뜻한다. 학습 스타일에 관한 연구 결과에 의하면 백인 학생들은 장 독립적인 데 비해, 흑인과 라틴계 학생들은 장 의존적이다. 장 의존적 학습자들은 다음과 같은 특성을 갖고 있다.

· 고립된 부분보다는 전체라는 관점에서 사물에 반응한다.

· 집단 학습 상황을 선호한다.

· 추측에 의한 추론을 선호한다.

· 정확함·적확함에 의거하는 것이 아니라 대략적인 공간과 숫자에 의거한다.

· 사물보다는 사람에 초점을 맞춘다.

· 행동에 의한 학습을 선호한다.

· 언어적 의사소통보다는 비언어적 의사소통에 더 능숙하다.

· 활동에서의 변화에 의해 특성화된 학습을 선호한다.

· 운동적, 활동적, 조작적인 수업 활동을 선호한다.

다른 모든 학생들과 마찬가지로 문화적으로 다양한 학생들도 적절한 심리적 지원이나 교수 활동 지원을 받게 될 경우 다양한 학습 스타일을 숙달할 수 있다. 모든 학생들은 다양한 학습 스타일을 활용할 수 있는 무한한 능력을 가지고 있기 때문이다.

· 효과적인 교수 활동 연구는 문화 감응 교수의 원리들과 양립 가능하다. 문화 감응 교사는 좋은 교수 활동에 대하여 우리가 알고 있는 것의 최상의 것을 활용한다. 좋은 교수 활동을 전개하는 교사의 효율성에 관한 연구 결과들은 유색 인종 학생을 가르침에 있어서 성공적인 교사는 일반적인 교사의 효율성에 포함된 수업 행동과 양립하는 행동을 보여

준다. 좋은 교수 활동의 기본 원리들은 문화 감응 연구에서도 그대로 전개된다. 문화 감응 교수는 교사 효율성 연구가 보여 주는 특징과 상당히 유사한 특징들을 강조하는 이론적 토대를 갖는다. 그러한 효율적인 수업 전략의 몇 가지 사례들을 제시하면 다음과 같다.

· 적절한 문화적 은유와 이미지를 구성하고 설계하여 학생의 이전 지식과 문화적 경험을 새로운 개념과 연결시킨다.
· 적절한 전이 방안을 설계한다.
· 높은 기대를 설정한다.
· 긍정적인 교실 분위기 그리고 학부모 및 지역사회와의 긍정적 관계를 제도화한다.
· 학생의 문화적 지식과 경험을 이해하고 적절한 수업 자료를 선택한다.
· 학생들이 학습해야 할 과제에서 의미와 목적을 찾도록 도와준다.
· 상호작용적인 수업 전략을 활용한다.
· 가르칠 수 있는 순간을 확보한다.
· 학생들이 수업 활동을 계획하는 데 참여하는 것을 허용한다.
· 문화적으로 익숙한 언어와 사건을 활용한다.
· 학생들이 사회에 변화를 가져올 수 있도록 준비시킨다.
· 학생들이 그들 나름의 방식으로 지식을 조직하고 정교화하며 재현할 수 있도록 도와 준다.
· 1차 자료와 조작 가능한 자료들을 활용한다.
· 교사 관찰, 학생 전시, 포트폴리오와 같은 활동을 통해 교수 활동과 평가가 함께 할 수 있게 한다.

요약하면, 문화 감응적인 교사는 교실에서 최상의 교수 활동을 실천하고, 학생의 수업 욕구와 그들 나름의 신념과 경험에 근거하여 효율적인 교수 활동에 관한 자신의 이해를 구성해 나간다.

- 문화 감응 수업을 설계하고 실행함에 있어서 교사의 성찰과 지식은 중요한 고려 사항이다. 문화 감응 교사는 교사 효율성 연구 결과들을 준수해야 할 하나의 엄격한 처방으로 활용하지 않는다. 대신에 교사는 연구 결과들을 맥락화하여 그들의 교수 행동을 안내하고 실천하는 데 활용한다. 문화 감응 교사는 효율적인 교수 활동 연구가 교훈적이지만 종종 정적이면서도 탈맥락적인 성격을 갖고 있음을 인식한다. 따라서 성찰의 과정이 매우 중요하다. 성찰은 전문가 경험에 근거한 사고와 행동의 반복 과정이다. 교사는 성찰을 통하여 자신의 교수 활동을 평가하고, 지속적 성장을 위한 적절한 전문성 발달을 모색한다.

  성찰적인 교사는 개방적이고 기민한 관찰자이며 자신의 교수 활동을 지속적으로 평가·수정하는 문제 해결자이다. 성찰적인 교사는 자신이 가르치는 내용 분야에 대한 심층적인 지식을 가지고 있다. 성찰적인 교사는 학생들의 성취 수준을 높이기 위한 지적인 판단을 내린다. 성찰적인 교사는 자신이 직면한 것을 평가하기 위한 능력인 교육적 감식력을 갖고 있다. 문화적으로 다양한 학생들을 위해 교사를 훈련시키기 위한 단일의 간단한 해결 방안이나 개입 방안이 존재하지 않기 때문에, 성찰의 문제가 매우 중요하게 부각되는 것이다.

- 높은 기준과 기대는 문화 감응 교수의 중요한 구성 요소이다. 문화 감응 교수는 교사들이 학생들에 대해 높은 기대를 갖는 것, 그리고 학생들의 학업 성취 수준을 제고하는 것을 중시한다. 문화 감응 교수는 모든 학생들이 문화적 배경에 상관없이 학교에서 성공해야 한다는 교육적 신념에 근거하고 있기 때문이다. 높은 학업 성취 기준과 학생들에 대한 높은 기대라는 두 가지 목표를 달성하기 위해 문화 감응 교수는 다음의 사항을 중시한다.

- 교사는 가르치는 내용 영역이 모든 학생들에게 의미 있는 것이 되도록 하기 위해 자신의 전문가적, 내용학적, 교수 방법적 지식을 학습 경험과 통합한다. 교사는 다양한 표현과 표상을 활용하고 그것들을 학생들의 이전 이해와 연계시킨다.

- 교사는 다양한 학습 스타일을 포함하여 교과 학습과 관련되어 있는 인지적 과정들을 이해하고 평가한다.

- 교사는 전 세계적으로 다양한 문화 집단이 존재한다는 것에 민감하고, 민족·젠더·계층과 여타의 사회정치적 요인들이 학생들의 학습과 교실 분위기에 어떤 영향을 미치는가를 이해한다.
- 교사는 다양한 학생들에게 적절한 여러 가지 수업 전략과 평가 전략을 실행한다.
- 교사는 여러 사회경제적·민족적 배경을 가진 학생들의 개인적·문화적·역사적 경험들을 진단하고 그것에 토대를 두어 의미 있는 수업 활동과 긍정적·생산적인 학습 환경을 발전시킨다.
- 교사는 문화적 차이와 성적 차이에 대한 민감성을 드러내는 방식에서 학생들과 의사소통을 한다.
- 교사는 다양한 학습자들의 개별적 요구 사항들을 충족시키는 학습 기회를 계획한다.
- 교사는 관찰, 포트폴리오, 자기 평가, 프로젝트, 지필 검사를 포함한 다양한 평가 기법들을 활용한다.
- 교사는 문화 감응적인 교육과정과 수업 실천을 발전시키기 위해 자신의 개인적 배경과 삶의 경험에 대해 성찰한다.
- 교사는 가정이 학생의 학습에 및는 영향을 이해하여 학생의 학습에 가정을 포함시킨다. 교사는 지역사회의 자원을 발견하여 교실에서 활용한다. 교사는 교수 활동이 학교와 지역사회의 상황과 맥락을 반영해야 한다고 생각한다.

문화 감응 교수의 주요 특징

문화 감응 교수의 중요성을 강조하는 학자들은 문화 감응 교수가 갖고 있는 독특한 특징을 부각시킨다. 그들은 학교와 가정 간의 문화적 일치의 중요성을 강조하면서, 인종적·민족적·문화적으로 다양한 학생들의 장점에 맞추어 그리고 장점을 통하여 가르치는 것이 중요함을 강조한다(Ramsey, 2009, 227). 그들은 문화 감응 교수가 문화적으로 정당하고 확언적인 것이라고 믿는다.

이에 대한 증거로서 뱅크스는 미국 인디언 학생들에게 집단 지향적 참여 구조를 활용했을 때 그들이 학급 토론에 더욱 활발하게 참여하였다는 사실, 하와이 원주민의 발표놀이인 '이야기 말하기'(talk story)를 수업에 활용하여 하와이 원주민 학생들의 읽기 능력이 향상되었다는 사실, 그리고 흑인들의 언어 행위인 '서로 비아냥거리기'(signifying) 시합을 수업에 활용한 결과 흑인 학생들의 학업 성취도가 증가했다는 사실을 들고 있다(Banks, 2002, 17). 이를 자세히 나타내면 아래의 〈표 5〉와 같다.

<표 5〉 문화 감응 교수에 관한 연구 결과

저자	주제	방법	주요 결론
Au(1980)	하와이 2학년 학생	문화적으로 통합된 교수법이 적용된 비디오 독해 강의에 대한 미시민족지학 분석	수업에 대한 참여구조와 하와이어 발표 이벤트인 '이야기하기'와의 유사성으로 인해 학생들의 독해 성취도가 상승함.
Deyhle(1983)	나바호 2-8학년 학생	2년간의 민족지학 방법	학생들의 문화에 고유한 경쟁 표현이 교사에게 평가받지 못하자 학생들이 걱정하게 되면서 시험 결과가 낮아짐.
Heath(1982)	노동자계급 흑인 학생과 백인 초등교사	장기 민족지학연구로서 연구자는 참여관찰자로 지역사회의 변화 매개자로 초대됨. 학생과 교사 모두 개입에 포함됨.	연구자의 도움으로 교사들은 학교와 가정에서의 습관을 반성하고 교육과정과 교사 스스로의 행태를 변화시킴. 학생들은 적극적으로 참여하여 언어습관에 대해 더 공개적으로 교사와 토의함.
John(1972)	BIA 학교와 나바호 학생	비교연구	학생들은 음성학습보다 영상학습을 선호했으며 평균 이상의 운동 기술을 보임. 나바호 학생들이 2개 국어 프로그램과 문화적으로 적절한 환경에서 더 기민하고 의견 개진이 활발함.

문화 감응 교육학

Ladson-Bill-ings(1995)	8명의 모범적인 흑인 교사와 캘리포니아의 초등학교	2년간의 민족지학 연구. 연구자는 참여 관찰을 실시함.	교사들은 학교에서 우수하다고 평가되었으며, 가정 배경은 공통적인 특징을 나타냈음. 학생들의 학업 성공 능력에 대한 신념과 이 목표에 대한 헌신, 교사 자신을 지역사회의 일원으로 간주, 학생과의 평등주의적 상호작용, 학습 공동체의 개발, 지식에 대한 비판적 이해, 문화 연계를 통한 학습 발판을 만드는 능력, 다양한 평가 전략 등을 사용함.
Lee(1995)	미국 도심의 흑인 고교생	실험연구. 양적·질적 자료 수집	흑인 작가의 작품을 중시한 문학 해석 전략이 적용된 학생들은 통제집단보다 개선된 성취도를 보임.
Moll, Amanti, Neff & Gonzalez(1992)	애리조나주의 멕시코 공동체와 2명의 교사	교사-연구자 협동연구	가정과 공동체 네트워크가 가진 축적된 지혜를 이해하고, 이를 교실로 유입시킴으로써 교사들은 학생들로 하여금 교육과정에 적극적으로 참여하도록 하는 교수 전략을 개발할 수 있었으며, 이는 학생들의 가정 생활과 유관하고 연계되도록 하는 것이었음.
Philips(1972)	인디언 1-6학년 학생	커뮤니케이션에 대한 비교 민족지학	학생들은 교사나 소집단과의 사적인 대화에 더 참여함. 교사가 통제하는 교실에서의 대화에는 덜 참여했으며 숙달된 뒤에는 발표를 선호함.
Piestrup(1973)	미국 흑인 1학년 학생들과 교사 14명	관찰연구. 학생을 대상으로 방언 측정과 독해 시험.	높은 방언 점수와 낮은 독해 점수 사이에 상관관계가 나타남. 흑인 예술을 포함한 접근법(Black artful)은 방언과 관계없이 가장 높은 독해 점수를 얻게 하였음.

		토착 미국인 학생의 문화적 차이에 대한 문헌연구 후에 그러한 차이를 수용하는 교수법의 변경 제안	토착 미국인 학생에 대한 문헌연구를 통해 학습 방식의 상이성을 발견함. 학생관찰과 결합된 다양한 교수 방식이 제안됨.
Swisher & Deyhle(1989)	토착 미국인 학생		

한편, 문화 감응 교수의 이론화 작업에 있어서 선도적인 역할을 수행한 게이는 문화 감응 교수의 특징을 종합하여 다음과 같이 제시하였다(Gay, 2000, 29-37 참조).

- 문화 감응 교수는 타당한 것이다. 게이는 타당하고 정당한 것으로서의 문화 감응 교수가 지닌 세부 특징을 다음과 같이 설명한다. ① 문화 감응 교수는 상이한 민족 집단의 문화적 유산의 정당성을 두 가지 측면에서 인정하는데, 하나는 학생들의 성향·태도·학습에 대한 접근법에 영향을 주는 유산으로서의 정당성이고, 다른 하나는 공식 교육과정에서 가르칠 가치 있는 내용으로서의 정당성이라는 것이다. 이것은 학생들의 문화적 차이가 교수·학습 과정에서 매우 민감하게 고려되어야 함과 동시에 교육 내용으로 자리를 잡아야 한다는 그의 신념을 잘 반영한다. ② 문화 감응 교수는 가정과 학교 경험 간에 그리고 학문적 추상화와 살아있는 사회문화적 현실 간에 유의미성(meaningfulness)이 생성될 수 있도록 가교를 형성한다. ③ 문화 감응 교수는 상이한 학습 양식과 관련된 다양하고 광범위한 수업 전략을 활용한다. ④ 문화 감응 교수는 자신의 문화유산과 타인의 문화유산에 대해 알고 찬양하도록 가르친다. ⑤ 문화 감응 교수는 모든 교과의 다문화적 정보·자원·자료와 학교에서 일상적으로 가르치는 기능들을 통합한다.

그러므로 상이한 문학 장르에 대한 공부는 수많은 민족 저자들의 사례와 샘플로 충만하게 된다. 일상생활에서의 수학 개념과 연산에 대한 공부는 상이한 민족 집단의 공예학, 경제학, 건축학, 고용 유형, 인구 분포, 소비 습관에 대한 탐색에 학생들을 참여시킬 수 있다. 국어, 사회, 과학 과목에서의 정보, 개념, 기능 숙달을 연습하게 위해 학생들에게 제공되는 기회들은 다양한 민족 집단 출신 학생들의 학습 스타일에 맞추기 위해 감각적 자극, 개인과 집단, 경쟁과 협동, 능동적 참여와 앉아서 하는 활동의 전역을 포함할 수 있다.

문화 감응 교육학

교수 활동에 대한 이러한 접근법은 긍정적 자아개념, 자신의 민족 정체성에 대한 자긍심, 개선된 학업 성취는 상호작용적인 것이라는 가정에 근거한 것이다. 나아가 기존의 사회 질서와 권력 구조에 도전하는 데 필요한 문화적 협력과 이해, 지식과 기능이 학교에서 학생들이 배워야 할 바람직한 목표가 되어야 한다.

• 문화 감응 교수는 포괄적이다. 래슨 빌링스(Ladson-Billings, 1992, 382)는 문화 감응 교사는 지식·기능·태도를 전수하기 위해 문화적 지시 대상들을 활용하여 지적·감정적·사회적·정치적 학습을 전개한다고 주장한다. 홀린스(Hollins, 1996, 13)는 유색 인종 학생들을 위한 수업 설계는 문화적으로 매개된 인지, 학습을 위하여 문화적으로 적절한 사회적 상황, 교육과정 내용에서 문화적으로 가치 있는 지식을 통합한다고 주장했다. 이러한 접근 방법은 학업 성취의 진전은 말할 것도 없거니와, 유색 인종 학생들의 정체성 및 그들이 속한 민족 집단과 공동체와의 연계성을 유지하도록 도와주고, 공동체 의식·동료애·공유된 책임감을 발달시키며, 성공윤리를 갖게끔 해 준다. 기대나 기능이 분리된 실체로 가르쳐지는 것이 아니라 모든 교육과정 내용과 교실의 전체적인 생활양식에 스며든 채로 가르쳐진다. 학생들은 자신의 학습만이 아니라 서로의 학습에 대해서도 책임감을 느낀다. 학생들은 학습이 지닌 공동성, 상호성, 상호의존성의 가치를 내면화한다.

래슨 빌링스는 그가 연구한 초등학교 교실에서 그러한 가치들이 예증되는 것을 관찰하였다. 그는 학생들의 학업적·문화적 수월성을 증진하기 위해 학생들이 집단적 시도의 일부가 된 교실에서 표현된 기대, 학습한 기능, 수행된 대인관계 기능, 전반적인 정신 상태를 관찰하였다. 학생들은 서로를 돕고 지원해 주며 격려하는 등 마치 확대 가족의 구성원들처럼 행동하였다. 전체 교실은 모든 학생들이 함께 상승하거나 하강하는 것으로 기대되고 있었다. 집단의 개별 성원들이 성공하는 것을 보장하는 것이 모든 학생들의 최고 관심사였다. 교사는 학습 공동체를 구축함으로써 학생들이 필요로 하는 소속감에 반응하였고, 인간의 존엄성을 존중하였으며, 학생들 각자의 자아개념을 고양시켜 주었다. 배려 관계를 형성한 학생들은 자원을 공유하고, 교사와 함께 공통의 학습 결과를 얻기 위해 서로 긴밀하게 협력하였다. 교육적 수월성은 학업 성공뿐만 아니라 문화적 역량, 비판적인 사회의식, 정치적 행동주의, 책임감 있는 공동체 소속감을 포함하였다. 한마디로 말해, 학생들이 높은 성취를 지향하는 상호 지지적인 집단의 일부가 되게끔 하는 것이 중요하다는 신념은 이 모든 학습 과정과 긍정적 결과의 토대를 이루고 있었다.

• 문화 감응 교수는 다차원적이다. 다차원적인 문화 감응 교수는 교육과정 내용, 학습 상황, 교실 풍토, 교사-학생 관계, 수업 기법, 수행평가를 포함한다. 이를테면 국어, 음악, 사회 과목 교사들은 저항의 개념을 가르침에 있어서 서로 협력할 수 있다. 그리고 각자 가르치는 학문 분과의 관점에서 조사해 볼 수도 있다. 차별에 대한 저항이 상이한 민족 집단의 시, 그림, 가사, 정치적 행동에서 어떻게 표현되고 있는지를 조사할 수 있을 것이다. 교사와 학생들은 여러 민족 집단에 속한 개인들을 분석하고 역할놀이를 해 보면서 사회적 저항이 매우 현저했었던 시기를 시뮬레이션 해 보기로 결정할 수도 있다. 이러한 시뮬레이션이 전개되는 동안에 상이한 민족 집단 출신의 개인들이 여러 장르(예: 수사학, 노래, 정치 슬로건 등)에서의 논쟁적인 이슈에 대한 각자의 입장을 표현하는 연합회의(coalition meeting)를 개최할 수도 있다. 민족 집단별로 상이한 표현 속에 담겨진 중요한 사항을 학생들이 이해하고, 민족 집단을 가로질러 실현될 수 있는 어떤 합의와 협력 행동이 무엇인지를 파악하는 것은 학생들에게는 상당한 도전 그 자체이다. 아무튼 이러한 활동은 지필 평가, 동료 피드백, 관찰, 하나의 표현 형식 속에 제시된 민족적 저항에 관한 정보를 외삽하는 능력 등 교사가 학생들의 수행을 평가하는 방식을 결정하는 데에도 도움을 줄 수 있다.

이러한 방식의 교수 활동을 전개하는 것은 문화적 지식, 경험, 공헌, 관점의 전역에 걸친 철저한 조사를 필요로 한다. 민족적 다양성에 감응적이고 더욱 성찰적인 교육과정 개발과 수업 활동 전개를 위해서는 사실적 정보와 더불어 감정, 신념, 가치, 에토스, 견해, 정서를 엄격하게 조사할 필요가 있다. 그러나 민족 집단의 문화에 대해 생각할 수 있는 모든 측면들이 수업에서 반복되는 것은 아니다. 교육과정에 포함된 문화들이 그 민족 집단 출신 학생들에게만 배타적으로 활용되는 것도 결코 아니다. 문화 감응 교수는 학습에 가장 직접적으로 영향을 미치는 문화적 사회화의 요소들에 초점을 맞춘다. 문화 감응 교수는 학생들이 문화적 유산에 대한 사실적 오류들을 교정하면서 자신들의 민족적 가치를 명료화할 수 있도록 도와준다. 이러한 목표를 달성하는 과정에 있어서 학생들은 아는 것, 사고하는 것, 질문하는 것, 분석하는 것, 느끼는 것, 성찰하는 것, 공유하는 것, 행동하는 것에 대한 책임을 부여받는다.

• 문화 감응 교수는 능력 부여이다. 문화 감응 교수는 학생들이 능력을 갖게 하는 것이기 때문에 학생들이 더욱 완전한 인간, 그리고 더욱 성공적인 학습자가 되도록 만든다. 여기서 능력 부여란 학업 능력, 개인적 자신감, 용기, 실천 의지로 해석된다. 달리 말해, 학생들은 학습 과제에서 성공할 수 있다는 믿음을 가져야 하고, 숙달될 때까지 끊임없이 성공을 추구하는 자발성을 가져야 한다. 교사는 학생들이 성공하기를 바라고 있다는 확신을 학생들에게 보여 주어야 한다. 그런데 이것은 매우 위험성이 많은 시도이다. 문화 감응 교사는 학습에 연루된 위험성과 숙달에 이르는 여정에서 학생들이 성공감을 느껴야 할 필요성에 대해 잘 알고 있다. 따라서 교사는 높은 수준의 학업 성취를 향한 학생들의 시도를 지지해 주는 하부구조를 계획하여 만들어 낸다. 학생들의 사기를 북돋워주는 일, 개인적인 도움을 주는 일, 성취 풍토를 조성하는 일, 개인적/집단적 성취를 축하해 주는 일 등이 바로 그러한 하부구조에 해당한다.

개별 결정을 통한 증진 프로젝트(Advancement via Individual Determination Project)는 능력 부여 과정이 실제로 어떻게 작동하는지를 실감나게 보여 주는 가장 대표적인 사례이다. 이 프로젝트에서는 학업 성취 수준이 비교적 낮은 라틴계 학생과 흑인 학생들을 AP(advanced placement) 수업에 참여하도록 권장하였다. 수업은 사회적 비계 설정(social scaffolding) 방식에 의해 전개되었다. 그것은 학생들이 고수준의 학문적 기능과 학습의 자기 주도권을 갖는 방법을 배울 때 학생들을 완충시켜 주는 사회적·심리적 지지물로서 다음의 것들을 포함한다.

· 소집단 안에서 문제 해결 기능을 서로에게 설명하는 것
· AVID 참가자임을 식별하게 만들어 주는 표시(배지, 핀, 로고)를 부착하는 것

·AVID를 위해 특별히 설계된 공간에서 함께 시간을 보내는 것

·학교에서의 성공을 위한 문화적 자본(예: 시험 전략, 교수 활동 방식에 적응하기 위한 자기 표현 기법, 시간 관리, 노트 정리)을 학습하는 것

·성공적으로 프로그램을 마친 다른 학생들로부터 학업과 사회적 기능에 대한 조언을 듣는 것

쇼어(Shor, 1992, 15-16)는 능력 부여 교육의 본질과 효과를 명료하게 보여주었다. 그에 의하면, 능력 부여 교육은 자아와 사회 변화를 위한 비판적·민주적 교육학이다. 그것은 학교와 사회에서 다문화 민주주의를 위한 학생 중심 프로그램이다. 능력 부여 교육의 목표는 개인적 성장을 공적인 생활과 연결시키고, 강력한 기능·학문적 지식·탐구 습관과 비판적 호기심을 발달시키는 것이다. 학습 과정은 교사의 리더십을 필요로 하는 가운데 타협을 거치게 되며, 교사와 학생의 상호적 권위를 필요로 한다. 능력 부여 수업은 공적인 안녕을 무시하는 가운데 자기중심적인 이득을 모색하도록 가르치지 않는다. 교실 수업은 참여, 문제 해결, 맥락 학습, 다문화 학습, 대화 학습, 민주적·탐구적·학제적·적극적인 학습을 통해 이루어진다.

• 문화 감응 교수는 변혁적이다. 문화 감응 교수는 유색 인종 학생들과 관련된 전통적인 교육 실천 관례들을 허용하지 않는다. 이것은 몇 가지 방식을 통해 이루어진다. 문화 감응 교수는 흑인, 원주민 학생, 라틴계 학생, 아시아 학생들의 문화와 경험을 중시하고 그것들을 교수·학습을 위한 가치 있는 자원으로 활용한다. 문화 감응 교수는 그 학생들의 기존 강점과 성취를 인정하고 수업 과정에서 그것들을 더욱 제고하는데 힘쓴다. 일례로, 교사는 상당수 흑인 학생들의 비공식적인 사회적 상호작용에서 명백하게 나타나는 언어적 창의성을 이야기하기 재능으로 인정하여 작문 과제를 가르칠 때 활용한다. 교사는 흑인 학생들로 하여금 작문 과제를 우선 말로 표현하게 하여 녹음과 녹취를 한 후에, 그것을 활용하여 작문 기능을 가르친다. 소집단을 구성하여 함께 공부하는 아시아계 학생들의 경향성은 교실에서 협동학습의 형태로 공식화될 수 있다.

문화 감응 교수는 모든 학생들의 학업 성공을 타협의 소지가 필요 없는 일종의 명령이자

실현 가능한 목표로서 설정한다. 문화 감응 교수는 학생들은 자신이 속한 민족 공동체와 전체 사회의 생산적인 성원이 되어야 한다는 생각을 발전시키고 그것을 가능하게 해 주는 기능을 발달시켜 준다. 문화 감응 교수는 학업 성공과 문화적 연합을 서로 경쟁시키지 않는다. 오히려 학업 성공과 문화적 연합은 동시에 진전되어야 한다. 학생들은 자신의 민족적 정체성과 문화적 배경을 자랑스러워하도록 교육을 받아야 한다. 문화 감응 교수는 일부 유색 인종 학생들에게 나타나는 학습된 무기력을 향한 경향성을 사전에 방지한다. 문화 감응 교수는 민족적으로 다양한 학생들을 위한 고품격 교육을 강조한 뱅크스 (Banks, 1991, 131)의 주장과 부합한다. 그는 교육이 주변화된 학생들에게 능력을 부여하기 위해서는 변혁적인 것이 되어야만 한다고 주장하였다. 변혁적이 된다는 것은 학생들이 성찰적인 결정을 내리고 그들의 개인적·사회적·정치적·경제적 행동에서 그 결정을 실행하는 데 필요한 지식·기능·가치를 발달시키도록 도와주는 것을 뜻한다. 학생들은 상이한 민족 집단이나 그 성원들에 대한 불평등의 영향을 분석하고, 그러한 불평등을 관용하지 않으며, 민족 집단들 간의 평등, 정의, 권력 균형을 증진시키는 변화 주체가 되어야 한다. 학생들은 이러한 윤리와 기능을 교실, 학교, 운동장, 이웃, 전체로서의 사회와 같은 상이한 공동체 맥락 속에서 실행에 옮겨야 한다. 그러므로 문화 감응 교수의 변혁적인 의제는 두 가지에 초점을 맞춘다. 하나는 전통 교육의 교육과정과 교실 수업에 상당히 잠재해 있는 문화적 헤게모니에 맞서서 그것을 초월하는 것이다. 다른 하나는 학생들의 사회적 의식화, 지적인 비평, 정치적·개인적 효능감을 발달시켜서 그들이 편견, 인종차별주의, 여타 형태의 억압과 착취에 맞서 싸울 수 있게 만드는 것이다.

• 문화 감응 교수는 해방적이다. 문화 감응 교수는 상이한 민족 집단 학생들의 지성을 주류의 지식 기준과 인식 방법이 갖고 있는 억압적 속박으로부터 벗어나게 해 준다는 점에서 해방적인 것이다. 이러한 유형의 교수 활동에서 핵심 사항은 상이한 민족 집단에 관한 참된 지식에 학생들이 접할 수 있도록 만드는 것이다. 참된 지식이 생성하는 확실성, 정보, 긍지는 심리적으로, 그리고 지적으로 해방적인 것이다. 이러한 자유는 학생들이 학습 과제에 더욱 가깝게 그리고 더욱 완벽하게 집중하도록 만들어 준다. 그리고 그 결과는 많

은 부분에서의 개선된 성취를 수반한다. 그러한 성취는 더욱 명확하고 통찰력 있는 사고, 배려적이고 인간적인 대인 관계 기능, 개인·지역·국가의 상호의존성에 대한 이해, 공유·비평·수정·갱신되는 것으로서의 지식 개념 수용 등을 포함한다.

문화 감응 교수는 학교에서 전형적으로 배운 학문적 진리 개념이 가진 절대적 권위의 베일을 벗겨 준다. 학생들은 진리에 대한 단일의 관점이 총체적이고 영원할 수 없음을 깨닫게 된다. 또한 학생들은 논쟁적이지 않은 지식은 없다는 것을 알게 된다. 이제 학생들은 다양한 민족적 배경의 학자들이 생성한 새로운 지식을 사회의 역사, 이슈, 문제, 경험에 분석에 적용하는 방법을 학습하게 된다. 이러한 학습에 참여하는 것은 학생들이 자기만의 목소리를 찾아내고, 다양한 문화적 관점에서 이슈들을 맥락화하며, 인식하고 사고하는 다양한 방법에 관여하고, 그들 나름의 학습을 만들어 나가는 데 있어서 더욱 능동적인 참가자가 되게끔 해 준다. 이렇듯 지식과 그에 부속된 기능에 대한 새로운 사실은 문화 감응 교수가 촉진시켜 주는 지적·문화적 해방의 핵심을 이룬다.

한편 협동, 공동체, 연관성은 문화 감응 교수의 또 다른 중요한 특징이다. 학생들은 협동해야 하고 서로의 성공에 대한 책임이 있다. 행동을 이끄는 기준으로서의 상호 도움, 상호 의존, 상호성은 전통적인 교실을 사로잡았던 개인주의와 경쟁을 대체한다. 그것의 목표는 모든 학생들이 승리자가 되게끔 하는 것이다. 그 결과, 학생들은 그들이 가진 능력을 최대한 발휘하기 위해 서로 도울 책임이 있다고 느낀다.

이렇듯 게이는 문화 감응 교수의 특징을 타당성, 포괄성, 다차원성, 권한 부여, 변혁성, 해방성으로 설명하면서, 다문화교육이 성공하기 위해서는 교실이라는 소우주에서부터 근본적인 교수 방법의 변혁이 일어나야 함을 강조하였다.

다문화교육이 모든 학생들을 위한 것과 마찬가지로, 문화 감응 교수도 모든 교실 상황에 필요한 것이다. 인종적·민족적으로 다양한 학생들에게 학습이 더욱 효과적인 것이 되기 위해서는 교사가 학생의 문화를 활용한 문화 감응 교수를 실천해야 한다. 교사는 문화 감응 교수를 통해 학생들에게 자기 집단의 문화적 유산과 타 집단의 문화적 유산에 대해 정확하게 학습할 수 있도록 해 주어야 한다. 그러므로 교사는 문화 감응 교수를 통해 학생들로 하여금 민족적·인종적·문화적 다양성을 존중하고 포용하며, 다양성은 인간적 삶의 총체적인 조건임을 인식하도록 만들어야 한다.

문화 감응 교수에 대한 오해

지금까지 문화 감응 교수의 본질과 특징에 대하여 살펴보았다. 그럼에도 여전히 많은 사람들은 문화 감응 교수를 오해하고 있다. 여기서는 문화 감응 교수에 대한 대표적인 오해들을 살펴보고, 그러한 오해가 왜 잘못된 것인지를 분명하게 밝히고자 한다(Irvine & Amento, 2001, 13-14).

• **오해 1**: 문화 감응 교수는 유색 인종과 저소득층 학생들만을 위한 새롭고 특별한 교수 유형이다.

전통적인 교수 방법 역시 문화 감응적이었다. 그것은 주로 유럽계 백인 중산층 학생들의 문화에 감응적인 것이었다. 그러한 형태의 문화 감응 교수는 개별 성취의 중요성, 시간 계획의 엄격한 준수, 분석적 추론을 통한 지식, 자족성, 언어적/탈맥락적 단서에 대한 의존을 강조하였다. 당시에는 유럽계 미국인의 가치와 그에 수반된 교육학적 교수 방식이 모든 학생들에게 적합하다는 공통된 합의가 존재하였다. 학교에 적응하지 못한 학생들, 즉 주류 문화적 관점을 동화하지 못한 소수 민족 학생들이나 빈곤층 학생들은 학교에서 실패하였다. 문화 감응 교수는 모든 학생들이 학교에서 성공하도록 만들기 위한 것이다. 문화 감응 교수는 주류 학생이나 소수 민족 학생들 모두에게 필요하고 유용한 것이다.

• **오해 2**: 다양한 학생들로 구성된 학교에서 유색 인종 교사들만이 문화 감응 교수의 본질적 요소들을 예증할 수 있다.

사실 미국의 경우 초·중등 교사의 절대 다수는 백인 여성들이다. 그들이 유색 인종 학생들을 잘 가르치지 못하는 것은 그들의 인종 때문이 아니라, 문화 감응 교수에 대한 훈련의 부족 때문이다. 자신들의 민족적·인종적 배경과 상관없이 모든 교사는 다문화주의자가 되어야 한다. 모든 교사들은 문화적으로 다양한 학생들의 언어, 표현 방식, 공동체의 가치에 대해 잘 알고 있어야 하고 민감해야 하며 그것들에 대해 편안함을 느낄 수 있어야 한다. 모든 교사는 다양한 학생들의 가정과 공동체의 문화를 승인하고 존중하는 가운데 지배문화에 대해서도 배울 수 있도록 도와주어야 한다.

- **•오해 3: 문화 감응 교수는 유색 인종 학생들을 가르치는 데 있어서의 어려움을 극소화하려는 속임수에 불과하다.**

문화 감응 교수는 성찰 개념에 그 토대를 두고 있는 것이지, 간단한 해결책을 제시하려는 것이 아니다. 일부 학자들은 문화 감응 교수를 단순히 가르치는 것으로만 국한시키려고 한다. 하지만 문화 감응 교수는 그 이상의 의미를 갖는다. 문화 감응 교수는 교수 방법일 뿐만 아니라 아동과 학교에 대한 새로운 태도이고, 교사와 학생의 역할을 다시 새롭게 정의하기 위한 추진력이다. 문화 감응 교수는 유색 인종 학생과 저소득층 학생들에게 능력을 부여함으로써 궁극적으로는 사회 변화를 시도하는 하나의 수단이다.

- **•오해 4: 문화 감응 교수는 교실에 있는 모든 학생들의 문화에 대한 세부 사항들을 숙달할 것을 요구한다.**

다양한 문화에 대한 숙달은 경험이 많은 교사들에게 조차 비현실적인 기대일 뿐만 아니라 초임 교사들에게는 더욱 어려운 일임에 틀림이 없다. 문화 감응 교수를 위해서는 교사가 간문화적 역량 혹은 상호 문화적 역량을 지녀야 한다. 하지만 그러한 역량을 갖게 되는 것은 상당한 시간과 노력을 필요로 하는 복잡한 일이다. 그러므로 학생들의 다양한 문화에 대한 이해를 제고하기 위한 다양한 교사교육 프로그램들이 제공될 필요가 있다. 또한 그 프로그램은 민족 집단에 대한 고정관념적인 이미지를 심어주지 않도록 주의를 기울여야 한다.

- **•오해 5: 문화 감응 교수는 인종과 민족에 근거하여 학생들을 범주화하기 때문에 유색 인종 학생들에 대한 고정관념을 강화시킨다.**

문화 감응 교수는 유색 인종 학생에 대한 고정관념을 타파하기 위한 것이다. 문화 감응 교수는 개별 학생의 요구, 이전 경험, 지식, 학습 스타일에 초점을 맞출 수 있는 교사 교육과 훈련을 강조하기에 오히려 고정관념을 약화시키기 위한 것이다. 문화 감응적인 교사는 학생들의 요구를 다루기 위해 자신의 개인적 지식과 훈련을 조정한다. 학습자가 새로운 개념과 관념을 학습하도록 돕기 위해 문화 감응 교사는 학생들이 자신의 목소리를 드러내고, 학생들의 관점에서 지식과 의미가 구성되는 기회들을 마련하고자 노력한다. 이러한 해방적인 교수·학습 과정은 고정관념을 타파하는 데 도움을 준다.

문화 감응 교수 방법의 이론적 근거

교사는 문화 감응 교수를 통해 학생들로 하여금 민족적·인종적·문화적 다양성을 존중하고 포용하며, 다양성은 인간적 삶의 총체적인 조건임을 인식하도록 만들어야 한다. 그렇다면 문화 감응 교수의 이론적 근거는 무엇인가? 문화 감응 교수의 이론적 근거를 밝히는 작업은 그리 용이하지가 않다. 왜냐하면 문화 감응 교수의 이론적 근거가 바로 이것이라고 분명하게 밝히고 있는 학자들이 부재하기 때문이다. 그러나 문화 감응 교수를 역설하는 그들의 논의를 뒷받침하는 근거들을 상세하게 살펴보면 사회 구성주의, 배려윤리, 문화 차이 패러다임이 중요한 이론적 근거임을 파악할 수 있다.

① 사회 구성주의

인식론적 측면에서 볼 때, 문화 감응 교수는 사람들은 문화적 상징과 은유를 포함하는 사회화 과정을 통하여 그들의 세계를 구성한다는 사회 구성주의 관점을 실현하고 있다. 사회 구성주의에서는 인간이 자신의 주관적 지식을 사회와의 상호작용을 통하여 객관적 지식으로 수정해 간다고 본다(추병완, 2004, 411). 사회 구성주의는 사회적 상호작용을 지식의 중요한 본질로 보아, 지식이 사회 속에서 형성되는 구체적 과정에 대한 연구에 초점을 맞춘다. 인간의 인지적 경험은 외적 활동과 기호의 사용에 의해 만들어지며, 이러한 경험은 끊임없이 문화적 과정에 관여되면서 다음의 문화적 구성의 기초가 된다고 본다. 즉 문화와 인지 과정의 상호 의존성 속에서 인간은 필연적으로 사회와 만나게 되며, 이러한 개인적 과정과 사회적 과정의 상호 의존성에 의하여 인간의 지식은 형성된다고 본다(김판수 외 6인, 2003, 34-35).

학습의 관점에서 볼 때, 문화 감응 교수는 모든 문화 집단은 인지적 강점이 있으며, 이를 통해 교실에서의 학습이 촉진될 수 있다고 믿는다. 이 점에서 문화 감응 교수는 아동과 성인의 자연적인 상호작용에서 발생하는 지적 발달을 주장하는 신비고츠키 이론(neo-Vygotskian theory)과 매우 유사하다. 신비고츠키 이론에 의하면, 아동은 자신의 발달 수준인 근접 발달 지역 내에서 새로운 내용을 배우는 것에 도움을 받을 수 있다. 효과적인 학습은 아동과 성인이 문화적인 가치와 양식을 공유하는 것과 더불어 효과적인 의사소통을 필요로 한다. 학습이 효과적으로 이루어지기 위해서는 교사는 아동의 근접 발달 지역 내에서 그 학생과 효과적으로 연결되기 위해 학생의 문화적 양식을 충분히 알고 있어야만 한다(심우엽, 2001, 354).

문화 감응 교수는 다양한 집단의 학습 특징과 문화적 특징을 반영하는 데 초점을 맞춘다. 문화 감응 교수를 주장하는 학자들은 문화가 학습에 중요한 영향을 미친다고 봄과 동시에 학습이 효과적으로 이루어지기 위해서는 교사가 학생들의 문화적 배경에 대해 잘 알고 있어야만 하며, 그러한 문화적 배경에 대한 지식을 효과적인 교수법 개발에 활용할 수 있는 능력을 갖추어야 한다고 믿는다. 이렇게 볼 때, 문화 감응 교수는 사회 구성주의 관점을 교수·학습 과정에서 잘 실현하고 있다고 평가할 수 있다.

② 배려 윤리

주지하는 바와 같이, 배려 윤리는 관계 중심적인 윤리다. 배려 윤리의 대표자인 나딩스(Noddings)에게 있어서 배려의 본질적 요소는 배려하는 자와 배려를 받는 자 사이의 관계에 있다(추병완 외 2인 공역, 2002, 33). 배려를 받는 자는 나 자신일 수 있고 내가 만나는 타자일 수도 있다. 후자, 곧 타자에 대한 배려는 배려의 본질적 측면이다. "타자의 현실을 내게 있어서의 가능성으로 받아들이고 이러한 현실을 느끼기 시작하면, 나는 또한 이에 상응하는 행위를 해야 한다는 것도 느낀다…… 나는 마치 나 자신의 고유한 관심 속에서 행위를 하는 것처럼 타자의 관심 속에서 행위를 하게 된다."(송안정 역, 2008, 70에서 재인용). 여기서 중요한 것은 고정된 규칙이 아니라 배려하는 태도의 기반인 마음씨와 존중의 감정이다. 이러한 태도는 다시금 수용적이고 응답적인 특성을 갖는다. 타자는 배려하는 자의 베풂에 상응할 수 있고, 실로 그 이상으로 갚을 수 있다. 타자는 그 자신이 배려하는 자가 됨으로써 이러한 베풂을 돌려줄 수 있다.

　문화 감응 교수를 주장하는 학자들은 '배려가 문화 감응 교수를 지탱하는 중심 기둥'(Gay, 2000, 45)인 동시에 '학생과 학부모를 소중하게 여기고, 학습이 사회·문화적 맥락 속에서 일어나는 것으로 파악하는 철학적 지향'(Pang, 2001, 80)이라고 믿는다. 이렇듯 문화 감응 교수를 주장하는 학자들은 교수·학습 과정에서 배려가 지닌 잠재성과 가치에 주목한다. 이것은 "우리가 학생을 친밀하게 대할수록 그들 각자의 요구와 흥미에 따라 움직일 수 있기 때문에 배려 이론은 개별화된 교육과정을 선호한다."(윤현진 외 4인 공역, 2007, 41)는 나딩스의 주장과 일맥상통한다.

　또한 문화 감응 교수는 배려 윤리와 마찬가지로 인간의 자아를 관계 속의 자아로 규정한다. 자유주의 전통에 경도된 서구 심리학에서 자아는 자율적으로 관여된 개인적 행동이며, 다른 사람들과 환경에 대하여 가지는 분리감과 대립으로 정의되어 왔다. 이와는 달리 문화 감응 교수는 자아를 사람들이 거주하고 있는 가족, 공동체, 문화 그리고 우주에 대한 느낌들이 서로 엉켜 있는 자아, 즉 관계 속의 자아로 본다.

　게이는 교수 활동에서 배려와 관련된 연구 결과에 기초하여 배려가 개인과 수행에 대한 관심을 의미하고, 행위를 유발하는 가치가 있으며, 노력과 성취를 촉진하고, 다차원적인 감응성에 기반을 두고 있다고 주장하였다(Gay, 2000, 45-53 참조). 그 가운데 문화 감응 교수의 이론적 근거를 가장 잘 설명해 주는 것은 바로 배려의 본질이라 할 수 있는 다차원적 감응성 개념이다. 교수 활동에서 감응적이라는 것은 교사가 학생의 행위와 교실의 정신적 생태(mental ecology)에 영향을 주는 문화적 요인들을 교육적으로 건설적인 방식에서 이해하고 그에 입각하여 행동한다는 것을 의미한다. 그러므로 교사가 문화 감응 교수를 하기 위해서는 그 자신이 문화적 다양성에 능통함과 동시에 그것을 교육의 과정 속에 포함할 수 있어야만 한다.

　한편 미국 샌디에고(San Diego) 주립대학교의 팽은 교수·학습에서 배려에 관한 기저의 신념을 다음과 같이 제시하였다(Pang, 2001, 64-65). 첫째, 관계는 상호적이며 신뢰에 기반을 둔다. 둘째, 신뢰 관계는 교수·학습을 위한 토대와 맥락을 형성한다. 셋째, 교사와 학생은 서로 간에 상호연결감을 느낀다. 각자는 타인의 복지에 관심을 가지며 이런 맥락 안에서 학습자 공동체가 창조된다. 넷째, 다양한 렌즈를 통해 지적 발달을 바라보고, 다양한 방법을 통해 지적 발달을 촉진한다. 다섯째, 문화는 많은 학생들이 자신을 확인·정의·가치 평가하고 동기화되는 방식을 보여주는 친숙한 측면이다. 학생들의 존재감은 문화에 뿌리를 내리고 있다. 여섯째, 타인을 위한 배려는 사회 정의를 이룰 수 있다. 우리는 우리가 개인적 수준에서 배려하는 사람들을 위한 공정성을 원한다. 왜냐하면 우리는 개인 및 더 큰 공동체의 인간다움을 위해 배려하기 때문이다. 일곱째, 배려하는 학생은 어떤 다른 사람의 관점에서 세계를 느끼고, 보며, 파악하는 능력을 발달시키며, 그것은 하나의 공동체 지향으로부터 문제 해결 및 학업 기능 발달을 조장한다. 여덟째, 교사는 공동체의 일원임을 느끼고, 그들이 가르치는 공동체에 참여함으로써 삶의 경험을 공유한다. 아홉째, 교사는 학생들과 함께 민주적인 교실을 창조한다.

이렇듯 팽은 배려가 문화 감응 교수의 중심 기둥임을 강조하면서, 학생의 문화에 초점을 맞춘 교수 방식이 전개되어야 함을 강조하였다. 그는 교사가 배려 윤리에 근거하여 행동할 때 의식적으로 자신의 학생들을 배려하고 가르치며 호혜적 관계 형성을 위해 도덕적 헌신을 하게 된다고 보았다. 즉 그는 배려 윤리에 근거함으로써 교사는 학생들과 강한 의사소통 라인을 만들고, 문화 감응 교수의 핵심인 학생의 문화적 배경을 확언할 윤리적 결단을 하게 된다고 보았다.

③ 문화 차이 패러다임

일반적으로 패러다임은 인간의 행동이나 어떤 현상을 설명하는 상호 연계된 아이디어의 총체이다. 그것은 정책과 행위를 내포하며 구체적인 목표·가정·가치관을 지닌다. 하나의 패러다임은 사상 및 공공 정책의 경연장에서 다른 패러다임과 경쟁한다. 다문화교육에 있어서 교육자들이 다양성을 어떤 패러다임으로 바라보는지의 문제는 매우 중요하다. 이를테면 사회적 소수 집단의 다양성을 주류 문화의 결핍으로 볼 것인지 혹은 그 자체를 장점으로 볼 것인지에 따라 교육적 대안이 달라질 수 있기 때문이다.

전통적으로 학교에서의 학업 성취 격차를 설명함에 있어서 결핍 모형을 취하는 이론으로 지능 이론과 문화 결핍 이론을 들 수 있다. 문화 결핍 이론은 지능 이론을 극복하기 위한 이론으로 알려져 있지만, 학업 성취 실패 이유를 학생이 갖고 있는 속성에서 찾는다는 점에서 지능 이론과 기본 논리를 같이 한다. 다만 문화 결핍 이론은 생득적 능력을 강조하는 지능 이론과 달리 학생들이 경험하는 가정의 문화적 환경을 중시한다. 지능 이론은 유전적 요소를 강조하고 학업 실패가 지적 소양의 부족에서 비롯된다고 보는 반면에, 문화 결핍 이론은 학생의 문화

문화 감응 교육학

적 경험 부족을 학습 실패의 중요한 원인으로 간주한다(오욱환, 2008, 172).

이렇듯 문화 결핍(cultural deprivation) 이론은 1960년대에 나타나기 시작한 저소득층 학생들의 교육과 관련된 최초의 이론 가운데 하나다(Banks, 2007, 71). 문화 결핍 패러다임의 기본 가정에 의하면, 저소득층 청소년들은 그들이 속한 가정과 공동체의 역기능적인 사회 문화적 특성으로 인하여 적절한 학업 성취에 이르지 못한다(Manning & Baruth, 2004, 47). 빈곤, 편부, 편모 등의 특징을 가진 저소득층 아이들은 문화 결핍과 인지적 결함에 노출되어 학교에서 낮은 성취도를 보인다. 따라서 이 패러다임은 영양 결핍이 실재하는 것처럼 문화 결핍도 실재하며, 가정의 문화적 환경이 학생의 학업 성취에 중대한 영향을 미친다고 본다(오욱환, 2008, 175).

문화 결핍 패러다임을 지지하는 학자들은 '미국 문화'와 '전형적인 인간 발달'의 일반적인 규범들이 보편적으로 옳다고 본다. 그들은 소수 인종 학생들이 그러한 규범을 획득·성취하는 데 실패하는 주된 요인을 그들의 가정환경, 생리학적·정신적 재능, 또는 그 두 가지 모두에 대한 결핍에서 비롯된 것이라고 믿는다(Sleeter & Grant, 2007, 40)

문화 결핍 패러다임을 신봉하는 사람들은 학교가 저소득층 및 소수 종족 집단 학생들의 학습 지원에 책임이 있을 뿐만 아니라, 그러한 목표에 도달할 수 있는 역량을 갖춰야 한다고 믿는다. 그들은 저소득층 학생들의 학습 장애 원인은 주로 그들이 사회화된 문화로부터 발생한 것으로 파악한다. 따라서 학교가 그들의 결핍된 문화를 보상할 수 있고, 결핍이 일어난 문화적 환경을 제거해 준다면 학업 성취 수준을 높일 수 있다는 것이다(Banks, 2007, 71).

이에 문화 결핍 패러다임에서 학교의 주요 목표는 문화적으로 결핍된 아이들에게 인지적 결함을 보완할 수 있는 문화 경험과 여타의 다양한 경험을 제공하는 것이다. 하지만 문화 결핍 패러다임은 저소득층 학생들을 그들의 문화로부터 분리하려 하고, 학업 실패는 학교가 아니라 그들 자신의 문화에서 비롯된 것이라고 비난하며, 그들의 문화를 부정적으로 평가하고 있다는 점에서 문화민주주의의 이념에 위배되는 잘못을 범하고 있다.

문화 감응 교수는 문화 결핍 패러다임을 비판하면서, 문화 차이 패러다임을 수용한다. 문화 차이 패러다임은 문화 결핍 패러다임과는 달리, 소수 인종 집단 청소년들이 문화적 결핍 상태에 놓여 있다는 가설을 수용하지 않는다. 문화 차이 패러다임은 소수 인종 집단들이 강하고 풍부하며 다양한 문화를 가지고 있다고 믿는다. 즉 그들의 문화는 다른 미국인들의 삶을 풍요롭게 할 수 있는 언어·행동 양식·관점으로 구성되어 있다. 따라서 문화 차이 패러다임은 소수 종족 청소년들이 학교에서 실패하는 주된 이유는 문화적 결핍 때문이 아니라, 그들이 학교의 문화와는 다른 문화를 갖고 있기 때문이라고 가정한다.

문화 차이 패러다임을 지지하는 학자들은 인간 발달과 관련한 일반적인 규범을 특정 문화의 요구와 관련 있는 것으로 파악한다. 인간 발달에 대한 하나의 옳은 모델은 없으며, 문화적 내용은 학생들의 발달에 중요한 영향을 미친다. 이 패러다임에 의하면, 다른 문화적 내용들도 똑같이 건전한 규범을 생산해 내지만, 다른 양식으로 발전한다고 본다. 개인은 각자 자신의 공동체 안에서 원활하게 활동하는 것처럼, 주류 문화에서도 생산적인 역할을 하는 것을 배울 수 있다(Sleeter & Grant, 2007, 46).

문화 차이 패러다임은 소수자 학생들의 문화보다는 학교 자체가 소수 인종 학생들의 낮은 학업 성취도에 대한 주요 책임이 있다고 믿는다. 문화 차이 패러다임의 지지자들은 부적합한 교수야말로 학생의 학습 능력을 제한하는 가장 주요한 요소라고 본다. 만약 학생들이 잘 학습하고 있지 않다면, 그것은 바로 교사들이 학생들의 장점과 재능에 대해 투자하기 않았기 때문이다. 따라서 교사는 학생들의 배경과 장점을 알기 위해 더 많은 시간과 노력을 투자해야 한다. 그러므로 학교는 소수 인종 집단 청소년들의 문화를 존중하고 반영할 수 있는 방향으로 변화해야 하며, 동시에 그들의 문화적 특성에 적합한 교수 전략을 사용해야 한다는 것이다(Banks, 2007, 73).

문화 차이 패러다임에 의하면, 지금까지 학교는 소수 인종 학생들을 그들의 문화로부터 소외시키거나 그들의 문화를 무시하고, 그들의 생활양식과 일치하는 교수 전략을 거의 사용하지 않음으로써 소수 인종 학생들을 돕는 데 자주 실패했던 것이다(Maning & Baruth, 47-48). 이렇듯 학생들의 문화와 일치하는 교수 전략 사용의 중요성을 강조하는 문화 차이 패러다임은 문화 감응 교수의 중요한 이론적 근거를 이룬다. 문화 감응 교수는 학업 성취의 차이가 교실 수업과 가정 문화 간의 차이에서 비롯된다는 문화 차이 패러다임의 기본 가정을 수용하면서, 학생들의 문화에 적합한 교수 전략을 사용해야 한다는 해결 방안을 구체적으로 시도하려는 교육적 노력이다.

문화 감응 교수에 의한 교실 수업 전략

문화 감응 교수는 교사들이 다문화 교실의 상호작용에 의미를 부여하는 데 도움을 줄 수 있는 자원으로서 다양성을 활용하도록 도와준다. 그러나 뱅크스가 지적한 바와 같이, 문화 감응 교수는 아직 구체적인 전략으로 구현되어 있지 못한 상태다(Banks, 2007, 102) 실제로, 문화 감응 교수에 관한 서구 학자들의 논의는 교실수업 전략의 측면보다는 주로 교사의 역할이나 지도상의 유의점에 초점을 맞추고 있다. 일례로 게이는 문화 감응 교수법의 실천 사례로서 자신의 경험을 소개하고 있는데(Gay, 2000, 183-198 참조), 그것은 문화 감응 교수를 위한 구체적인 수업 전략이라기보다는 일반적인 수업 지침에 가깝다. 그는 문화 감응 교수법의 실천을 위해 지지적·촉진적인 환경을 조성할 것, 의식과 관례를 활용할 것, 협동적·성공적으로 학습하게 할 것, 선택과 진실성을 중시할 것, 능력을 가질 수 있도록 가르칠 것, 아는 것과 행함을 일치시킬 것, 비판적 지향을 갖게 할 것, 개인적 경험을 지식 구성의 주요한 요인으로 활용할 것 등을 제시하였다.

이에 여기서는 문화 감응 교수와 관련된 이전의 연구 결과들을 종합하여, 교실수업에서 교사가 전략적으로 활용할 수 있는 아이디어들을 교실 환경 구성, 수업 설계, 수업 전개의 세 가지 측면으로 분류하여 논의를 전개하고자 한다. 즉 교사가 문화 감응 교수를 활용하고자 할 때의 시간적 흐름을 고려하여, 문화 감응 교수를 위한 교실 환경 및 분위기의 조성 방법, 수업 설계 방법, 수업 활동 전개 방법으로 구분하여 제시하고자 한다.

① 교실 환경 구성을 위한 전략

• 지지적 · 촉진적 교실 환경 구성

문화 감응 교수를 활용하고자 하는 교사는 학생의 지적·개인적·사회적·인종적·문화적 발달을 지지하고 촉진하기 위한 교실 환경을 조성해야 한다(Gay, 2000, 184). 교사는 학생들 스스로 의사결정, 인지적 처리, 문제 해결, 자기 성찰이 가능할 수 있도록 학생들을 지지해 주는 교실 분위기를 조성해야 한다. 교사는 서로 다른 특성을 가진 학생들이 자신의 특성에 대해 편안하게 느끼고 교사 및 동료 학생들과 자연스럽게 상호작용할 수 있는 환경을 조성해야 한다(구정화 외 2인 공저, 2009, 233; 오은순, 2009, 179). 이를 위해서는 상호 존중이 필수적이다. 여기서 상호 존중은 학생이 존중심을 갖고 교사를 대하듯이 교사도 존중심을 갖고 학생을 대하는 것을 의미한다. 교사는 다양성을 존중하고 예찬하는 교실 나름의 관례나 의식의 제정을 통하여, 규칙 제정과 협동적 의사결정 과정을 통하여 교사와 학생 모두 자기 규제와 협동을 실천하는 상호 존중의 분위기를 만들어낼 수 있다(추병완, 2007, 232).

또한 교사는 다른 것은 틀린 것이 아니라는 메시지를 지속적으로 학생들에게 확산시킴으로써 학생들이 다양성을 인정·존중하는 생활 방식을 체질화하도록 도와주는 촉진자 역할을 수행해야 한다. 교사는 교실 활동에서 학생들의 사회적·문화적·언어적 경험을 반영하고, 그것에 적절한 교실 환경을 지속적으로 개발해야만 한다. 즉, 학생들의 문화 기반 지식을 교실 학습 경험과 효율적으로 연결시키도록 도와주는 방식으로 교실의 분위기를 조성해야 한다. 교사는 일상적인 교실 역학에서 문화가 작동하는 방식을 이해하고, 문화적·민족적 다양성이 발열하는 학습 분위기를 창출하며, 모든 학생들의 최고의 학업 성취를 촉진시켜야만 한다. 교사는 다양한 민족 집단 학생들이 교실에서 자유로운 개인적·문화적 표현을 할 수 있는 기회를 부여하며, 그들의 목소리와 경험이 교수·학습 과정에 자연스럽게 통합될 수 있도록 해야 한다.

• 학생에 대한 높은 기대

문화 감응 교수를 실행하고자 하는 교사는 개별 학생들을 그가 성장해 온 민족·문화 공동체의 규범에 근거하여 이해해야 하며, 모든 학생들을 가치 있는 지식과 경험을 가진 학습자로서 존중해 주어야 한다(추병완, 2008a, 44). 그런데 여기서 중요한 사실은 학생들을 빈곤층 학생이나 소수 인종 학생의 학생이 아니라, 한 사람의 개인으로 보고 대우하는 것이다(한소영 역, 2008, 68; Tiedt & Tiede, 2002, 30). 높은 기대를 가진 효율적이고 지속적인 소통은 학생들이 건전한 자아개념을 갖게 하는 데 도움을 준다. 그것은 또한 내재적 동기를 위한 구조를 제공하고, 학생들이 성공할 수 있는 환경을 조장하여 준다.

학생의 행동과 교사의 기대는 상호작용한다. 교사가 학생에게 학업 성취에 있어서 더 많은 것을 기대할 때 학생은 더 많이 성취하는 경향이 있으며, 학생이 학업에서 더욱 성공적이면 학생에 대한 교사의 기대 수준은 더 높아지는 경향이 있다. 교사가 학생의 실패에 대해 동정하거나, 단순 과제를 마친 것에 대해 지나치게 칭찬하거나, 학생이 원하지 않는 도움을 제공할 때, 교사는 학생들에게 낮은 기대라는 의도하지 않은 메시지를 전달할 수도 있다. 따라서 교사는 학생들에게 명확한 기대를 가지고 소통해야 한다. 교사는 학생들이 알기를 바라는 것, 할 수 있기를 바라는 것을 아주 구체적으로 제시해야 한다(Ladson-Billings, 1995, 160-161). 그리고 학생들에 대한 참된 존중과 학생의 능력에 대한 신뢰가 존재하는 환경을 창출하여 학생들이 특정한 과업에 대한 기대를 충족시킬 수 있도록 고무시켜 주고, 학생들이 그것을 충족시켰을 때에는 칭찬을 해 주어야 한다. 이를 위해 교사는 부모와의 교류 및 협력에 필요한 간문화적 능력을 지니고 있어야 한다. 교사는 학생이 속한 가정의 문화적 배경에 대해 진지하게 연구해야 하고, 그 학생의 문화 활동과 신념을 알아내기 위해 같은 문화를 가진 사람들이나 집단 성원들을 만나 정보를 획득해야 한다.

② 수업 설계를 위한 전략

• 문화적으로 매개된 수업

문화 감응 교수를 위한 수업 설계에 있어서 교사는 문화적으로 매개된 수업을 기획해야 한다. 뱅크스는 이것을 내용 통합으로 표현한 바 있다. 그에게 있어서 내용 통합이란 교사가 자신의 교과나 학문 영역에 등장하는 주요 개념·원칙·일반화·이론을 설명하기 위해서 다양한 문화 및 집단에서 온 사례·자료·정보를 가져와서 활용하는 정도를 지칭한다(Banks, 2002, 14).

문화적으로 매개된 수업이 왜 필요한 것인가? 이에 대한 답변은 다음의 진술 속에 잘 나타나 있다. "도심의 빈곤층 흑인 학생을 가르치는 데 적절한 수단은 다른 학생들을 가르치는 데 적합한 수단과는 다르다. 왜냐하면 교수·학습은 주어진 사회체제 안에서 일어나는 사회문화적 과정(sociocultural process)이기 때문이다. 상이한 사회체제들이 상호작용할 때, 규범적인 절차 규칙들이 종종 갈등을 일으킨다. 학교의 문화가 도심의 흑인 문화와 상충할 때에도 마찬가지 현상이 생긴다. 학교에서 활용되고 있는 많은 수업 절차들은 빈곤한 흑인 학생들과는 엄청나게 다른 일군의 문화적 가치·지향·지각에서 나온다."(Gilbert & Gay, 1985, 134).

수업이 정보를 알고, 이해하고, 표현하는 다양한 방식을 통합할 때 그 수업은 문화적으로 매개적인 것이 된다. 수업은 다문화적 관점을 권면하는 환경 속에서 이루어져야 하고, 학생들에게 적절한 지식의 포함해야 한다. 학습은 문화적으로 적절한 사회적 상황에서 발생한다. 즉 학생들 사이의 관계 및 교사와 학생의 관계가 학생들의 문화와 일치할 때 발생하는 것이다. 학생들은 진술, 사건, 행동을 해석하는 데 있어서 한 가지 방식 이상이 존재한다는 것을 이해할 필요가 있다. 상이한 방식으로 학습할 수 있거나 그들 나름의 사회적·문화적 경험에 근거한 상황에서 관점과 안목을 공유할 수 있을 때, 학생들은 학습에 능동적인 참여자가 된다.

이를 위해 교사는 다문화교육 내용 요소를 수업에 적극적으로 포함하여 다루는 수업 설계를 해야 한다. 일례로, 다문화 교실 상황에서 식생활에 대한 예절을 다룰 경우 교과서에 제시된 우리의 식생활 예절을 다루는 것에서 탈피하여, 소수 학생들의 문화적 배경을 고려하여 베트남, 일본, 중국 등 다른 문화에서의 식생활 예절을 함께 다룸으로써 문화적으로 매개된 수업을 설계할 수 있다. 수학에서는 국내 거주 외국인의 숫자가 연도별로 어떻게 변화되었는지 자료를 찾아 그래프로 그려 보게 하는 활동, 음악과 미술에서는 외국의 음악과 미술 작품을 감상하도록 하는 활동, 국어에서는 교과서 제재와 연관된 외국의 동화나 시를 소개하는 활동, 체육에서는 외국의 무용과 춤을 소개하는 활동 등을 통해 다문화교육 내용 요소들을 수업에 적극 활용할 수 있다. 이러한 방법은 소수 학생의 문화적 배경을 활용함으로써 소수 학생들의 학업 성취를 촉진시킬 수 있을 뿐만 아니라 일반 학생들의 소수 문화에 대한 이해를 제고할 수 있는 장점이 있다.

- 학생 중심적 수업 설계

뱅크스(2007, 93)는 공공의 민주사회에서 성찰적이고 활동적인 시민이 될 수 있도록 돕는 것이 공평 교수 개념의 본질이라고 주장한다. 따라서 공평 교수는 교사와 학생들 간의 전통적 권력 관계를 변화시킨다. 교사는 지식의 아성이라는 이미지와 교수 활동은 사실의 전수라는 이념, 그리고 학생은 수동적인 지식의 수용자라는 생각에 이의를 제기한다. 그러므로 문화 감응 교수를 활용하고자 하는 교사는 학생 중심적인 수업을 설계해야 한다(Ladson-Billings, 1995, 161-162).

학생 중심적 수업에서 학습은 협동적, 협력적, 공동체 지향적이다. 학생들은 그들 나름의 학습을 주도하도록 지원을 받으며, 그들에게 문화적·사회적으로 적절한 과제나 연구 프로젝트를 수행하기 위해 다른 학생들과 협력한다. 이를 통해 학생들은 자기 확신적이고 자기 주도적인 학생이 된다. 학습은 사회적으로 매개된 과정이다. 이를 위해 교사는 학생의 참여를 조장하고, 수업에 대한 책임을 공유하며, 탐구·발견 지향적 교육과정을 창조하고, 학습 공동체를 고무시켜 주어야 한다.

나아가 교사는 학생들이 문화 간 갈등에 관한 비판적 대화에 참여할 기회 및 주류의 문화적 이상·현실과 상이한 문화 체계의 이상·현실 간의 불일치를 분석할 기회를 제공해야 한다. 교사는 학생들이 자신의 민족적 정체성을 명료화하고, 다른 문화를 존중하며, 긍정적인 민족·문화 간 관계를 발전시키고, 편견·고정관념·인종차별주의를 영속화하는 것을 피할 수 있도록 도와주는 학생중심적인 수업을 설계해야 한다.

③ 수업 전개를 위한 전략

• 적절한 비계 설정

문화 감응 교수에 의한 수업 전개에 있어서 교사는 적절한 비계 설정을 통해 학생들의 이해를 촉진시켜 주어야 한다. 래슨 빌링스(1994)는 자신의 저서에서 문화 감응 교수를 잘 실천하는 교사들의 사례를 소개한 바 있는데, 그들에게서 나타나는 공통적인 특징 가운데 하나는 바로 적절한 비계 설정이다. 주지하는 바와 같이, 비계 설정에서는 인지적 측면과 정의적 측면이 모두 학생의 학습에 영향을 준다. 인지적 측면은 상호 작용을 하는 구성원들 간에 서로 새로운 정보를 제공하기 때문에 그들이 다루어 나갈 수 있는 방식으로 문제를 정의하면서 최상의 해결을 위한 토론을 전개해 나간다. 또한 정의적 측면에서 과제에 대한 학생의 참여와 자발적이고 도전적인 욕구의 확대는 따뜻하고 민감한 언어적 격려를 제공하는 구성원에 의해 촉진될 수 있다. 즉 비계 설정의 과정에서 성인은 아동에게 직접 주의를 준다던가, 기억할 수 있는 중요한 정보의 제공, 단순 격려 제공 등 다양한 종류의 정서적 지원을 한다.

박상철·남호엽(2010, 98-100)은 다문화가정 자녀 맞춤형 수업 전략을 통해 다문화 교실에서 이러한 비계 설정의 사례를 잘 제시하였다. 이를테면 다문화 교실에서 특정 학생이 추상적 용어 때문에 학습 장애를 보이는 경우, 교사는 그 개념을 한국어와 그 학생의 모국어로 병기하여 써준 뒤 한국어로 설명해 주면 더 쉽게 이해할 수 있다. 2년 전 필자의 수업에 참여한 일본 교환학생 경우도 추상적인 용어 때문에 학습에 많은 어려움을 겪었다. 어렵고 추상적인 용어의 경우, 영어와 한자를 병기하여 칠판에 써 주었을 때 그 학생의 용어에 대한 이해는 크게 증가하였고, 학습에 더욱 열의 있게 참여하였다.

교육적인 상황 내에서 비계 설정에 대한 학자들의 논의를 종합하면, 비계 설정 방법은 크게 여섯 가지로 구분된다(Wood, 1998, 105-107; 한순미, 1999, 146-148).

첫째, 흥미 유발(recruitment)로 과제의 요구와 관련하여 학습자의 흥미에 주목하고, 학습자로 하여금 과제에 흥미를 갖도록 밀착시키는 것을 말한다.

둘째, 자유의 정도 감소시키기(reduction in degree of freedom)로 학습자가 과제 해결에 필요한 하위 행위의 수를 감소시킴으로써 학습자 자신이 과제 요구에 부응했는지를 인식하기 쉽도록 과제의 크기를 단순화하는 것을 말한다.

셋째, 학습 목표의 유지(direction maintenance)로 학습자가 흥미와 능력의 한계로 인해 목표 의식이 약화될 수 있는데 이때 과제에 대한 동기를 유지시키거나 다음 단계에 도전하게 함으로써 학생들이 추구하고 지향해야 할 방향을 지속시켜 주는 것을 말한다.

넷째, 과제의 중요 특성 표시(marking critical features)로 관련성 있는 과제의 특징을 표시함으로써 학습자가 수행한 것과 정확한 것이라고 인식해야 하는 것과의 차이를 지적해 주는 것을 말한다.

다섯째, 좌절의 조절(frustration control)이란 학습자가 과제 해결 중 경험하는 좌절감을 완화시켜 주고 과제 해결을 위해 도움을 주는 것을 말하는데 이 과정에서 교사 의존도를 키우는 것은 위험하다.

여섯째, 시범(demonstration)이란 과제 해결을 시범해 보이거나 모델링하는 것을 말하는데 이상적인 과제 수행을 보여 주거나 학습자에 의해 부분적으로 수행된 과제를 완성시켜 보이는 것을 말한다.

문화 감응 교수를 실행하고자 하는 교사는 위의 여섯 가지 비계 설정 방식을 수업에 적극적으로 활용함으로써 학생들의 학업 성취를 촉진시킬 수 있다.

• 협동학습의 기회 부여

협동학습(cooperative learning)은 접촉 가설을 가장 잘 실현시켜 주는 교육 방법이다. 인종적으로 이질적인 집단 구성원들 사이에 동등한 지위를 부여하고 공동 목표 달성을 위한 빈번하고 지속적인 상호작용의 기회를 제공한 결과 인종적 편견이 줄어들고 학업 성적이 향상되었다는 연구 보고가 이를 잘 뒷받침해 준다(정문성, 2002, 52-57; 추병완, 2004b, 484-486). 협동학습과 집단 속에서의 관계들에 대한 연구 결과들을 종합하여 보면, 협동학습은 학생들의 인종적·문화적 편견을 감소시키고, 동료들 사이의 우정을 돈독하게 하는 데 탁월한 성과가 있다고 한다. 나아가 협동학습을 통하여 학생들은 서로를 아끼고 배려해 주는 미덕을 지니게 된다고 한다(추병완, 2008a, 51-52).

협동학습에 관한 실험연구 결과들은 접촉 가설의 기본 조건들이 교실에서 충족되었을 때, 학생들은 전통적으로 구조화된 교실 상황에 있었을 때에 비해 자신의 인종 집단 밖의 친구를 사귀는 경향이 훨씬 많아졌음을 보여준다(추병완, 2004b, 59). 접촉 가설의 기본 조건은 다음과 같다(김옥순 외 7인, 2009, 54): ① 접촉은 집단 간 이해와 호혜적인 지식을 생성할 수 있을 만큼 충분히 친밀한 것이어야 한다. ② 다양한 집단의 구성원들은 동등한 지위를 공유하여야 한다. ③ 접촉 상황은 사람들 간의 협력을 유도하여야 한다. 즉, 접촉 상황에서 공동의 목표를 달성하기 위한 집단들 간의 협력이 요구되어야 한다. ④ 제도적 지원이 제공되어야 한다. 협동학습 방법은 인종 간 관계에서뿐만 아니라 특히 유색 인종 학생들의 학업 성취에 긍정적인 효과가 있는 것으로 나타났다. 협동학습 방법이 이질적으로 집단화된 교실에서 실행되고 다문화 교육과정에 융합되었을 때에는 상이한 민족적·인종적 배경을 가진 학생들 사이에 공평한 상호작용을 창출할 뿐만 아니라 세계화 시대, 다문화 시대의 요구에 더욱 잘 부응하는 학생들을 길러낼 수 있다. 그러므로 문화 감응 교수를 활용하고자 하는 교사는 수업 전개에 있어서 다양한 협동학습 기회를 학생들에게 부여할 필요가 있다.

참고 문헌

구정화 외 2인 공저(2009),『다문화교육 이해』, 서울: 동문사.

김옥순 외 7인 공역(2009),『다문화교육: 이론과 실제』, 서울: 학지사.

김용신(2009),『다문화교육론 서설』, 서울: 이담.

김판수 외 6인 공저(2003),『구성주의와 교과교육』, 서울: 학지사.

박상철·남호엽(2010), "다문화교육의 원리와 방법", 원진숙 외 6인 공저,『글로벌시대의 다문화교육』,
　　　　서울: 사회평론.

송안정 역(2008),『여성주의 윤리학 입문』, 서울: 이화여자대학교 출판부.

심우엽(2001),『교육심리학』, 서울: 교육과학사.

오욱환(2008),『교육사회학의 이해와 탐구』, 서울: 교육과학사.

오은순(2009), "다문화교육을 위한 교수·학습 프로그램", 최충옥 외 10인 공저,『다문화교육의 이론
　　　　과 실제』, 서울: 양서원.

윤현진 외 4인 공역(2007),『정의와 배려』, 고양: 인간사랑.

정문성(2002),『협동학습의 이해와 실천』, 서울: 교육과학사.

추병완 외 2인 공역(2002),『배려교육론』, 서울: 다른우리.

추병완(2004a), "학교에서의 민주시민교육", 심익섭 외 12인 공저,『한국민주시민교육론』, 서울: 엠-
　　　　애드.

추병완(2004b),『도덕교육의 이해』, 서울: 백의.

추병완(2007),『도덕발달과 도덕교육』, 서울: 하우.

추병완(2008a), "다문화적 시민성 함양을 위한 도덕과 교육 방안",『초등도덕교육』, 27, 25-60.

추병완(2008b), "다문화 도덕교육 정립을 위한 시론",『초등도덕교육』, 28, 295-330.

추병완(2008c), "다문화교육을 위한 도덕 교사의 역할 탐색",『교육과정평가연구』, 11(2), 109-133.

한소영 역(2008),『유능한 교사의 자질』, 서울: 꿈을 이루는 사람들.

한순미(1999),『비고츠키와 교육』, 서울: 교육과학사.

Banks, J. A. (2002), *An introduction to multicultural education*, 3rd ed., Boston: Allyn & Bacon.

Banks, J. A. (2007), *Educating citizens in a multicultural society*, 2nd ed., New York: Teachers College Press.

Bennett, C. I. (2007), *Comprehensive multicultural education*, 6th ed., Boston: Pearson.

Gay, G. (2000), *Culturally responsive teaching*, New York: Teachers College Press.

Gilbert, S. & Gay, G.(1985), Improving the success in school of poor black children, *Phi Delta Kappan*, 66, 133-137.

Gollnick, D. M. & Chinn, P. C. (2006), *Multicultural education in a pluralistic society*, 7th ed., Upper Saddle River, NJ: Pearson, 2006.

Gutmann, A. (1996), Challenges of multiculturalism in a democratic education, R. K. Fullinwider, (Ed.), *Public education in a multicultural society*, New York: Cambridge University Press.

Ladson-Billings, G. (1994), *The dreamkeepers: Successful teachers of African American children*, San Francisco: Jossey-Bass.

Ladson-Billings, G. (1995), But that's just good teaching! The case for culturally relevant pedagogy, *Theory into Practice*, 34, no. 3, 161-165.

Pang, V. O. (2001), *Multicultural education: A caring centered, reflective approach*, Boston: McGraw Hill.

Ramsey, P. G. (1987), *Teaching and learning in a diverse world: Multicultural education for young children*, New York: Teachers College Press.

Ramsey, P. G. (2009), Multicultural education for young children, In J. A. Banks (Ed.), *The Routledge international companion to multicultural educatin*, London: Routledge.

Sleeter, C. E. & Grant, C. A. (2007), *Making choices for multicultural education: Five approaches to race, class, and gender*, 5th ed., Hoboken: Wiley.

Tiedt, P. L. & Tiedt, I. M. (2002), *Multicultural teaching*, 6th ed., Boston: Allyn & Bacon.

Wood, D. (1998), *How children think and learn*. 2nd. ed., Oxford: Blackwell Publishers.

7장
문화 감응 교수 방법의 적용 사례

세계화·정보화·다원화의 특징을 가진 현대 사회에서 다문화교육은 가장 큰 교육적 화두다. 우리 정부도 2006년도부터 '다문화가정 자녀 교육 지원 대책'을 발표하고, '2007 개정 교육과정'에서 범교과 교육 주제의 일환으로 다문화교육을 강조하기 시작했다. 이에 따라 다문화교육에 관련된 입문서와 번역서의 출판과 더불어 다문화교육 관련 교수·학습 자료의 개발이 줄을 잇고 있다.

베넷(Bennett, 2007, 3)이 지적한 바와 같이, 다문화교육은 세계 시민으로서 우리 모두가 현재 직면하고 있는 과제들을 이해하고 분석할 수 있는 틀을 제공한다. 사회 정의, 문화 간 이해, 인간 존엄성, 공평 등과 같은 다문화적 이상은 각종 테러리즘의 위협에 대처하고 지역적·국가적·세계적 차원에서의 평등과 사회 정의를 위해 서로 협력하도록 하는 데 필요한 국가적 결속, 세계적 결속, 전 세계적 협력의 기반이 된다.

이렇듯 다문화교육은 서로 화합하고 전 세계 사람들과 조화를 이루면서 살아가는 사람을 교육적 인재상으로 설정한다. 다문화교육은 타인뿐만 아니라 자신이 갖고 있는 가치관이나 증거 없는 가설에 대해서도 신중하게 검토하고 비판적으로 생각하며 대안적인 관점들에 대해서 고려할 수 있는 시민을 양성하는 것을 목표로 한다. 이런 측면에서 볼 때, 다문화교육이 추구하는 이상은 자율적 도덕성 함양을 목표로 하는 도덕교육의 이상과 일맥상통한다.

다문화교육에 대한 국내 학계의 관심은 다문화교육의 필요성과 중요성을 홍보·확산하던 초기 단계에서 벗어나, 다문화적 교수법을 연구하는 도약기를 맞고 있다(오은순, 2009; 구정화 외 2인, 2009; 원진숙 외 6인, 2010). 우리가 교실에서 다문화적으로 가르친다는 것은 학생이 자신의 충만한 잠재력을 계발하도록 세심하게 고려한 배려적인 교실 환경을 만들어 내는 것을 의미하며, 다양하고 복잡한 관점들이 포함된 교육과정을 경험하게 하는 것을 의미한다. 또한 그것은 학생들이 간문화적 역량을 향상시키도록 돕고, 편견이 없는 비판적 사고와 동정심, 그리고 사회적 제약을 개선하기 위한 사회적 행동을 육성하는 것을 의미한다.

그러므로 다문화적 교수 행동은 문화적으로 민감하고 감응적인 교수 기법의 활용을 필요로 한다. 다문화적 교수 행동은 가정과 학교 사이의 문화적 불연속성이 학교에서 사회적 소수 학생들의 학업 성취에 부정적인 영향을 미친다고 가정한다. 다문화적 교수 행동은 교수·학습 과정에서 학생들의 경제적 조건뿐만 아니라 문화적 스타일과 사회화 과정까지도 고려하는 행위들을 포함한다. 다문화교육 전문가들은 이러한 교수 방법을 일컬어 문화 감응 교수(culturally responsive teaching)라고 부른다. 본래 문화 감응 교수는 유색 인종 학생들의 낮은 학업 성취 수준을 역전시키는 데 초점을 맞춘 개념이지만, 오늘날 문화 감응 교수는 각 학생의 장점을 이용하여 가르치는 방식으로서 모든 학생들에게 적합한 것으로 여겨진다. 문화 감응 교수는 교수·학습의 모든 측면에서 학생의 문화적 준거를 포함하는 것의 중요성을 인정하는 교수 방식이다.

그럼에도 불구하고 국내에서 다문화교육에 관한 논의들은 다문화 교수 행동의 핵심이라고 할 수 있는 문화 감응 교수의 중요성에 대해 큰 관심을 기울이지 못하고 있다. 다문화 교수와 관련된 국내의 연구 수준은 타 교육에서 효과가 있다고 입증된 방법들을 다문화교육에 접목시키려는 응용적 차원에 국한되고 있을 뿐이다. 이에 여기서는 다문화 교수 행동의 핵심이라고 할 수 있는 문화 감응 교수를 도덕 교과를 비롯한 여러 교과에서 실제 적용·활용하기 위한 방안을 다루고자 한다.

다문화교육과 도덕교육의 접점

다문화교육은 모든 사람들이 문화적 다양성을 개인과 사회를 위한 창의적·생성적 자원으

문화 감응 교육학

로 인식하는 가운데, 그 다양성을 각자 일상생활 속의 지적·개인적·사회적·정치적 행동과 통합하도록 요구한다. 다문화교육은 만인이 문화적 다양성을 순수하게 받아들이고 그것을 각자 일상생활 속의 지적·개인적·사회적·정치적 행동과 통합하도록 하는 것이다. 이렇게 볼 때, 다양한 인종·문화의 집단들과 관계를 맺으며 상호작용하고 평등을 추구하기 위하여 지식·태도·가치·기술을 발달시키는 것은 문화다원적인 우리 사회에서 책임 있는 시민으로 살아가기 위해 필요한 도덕성인 것이다.

램시(Ramsey, 2004, 10-11)는 학교교육에서 다문화교육의 목표들이 중시되어야 할 필요성을 여섯 가지로 요약한 바 있다. 첫째, 학생들은 개인으로서, 문화 공동체의 일원으로서, 그리고 지구상의 살아 있는 존재로서 강력한 정체성을 계발할 필요가 있다. 둘째, 학생들은 모든 사람들 및 자연 세계와의 연대감을 계발할 필요가 있다. 셋째, 학생들은 비판적으로 사고할 줄 아는 사람이 될 필요가 있다. 넷째, 학생들은 자신감을 갖고 끊임없이 문제를 해결하는 사람이 되어 세계로부터의 도전에 압도당하는 감정을 갖기보다는 자신을 활동가로 여길 필요가 있다. 다섯째, 모든 학생들이 우리 사회의 지식에 접근하여 차이를 만들어낼 수 있는 역량을 갖도록 학업 기능을 습득하게 할 필요가 있다. 여섯째, 우리의 학생들로 하여금 개인적인 물질적 풍요·특권·권력이 더 이상 우리 사회의 지배력이 되지 않는 희망적인 사회를 상상하게 하는 공간을 창출할 필요가 있다.

베넷(Bennett, 2007, 12)은 다문화교육이 추구하는 기본 가치로서 문화적 다양성의 수용과 인정, 인간의 존엄성과 보편적 인권에 대한 존중, 세계 공동체에 대한 책임, 지구상에 존재하는 모든 사람들에 대한 존중을 들고 있다. 그는 이러한 핵심 가치들이 다문화교육의 강력한 윤리적 기반을 이룬다고 주장한다. 램시와 베넷의 주장에 근거할 때, 다문화교육은 도덕과 교육과 상당한 접점을 갖고 있다. 주지하는 바와 같이, 도덕과는 개인의 가치관 확립과 우리 사회의 공통적인 도덕적 가치 기반의 공고화를 그 중심 과제로 삼는 교과다(교육인적자원부, 2007, 3). 특히 도덕 교과의 중심 과제 가운데 하나인 공통적 가치 기반을 공고하게 만드는 것은 다문화교육의 이상과 일치하는 것이기에 도덕 교과는 다문화교육과 상관성이 매우 높은 교과다. 다문화교육은 '다수로부터의 하나'(e pluribus unum)를 추구하는 것이기에, 매우 응집적인 국가를 분열시키는 것이라기보다는 오히려 매우 분열적인 국가를 통합하는 데 도움을 주기 위해 계획된 교육이다(Banks, 2002, 7).

이렇듯 다문화교육과 도덕과교육은 양자 모두 통합을 중시한다는 점(정탁준, 2007, 130), 그리고 가치들의 보편성을 강조한다는 점에서 공통점을 지니고 있다. 또한 도덕과교육과 다문화교육이 기대하는 성과는 동일하다. 즉 인권, 인간 존엄성, 모든 사람들의 공헌과 능력 등을 인종·계층·민족·성·국적·언어 등에 관계없이 차별하지 않고 존중하여 주는 개인과 사회정치적 구조 등이 기대되는 성과이다. 도덕과교육의 관심이 모든 상황에 적용되는 존중·정의·평등의 원리에 있다면, 다문화교육의 관심은 민족적으로 문화적으로 다양한 구체적 상황, 문제, 관계에서 정중하고 정의롭고 공평한 행동을 개발하는 일에 있다.

도덕 교과를 통해 우리는 도덕적 가치·덕목을 가르친다. 도덕과교육의 관점에서 볼 때 그러한 가치·덕목들은 시간·장소·환경을 초월하여 보편적으로 수용되는 것들이다. 다문화교육 역시 그러한 가치·덕목들의 보편성을 수용한다는 점에서는 도덕과교육과 입장을 같이 하지만, "그 가치·덕목이 언제, 누구를 위하여 필요한 것이냐?"는 질문을 제기한다. 다문화교육은 일반화된 가치·덕목들을 우리 사회 내의 민족적·문화적 다양성에 따른 사회정치적 문제에 결부시킨다. 다문화교육은 도덕과교육을 우리 사회의 사회문화적·정치적·철학적 특성에 맞추려고 노력한다(박병기, 1999, 182). 즉 다문화교육은 인종·민족·젠더·사회경제적 지위 때문에 어떤 집단에 대하여 그러한 가치·덕목이 부인되는 사회적 현실에 도전을 제기한다. 예컨대 우리 사회에서 동남아 출신의 결혼 이주 여성들은 미국이나 일본 출신의 결혼 이주 여성들에 비해 기회·존경·명예·위신 등의 면에서 불리한 취급을 당하고 있다. 다문화교육이 주장하는 것은 그러한 차별이 근절되어야 하며, 우리 사회의 구조 속에 뿌리박혀 있는 특권들이 인종과 민족을 초월하여 균등하게 적용되어야 한다는 것이다. 이렇듯 다문화교육은 그 목적의 성취를 위하여 집단 행동과 사회 개혁을 요구하며, 그 비전의 정당성을 강조하기 위해 우리 사회의 장점과 위험성을 환기시키고자 한다. 다문화교육은 우리 사회의 권력 구조를 사회 정의와 기회 균등의 차원에서 바라보고자 한다.

교육자로서의 우리의 과제는 도덕적으로 건전한 학교를 만들고 학생들의 도덕성을 함양하는 데 그치지 않는다. 우리의 과제는 더 나아가 공정하고 사랑이 넘치는 사회를 만들고 즐겁고 만족감을 느끼는 문화를 만드는 더 넓은 과제까지를 포함한다. 이 과제는 특정한 누군가에게 특권을 주거나 배제하고 무시하는 것이 아니라 오히려 모두를 포용하고 긍지를 갖게 하고 힘을 실어 주는 그런 정치 체제를 필요로 한다. 이 비전을 실현시켜 주는 것이 바로 건전한 도덕과교육이고 다문화교육인 것이다(추병완, 2008a, 125).

문화 감응 교수를 위한 교사의 역할

외국인 근로자 자녀, 북한 이탈 주민 자녀, 결혼 이민자 가정 자녀의 수가 급증함에 따라서 학교의 주류 문화와 가정의 문화 간의 차이로 인해 어려움을 겪는 현상이 우리나라에서도 날로 현저해진다. 이에 따라 초등 도덕과에서도 문화 감응 교수의 중요성이 커진다. 한국어를 제2 외국어로서 학습해야 하는 학생, 신체적 장애를 지닌 학생, 빈곤층 출신의 학생, 탈북 학생들이 가정과 학교의 문화적 불일치로 인해 겪는 어려움을 해소하기 위해서는 도덕과 교수·학습에서 문화 감응 교수의 적극적 실천이 요구된다. 이에 여기서는 문화 감응 교수를 위한 일반적인 교사의 역할을 탐색하고, 초등 도덕과 수업에서 문화 감응 실천 사례를 제시하고자 한다.

초등학교 교실 수업을 통해 문화 감응 교수를 실천하기 위해 교사는 어떤 역할을 수행해야 하는가? 문화 감응 교수를 위한 교사의 역할에 대해 래슨-빌링스(1995, 159-165 참조)는 다음의 사항을 강조하였다.

첫째, 부모와 가정에 대해 긍정적인 관점을 가진다. 교사는 학생에 대한 부모의 포부와 기대, 학생의 요구 사항에 대한 부모의 지각, 교사가 도울 수 있는 방법에 관한 부모의 제안 등에 대해 학부모와 진지한 대화를 시도해야 한다. 교사는 학생 교육에 있어서 자신의 한계를 설명하고, 학생 교육에 그들 부모들이 특정한 방식으로 참여할 수 있도록 유도해야 한다. 이를 위해 교사는 부모와의 교류 및 협력에 필요한 간문화적 능력을 지니고 있어야 한다. 교사는 학생이 속한 가정의 문화적 배경에 대해 진지하게 연구해야 하고, 그 학생의 문화 활동과 신념을 알아내기 위해 같은 문화를 가진 사람들이나 집단 성원들을 만나 정보를 획득해야 한다.

둘째, 높은 기대를 가지고 소통해야 한다. 교사는 학생들이 성장해 온 민족·문화 공동체의 규범에 기반하여 그들을 이해해야 하며, 모든 학생들을 가치 있는 지식과 경험을 가진 학습자로서 존중해 주어야 한다. 높은 기대를 가진 효율적이고 지속적인 소통은 학생들이 건전한 자아개념을 갖게 하는 데 도움을 준다. 그것은 또한 내재적 동기를 위한 구조를 제공하고, 학생들이 성공할 수 있는 환경을 조성하여 준다. 교사가 학생의 실패에 대해 동정하거나, 단순 과제를 마친 것에 대해 지나치게 칭찬하거나, 학생이 원하지 않는 도움을 제공할 때, 교사는 학생들에게 낮은 기대라는 의도하지 않은 메시지를 전달할 수도 있다. 따라서 교사는 학생들에게 명확한 기대를 가지고 소통해야 한다. 교사는 학생들이 알기를 바라는 것, 할 수 있기를 바라는 것을 아주 구체적으로 제시해야 한다. 그리고 학생들에 대한 참된 존중과 학생의 능력에 대한 신뢰가 존재하는 환경을 창출하여 학생들이 특정한 과업에 대한 기대를 충족시킬 수 있도록 고무시켜 주고, 학생들이 그것을 충족시켰을 때에는 칭찬을 해 주어야 한다.

셋째, 문화의 맥락에서 학습이 이루어져야 한다. 상이한 문화에서 온 학생들은 상이한 방식으로 학습한다. 학습에 대한 그들의 기대는 다를 수 있다. 일례로 어떤 문화권에서 온 학생은 타인과 협력하여 학습하는 것을 선호할 수 있고, 어떤 학생은 개별적으로 학습하는 것을 선호할 수도 있다. 학생들은 문화의 맥락 속에서 그들 주변의 세계와 자신에 관해 학습한다. 소수 문화의 학생들은 주류 문화에 동화하기 위하여 자신의 문화적 신념과 규범을 부인하려는 심리적 압박을 가질 수 있다. 그러나 이것은 그들의 감정적·인지적 발달을 방해하여 학교에서의 실패를 가져오게 된다. 이를 위해 교사는 다양한 교수 전략을 활용해야 하고, 효율적인 의사소통을 통하여 문화적 차이를 가교할 수 있어야 한다.

넷째, 학생 중심적인 수업을 전개해야 한다. 학생 중심적 수업에서 학습은 협동적, 협력적, 공동체 지향적이다. 학생들은 그들 나름의 학습을 주도하도록 지원을 받으며, 그들에게 문화적·사회적으로 적절한 과제나 연구 프로젝트를 수행하기 위해 다른 학생들과 협력한다. 이를 통해 학생들은 자기 확신적이고 자기 주도적인 학생이 된다. 학습은 사회적으로 매개된 과정이다. 이를 위해 교사는 학생의 참여를 촉진하고, 수업에 대한 책임을 공유하며, 탐구·발견 지향적 교육과정을 창조하고, 학습 공동체를 고무시켜 주어야 한다.

다섯째, 문화적으로 매개된 수업을 전개해야 한다. 수업이 정보를 알고, 이해하고, 표현하는 다양한 방식을 통합할 때 그 수업은 문화적으로 매개적인 것이 된다. 수업은 다문화적 관점을 권면하는 환경 속에서 이루어져야 하고, 학생들에게 적절한 지식의 포함을 허용해야 한다. 학습은 문화적으로 적절한 사회적 상황에서 발생한다. 즉 학생들 사이의 관계 및 교사와 학생의 관계가 학생들의 문화와 일치할 때 발생하는 것이다. 학생들은 진술, 사건, 행동을 해석하는 데 있어서 한 가지 방식 이상이 존재한다는 것을 이해할 필요가 있다. 상이한 방식으로 학습할 수 있거나 그들 나름의 사회적·문화적 경험에 근거한 상황에서 관점과 안목을 공유할 수 있을 때, 학생들은 학습에 능동적인 참여자가 된다.

여섯째, 교육과정을 개혁한다. 교육과정은 통합적, 학제적, 유의미한 것, 학생중심적인 것이 되어야 한다. 학생들의 배경과 문화와 관련된 이슈나 토픽을 포함하는 교육과정을 운영해야 한다.

끝으로 교사는 촉진자가 되어야 한다. 교사는 학생들의 사회적·문화적·언어적 경험을 반영하고, 그것에 적절한 학습 환경을 개발해야만 한다. 학생들의 문화 기반 지식을 교실 학습 경험과 효율적으로 연결시키도록 도와주어야 한다. 교사는 학생의 문화 경험을 지식과 기능을 개발한 토대로서 활용해야 한다. 이런 방식으로 학습된 내용은 학생들에게 더욱 의미 있고, 실생활에 훨씬 전이가 잘 된다.

한편, 게이(2000, 155)에 의하면, 문화 감응 교수에서 교사의 역할과 책임은 다음의 세 가지 범주로 구분된다.

첫째, 문화 조직자(cultural organizer)로서의 교사는 일상적인 교실 역학에서 문화가 작동하는 방식을 이해하고, 문화적·민족적 다양성이 발열하는 학습 분위기를 창출하며, 모든 학생들의 최고의 학업 성취를 촉진시켜야만 한다. 교사는 다양한 민족 집단 학생들이 자유로운 개인적·문화적 표현을 할 수 있는 기회를 부여하여, 그들의 목소리와 경험이 교수·학습 과정에 통합될 수 있도록 해야 한다. 이러한 조절은 다양한 문화 중심적 인식·사고·발화·감정·행위 양식의 활용을 필요로 한다.

둘째, 문화 매개자(cultural mediator)로서의 교사는 학생들이 문화 간 갈등에 관한 비판적 대화에 참여할 기회 및 주류의 문화적 이상·현실과 상이한 문화 체계의 이상·현실 간의 불일치를 분석할 기회를 제공한다. 교사는 학생들이 자신의 민족적 정체성을 명료화하고, 다른 문화를 존중하며, 긍정적인 민족 간·문화 간 관계를 발전시키고, 편견·고정관념·인종차별주의를 영속화하는 것을 피할 수 있도록 도와준다. 교사는 문화적으로 다양한 학생들의 학습 공동체를 만드는 것이다. 이를 통해 서로의 성공을 위해 협력하고 배려하는 공동체 의식을 갖게 한다.

셋째, 학습을 위한 사회적 맥락의 편곡자(orchestrators of social context)로서의 교사는 문화가 학습에 미치는 영향력에 대해 알고 있어야만 하며, 자신의 교수 절차를 민족적으로 다양한 학생들의 사회문화적 맥락과 준거 틀이 양립 가능하도록 만들어야 한다. 교사는 학생들이 자신들의 문화적 능력을 학교에서의 학습을 위한 자원으로 변환하게끔 해 주어야 한다. 여기서 문화적 준거 틀이란 어떤 문화 집단이 특정한 방식에서 세계를 해석하도록 만들어 주는 요소들 혹은 외부 세계에 대한 표현·경험·지식이 질서를 잡고 의미 있게 만들어지게 하는 필터이다.

이렇게 볼 때, 교사가 교실 수업을 통해 문화 감응 교수를 효과적으로 실천하기 위해서는 다음과 같은 사항에 유념해야 한다.

첫째, 교사는 상이한 민족 집단의 문화적 가치, 학습 스타일, 역사적 유산, 공헌, 성취에 대한 철저한 지식을 소유하고 있어야 한다. 둘째, 교사는 학교 실패의 피해자를 비난하는 것을 멈추려는 용기 및 기존의 교육 체제에 무언가 심각한 오류가 있다는 것을 인정할 용기를 갖고 있어야 한다. 셋째, 지배적인 교육 기준·확신에 맞서려는 의지, 교수·학습에서의 문화적 획일성 혹은 중립성을 강조한 전통적인 교육 가정들을 재고해 보려는 의지를 갖고 있어야 한다. 넷째, 교사는 문화적 다양성에 관한 지식과 민감성을 교육 실천으로 변환시킴에 있어서 생산적으로 행동할 수 있는 기능을 갖추고 있어야만 한다. 다섯째, 학교에서 문화적 불일치로 인해 현재 학업이 뒤쳐지고 있는 학생들의 포괄적·고수준 수행(performance)을 적극적으로 추구해 나가려는 끈기를 가지고 있어야 한다. 여섯째, 학생들에 대한 높은 기대를 갖고, 긍정적인 관점을 가져야 한다. 끝으로, 학생 중심적이고 문화적으로 매개된 수업을 전개해야 한다.

초등 도덕과 수업에서의 문화 감응 교수 실천 사례

초등 도덕과 수업에서 문화 감응 교수를 효과적으로 실천하기 위해서는 교사가 위에 언급된 교사의 역할 특성을 기본적으로 구비하고 있어야 한다. 여기서는 그러한 역할을 바탕으로, 초등 도덕과 수업에서 교사가 문화 감응 교수를 활용하기 위한 세 가지 방안을 제시하고, 수업

지도안을 예시하고자 한다. 여기에 제시된 방안은 2009년에 초등학교 도덕 수업을 통해 실제 적용한 사례임을 밝혀 둔다.

① 맞춤형 비계 설정

국제결혼 가정 자녀, 외국인 근로자 가정 자녀, 북한 이탈 주민 자녀들은 한국어 습득의 어려움으로 말미암아 추상적인 용어로 표현된 도덕적 덕목을 이해하는 데 어려움을 겪는 일이 많다. 이러한 문제를 해소하기 위해 초등 도덕과 수업을 전개할 때에 교사는 도덕적 덕목들을 그들의 민족적·문화적 요소를 활용하여 알기 쉽게 설명해 주어야 한다. 나아가 교사는 다문화 가정 출신 학생들이 가정의 문화와 학교의 문화 간의 불일치를 경험하지 않도록 가급적 수업 환경을 그 학생의 민족적·문화적 요소를 담은 필름, 사진, 동화 등으로 구성할 필요가 있다.

박상철·남호엽(2010, 98-100)은 다문화가정 자녀 맞춤형 수업 전략을 통해 다문화 교실에서 이러한 비계 설정의 사례를 잘 제시하였다. 이를테면 다문화 교실에서 특정 학생이 추상적 용어 때문에 학습 장애를 보이는 경우, 교사는 그 개념을 한국어와 그 학생의 모국어로 병기하여 써준 뒤 한국어로 설명해 주면 더 쉽게 이해할 수 있다.

북한 이탈 주민 학생이 포함된 교실 상황에서의 맞춤형 비계 설정에 의한 초등 도덕과 수업의 사례를 예시하면 다음과 같다.

교과	도덕 (72-75)	학년	5학년 2학기		
		단원(차시)	5. 서로 존중 하는 태도 (3/3)		
본시 주제	•다른 사람의 권익을 존중하기 위한 행동 실천하기				
학습 목표	•다른 사람의 권익을 존중하는 행동을 실천한다.			시간	40분
학습 단계	학습흐름	교수·학습 활동		시간	자료(▶) 및 유의점(◉)
상호관계의 측면에서 파악	동기유발	■ 동기유발 - 지식채널e의 "저는 북한 사람입니다"라는 동영상을 통해 우리와 함께 살아가는 이웃이고 가까운 친구이지만 출신 지역으로 인한 차별을 받음을 보여준다. - 아이들이 이 동영상을 보고 느낀점에 대해서 발표하도록 유도한다.		6'	▶지식채널e "저는 북한 사람입니다."

상대방의 감정을 공감하기	학습 목표 확인 학습활동 안내	■ 학습목표 **다른 사람의 권익을 존중하는 행동을 실천한다.** ■ 학습활동 안내 활동 1 – 우리 주변 친구들의 어려움을 알아보기 활동 2 – 친구의 어려움을 인터뷰해보고 상황극 만들기 활동 3 – 상황극 발표하고 소감말하기	1'	
	학습활동 전개	■ 활동 1 - 우리 주변 친구들의 어려움을 알아보기 - 동기유발 영상과 관련하여 우리와 다른 국가 출신의 친구들이 겪을 어려움에 대해 자유롭게 이야기하여 본다. - 같은 반에 있는 다문화가정인 친구들의 이야기를 들어본다. - 이러한 어려움들을 어떻게 하면 해결할 수 있고 우리가 어떻게 도와줄 수 있는지 알아본다.	5'	◉ 다문화 가정 아동이 수업의 참여를 유도하며 부끄러워하지 않도록 한다.
상대방을 위해 할 일 찾아보기		■ 활동 2 - 친구의 어려움을 인터뷰해보고 상황극 만들기 - 조별로 같은 반에 있는 다문화가정의 친구들을 인터뷰해 본다. - 조원의 구성으로는 다문화가정 아이를 골고루 배치하여 인터뷰가 잘 이뤄지도록 한다. - 인터뷰의 내용(어떤 어려움을 겪고 있는지)을 가지고 우리가 어떤 도움을 줄 수 있는지 알아보고 이에 알맞게 상황을 만들고 대본을 제작해 상황극을 만들어 본다.	5' 10'	▶활동지
실천하기		■ 활동 3 - 상황극 발표하고 소감 말하기 - 제작한 상황극을 발표하여 본다. - 모든 아이들이 발표를 하여 이런 느낌과 기분을 느끼도록 유도한다. - 모든 발표가 끝난 뒤에 상황극을 하고 간접적으로 경험을 해보니 어떤 느낌이 들었는지에 대해서 발표하여 본다.	10'	◉ 발표를 할 때 적극적으로 참여하도록 유도한다.
정리	정리 및 차시예고	■ 정리하기 - 오늘 배운 내용인 우리 친구들이 겪는 어려움에 대해서 이야기하여 보고 어떻게 우리가 행동해야 할지 정리한다. ■ 차시예고 - 문제를 민주적으로 해결하는 방법 알기	3'	

② 다문화적 내용 통합

다문화적 내용 통합이란 교사가 초등 도덕과 수업에 등장하는 주요 개념·원칙·일반화·이론을 설명하기 위해서 다양한 문화 및 집단에서 온 사례·자료·정보를 가져와서 활용하는 정도를 지칭한다(Banks, 2002, 14). 이를 위해 교사는 다문화교육 내용 요소를 초등 도덕과 수업에 적극적으로 포함하여 다루는 수업 설계를 해야 한다. 일례로, 다문화 교실 상황에서 식생활에 대한 예절을 다룰 경우 교과서에 제시된 우리의 식생활 예절을 다루는 것에서 탈피하여, 소수 학생들의 문화적 배경을 고려하여 베트남, 일본, 중국 등 다른 문화에서의 식생활 예절을 함께 다룸으로써 문화적으로 매개된 수업을 설계할 수 있다. 이러한 방법은 소수 학생의 문화적 배경을 활용함으로써 소수 학생들의 학업 성취를 촉진시킬 수 있을 뿐만 아니라 일반 학생들의 소수 문화에 대한 이해를 제고할 수 있는 장점이 있다.

초등 도덕과 수업에서 다문화적 내용 통합에 의한 수업의 사례를 제시하면 다음과 같다.

일시	2009년 12월 9일 수요일 3교시	장소	3-1	대상	남 17명, 여 16명 계 33명	지도교사	000
교과	도덕(82-87쪽)	단원(차시)			5. 예절바른 우리 (1/3)		
본시 주제	•때와 장소, 상대방에 맞는 올바른 인사 예절 알기						
학습 목표	•때와 장소, 상대방에 맞는 올바른 인사 예절을 알 수 있다.					시간	40분

학습단계	학습흐름	교수·학습 활동		시간	자료(▶) 및 유의점(◉)
		교사 활동	학생 활동		
문제인식	동기유발	◆ **베트남 인사말로 인사하기** – 손을 앞으로 모은 후 목을 숙이며 'Xin chao'라고 말하기 T: 여러분, 선생님이 지금 무슨 행동을 한 것 같아요? T: 선생님은 방금 여러분에게 '안녕하세요.'라고 인사를 한 것이었어요. 그럼 'Xin chao'는 어느 나라 말일까요? T: 정답은 바로 베트남의 인사말이었어요. 베트남에서는 인사할 때 손을 앞으로 공손히 모으고 목을 숙이며 'Xin chao'라고 말한대요. 우리 다 함께 인사를 하면서 수업을 시작해 볼까요? Xin chao. T: 그런데 ○○이가 베트남의 인사말을 배운 것을 너무 자랑하고 싶어서 도서관에서 책을 읽고 있던 옆 반 수진이에게 큰 목소리로 인사하면 어떨까요?	S: 미안하다고 사과하는 것 같아요./ 인사를 하는 것 같아요. S: 중국말 인 것 같아요./ 베트남말 인 것 같아요. ■ 인사하기 S: Xin chao. S: 수진이가 깜짝 놀랄 것 같아요. 조용히 책을 읽고 있는 다른 아이들이 방해를 받을 거예요.	6′ (6)	◉ 친밀한 관계를 맺기 위한 일종의 시작점이 되는 '인사'를 베트남어로 함으로써 수업의 도입부터 베트남에 대한 흥미와 호기심을 불러 일으키도록 한다.

문제인식	학습목표 확인	T: 맞아요. 그럼 잘못된 부분을 고쳐 서 바르게 인사해 볼 사람 있나요? T: 잘했어요! 그러면 이번 시간에 우 리가 배울 내용은 무엇일지 추측해 봅시다. ◈ **학습목표 확인하기**	S: (작은 목소리로) 'Xin chao.' S: 상황에 어울리게 바르 게 인사하는 방법을 배 울 것 같아요.	6′ (6)	◉ 인사를 할 때에도 상황 에 따른 예 절이 있음을 알게한다.
		■ **때와 장소, 상대방에 맞는 올바른 인사 예절을 알 수 있다.**			▶그림교구
분석될 도덕적 개념 식별 전형적 사례 확인 가상 사태의 상상을 통한 검토	상황에 맞는 인사말 알기 예절바른 인사의 좋은 점 알기 인사말 맞추기 게임하기 발표하기	◈ **상황에 맞는 인사말 알기** - 때와 장소에 맞는 인사말 알기 - 입을 가리고 말하는 베트남 사람 의 모습을 담은 시각자료 제시하 기 T: 베트남 사람들은 우리와 마찬가지 로 예절을 중요하게 생각해요. 그 래서 전통을 지켜야하는 곳에서 말할 때 손이나 다른 물건으로 입 을 가린다고 해요. - 친구와 어른 등 상대방에게 맞는 인 사말 알기 T: 베트남에서 어른은 존경의 대상으 로 여겨지기 때문에 항상 먼저 인 사를 드리고 꼭 존댓말을 사용한 다고 해요. 우리나라와 베트남의 인사 예절은 비슷한 점이 많죠? ◈ 예절바른 인사의 좋은 점 알기 - '내 친구 예지'이야기 들려 주기 - 예의 바르게 인사하면 좋은 점 알 기 ◈ 인사말 맞추기 게임 안내하기 - 문제를 내어서 빙고판 완성하기 - 1등한 모둠 칭찬하기 - 게임을 통해 알게 된 점 말하기	◈ 상황에 맞는 인사말 하기 ■ 때와 장소에 맞는 인사 말 하기 ■ 시각자료 보기 ■ 친구와 어른 등 상대방 에게 맞는 인사말 하기 S: 네, 베트남 사람들도 예 절바른 사람을 좋아하 는 것 같아요. ◈ 예절바른 인사의 좋은 점 알기 ■ 이야기 듣기 ■ 인사하는 사람과 받는 사람의 기분이 좋아지 고 친해짐을 알기 ◈ 인사말 맞추기 게임하 기 ■ 올바른 인사말을 하며 행동 취하기 ■ 상황에 따라 인사 예절 도 달라짐을 알기	10′ (16) 8′ (24) 10′ (34)	▶사진자료, 동 영상자료 ◉ 베트남과 우 리나라의 인 사 예절이 비슷하다는 점을 강조해 베트남 문화 에 대해 좀 더 친숙하게 느끼도록 지 도한다. ▶애니메이션 이야기 자료 ▶빙고판 ◉ 적절한 행동 과 인사말을 했을 때 빙 고를 채우도 록 한다.

138

단계	학습내용	교수·학습 활동		시간	자료 및 유의점
실천동기 부여	예절바른 인사하는 어린이 칭 찬 릴레이	◈ 예의바르게 인사를 잘하는 어린이 칭찬하기 ◈ 학습정리하기 T: 이번 시간에 우리는 무엇에 대해 배웠나요? T: 맞아요. 베트남과 우리나라의 인사 예절은 비슷한 모습이 많았죠? 인사 예절은 왜 중요할까요? T: 앞으로 인사 예절을 잘 지키는 3학 년 1반이 됩시다.	◈ 예의바르게 인사를 잘 하는 친구 칭찬하기 S: 때와 장소, 상대방에 맞는 올바른 인사 예절 에 대해 배웠어요./ 베 트남의 인사 예절도 알 아보았어요. S: 인사 예절을 지켜서 인사하면 서로 기분이 더욱 좋아져요.	6′ (40)	

③ 협동학습 활용

협동학습에 관한 실험연구 결과들은 접촉 가설의 기본 조건들이 교실에서 충족되었을 때, 학생들은 전통적으로 구조화된 교실 상황에 있었을 때에 비해 자신의 인종 집단 밖의 친구를 사귀는 경향이 훨씬 많아졌음을 보여 준다. 협동학습 방법은 인종 간 관계에서뿐만 아니라 특히 유색 인종 학생들의 학업 성취에 긍정적인 효과가 있는 것으로 나타났다. 협동학습 방법이 이질적으로 집단화된 교실에서 실행되고 다문화교육과정에 융합되었을 때에는 상이한 민족적·인종적 배경을 가진 학생들 사이에 공평한 상호작용을 창출할 뿐만 아니라 세계화 시대, 다문화 시대의 요구에 더욱 잘 부응하는 학생들을 길러낼 수 있다. 그러므로 초등 도덕과 수업에서 문화 감응 교수를 활용하고자 하는 교사는 수업 전개에 있어서 다양한 협동학습 기회를 학생들에게 부여할 필요가 있다.

북한 이탈 주민 자녀가 포함된 교실 상황에서 협동학습 집단을 활용한 초등 도덕과 수업의 사례를 제시하면 다음과 같다.

(도덕) 과 교수·학습 계획안

일시	2009. 12. 8(화)	학년 반	5학년 윤리반	장소	교실	지도교사	000
단원	11. 우리문화와 세계문화	교과서		도덕 (147–150쪽) 생활의 길잡이(140-144쪽)		차시	3/3
학습 목표		여러 나라의 문화를 이해할 수 있는 방법을 찾아 실천할 수 있다.					
교수학습과정		교수·학습 활동				시 간	자료 및 유의점
단계	학습내용						

도입	동기유발	♣ 문화 차이와 관련된 이야기 들려 주기 "햇살 눈부시게 비추는 어느 날, 두 남녀가 조그만 레스토랑에서 첫만남을 가지게 되었어요. 남자와 여자는 만나는 순간 서로 첫눈에 반하게 되었어요. 여러 가지 이야기를 나누며 점심을 먹고 있는데 남자는 친절하게도 여자에게 더 먹으라고 자신이 직접 젓가락으로 음식을 좀 건네주기도 하였어요. 여자는 그저 말없이 자신의 음식을 먹었어요. 어느덧 점심을 모두 다 먹고 헤어져야 할 시간이 되었어요. 그 두 사람은 서로 마음에 드는 상대방에게 선물을 주었어요. 여자는 남자에게 시계를 주었고요, 남자는 여자에게 흰 백합을 선물로 주었어요. 그 다음날 그 둘은 서로 더 이상 만나지 않았다고 합니다." 무슨 이유에서 그랬을까요? - 문화차이로 인한 충돌 -남자는 홍콩인, 여자는 일본인 서로의 문화가 달랐기 때문에 헤어지게 된 것을 알려줌. - 홍콩과 일본의 문화 알아보기 먼저 아이들에게 어떤 문화 차이가 있을까 맞춰보게 하고 나중에 설명해 준다. "일본: 자기 젓가락을 사용하여 상대방에게 음식을 집어주는 것은 결례. 선물을 할 때 흰 색은 죽음을 상징한다고 생각하므로 흰 종이로 포장하지 않는다. 흰 꽃은 죽음을 상징하고 칼은 자살을 상징하므로 선물하지 않는다. 홍콩: 시계는 죽음을 상징한다 하여 시계 선물은 하지 않는다."	7′	▷이야기에 관한 그림.
	학습목표 제시	- 답을 맞춰본 후 상대방의 문화를 이해하는 것의 필요성 알기 ♣ 여러 나라의 문화를 이해할 수 있는 방법을 찾아 실천할 수 있다.		
전개 전개	기본활동1	♣ [활동 1] ○ 세계 여러 나라의 독특한 풍습을 조사하고 발표하기 (지난 시간에 모둠 과제로 내주었음.)	10′	▷ 모둠별 발표자료
	기본활동2	♣ [활동 2] 광고 우리 손으로 다시 만들기! ○ 문화적 차이를 몰라 해외 마케팅이 실패한 사례 제시하며 모둠별로 직접 토의하여 광고를 만들어보게 한다.	20′	▷광고지
정리	정리활동	♣ 학습 정리하기 ○ 골든벨 문제- 오늘 배운 내용을 퀴즈로 정리한다.	3	
	평가 관점			

문화 감응 교육학

문화 감응 교수는 여러 교과에서 적용이 가능하고, 또 반드시 그래야만 한다. 국어, 사회, 수학, 과학 교과에서의 문화 감응 교수 적용 사례를 예시하면 다음과 같다.

(국어)과 교수·학습 과정안

일시	2013.00.00	대상	3학년	지도교사		
본시주제	이야기를 효과적으로 발표하는 방법 익히기			차시	8/10차시	
학습목표	이야기 발표의 여러 방법을 익히고, 발표를 위한 준비를 할 수 있다.			시간계획	40분	
수업모형	직접 교수 모형					

학습단계	학습흐름	교수·학습 활동	시간 (분)	자료(●) 및 유의점(■)
설명하기	이전 차시 점검 및 학습목표 확인	▶ 이전 차시 활동 내용을 점검한다. T: 지난 시간에 우리가 들려줄 이야기에 맞는 청중을 선정했습니다. ▶ 학습 목표를 확인한다. **이야기 발표의 여러 방법을 익히고, 발표를 위한 준비를 할 수 있다.** T: 이번 시간에는, 선정된 이야기를 청중을 고려하여 발표하는 방법을 익히며 발표를 위한 준비를 해보도록 합시다.		
	전략에 대한 구체적인 설명	▶ 발표전략에 대한 필요성과 중요성을 설명한다. T: 발표를 할 때, 적절한 전략을 사용해야 하는 이유는 무엇일까요? 청중을 고려한 전략은 어떤 것이 있을까요? 발표의 전략을 탐색하는 것이 왜 중요할까요? － 청중의 수준을 고려한 적절한 발표 전략은 청중들이 이야기를 이해하고 공감하는 데 도움을 줄 수 있다. － 청중에 따라 발표 전략이 달라질 수 있다. · 아동, 어린이 : 이야기에서 드러나는 문화적 요소를 활용하여 발표한다. 관련 문화의 의상을 입거나 배경음악을 틀어두고 다양한 그림을 통해 이야기를 전달한다. 인형극이나 놀이를 통해 이해를 돕는다. · 또래, 동료집단 : 학생들이 이야기에 직접 참여를 할 수 있는 역할극의 방법을 통해 이해를 돕는다. 마스크나 인형 또는 실제 사물을 동원하여 현실감 있는 역할극이 가능하도록 한다. · 성인 : 다양한 도구와 방법을 사용하기보다는 진정성 있는 글이나 시를 통해 함축적 의미 전달도 가능하다.		

	전략에 사용된 '예'제시	▶ 다양한 발표 전략을 활용하여 예를 제시한다. - 그림자료 - 음악 - 의상 활용 등		● 선생님 예시 자료
시범 보이기	전략 사용 방법 안내	▶ 선생님이 이야기를 발표할 때 사용한 전략에 대해 설명한다.		
	교사의 시범	▶ 선생님이 준비한 발표 예시를 직접 보여주며, 학생들이 다양한 발표 전략을 탐색할 수 있도록 한다. T: 선생님이 이야기 발표를 준비해 보았습니다. 선생님의 발표를 잘 보고, 다양한 발표 전략에 대해 이야기 해 봅시다. (선생님 예시 자료를 활용하여 발표한다. 아래 페이지에 예시자료가 첨부되어 있다.)		
	적용상의 유의점 제시	▶ 다양한 발표 전략을 사용할 때 유의해야 하는 점을 설명한다.		
질문하기	세부 단계별 질문	▶ 교사는 질문을 통해 학생들이 학습한 발표 전략에 대해 이해하고 있는지 확인한다. T : 청중이 어릴 경우 혹은 성인일 경우 어떤 발표 전략이 필요할까요? 이야기 내용을 보다 흥미롭게 전달하기 위해 어떤 방법을 사용할 수 있을까요? '한복'에 관한 이야기를 전달할 때, 어떤 전략을 사용하는 것이 효과적일까요? 역할극을 이용한 이야기 전달을 계획할 경우 어떤 것을 준비해야 할까요? 배경 음악과 배경 그림 설치에서는 어떤 점을 유의해야 할까요? 등		
	질문에 대한 답변	▶ 학생들은 교사의 질문에 적절한 답을 하고, 내용을 보완하여 정리해 준다.		
	학생들의 질문 제기 및 교사의 응답	▶ 발표 전략에 대해 학생들이 궁금해 하는 것에 대해 교사가 답변을 해주며, 교사의 설명과 시범 이외에 학생들이 제안하는 다양한 발표 전략의 아이디어를 적극 수용하고 활용을 격려한다.		
활동하기	발표 계획하기	▶ 학습한 내용을 토대로, 학생들이 '발표 계획서' 학습지를 작성하도록 한다. T : 다양한 전략을 활용하여 발표를 계획해 보도록 합시다.		● 발표 계획서 (학습지 별첨1)
	발표 준비하기	▶ 계획을 토대로 필요한 자료를 탐색하고, 발표 연습을 준비한다.		

※ 본 수업은 9차시와 연차시로 이루어지도록 구성한다. 발표 준비를 마친 후 직접 발표 연습을 하는 9차시에서는 동료 발표를 통해 상호 평가하고, 수정 보완하는 활동을 계획한다.

문화 감응 교육학

■ 평가 계획

성취 기준				이야기 발표의 여러 방법을 익히고, 발표를 위한 준비를 할 수 있다.
평가방법	관찰법	평가기준	상	발표를 준비하면서 모둠 활동에 지식적이고 유연하고 비판적인 구성원으로서 참여한다. 또한 자신의 언어 습관을 점검함으로써, 이야기를 잘 전달하기 위한 글쓰기와 말하기 전략을 생각하고 발표 준비를 한다.
			중	모둠 활동에 구성원으로서 참여하지만 비판적인 면과 지식적인 면이 부족하다. 이야기를 잘 전달하기 위한 글쓰기와 말하기 전략을 생각하고 발표 준비를 한다. 하지만 자신의 언어 습관을 잘 파악하지 못하고 있다.
			하	모둠 활동에 구성원으로서 참여가 부족하다. 또한 자신의 언어 습관을 파악하지 못하고, 이야기를 잘 전달하기 위한 글쓰기와 말하기 전략을 생각하지 못한다.

발표 계획서

___________ 초등학교 _______ 학년 이름_____________

이야기 주제

선택한 청중	청중의 특징

사용할 발표 전략

선택한 이유		유의사항

자료 활용 계획

이야기 정리

- 터키의 전통음악을 배경 음악으로 이용함. 카프탄과 페즈를 준비하여 직접 착용해 보기도 하고, 학생들도 착용해 볼 수 있는 기회를 준다.

저희 어머니께서 요리 학원을 다니셨는데 그곳에서 터키에서 오신 분과 친하게 지내게 됐어요. 그분의 성함은 '귈리자르'인데 이름이 너무 어려워 처음엔 부르기 너무 힘들었어요. 곧 한국식 이름으로 바꾸신다고 하네요.

터키라는 나라는 '형제의 나라'라고 해서 들어본 것 말고는 아는 것이 전혀 없었어요. 부모님께 왜 터키를 '형제의 나라'라고 부르는지 여쭤봤더니 터키는 고구려와 동맹을 맺어 가깝게 지냈던 돌궐족의 후손이기 때문이래요. 뿐만 아니라 한국 전쟁 때 터키는 미국 다음으로 많은 병사들을 파견했고 파견 병사들이 거의 다 자원병이었다고 합니다.

이를 들으니 저는 '터키'라는 나라에 대해 더 잘 알고 싶어서 지구본에서 어머니와 터키가 어디쯤 위치하는지 찾았어요.

지도에서 터키는 중동 지역과 유럽 지역의 교차점쯤에 위치해 있었는데, 어머니는 그래서 터키는 동서양의 문화가 공존하는 곳이라고 했어요. 한번은 어머니께서 요리학원에서 그분이 만든 터키 전통 음식을 집에 가져오셨어요. 하나는 우리가 흔히 아는 '케밥'이라고 했고 하나는 '쾨프테'라고 해서 우리나라의 동그랑땡과 비슷한 음식이었어요. 그때 찍은 사진을 갖고 왔

는데 보여 드릴게요.

그리고 얼마 후에는 저희 가족이 그분의 집에 초대를 받아 집에 놀러갔던 적도 있어요. 그분들의 딸도 저희 학교에 다니는데 저희보다 어려요. 그 아이 이름은 수지인데 수지의 아버지는 한국인이고 어머니만 터키인이었어요. 아버지께서 터키로 배낭여행을 가셨다가 관광안내원이었던 귈리자르 아주머니와 사랑을 하시고 머나먼 한국까지 오셔서 결혼하시게 된 거래요. 그 말을 들으니 귈리자르 아주머니가 정말 대단하게 느껴졌어요.

귈리자르 아주머니 집에서 그때 저희 어머니께서 가지고 오신 음식들 외에도 다른 터키 음식들을 먹을 수 있었는데 피자같이 생긴 '피데'라는 음식이 전 제일 맛있었어요. 어머니께 귈리자르 아주머니께 배워서 해달라고 조르기까지 했으니까요.

그리고 수지와도 친하게 되어 방에서 노는데 수지가 옷장에서 신기하게 생긴 옷을 보여 줬어요. 귈리자르 아주머니께서 터키에서 입었던 터키 전통의상이래요. 터키의 전통의상을 '카프탄'이라고 한대요. 제가 직접 카프탄을 갖고 와봤어요. 아주머니께 터키의 문화를 수업시간에 소개한다고 하니 좋아하시면서 빌려 주신 거예요. 긴 원피스 같기도 하고 기다란 셔츠같기도 하죠? 실크로 만들어져 촉감이 매끈하고 부드러워요.

그리고 터키도 국민의 98% 이상이 이슬람교를 믿는 이슬람국가여서 남자들은 터번을 착용했다고 하네요. 그리고 이건 터키 전통 모자 '페즈'라는 거예요. 이건 터키사람들이 애용하는 모자인데 양동이를 엎어놓은 것처럼 보이지 않나요?

여러분 벨리댄스 아시죠? 벨리댄스가 터키를 비롯한 중동 지역의 전통춤이라고 하네요. 저녁식사를 하고 귈리자르 아주머니께서 터키에서 배운 전통 벨리댄스를 잠깐 선보여주셨는데 춤이 굉장히 신나고 화려했어요.

그리고 얼마 전에 열렸던 여수 엑스포에도 귈리자르 아주머니 가족분들과 함께 다녀왔어요. 터키의 문화를 소개하는 공연이 있어 가봤더니 투르크족의 전통 복장을 한 무용수가 북소리에 맞춰 춤을 추고 있었어요. 춤의 주제는 '장군의 위엄'이었는데 주제처럼 춤이 웅장하고 위엄이 느껴졌어요. 무용수가 췄던 춤은 터키 3대 도시인 이즈미르의 전통 춤이래요.

이렇게 터키의 문화를 가까이 접하고 느끼니 터키라는 나라와 터키인과 친해진 느낌이에요. 이제 우리나라에서 다른 터키 사람을 본다면 즐겁게 얘기할 수 있을 거 같아요. 그리고 방학 때 가족들과 터키로 직접 여행을 가서 직접 터키를 보고 느끼고 싶어요!

– 본 수업에서 학생들은 다양한 발표 전략을 학습하고 이러한 방식을 통해 발표를 준비하며, 이는 다음과 같다.

〈학생 예시 1〉 자작시

When I born, I black.
태어날 때부터 내 피부는 검은 색.
When I grow up, I black.
자라서도 검은 색.
When I go in sun, I black.
태양 아래 있어도 검은 색.
When I scared, I balck.
무서울 때도 검은 색.
When I sick, I black.
아플 때도 검은 색.
And when I die, I still black.
죽을 때도 여전히 나는 한 가지 검은 색이랍니다.

And you, White fellow,
그런데 백인들은요.
When you born, You pink.
태어날 때는 핑크색이잖아요.
When you grow up, You white.
자라서는 흰색.
When you in sun, You red.
태양 아래 있으면 빨간 색.
When you cold, You blue.
추우면 파란색.
When you scared, You yellow.
무서울 때는 노랑색.
When you sick, You green.
아플 때는 녹색이 되었다가.
And when you die, You gray.
죽을 때는 회색으로 변하면서.
And you calling me colored?
이래도 너는 나를 유색인종 이라고 하는지?

<학생 예시 2> 동화 관련 스토리텔링

　　안녕하세요. 저는 ○○○입니다. 저는 우리 이모께서 들려 주신 '설빔'이라는 동화책을 소개하려고 해요. 이 동화책에는 우리나라 전통 의상인 한복이 정말 예쁘게 그려져 있거든요. 지금부터 이야기를 시작할게요!

　　오늘은 설날, 새해 새날 새아침, 뭐든 새로 시작하는 첫 번째 날이에요. 그런데 새 해님은 아직 보이지 않고 새 구름이 하늘에 가득. '새 눈이, 새해 첫눈이 오시면 참 좋겠다.' 하지만 뭐니뭐니 해도 '새' 중에서 가장 좋은 건 바로... 새 치마 저고리! 엄마가 지어 주신 설빔이에요. '저걸 입으면 얼마나 예쁠까?' 다홍색 비단치마에 색동저고리에 오이씨 같은 버선 치렁한 금박댕기. 간밤 내내, 설빔 입은 내 모습을 그리고 또 그리다 잠들었지요. 오늘은 드디어 설빔을 입어요! 윗방 횃대에서 치마를... "여차!" 겉자락은 왼손, 안자락은 오른손 다홍치마 펼쳐 들어 옴에 두르고, 치마끈을 앞으로 내어 매듭지어요. 빨간 실로 꽃수 놓은 솜버선 수눅을 맞추어 한 발씩 차례차례 힘주어 당겨 신어요. 발라당! "에고 깜짝이야" 알록달록 꽃수 놓은 색동저고리, 조심조심 한 팔 한 팔 차례로 꿰고 오른섶을 안으로 왼섶을 밖으로. 자칫하면 풀릴라 자주 고름아, 단단하고 곱게 매듭지어라. 배씨 댕기 머리에 얹어 귀밑머리 땋고 좌경 앞에 살포시 앉아... 금박댕기 반듯하게 물려요. '히히 곱기도 하다! 선녀님 같네.' 아빠가 사다 주신 꽃신도 꺼내신고, 금박 물린 털배자도 꺼내 놓고, 포동포동한 두 뺨 가릴 조바위도 꺼네 놓고. 새 신 꽃신 가만가만 신어 보니 예쁘기도 하거니와 내 발에 딱 맞아요. 털배자를 입고요, 할머니께 받은 박쥐무늬 수노리개와 두루주머니는 띳돈에 매어 옷고름에 걸지요. "복아, 굴러 들어오너라." 까만 공단 조바위에 머리에 쓰니, 머리끝부터 발끝까지 새 것이에요. 새해, 새날, 새 아침, 새 옷, 온통 새 것으로 한 해를 시작해요. 한 살 더 먹은 나도 한껏 새로워요. "이제 나가야지....어! 우와 눈이다! 새눈이 오신다! 세배 다녀오겠습니다!"

　　정말 재밌는 이야기이죠? 우리 겨레는 예로부터, 여자는 치마와 저고리를, 남자는 바지와 저고리를 입었다고 해요. 그리고 날씨에 따라 배자나 두루마기를 덧입었어요. 이 아이의 설빔을 다시 살펴보면 아랫도리로는 다홍색 비단치마를 입고, 윗도리로는 자수 놓은 색동저고리에 배자, 발에는 예쁜 버선과 꽃신을 신지요. 머리에는 배씨댕기를 하고, 땋은 머리카락 끝에는 금박댕기를 드립니다. 예전에는 이런 옷을 주로 집에서 직접 만들어 입었어요. 소박하고 수수하더라도 거기에 담긴 마음, 지난해의 좋지 않았던 일은 모두 떠나보내고 새해에는 좋은 일만 생기기를 바라는 옷 지은 이의 바람과 새로 한 살을 먹으면서 더 나은 사람이 되겠다는 옷 입는 사람의 다짐이 중요한 거래요. 설빔은 아름답기만 한 것이 아니라 고운 마음과 생각까지 담겨 있는 옷이랍니다.

　준비물 : 동화책

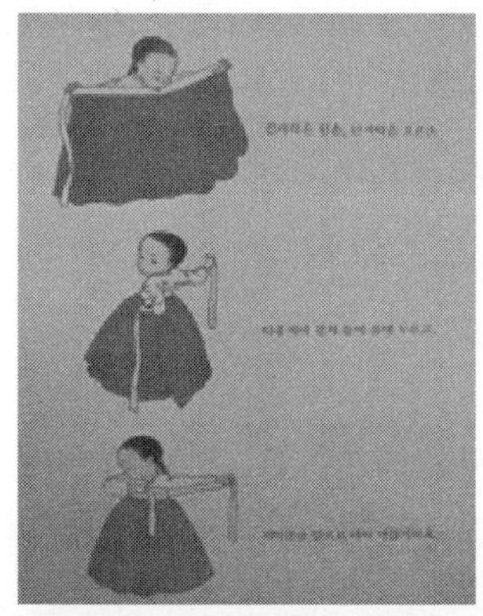

<학생 예시 3> 다문화 가정 아이의 실제 경험 이야기하기

내가 엄마 뱃속에 있을 때 엄마는 날 핑크라고 불렀어요. 내가 왜 핑크냐면 그건 엄마가 좋아하는 색깔이고, 또 다른 이유가 하나 더 있기 때문이에요. 우리 엄마는 필리핀 사람이에요. 아빠가 필리핀에서 일할 때 엄마랑 만나서 결혼했어요. 그리고 내가 4세 때 부터 한국에 와서 살고 있지요.

엄마는 아빠를 무지 사랑해요. 또 한국도 무지 좋아해요. 아빠도 엄마를 사랑하고 필리핀을 좋아해요. 엄마는 한국과 필리핀이 아주 많이 다르고, 아빠와 엄마도 많이 다르지만 서로 사랑해서 내가 태어났다고 했어요. 그래서 핑크에요. 핑크는 빨강과 하양 이렇게 아주 다른 색이 섞여서 만들어진 거잖아요. 아빠가 빨강이고 엄마가 하양이면 그래서 내가 핑크인거에요. 난 엄마랑 아빠를 정말 사랑해요. 특히 엄마는 날 위해서 열심히 한글을 배우고 글씨도 배워요. 내가 좋아하는 거라면 뭐든지 해줘요.

난 어릴 때 필리핀에서 살았지만 그곳이 생각나지 않아요. 그래서 아빠는 나중에 꼭 필리핀으로 가보자고 했어요. 그곳엔 엄마가 보고 싶어 하는 외할머니가 살고 있어요. 난 할머니도 보고 싶어요. 다른 친척들도 보고 싶고요.

가끔은 우리 엄마도 한국 사람이었으면 하고 생각한 적이 있어요. 하지만 그런 생각을 할 때 엄마한테 미안해요. 그럼 엄마를 있는 모습 그대로 사랑하는 게 아니니까요. 난 우리 가족을 아주 많이 사랑해요.

사회과 교수·학습 지도안

학습 주제		국제결혼에 대한 편견 없애기	지도교사	
학습 목표		국제결혼에 대한 잘못된 인식과 태도를 수정할 수 있다.	시간계획	40분
학습 단계	학습 내용	교수·학습 활동	유의점	시간
Opener	동기유발	■ 인기투표 – 백인과 한국인의 결혼사진과 동남아인과 한국인의 결혼사진을 보면서 각각 어떠한 이유로 결혼을 하게 됐을지 상상해 보게 한다. ▶ 왜 그렇게 생각하는지 이야기해보도록 한다. ▶ 자신이 생각한 이유에 편견이 들어가 있는지 판단해보도록 한다. ■ 국제결혼의 의미에 대해서 생각해 보기 – 학생들이 생각하는 국제결혼이란 무엇인지 이야기해 본다. ▶ 교사의 다양한 발문을 통하여 학생들이 하나로 정의하게끔 재촉한다.		10분
Body		■ 역할놀이 – 학생에게 다양한 역할을 준다. ▶ 3커플 / 미국인 남자+한국인 여자, 한국인 남자+한국인 여자, 한국인 남자+베트남 여자 ▶ 상황: 초등학교 졸업 후 약 20년 뒤에 동창회를 열어 위의 3커플이 모였다. 한국인들은 자신의 배우자를 서로 소개한다. 미국인 배우자와 한국인 배우자에게는 좋은 반응을 보이지만 베트남 여자에게는 각자 자유로운 반응을 보이도록 한다. ▶ 모두 한 번씩 베트남 커플이 되어보도록 한다. ■ 각자 느낀 점 이야기하기 – 베트남 커플이 되어서 다른 사람들에게 받은 반응을 듣고 어떤 기분이었는지 이야기해 본다. – 한국인 커플이었을 때 베트남 커플을 보고 어떤 생각을 가졌고 어떤 기분이 들었는지 물어본다. – 그러한 생각과 기분이 옳은 것인지 토론해 본다. ■ 자료 분석하기 – 베트남 커플에게 왜 이런 편견을 가지게 되었는지 조사해 온 자료를 꺼내서 조 별로 그 자료를 읽고 자유롭게 토론해 본다. – 친구들 앞에서 발표할 것을 작성해 본다. – 처음에 국제결혼에 대해서 가지고 있던 편견의 이유를 분명히 한다. – 그 편견이 잘못되었음을 인지하고 반성한다. – 앞으로 국제결혼을 바라보는 바른 시선이 무엇인지 생각해 본다. ■ 다양한 활동하기 – 국제결혼을 바라보는 바른 시선으로 다양한 활동을 한다. ex) 국제결혼에 대한 편견을 없애자는 캠페인 활동을 전개하려고 합니다. 캠페인 활동에 필요한 피켓을 만들려고 하니 여러분이 그 피켓에 들어갈 구호를 만들어주세요.		25분

Closing		■ 수업 전 국제결혼에 대한 자기 생각과 수업 후 국제결혼에 대한 생각을 비교하며 발표해 보기		5분
Assess -ment		■ 인지적 : 국제결혼에 대한 자신의 잘못된 인식을 설명할 수 있고 국제결혼에 대한 올바른 정의를 할 수 있다. ■ 정의적 : 국제결혼에 대해 가진 무조건적인 부정적인 감정을 없앤다. ■ 행동적 : 국제결혼을 한 사람을 보았을 때 비도덕적인 행동을 하지 않는다.	.	5분

수학과 교수 · 학습 과정안

일시	2013. 06. 10(월)		장소	교실	대상		지도교사	
교과	수학		단원		5. 평면도형의 둘레와 넓이			
본시 주제	직사각형과 정사각형의 넓이를 구할 수 있어요.							
학습 목표	① 직사각형의 넓이를 구하는 방법을 이해하고 구할 수 있다. ② 정사각형의 넓이를 구하는 방법을 이해하고 구할 수 있다.							

교수 · 학습모형	문제 해결 학습 모형

본시 수업 전개안

학습 단계	학습요소	교수 · 학습 활동	시간	자료(●) 및 유의점(*)
도입	동기유발 학습문제 파악하기	◎ 동기 유발 ▶ 학급 내 다문화 가정 아동의 국기와 다양한 국가의 국기를 보여 주기 ◎ 학습문제 제시 ▶ 국기에 나타난 평면도형(직사각형, 정사각형)의 넓이를 구할 수 있다.	5분	● 여러 나라의 국기 * 교실 상황 속의 다문화 가정환경에 맞도록 자료 준비.

문화 감응 교육학

전개	문제 해결 방법 탐색하기 및 문제 해결 하기	◎ 학습활동 안내 ▶ 활동 1. 국기에서 다양한 모양 찾아보기. ▶ 활동 2. 국기에서 직사각형과 정사각형 찾아보기. ▶ 활동 3. 다양한 방법으로 직사각형과 정사각형의 넓이 　구해보기. ◎ 학습활동 전개 ▶ 활동 1. 국기에서 다양한 모양 찾아보기. • 여러 나라의 국기 보여 주기. 　(중국 , 일본, 필리핀, 베트남, 태국, 몽골, 러시아, 우리나 　라, 바티칸 신국, 스위스) − 학생들이 직접 국기에서 다양한 모양을 찾아보고 발표하 　게 한다. ▶ 활동 2. 국기에서 직사각형과 정사각형 찾아보기. • 다양한 모양을 분류하기. − 분류한 모양 중에서 직사각형과 정사각형 찾기. ▶ 다양한 방법으로 직사각형과 정사각형의 넓이 구해 보기. • 학생들이 직접 다양한 방법으로 직사각형과 정사각형 　의 넓이를 구해 보기 − 단위 넓이(1cm²)를 이용하여 넓이를 구한다. − 모눈종이에 국기를 그대로 그려서 넓이를 구한다. − 커다란 국기의 넓이를 다양한 방법으로 구하는 과정 속 　에서 직사각형과 정사각형의 넓이를 구하는 공식을 학생 　들 스스로 발견하고 활용해 구한다.	5분 3분 15분 10분	● 여러 나라의 　국기 ＊ 현 국내 다문 　화가정 비율 　에 따라 교실 　상황을 전제 　하여 국기를 　선정하였다. 　또한 정사각 　형의 넓이를 　위해 정사각 　형 모양의 국 　기도 포함시 　킴. ● 단위 넓이 　(1cm²) ● 모눈종이
정리		◎ 학습 내용 정리 ▶ 배운 내용을 바탕으로(공식활용하여) 문제 해결하기 • 익힘책 84−85쪽 문제 해결하기		
	차시예고	◎ 차시예고 ▶ 직사각형과 정사각형이 아닌 다른 여러 가지 도형의 넓이 　를 구한다.	2분	

■ 평가 계획

내용	방법	기준	단계
국기에 나타난 직사각형과 정사각형을 찾고, 다양한 방법을 사용하여 넓이를 구할 수 있다.	수행평가	• 국기에서 직사각형과 정사각형을 찾을 수 있는가?	상(3개)
		• 다양한 방법을 사용하여 직사각형과 정사각형의 넓이를 구할 수 있는가?	중(2개)
		• 사각형의 넓이 구하는 공식을 활용하여 넓이를 구할 수 있는가?	하(1개)

(순서대로) 중국 , 일본, 필리핀, 베트남, 태국, 몽골, 러시아, 우리나라, 바티칸, 스위스

* 바티칸과 스위스 국기는 정사각형이다.

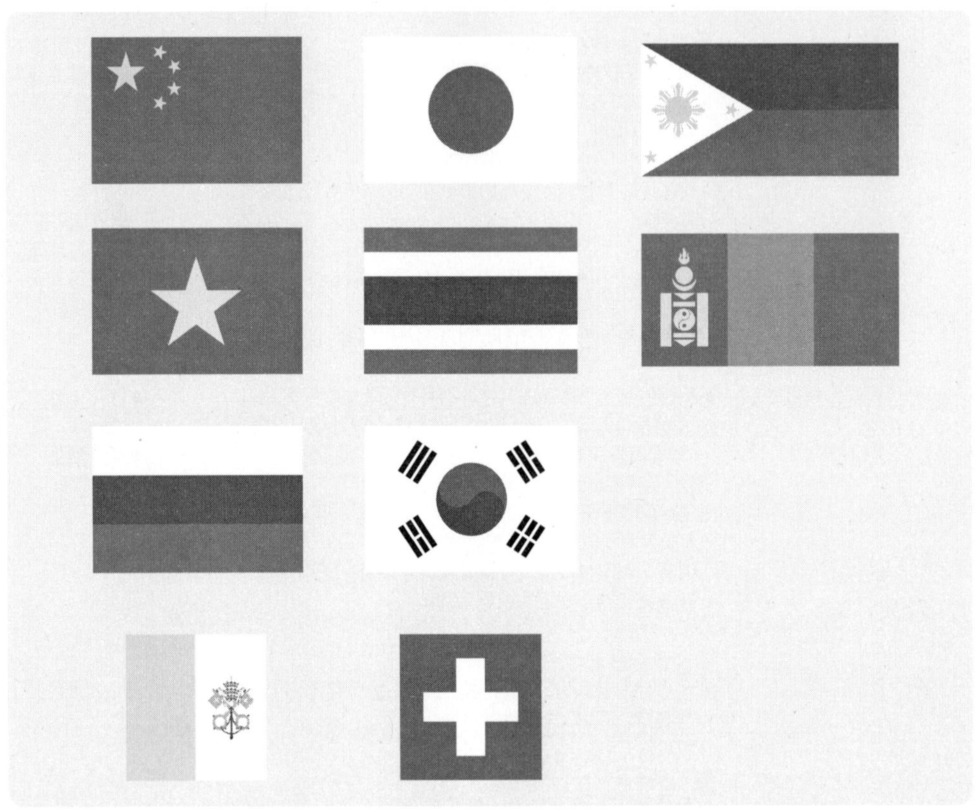

문화 감응 교육학

과학과 교수·학습 과정안

일시	2013. 06. 10(월)		장소	교실	대상	6학년	지도교사	
교과	과학		단원		1. 날씨의 변화			
본시 주제	비나 눈이 어떻게 생기는지 알 수 있다.							
학습 목표	① 구름이 생겨서 비나 눈이 내리는 과정을 알 수 있다. ② 서로 다른 지역의 강수를 비교할 수 있다.							

교수·학습모형	탐구 학습 수업 모형

본시 수업 전개안

학습 단계	교수·학습 활동	시간	자료(●) 및 유의점(*)
도입	◎ 동기 유발 ▶ 세계 다양한 지역의 강수 동영상 보여주기 – 방글라데시(홍수), 우리나라(장마), 중국(가뭄), 캐나다(폭설) 등 ◎ 학습문제 제시 ▶ 비나 눈이 어떻게 생기는지 알 수 있다. ◎ 학습활동 안내 ▶ 활동 1. 한국과 방글라데시의 7월 일기도 비교하기 ▶ 활동 2. 강수 만들기 실험하기 ▶ 활동 3. 지역마다 강수에 차이가 있는 이유 생각하기	5분	● 동영상 * 여러 나라의 다양한 강수 유형이 담긴 영상으로 준비한다.
전개	◎ 학습활동 전개 ▶ 활동 1. 한국과 방글라데시의 7월 일기도 비교하기 • 한국과 방글라데시의 여름 일기도 비교 – 학생들이 직접 일기도를 통해 지역의 강수에 차이가 있는 사실을 발견하게 한다. ▶ 활동 2. 강수 만들기 실험하기 • 비 만들기 실험하기 – 재료: 둥근 바닥 플라스크, 비커, 얼음, 따뜻한 물, 검은색 도화지, 막자와 막자사발, 약숟가락 – 방법: ■ 막자와 막자사발을 이용하여 잘게 부순 얼음과 물을 둥근 바닥 플라스크에 조금 넣습니다. ■ 따뜻한 물을 넣은 비커 위에 얼음이 든 플라스크를 올려 놓습니다. ■ 비커 안 플라스크의 겉면, 플라스크의 아랫면에 각각 어떤 변화가 생길지 예상하여 봅시다. ■ 검은색 도화지를 뒤에 대고 비커 안, 플라스크 겉면과 아랫면에 각각 어떤 변화가 생기는지 관찰한 다음, 그림으로 나타내어 봅시다. – 학생들이 실험을 통해 비가 만들어지는 과정을 이해하도록 한다. ▶ 활동 3. 지역마다 강수에 차이가 있는 이유 생각하기 • 지역마다 강수에 차이가 있는 이유 이해하기 – 실험 결과를 이용하여 강수의 차이가 일어나는 요인들을 알고 지역마다 다른 이유를 생각하게 한다.	5분 18분 8분	● 일기도 ● 둥근 바닥 플라스크, 비커, 얼음, 따뜻한 물, 검은색 도화지, 막자와 막자사발, 약숟가락, 실험 보고서 * 유리로 된 실험기구를 조심히 다루도록 한다.

정리	◎ 학습 내용 정리 ▶ 강수의 생성 과정과 지역마다 차이가 있는 이유에 대해 정리한다. ◎ 차시예고 ▶ 지면과 수면의 온도는 어떻게 변하는지에 대해 알아볼 거예요.	4분

■ 평가 계획

내용	방법	기준	단계
강수가 생기는 이유를 알고 지역마다 강수량이 다른 이유를 설명할 수 있는가?	관찰, 학습지	강수가 생기는 이유를 알고 지역마다 강수량이 다른 이유를 정확히 설명할 수 있다.	상
		강수가 생기는 이유를 알지만 지역마다 강수량이 다른 이유를 정확히 설명하지 못한다.	중
		강수가 생기는 이유를 알지 못하고 지역마다 강수량이 다른 이유를 정확시 설명하지 못한다.	하

8장
문화와 학습 스타일

학습 스타일에 관한 연구는 문화적으로 다양한 학생들의 학업 성취를 제고하는 데 많은 도움을 준다. 학습 스타일은 개인이 교육 경험에 접근할 때 보이는 행동과 수행의 일관된 유형을 의미한다. 학습 스타일은 학습자가 학습 환경을 지각하고 그것과 상호작용하며 그것에 반응하는 방식을 보여주는 상대적으로 안정된 지침으로써 기능하는 인지적·정의적·생리학적 행동 특성의 복합체이다. 학습 스타일은 신경 조직과 성격의 심층 구조에 형성되고, 인간 발달과 가정·학교·사회에서의 문화적 경험에 의해 그 모습을 갖추게 된다(Keefe & Languis 1983, 1). 가정·학교·사회에서의 문화적 경험을 강조하는 학습 스타일에 대한 이러한 개념 정의는 이 장에서 다루고자 하는 학습 스타일에 대한 논의와 다문화 교실에서의 교수·학습을 위한 학습 스타일의 시사점에 대한 논의의 토대를 이룬다.

학습 스타일이라는 용어는 1970년대 초반에 개인차에 대한 심리학적 연구의 진전에 힘입은 바가 크다. 그 이후로 여러 가지 학습 스타일 모델을 논의하고 분류하기 위한 이론 틀들이 개발되었다. 커리(Curry, 1987)는 학습 스타일에 관한 연구 결과들을 분석하면서 양파 모양에 빗대어 기존의 연구들이 3개의 층위로 이루어져 있다고 분석했다. 양파의 첫 껍질은 개인의 인성 유형에 의해 측정된 학습 스타일을 나타낸다. 두 번째 껍질은 학습의 정보 처리 스타일을 나타내고, 마지막 세 번째 껍질은 교육적인 교수 환경과의 상호작용에 근거한 학습자의 수업 선호를 나타낸다. 인성과 관련된 스타일에 대한 대표적인 연구는 바로 학습자의 인성 유형이 개인의 학습 방법에 영향을 준다는 MBTI(Myers-Briggs Type Indicator) 검사이다. 정보 처리 학습 스타일은 헌트(Hunt)의 문장 완성 방법 그리고 경험학습 이론에 근거한 콜브(Kolb)의 학습 스타일 연구가 대표적이다. 그리고 수업 환경 학습 스타일의 대표적인 사례로는 캔필드(Canfield)와 래프티(Laffety)의 학습 스타일 연구가 있다(Kolb & Kolb, 2011, 1974).

쿠퍼 쇼우(Cooper Shaw, 1996; Diaz, 2001, 56에서 재인용)는 학습 스타일의 네 가지 측면을 강조한 바 있다. 첫째, 모든 사람은 나름의 학습 스타일을 갖고 있다. 둘째, 학습 스타일은 상대적으로 일관적이다. 셋째, 비록 어떤 상황에서 다소의 효과 차이가 있다고 할지라도, 다른 학습 스타일에 비해 본래 우월한 학습 스타일은 존재하지 않는다. 넷째, 학습 스타일은 개인의 다양한 삶의 맥락에 확산되어 있기에 관찰 가능하다.

그는 교사가 교실에서 수업 상의 다원성을 예증하기 위해 고려해야 할 학습 스타일의 세 가지 차원을 확인하였다. 그가 말하는 세 차원은 개념적 차원, 지각적 차원, 사회적 차원이다. 이 세 차원들은 상호 관련되어 있고 종종 중복되는 경우가 있지만, 학생들에게서 발견되는 다양한 학습 스타일을 종합하는 틀로서 매우 유용하다.

개념적 차원(conceptual dimension)은 정보나 학습 과제에 대한 학생들의 인지적 접근에 관심을 기울인다. 이와 관련하여 가장 오래되고 널리 알려진 학습 스타일은 바로 장 의존적 학습자와 장 독립적 학습자에 관한 것이다. 1954년에 위트클린(Witklin)과 그의 동료들은 인지적 스타일의 장 의존적인 차원과 장 독립적인 차원에 대한 연구를 수행하였다. 그들의 연구는 사람들이 그들 주위의 시각적 환경을 활용하는 방식에 깊은 관심을 두었다.

여러분이 지금 내부가 기울어진 심리학 실험실의 의자에 앉아 있다고 상상을 해 보자. 실험자는 여러분에게 의자를 바로잡고 몸을 똑바로 하라고 요구한다. 여러분은 할 수 있는가? 지금 여러분이 비스듬하게 놓여 있는 형광 그림액자와 형광막대가 있는 어두운 방에 앉아 있다고 상상해 보자. 여러분은 막대를 수직으로 세워보라는 지시를 받았다. 여러분은 할 수 있는가? 이 두 실험은 1954년에 위트클린과 그 동료들이 수행했었던 연구의 일부분이다. 그들의 연구는 학습 스타일의 장 의존적, 장 독립적 차원을 설명한다. 장 의존적으로 분류된 참가자들은 일관성 있게 그들을 30°정도 기울여서 방의 기울기에 맞춰 정렬한다. 하지만 그들은 자신들이 지금 똑바로 앉았다고 지각하고 있다. 그들은 액자 틀의 경사에 의해서도 영향을 받는 경향이 있고 막대를 똑바로 세울 수 없을 것이다. 장 독립적으로 분류된 참가자들은 주위의 환경을 무시한다. 기울어진 방 실험에서 그들은 자신들의 몸을 똑바로 만들기 위해 내적인 단서를 사용하였다. 그리고 형광막대 테스트에서는 틀을 무시하고 막대를 똑바르게 세웠다. 이후에 장 의존성과 독립성을 진단하는 것은 단순한 그림 퍼즐 검사를 사용함으로써 매우 단순화되었다. 장 의존성이 강한 사람은 복잡한 패턴에서 단순한 숨은 그림을 발견하는 데 어려움을 겪지만, 장 독립적인 사람은 복잡한 배경으로부터 단순한 그림들을 빠르게 찾아낸다.

장 독립적인 학습자는 분리된 부분을 지각하기에 추상적이고 분석적인 사고에 능통하다. 그들은 개인주의적이고, 타인의 감정에 민감하지 않으며, 사회적 기능이 다소 떨어진다. 그들은 탐구와 독립적 연구를 선호하고, 학습을 촉진하기 위한 그들 나름의 구조를 제공할 수 있다. 장 독립적인 학습자는 내재적으로 동기화되기에 사회적 강화에 민감하지 않다. 이와는 달리 장 의존적인 학습자는 전체적인 시각을 갖고 있기에 분석적인 문제 해결에 기민하지 못하다. 그들은 사회적 환경에 매우 민감하고 그에 동조하는 경향이 있다. 그들은 학습에 있어서 그리고 이미 주어진 형태로 학습한 정보를 조직화하는 것에 대한 관찰자 접근을 선호한다. 그들은 외재적으로 동기화되기에 사회적 강화에 매우 감응적이다. 장 독립적인 학습자와 장 의존적인 학습자의 특징을 요약하면 〈표 6〉과 같다.

〈표 6〉 장 독립적 학습자와 장 의존적 학습자

장 독립적 학습자	장 의존적 학습자
분리된 부분의 지각	전체적인 지각
추상적이고 분석적인 사고에 능통함.	분석적 문제 해결이 능숙하지 못함.
개인주의적이고 타인에 대해 둔감하고 사회적 기능이 잘 발달되어 있지 않음.	사회적 환경에 민감하고 관심이 많으며, 사회적 기능이 매우 발달되어 있음.
탐구와 독립적 연구를 좋아하고 학습에 자신만의 구조를 제공함.	학습에서 관찰적 접근을 좋아하고 학습할 정보가 주어진 방식을 그대로 채택함.
내적으로 동기화되어 있고 사회적 강화에 반응하지 않음.	외적으로 동기화되어 있고 사회적 강화에 반응함.

학습 스타일에서 장 독립성과 장 의존성에 대한 연구는 이후에도 계속되었다. 코헨(Cohen, 1969)은 장 독립성과 장 의존성이라는 용어 대신에 분석적 차원과 관계적 차원이라는 용어를 사용하였다. 그리고 라미레즈와 카스타나네다(Ramirez & Castanẽda, 1974)는 의

존적이라는 표현이 부정적 함축을 갖고 있다고 생각하여 장-민감성이라는 표현으로 대체하였다(Diaz, 2001, 57). 그들은 학습 스타일이 세계관과 관련이 있다고 보았다. 달리 말해, 어떤 학습 스타일은 특정 문화권에서 우세한 경향이 있다는 것이다. 그들은 멕시코계 미국인들이 대개 장-민감성이나 전체적인 경향이 있다고 보았다.

카스타나네다와 그레이(Castañeda & Gray, 1974, 203-207)는 교사가 검사 없이 장 독립성과 장 민감성의 어디에 속하는지를 알 수 있는 지침서를 개발하였다. 나아가 그들은 각각의 학습 스타일에 가장 어울리는 교사의 특성과 교육과정 접근법에 대해서도 일목요연한 설명을 해 놓았다. 이를 소개하면 다음과 같다.

<표 7> 장 민감성 행동과 교수 스타일

장 민감성 행동		장 민감성 교수 스타일	
또래 관계	공동의 목적 달성을 위해 타인과 함께 활동하는 것을 선호한다.	개인적 행동	신체적·언어적 승인과 온정을 표현한다.
	타인을 돕는 것을 좋아한다.		학생과의 관계 강화를 위해 보상을 활용한다.
	타인의 감정이나 의견에 민감한가?	교수 행동	학생의 성공 가능성에 대한 자신감의 표현은 장애가 있고 도움이 필요한 학생들에게 중요하다.
교사와의 개인적 관계	교사에게 긍정적인 감정을 개방적으로 표현한다.		학생들에게 지침을 제공한다. 수업의 목적과 주요 원칙을 분명하게 한다. 수업은 명확하게 기술된 해결을 위한 단계들과 함께 분명하게 한다.
	교사의 취향과 개인적 경험에 관한 질문을 한다. 교사와 같이 되고자 노력한다.		모델링을 통한 수업을 장려한다. 학생들에게 교사를 따라서 하라고 한다.
수업에서 교사와의 관계	교사에게 긍정적인 감정을 개방적으로 표현한다.		집단 감정의 발달과 협동을 장려하고 집단으로 생각하면서 과제를 수행하라고 한다.
	교사와의 관계를 강화하기 위한 보상을 찾는다.		비공식적인 학급 토론을 이정한다. 학습한 개념이 학생의 개인적 경험과 어떻게 관련되어 있는지를 파악할 기회를 제공한다.
	교사와 개인적으로 공부할 때 동기 부여가 잘 되는가?		개념의 전체적인 측면을 강조한다. 수업 전에 학생들이 수행 목표를 이해하도록 한다. 일반화를 발견하고 특별한 경우에 학생들이 그것을 적용하는 것을 돕는다.
학습을 촉진시키는 교육과정의 특징	교육과정의 수행 목표와 전체적인 측면이 상세하게 설명된다.	교육과정 관련 행동	교육과정을 개별화한다. 교사는 자신의 흥미만이 아니라 학생의 흥미 및 경험과 관련이 되도록 교육과정 자료를 구성한다.
	개념들이 이야기 형식으로 제시된다.		교육과정을 인간적인 것으로 만든다. 개념과 원칙에 인간의 특성이 있다고 생각한다.
	개념들이 개인의 흥미와 경험과 깊은 관련성을 맺고 있다.		교수 자료를 학생들의 감정 표현을 유도하는 데 활용한다. 학생들이 그들의 개별 경험으로부터 개념을 분류하는 데 적용할 수 있게 돕는다.

160

〈표 8〉 장 독립성 행동과 교수 스타일

	장 독립성 행동		장 독립성 교수 스타일	
또래 관계	독립적으로 과제를 수행하는 것을 좋아한다.	개인적 행동	학생과의 관계가 형식적이다. 권위자로 행동한다.	개인적 행동
	비교하고 개인적으로 인정받는 것을 좋아한다.		교수 목표에 주의를 집중한다. 사회적 분위기를 두 번째로 중요한 것으로 생각한다.	
교사와의 개인적 관계	과제 지향적이다. 과제를 수행할 때 사회적 환경에는 관심을 두지 않는다.	교수 행동	독립적인 성취를 격려한다. 개인적 노력이 중요함을 강조한다.	교수 행동
	교사와의 신체적 접촉을 거의 하지 않는다.		학생들의 경쟁을 권면한다.	
	교사와의 상호작용은 과제에 관한 것으로만 국한되어 있다.		자문 역할을 한다. 학생들이 어려움을 느낄 때만 교사에게 도움을 구하게 한다.	
수업에서 교사와의 관계	교사의 도움 없이 새로운 과제를 시도하고 싶어 한다.		시행착오를 통한 학습을 권장한다.	
	과제 수행을 매우 좋아하고 첫 번째로 과제를 마치기를 바란다.		과제 지향적인 것을 격려한다. 주어진 과제에 학생이 집중하게 한다.	
학습을 촉진시키는 교육과정의 특징	비사회적인 보상을 추구한다.	교육과정 관련 행동	교육과정 자료의 세부 사항에 초점을 맞춘다.	교육과정 관련 행동
	개념의 세부적인 사항을 강조한다. 부분들은 그 자체로 의미를 갖는다.		사실과 원칙에 초점을 맞춘다. 지름길과 새로운 방식으로 문제를 해결하는 방법을 학생들에게 가르친다.	
	수학과 과학 개념을 다룬다.		수학과 과학의 추상적 개념을 강조한다. 교사들은 사회과 수업을 할 때에도 그래프, 표, 공식 등을 사용하는 경향이 있다.	
	발견학습에 근거를 둔다.		연역적인 학습과 발견학습을 강조한다. 분리된 부분부터 시작해서 천천히 규칙이나 일반적인 것을 가르쳐 그것을 통합시킨다.	

〈표 9〉 장 민감성과 장 독립성을 위한 교육과정

	장 민감성을 위한 교육과정		장 독립성을 위한 교육과정
내용	사회적 추상 개념: 장 민감성 교육과정은 서사, 유머, 드라마, 판타지의 사용을 통해 인간화된다. 사회적 단어와 인간 특성에 의해 특징지어진다. 역사나 과학적 발견과 같은 주제를 통해 중요한 역할을 하는 사람의 일생에 초점을 맞춘다.	내용	수학과 과학의 추상적 개념: 장 독립성 교육과정에서는 많은 그래프와 공식을 사용한다.
	개인화: 학생의 가정과 이웃뿐 아니라 인종적 배경이 반영된다. 교사는 개인적 경험과 흥미를 표현할 기회가 있다.		비개인화: 장 독립성 교육과정에서는 사회적 연구에 있어서 개인의 역사보다는 사건·장소·사실에 초점을 맞춘다.
구조화	전체적: 전체와 일반화를 설명하는 것이 강조된다. 전반적인 견해나 일반적인 주제가 먼저 제시된다. 개념이나 기능의 목적 또는 활용이 실제적인 사례를 사용하면서 분명하게 설명된다.	구조화	세부 사항에의 초점: 개념을 세부 사항을 탐색한 후에 전체적인 개념을 탐색한다.
	규칙 명시: 규칙과 원칙이 분명하다.		발견: 세부 사항의 학습을 통해 규칙과 원칙을 발견한다. 특별한 것을 이해함으로써 일반적인 것을 발견한다.
	타인과의 협동 요구: 교육과정은 학생이 동료나 교사와의 다양한 활동 속에서 협동하도록 되어 있다.		독립적인 활동의 요구: 교육과정을 통해 학생들이 타인과의 상호작용을 최소화하고, 개인적으로 과제를 수행할 것을 요구한다.

개념적 차원의 또 다른 측면은 학습 과제에 있어서의 학생들의 구조화 필요성이다. 학생들은 그들 자신에게 의존하는 능력, 새로운 과제를 시작하는 능력, 선택을 하는 능력, 자료들을 조직화하는 능력에 있어서, 그리고 교사로부터의 격려 필요성에 있어서 상당한 차이가 있다. 학생들은 학습 과제에 대한 수업에서의 설명에 대한 필요성에 있어서도 차이가 있다. 헌트(Hunt, 1979)의 연구에 의하면, 많은 구조화를 필요로 하는 학생들은 주의 집중 시간이 짧고, 오랜 시간 가만히 앉아 있는 것을 힘들어 한다. 그들은 자주 지침을 요구하고, 자구에 얽매이는 경향이 있으며, 추론이나 해석을 함에 있어서 어려움을 느낀다. 따라서 그들은 기본적인 정보를 알기를 바라며, 일반적인 질문을 다루는 데 있어서 어려움을 느낀다. 그들은 문제를 통하여 사고를 해야만 할 때 추측하는 경향이 있다. 이와는 달리 낮은 구조화를 필요로 하는 학생들은 문제를 스스로 해결하는 것을 원하고, 아주 힘들 경우에만 교사에게 도움을 요청한다. 그들은 해석과 추론에 있어서 탁월한 능력을 갖고 있고, 오랜 시간 과제에 몰두하며, 제한된 감독만을 필요로 한다. 헌트는 구조화 수준에 따른 학생들의 특징과 그에 부합하는 교수 전략들을 상세하게 제시한 바 있다.

문화 감응 교육학

<표 10> 학생의 구조화 요구와 학습 스타일

많은 구조화를 필요로 하는 학생의 특징
·주의 집중 시간이 짧고 오랜 시간 조용히 앉아 있지를 못 한다.
·내적 통제력이 약하고, 집단 속에서 기능하는 방법을 잘 모른다.
·남학생들은 대개 다른 학생들과 자주 다투고, 규칙을 시험해 보려고 한다.
·어떻게 해야 하는지를 자주 질문한다.
·자구에 충실하고 추론이나 해석을 어렵게 여긴다.
·자신감이 부족하고 낮은 수준의 자기 이미지를 갖고 있다.
·자신과 자료들을 조직화하는 데 곤란을 느낀다.
·자신이나 개인적 의견을 표현하거나 드러내지 않는다. 모든 것이 객관적이다. 이야기나 영화에 감정적으로 연루되는 것을 두려워한다.
·다양한 능력을 가지고 있다.
·사물을 흑백 논리로 파악한다.
·간접 설명에는 관심이 없고 기본적인 정보나 과정을 알고 싶어 한다.
·일반적인 질문이나 문제를 통한 사고를 다루는 데 있어서 서투르다.
·자신들의 행동에 대한 책임을 지지 않는다.
·교사의 지시나 또래의 승인을 기대하여 과제를 수행한다.
·말이 적으며 간단하게 대답한다.
약간의 구조화를 필요로 하는 학생의 특징
·착한 학생(정답을 말하고, 일을 말끔하게 처리하고, 좋은 공부 습관을 가진 학생)의 역할을 지향한다.
·교사의 승인을 얻으려 하고 교사를 기쁘게 하려고 노력한다. 교사가 지시한 대로 수행한다.
·자신의 책상에서 홀로 공부하는 것을 좋아한다.
·새로운 시도를 꺼린다. 잘못되었다거나 어리석어 보이는 것을 싫어한다.
·개인의 의견을 표현하지 않는다.
·질문을 하지 않는다.
·선택에 의해서 혼란을 겪는다.
·다른 교사에게 적응하는 것이 어렵다. 방문자가 있거나 일정이 바뀌는 것에 대해 매우 화를 낸다.
·확신을 원하고, 자주 이것이 맞는지, 뭘 해야 하는지, 무엇을 필기해야 하는지 등의 질문을 한다.
·상상력이 그리 풍부하지 않다.
·전체로서의 학급 활동에는 잘 참여하지만, 소집단에서는 잘 활동하지 못 한다.
·성적에 신경을 많이 쓴다.
구조화가 거의 필요 없는 학생의 특징
·토론하고 논쟁하는 것을 좋아한다.
·질문을 하고 부가적인 정보를 얻기 위해 자발적으로 나선다.
·스스로 문제를 해결하기를 원한다.
·세부적인 것을 싫어하고 단계적인 것도 싫어한다. 창의적이고 공식을 만들어 내는 것을 좋아한다. 자신의 아이디어에 따라 행동하고, 교사로부터 듣지 못했던 것에 관여하기도 한다.
·추상적 사고를 할 수 있다. 구체적인 물체를 필요로 하지 않는다.
·타 학생들에 비해 실수하는 것을 두려워 하지 않는다.
·하나의 과제에 오랜 시간 매달릴 수 있고 감독이 없이도 스스로 과제를 수행할 수 있다.
·정서가 풍부하고 타 학생들에 비해 자신에 대해 개방적이다.
·타 학생들에 비해 해석하고 추론하는 능력이 뛰어나다.
·다소 자기중심적이고 타인들에 대한 관심이 적다.

〈표 11〉 학생의 구조화 요구와 교수법

많은 구조화를 요구하는 학생들을 위한 교수법
·정확하고 일관적인 규칙을 사용한다. 교사가 기대하는 바를 알려 준다.
·세부적인 지침과 단계적인 수업을 제공한다.
·목표와 제출일은 간단하고 명확하게 한다.
·수업 시간에 다양한 활동을 제공한다.
·시도한 것에 대해 긍정적인 비평을 한다.
·보고 느끼고 만질 수 있는 물건과 시각 자료를 사용한다.
·즉시 과제에 임하도록 하고 종종 속도에 변화를 준다.
·강화의 일종으로써 학생들의 작품을 전시한다.
·다양한 기능의 학습을 돕기 위해 학생들의 흥미를 중시한다.
·논의를 할 때에는 사실적인 내용으로 시작한다.
·개별과제로부터 토론이나 집단 과제로 단계적으로 이동한다.
·수업의 말미에서는 오늘 학습이 성공적이었다는 만족감을 표현한다.
·짧은 퀴즈와 객관식 검사를 한다.
·학생들이 준비된 듯이 보이면 의사결정의 기회를 준다.
약간의 구조화가 필요한 학생들을 위한 교수법
·처음엔 두 사람이 함께 과제를 수행하고 하고, 그 다음 소집단 과제로 이동한다.
·분명하고 일관성 있는 규칙을 제공한다.
·자발성, 자기인식, 협동을 고무시키기 위해 창의적인 행동을 한다.
·매일 무엇을 해야 하는지 말해 준다.
·의견을 내세워야만 하는 상황을 위협적이지 않게 한다.
·칭찬과 성공지향적인 상황을 부여한다.
·공유하는 것을 고무시키기 위해 집단 과제를 부여한다.
·학생들이 이러한 준비를 마치면 선택과 의사결정의 기회를 제공한다.
구조화가 거의 필요 없는 학생들을 위한 교수법
·자리를 스스로 선택하도록 한다.
·선택할 수 있는 많은 주제를 준다.
·일주일 이상 걸리는 과제를 주고 학생들이 스스로 시간표를 작성하도록 한다.
·서로를 자원으로 활용하도록 격려한다.
·이동을 허락하고 계획과 의사결정에서 많은 역할을 부여한다.
·프로젝트를 알아서 수행할 수 있는 자유를 부여한다.
·교사를 자원으로 활용할 수 있도록 교사와 팀이 되어 과제를 수행하게 한다.
·학생들이 스스로 하는 경향이 있으므로 수업을 잘 듣도록 훈련시킨다.
·다른 사람에게 흥미를 가지도록 한다.

지각적 차원(perceptual dimension)은 학생들이 선호하는 지각 양식에 속한다. 연구자들은 학습자가 선호하는 지각 양식에 따라 학생들을 시각적, 청각적, 운동적 학습자로 분류하였다(Diaz, 2001, 58). 시각적 학습자는 자신의 눈을 통해 새로운 정보를 받아들일 때 가장 잘 학습한다. 시각적 학습자는 어떤 대상이나 정보가 시각적 묘사로 제공될 때 가장 잘 학습한다. 어

떤 학생들은 읽기에 의해 가장 잘 학습할 수도 있는데, 그 역시 시각적 학습자에 해당한다.

청각적 학습자는 새로운 정보를 들을 때에 가장 잘 학습한다. 청각적 학습자는 듣는 것에 탁월한 능력을 갖고 있으므로, 듣기 과정에 개입될 수 있는 외부적인 소리들을 좋아하지 않는다. 이와는 달리 운동적 학습자는 시범과 직접 경험을 통하여 가장 잘 학습한다. 현장답사와 같은 활동이 운동적 학습자에게 가장 잘 어울린다. 아메리컨 인디언 학생들 가운데 상당수가 운동적 학습자이다. 이들은 밑줄을 긋거나 노트 필기를 중시하지만 그것은 어디까지나 지식을 내면화하는 데 도움을 주기 위한 방안일 뿐이다.

끝으로 사회적 차원은 학습자가 선호하는 특정한 사회적 맥락을 강조한다. 어떤 학생들은 홀로 학습하는 것을 좋아하는 반면에, 어떤 학생들은 협동적인 집단에서 학습하는 것을 좋아한다. 이러한 특별한 차원은 앞에서 언급했었던 장 민감성 학습자와 장 독립성 학습자의 구분과 상당히 중첩된다. 한편, 던과 던(Dunn & Dunn, 1993)은 학습자의 학습 스타일을 특성화하는 여타의 요인들에 관심을 표명하였다. 그러한 요인들은 전체적(관계적) 학습자, 분석적 학습자와 관련이 되어 있다. 환경적 요인과 관련지어 볼 때, 전체적 학습자는 음악, 낮은 조도 등과 같이 우리의 주의를 빼앗는 것들을 선호한다. 분석적 학습자는 침묵, 밝은 불빛, 인습적인 공부 자세 등을 선호한다. 전체적 학습자는 지속적이지 못하고, 과제 수행 동안에 빈번한 휴식을 즐기는 가운데 단숨에 해결하는 것을 좋아한다. 또한 전체적 학습자는 여러 과업들을 동시에 해결할 수 있으며, 주어진 과제를 중간이나 말미에 시작할 수도 있다. 이와는 달리 분석적 학습자는 지속성이 있고, 일단 그 과제를 시작하면 그 과제에 지속적으로 매달리려는 강한 감정을 갖고 있다. 전체적 학습자는 공부하는 동안에 무언가를 먹거나 혹은 돌아다니는 것을 할 수 있으나, 분석적 학습자는 공부하는 동안에 무언가를 먹는 것을 선호하지 않는다.

학습 스타일에 관한 연구 중 가장 대표적인 것은 경험 학습 이론에 근거한 콜브의 학습 스타일 검사이다. 경험 학습 이론은 학습을 정의적·지각적·인지적·행동적 과정의 홀리스틱적인 관여로 파악한다. 콜브에게 있어서 학습이란 경험의 변형을 통한 지식의 창조이다. 그의 학습 스타일은 경험 학습 이론에서 기술되는 네 가지 학습 양식에 대한 개인의 상대적인 선호에 의해 정의된다. 여기서 네 가지 학습 양식은 구체적 경험, 성찰적 관찰, 추상적 개념화, 활동적 실험을 의미한다. 경험 학습 이론에서 학습은 정보를 이해하고 변형하는 과정이다. 정보를 이해하는 방법에는 구체적 경험을 통해 지각하는 방법과 추상적으로 개념화하는 유형으로 구분된다. 그리고 정보를 처리하는 방법은 반성적으로 관찰하는 유형과 활동적으로 실험하는 유형으로 구분된다. 이렇듯 정보 지각의 두 방식은 세로축을, 정보 처리의 두 방식은 가로축을 형성하면서 순환적인 학습의 4단계를 설정된다. 그리고 각 단계에서는 정보 지각과 처리의 방식 및 정의적 특성이 반영되어 이들이 조합된 학습 스타일이 만들어진다.

콜브는 경험(experiencing), 성찰(reflecting), 사고(thinking), 행동(acting), 확산(diverging), 동화(assimilating), 수렴(converging), 조절(accommodating), 균형(balancing)이라는 9가지의 독특한 학습 스타일을 발견하였으며, 이를 통해 확산자, 동화자, 수렴자, 조절자라는 네 가지 유형의 학습자를 제시하였다. 네 가지 유형의 학습자가 지닌 특징을 구체적으로 살펴보면 다음과 같다(Kolb, 2011, 1700-1701).

확산자는 경험과 성찰을 통해 주로 학습한다. 확산자는 정보를 구체적으로 인식하고 이를 사려 깊게 처리하는 것을 좋아한다. 확산자는 구체적인 상황을 파악하고 수많은 관점으로부터 상황을 탐색하는 데 있어서 최상이다. 상황에 대한 확산자의 접근은 행동을 취하는 것이라기보다는 오히려 관찰하는 것이다. 이러한 스타일을 지닌 학습자는 브레인스토밍의 경우처럼 다양한 사고와 감정의 창출을 요구하는 상황을 향유한다. 따라서 그들의 최대 강점은 상상력이 풍부하고, 감정에 민감하며, 폭넓은 문화적 관심을 갖고 있고, 정보를 모으는 것을 좋아한다는 점이다. 공식적인 학습 상황에서 학습자는 개별화된 관심과 피드백을 받는 것을 좋아한다. 확산자는 정보를 모으기 위해 집단 속에서 활동하는 것과 개방적인 마음을 갖고 경청하는 것을 선호한다.

<표 12> 콜브의 학습 스타일

경험

조절	경험	확산
행동	균형	성찰
수렴	사고	동화

행동 (좌) / 성찰 (우) / 사고 (하)

문화 감응 교육학

동화자는 사고와 성찰을 통해 주로 학습한다. 동화자는 다양한 정보들을 이해하고 그것들을 구체적이고 논리적인 형태로 설정하는 것에 있어서 최상이다. 동화자는 사람에는 큰 관심이 없으며 오히려 추상적 관념과 개념에 초점을 맞춘다. 일반적으로 동화자는 이론이 실용적 가치보다는 오히려 고상함과 논리적 건전성을 갖고 있다고 본다. 동화자는 그 스타일에 있어서 감정과 행동을 크게 강조하지 않기 때문에 홀로 학습하는 것을 선호한다. 동화자는 성급한 결정을 내리지는 않지만 사물에 대해 철저하게 사고한다. 공식적인 학습 상황에서 동화자는 강의, 독서, 분석적 모델 탐색을 선호하고, 사물에 대해 철저하게 사고할 수 있는 시간을 갖는 것을 좋아한다.

수렴자는 학습 상황에서 사고와 행동을 강조한다. 수렴자는 관념과 이론의 실천적 효용을 발견함에 있어서 최상이다. 수렴자는 문제를 해결하는 것, 그리고 이슈나 문제에 대한 논리적 해결의 발견에 근거하여 모종의 결정을 내리는 것을 좋아한다. 수렴자는 사회적이거나 대인관계적인 이슈보다는 기술적 과제와 문제들을 다루는 것을 선호한다. 수렴자는 학습 스타일에 있어서 감정과 성찰을 크게 중시하지 않기 때문에, 모호한 상황이나 대인관계적 이슈에 대해 불편함을 느낄 수 있다. 공식적인 학습 상황에서 수렴자는 아이디어를 가지고 실험하는 것, 시뮬레이션을 해 보는 것, 실험 과제나 실천적 적용을 시도해 보는 것을 좋아한다.

조절자는 주로 행동과 경험을 통해 학습한다. 조절자는 직접 경험을 통해 학습할 수 있는 능력을 갖고 있으며, 모호하거나 불확실한 상황에서 오히려 기능을 잘 수행한다. 조절자는 목표 달성을 좋아하고, 새롭고 도전적인 경험에 관여하는 것을 즐긴다. 조절자의 경향성은 논리적 분석보다는 직관적인 육감에 의존하여 행동을 한다는 것이다. 조절자는 문제를 해결함에 있어서 그 나름의 기술적 분석보다는 오히려 사람에게 더 많은 강조점을 부여한다. 조절자는 학습에 대한 접근에 있어서 성찰과 사고를 크게 강조하지 않기 때문에 간혹 조직화되어 있지 못하거나 또는 사고하기 전에 행동을 전개할 수도 있다. 공식적인 학습 상황에서 조절자는 과제 이행, 목표 설정, 야외 활동 수행, 프로젝트의 완성을 위한 다양한 접근법의 검증을 위해 다른 사람과 함께 활동하는 것을 좋아한다.

<표 13> 학습 스타일과 행동 수준의 관계

	확산자	동화자	수렴자	조절자
인성 유형	내성적 감정	내성적 직관	외성적 사고	외성적 감각
교육적 전문성	예술, 영어, 역사, 심리학	수학, 물리학	공학, 약학	교육, 커뮤니케이션, 간호학
전문 경력	사회 서비스, 예술	과학, 연구, 정보	공학, 약학, 기술	세일즈, 사회 서비스, 교육
직업	개인적 직업	정보 직업	기술적 직업	실행적 직업
적응 능력	평가 기능	사고 기능	결정 기능	행동 기능

일반적으로 학습 스타일에 관한 논의에 잘 포함되지는 않는다고 할지라도, 다중 지능 (multiple intelligences)에 관한 가드너(Gardner, 1993)의 연구는 학습에 대한 다양한 학생들의 지향을 이해하는 데 많은 도움을 준다. 달리 말해, 가드너의 다중 지능 이론은 문화 감응 교육학에 있어서 매우 중요한 의미를 갖는다. 첫째, 그것은 모든 학생들이 학습할 능력을 갖고 있다는 사실을 강조한다. 둘째, 그것은 전통적인 교육 방식이 지녔던 문제점이라고 할 수 있는 단일 지능의 패권(hegemony)을 지적한다. 셋째, 그것은 학생들이 그들의 특정한 강점을 발견하여 그것을 미처 경험하지 못한 분야와 결합할 수 있도록 교사가 다차원적인 학습 기회를 마련해 주어야 한다는 사실을 강조한다.

가드너는 전통적인 지능 이론에 반기를 들었다. 인간의 인지는 단일한 것이기에 개인은 단일의 수량화가 가능한 지능을 갖고 있는 존재로 여겼던 종전의 환원주의적 관점에 반대하면서, 가드너는 지능에 대한 새로운 관점을 <표 8>과 같이 제시하였다. 그에 의하면, 지능은 개인이 실제 생활에서 만나는 문제들을 해결하기 위한 능력, 해결을 위해 새로운 문제를 생성하는 능력, 자신의 문화 속에서 소중하게 여겨지는 어떤 것을 만들어 내거나 어떤 서비스를 제안하는 것을 의미한다(Silver, Strong & Perini, 2000, 7). 이러한 정의에 의하면, 어떤 특정한 문화에서 특정한 방법으로 문제를 해결하거나 생산물을 창조해 낼 수 있는 능력에 가치를 부여한다면 우리는 그 능력을 지능이라고 부를 수 있다.

문화 감응 교육학

〈표 14〉 지능에 대한 관점의 변화

전통적 관점	새로운 관점
지능은 고정되어 있다.	지능은 발달할 수 있다.
지능은 수치에 의해 측정된다.	지능은 수치에 의해 수량화될 수 있는 것이 아니라, 수행이나 문제 해결 과정에서 표현되는 것이다.
지능은 단일한 것이다.	지능은 여러 방식으로 표현될 수 있다.
지능은 고립되어 측정된다.	지능은 맥락 속에서, 즉 실제 생활 속에서 측정된다.
지능은 학생들을 분류하고 그들의 성공을 예측하는 데 활용된다.	지능은 인간의 능력과 학생들이 실현할 수 있는 수많은 방법들을 이해하는 데 활용된다.

가드너는 인간의 지능을 여덟 가지의 다중 지능으로 표현하였다. 논리 수학 지능은 논리적 문제나 방정식을 풀어가는 과정에 관한 능력으로서 숫자를 효과적으로 사용하며 문제를 빠른 속도로 해결하는 능력을 의미한다. 언어 지능은 단어의 소리, 리듬, 의미, 말, 혹은 글로써 언어를 효과적으로 사용하는 능력을 의미한다. 음악 지능은 소리의 음조, 음색, 리듬 등 음악의 요소에 민감하게 반응하고 사람뿐만 아니라 비언어적 소리에도 예민하게 반응하는 능력을 의미한다. 공간 지능은 시공간적 세계를 정확하게 인지하는 능력과 3차원의 세계를 변형, 새로운 것을 창조하는 능력을 의미한다. 신체-운동 지능은 문제를 해결하거나 감정을 전달하는 데 글 또는 그림보다는 몸동작으로 표현하는 능력을 의미한다. 대인관계 지능은 다른 사람들의 감정, 의도, 욕구를 잘 이해하고 타인과 효과적으로 일할 수 있는 능력을 의미한다. 개인 내 지능은 자신의 신념, 감정, 의도, 동기들을 잘 이해하고 자신의 장단점을 관리·통제하는 능력을 의미한다. 자연친화 지능은 주어진 환경을 잘 변별, 분류, 활용하고 자연의 생태계를 이해하고 자연과 문명의 관계를 파악할 수 있는 능력을 의미한다(Silver, Strong & Perini, 2000, 8). 한편 이러한 8가지 지능 이외에 실존 지능이라는 것도 있는데, 이것은 지능의 기준을 완전히 충족시키지 못하기에 가드너가 반쪽짜리 지능으로 거론한 바 있다. 실존 지능은 인간의 본성, 인간 존재의 의미와 목적, 우주 안에서 우리의 위치 등 궁극적인 물음 등에 대한 사고 능력을 의미한다.

가드너가 제시한 다중 지능 이론은 다문화 교실에서 교사가 학생들의 학습을 효과적으로 촉진시킬 수 있는 교육적 아이디어이자 도구로 기능할 수 있는 장점을 갖는다. 케이건과 케이건(Kagan & Kagan, 1998)은 다중 지능의 교육적 활용을 부합(matching), 확장(stretching),

자축(celebrating)의 세 과정으로 설명하였다. 첫째, 다중 지능 교수 전략은 학생들이 가장 효율적으로 학습할 수 있는 방법으로 지능과 교수 전략을 부합시킨다. 즉 수업을 학생들의 지능과 연결시켜 전개한다는 의미이다. 둘째, 비지배적 지능은 학습 활동을 통하여 그것을 더 자주 사용할수록 더욱 강해진다. 즉 다중 지능 유형에 따라 적절한 수업 전략을 사용함으로써 지능의 모든 측면의 발달을 확장시켜 나간다는 뜻이다. 셋째, 학생들은 자기 자신의 독특성을 자축하게 되고, 그들이 발견한 그들 안의 다양성을 존중하게 된다. 학생들은 지능의 여러 측면 중 자신의 약점을 인식하고, 그것을 자신의 강점을 사용하여 교수·학습 활동을 통하여 극복함으로써 기쁨과 만족을 느끼게 된다. 그들은 다중 지능에 근거한 교수 전략의 개발을 정리하여 〈표 15〉와 같이 제시한 바 있다(신명희, 2000, 10에서 재인용).

〈표 15〉 다중 지능 유형과 수업 전략

지능 유형	수업 전략
언어 지능	듣기와 토론 전략, 쓰기 전략, 읽기 전략
논리 수학 지능	질문 전략, 사고 기능 전략, 문제 해결 전략
공간 지능	공간 관계 전략, 시각적 투입 전략, 시각적 상 전략, 시각적 의사소통 전략
음악 지능	음악 전략, 리듬 전략
신체 운동 지능	신체적 의사소통 전략, 참여 학습 전략, 신체 표현 전략, 운동 전략
자연 지능	분류 전략, 관찰과 비교 전략
대인관계 지능	또래 교수 전략, 의사결정 전략, 의사소통 기술 전략, 정보 교류 전략
개인 내 지능	심사숙고 전략, 선호 명료화 전략

문화 감응 교육학은 학생들에게 있어서 다양한 방식의 지각·평가·신념·행동이 존재한다는 사실을 중시한다. 그러므로 교사는 학생들이 세계에 대하여 다르게 지각하고 학습한다는 사실, 그리고 학생들은 세계에 대한 그들의 이해를 독특한 방식으로 표현한다는 사실을 인식해야만 한다. 학생들이 세계에 대해 어떻게 학습하는지의 문제는 그들이 속해 있는 문화의 사회화 관행과 밀접하게 관련되어 있다. 따라서 우리는 문화 감응 교육을 통해 학생들을 공평하고 공정한 방식으로 다룰 수 있어야 한다. 이제 문화와 학습 스타일에 대한 논의를 마치면서, 교사가 문화와 학습 스타일의 문제에 접근하는 방식을 요약하여 기술하고자 한다.

첫째, 교사는 수업에 있어서의 다원주의를 촉진시켜야 한다. 뱅크스(Banks, 1997, 22)가

문화 감응 교육학

지적한 바와 같이, 교사가 다양한 배경을 가진 학생들의 학업 성취를 높이기 위해 자신의 교수 방식을 수정할 때에 모든 학생들을 위한 공평성이 확보될 수 있는 것이다. 그러한 공평 교수법은 수업에 있어서의 다원주의를 통해, 즉 수업에서 다양하고 의미 있는 학습 활동의 통합을 통하여 다양한 학습 스타일에 민감해지는 것에 의해 가능한 것이다. 이를 위해 교사는 새로운 개념과 기능을 가르칠 수 있는 모든 모델들을 가능한 한 상세하게 고려할 필요가 있다. 다감각적인 접근법은 수업 활동의 전개에 있어서 매우 중요한 고려 사항이 되어야 한다. 교사는 학생들의 현재 학습 스타일에 부합하는 활동만을 선택해서는 안 된다. 교사는 학생들이 현재 자신의 강점 분야에서 학습하는 기회를 제공하는 데 그칠 것이 아니라, 학생들이 그들 나름의 새로운 학습 전략이나 대응 전략을 제고할 수 있는 다양한 기회를 부여해 줄 수 있어야 한다.

둘째, 교사는 자신의 교수 스타일을 분석해야 한다. 일반적으로 교사들은 자신의 교수 스타일에 대해 성찰·연구·재구조화할 충분한 시간을 갖고 있을 때에만 그렇게 하는 경우가 많다. 대부분의 교사들은 그런 충분한 시간을 가지 못할 수도 있으나, 교실에서 모든 학생들의 학습 스타일을 이해하고 자신의 교수 스타일에 대해 성찰하는 것은 문화 감응 교육에 있어서 매우 필수적인 요소이다. 교사는 자신의 학습 및 교수 스타일에 대해 분명하게 알고 있어야 한다. 나아가 교사는 자신의 장점과 선호로부터 마음 편하게 얼마나 벗어날 수 있는지를 결정해야만 한다. 그래야만 학생들에게 다차원적인 학습 기회를 제공할 수 있다.

셋째, 교사는 학생의 문화에 대해 학습해야 한다. 학생과 그의 가정 배경에 대한 이해는 교사가 학년 시작 초기에 반드시 갖추어야 할 사항이다. 교사는 학생들의 문화에 대해 다음과 같은 질문을 해 보아야 한다. 집단의 역사가 어떠한가? 그 집단이 중시하는 문화적 가치는 무엇인가? 그 집단에 속한 사람들 가운데 뛰어난 사람은 누구인가? 집단의 대표적인 종교와 신념은 무엇인가? 그 집단이 현재 정치적으로 민감하게 여기는 사안은 무엇인가? 집단의 대표적인 축일은 언제인가? 이러한 질문들에 대한 대답이 지닌 교육적 함의는 무엇인가? 교사는 도서관 작업, 지역사회 신문과 잡지, 문화 센터 방문, 박물관 견학, 가정방문 등을 통해 위의 질문에 대한 답변을 스스로 구할 수 있어야 한다.

넷째, 학생의 학습 스타일을 발견해야 한다. 교사는 학습 스타일 검사를 이용하여 학생들의 학습 스타일에 대한 세밀한 정보를 축적해야 한다. 학교에서 공식적으로 행하는 학습 스타일 검사 결과를 활용하는 것이 그 한 예가 될 수 있다. 또한 교사는 학생들 개인에 대한 세심한 관찰을 통하여 공식적인 검사 결과를 보완할 수 있는 노력을 경주해야 한다.

끝으로 교사는 학습 스타일에 대한 연구를 적절하게 적용할 수 있어야 한다. 문화와 학습 스타일에 관한 연구를 통해 나온 지식을 적용함에 있어서 교사는 세심한 주의를 기울일 필요가 있다. 사실 학습 스타일과 문화를 연결시키는 연구들은 방법론적·개념적·교육학적으로 완전무결한 것은 아니기 때문이다. 연구 결과들은 학생들을 이해하기 위한 지침이지 그것이 학생들에 대한 고정관념이 되어서는 결코 안 된다. 그러므로 교사는 문화와 학습 스타일에 관한 연구 결과들을 맹목적으로 신뢰해서는 안 된다. 교사는 어떤 한 문화의 구성원들 사이에도 상당한 개인차가 있다는 사실에 주목해야 한다. 교사는 학습 스타일에 관한 지식을 교수·학습을 위한 자산으로 삼아야지 오히려 장애물로 여겨서는 결코 안 된다. 교사는 학습 스타일을 학교에서의 실패를 보완해 주는 만병통치약으로 여겨서는 안 된다. 학습 스타일을 이해하는 것이 효과적인 교수 활동에 있어서 필요조건이기는 하지만 결코 충분조건은 될 수 없기 때문이다.

참고 문헌

신명희(2000), "다중지능이론에 근거한 교수·학습 방법 연구", 『교육학연구』, 38(4), 1-23.

Banks, J. A. (1997), "Multiculral education: Characteristics and goals", In J. A. Banks & C. M. Banks (Eds.), *Multicultural education: Issues and perspectives*, Boston: Allyn and Bacon.

Castanĕda, A. & Gray, T. (1974), "Bicognitive processs in multicultural education", *Educational Leadership*, 32, 203-207.

Cooper Shaw, C. (1996), "Instructional pluralism: A means to realizing the dream of multicultural, social reconstructionist education", In C. Grant & M. L. Gomez (Eds.), *Making schooling multicultural: Classroom and campus* (pp. 55-76), Englewood Cliffs, Prentice Hall.

Diaz, C. F. (2001), *Multicultural education for the 21st century*, New York: Longman.

Dunn, R. & Dunn, K. (1993), *Teaching secondary students through their individual learning styles*, Boston: Allyn and Bacon.

Hunt, D. E. (1979), "Learning style and student needs: An introduction to conceptual level", In *Student learning style: Diagnosing and prescribing programs*, Reston: National Association of Secondary School Principals.

Keefe, J. W. & Languis, M. (1983), *Learning Stages Network Newsletter*, 4(2), 1.

Kolb, A. Y. & Kolb, D. A. (2011), "Learning style", In N. M. Seel (Ed.), *Encyclopedia of the science of learning*, New York: Springer.

Kolb, D. A. (2011), "Kolb's learning style", In N. M. Seel (Ed.), *Encyclopedia of the science of learning*, New York: Springer.

Silver, H. F., Strong, R. W. & Perini, M. J. (2000), *So each may learn: Integrating learning styles and multiple intelligences*, Washington, DC: ASCD.

문화 감응 배려

　2014년 5월 제 2하나원에서 탈북자들을 대상으로 '사이버 세계'라는 제목으로 한국 사회 적응을 위한 소양교육을 할 때의 일이다. 강의의 시작에 앞서서 컴퓨터나 인터넷을 이용해 본 적이 있는 사람이 몇이나 되는지 알아보았다. 16명 가운데 4명이 손을 들었다. 그래서 나는 그들이 알기 쉬운 용어로 풀어서 강의를 하면 되겠다 싶어 최대한 이해하기 쉬운 용어로서 1시간을 강의하였다. 사실 2000년대 초반에 70대 할머니들을 대상으로 인터넷윤리에 대해 강의한 경험이 있기에 왠지 모를 자신감이 있었던 것이 사실이다. 그래서 강의의 말미에 나는 그들에게 내용을 이해하느냐고 물어보았더니 모두들 큰소리로 알겠다고 대답하였다. 나는 정말 그들이 내용을 이해하였다고 믿고 있었다. 그런데 교육을 담당하는 직원이 나를 불러 몇 가지 이야기를 한다. 수강생들이 무슨 말인지 전혀 모른다는 것이다. 그러니 인터넷이 무엇인지 보여주면서 더 쉽게 강의를 해 주셨으면 좋겠다고 한다. 그들은 알지 못하면서도 질문을 하면 알겠다고 대답하는 습성이 있다는 것이다.

　나의 생각과는 달리, 사이버 공간의 특성인 개방, 참여, 공유, 익명 등의 용어를 그들이 전혀 이해하지 못했던 것이다. 하긴 인터넷을 한 번도 접하지 못한 사람에게 인터넷에 대해 얘기한들 무슨 소용이 있을까? 그래서 나는 준비해 간 PPT에 의한 강의 계획을 모두 다 던져 버리고 전혀 새로운 강의를 하기로 마음을 먹었다. 컴퓨터의 바탕화면을 빔프로젝트를 통해 보여주고 익스플로러를 열어서 네이버 화면을 띄운 후에 이게 인터넷이고, 이제 우리는 사이버 세계로 들어가는 것이라고 설명을 해 주었더니 모두들 신기해하면서 강의의 내용에 집중하였다. 내가 운영하는 블로그를 보여주며 이것이 사이버 세계에서 나의 집이라고 소개하였더니 모두들 신기해한다. 그리고 그들이 원하는 사이트들을 차례로 검색하면서 사이버 세계의 모습을 눈으로 직접 보게 해 주었더니 호응이 대단하였다.

배려윤리학의 관점에서 볼 때에, 사이버 세계에 대한 아이디어를 탈북자들에게 배려함에 있어서 배려 제공자로서의 나는 정작 그들의 문화를 이해하지 못했기에 나의 배려는 그들에게 수용되지 못했다. 우리의 배려 행위도 문화적으로 적절한 것이 될 때 효과가 있고, 배려 관계를 지속시킬 수 있음을 나는 그날 강의를 통해 몸소 깨우칠 수 있었다. 이에 이 장에서는 문화 감응 배려의 중요성과 방법에 대해 기술하고자 한다.

문화 감응 배려란 무엇인가?

문화 감응 배려의 핵심은 상호 이해, 존중, 신뢰에 근거한 정의적이고 상호적인 관계이다. 다문화 사회로 진입하고 있는 우리의 현실에서 다문화적 배경을 가진 학생 및 그 가정과 접촉해야 할 교사들에게 있어서 그러한 관계를 발전시키는 것은 매우 도전적인 일이다. 다문화적 배경을 가진 학생들은 학교가 너무 동화주의적이고, 교사들은 자신들을 잘 배려하지 못한다고 느끼고 있다. 그러기에 그들의 눈에 교사는 자신들의 문화적 배경을 소중하게 여기지 않는 가운데 암묵적인 차별을 일삼는 억압적이고 배려를 하지 않는 사람들로 비추어진다. 학교와 교사가 사회적 재생산과 주류 사회로의 동화를 촉진하는 장소만으로 변질될 때, 교사들은 다양한 문화적 배경을 가진 학생들의 문화 자본을 활용하는 데 실패하게 된다. 그렇다면 문화 감응 교육에서 배려한다는 것은 구체적으로 무엇을 의미하는가? 이에 여기서는 문화 감응적인 배려의 의미에 대해 살펴보고자 한다.

첫째, 배려는 사람과 수행에 대한 관심이다. 학생들에 대한 교사의 신념은 자신의 수업 행동에 많은 영향을 준다. 학생들을 배려한다는 것은 학생들 및 그들의 학업 성취에 대해 깊은 관심을 갖는 것을 의미한다. 교사로부터 배려를 충분하게 받았던 학생들은 학교를 집으로 묘사한다. 그들은 학교를 자신들을 길러준 곳, 지지해 준 곳, 보호해 준 곳, 고무시켜 준 곳, 책임감을 갖게 한 곳으로 묘사한다. 그들은 교사들이 자신들의 능력에 대해 신념과 확신을 갖고 있었다고 말한다. 교사는 학생들에게 많은 요구를 하면서도 지지적이고 고무적인 행동을 한다. 배려적인 교사는 학생들과의 상호작용을 단지 교과 수업에만 한정하지 않는다. 그들은 학생의 정서적·신체적·경제적·대인관계적 조건들에 대한 진지한 관심을 보여 준다. 그들은 학생들이 학습 과제에 능동적으로 참여하여 높은 수준의 성취를 보일 수 있도록 격려한다. 그들은 학생들이 자신이 할 수 있는 최상의 것을 할 수 있다는 높은 포부를 갖게끔 만든다.

둘째, 배려는 행동 유발적인 것이다. 대인관계적인 배려는 교사가 학생들을 향해 단순히 친절, 관후, 박애의 감정을 보이는 것 이상을 포함한다. 학생들의 역량을 산출하는 행동이 결여된 채 교사가 일반화된 관심사를 보이는 태도는 엄밀히 말해 일종의 학구적 태만을 일삼는 것이다. 교사가 다문화적 배경을 가진 학생들의 높은 수준의 성취에 대한 책무를 요구하지 않는다면 그것은 교사로서의 교육학적 책임을 포기한 것이나 다를 바 없다. 무배려적이고 무관심한 태도는 바로 학업적 무관심, 학생들과의 관계로부터의 이탈, 학생들의 실패에 대한 방임이다. 이러한 행동을 피하기 위해서는 교사는 자신과 학생들의 관점 및 경험을 완벽하게 이해해야 한다. 학습은 문화적 포함과 확증에 달려 있기 때문이다. 이러한 유형의 배려를 추동하는 태도는 수용하고 포용하며 상향 이동시키는 것이다. 그러한 태도는 질문하고, 반응하고, 동정하고, 도전하고, 기뻐한다(Noddings, 1996, 29). 그러므로 교육에서의 배려는 정서, 지성, 신념, 윤리, 행동, 책무를 포함한다. 배려란 상호적 관계에서의 지지적·정의적·도구적 상호 교환이다. 배려를 하는 사람은 타인의 이해관심과 욕구에 민감하고, 주의를 기울이며, 정서적으로 몰입한다. 배려를 잘 하는 교사는 학생을 존중하고, 그들에 대해 염려하며, 선택을 제공하고, 지식과 정보를 학생들이 더 잘 이해할 수 있도록 끝없이 만들고자 하는 시도를 하는 사람이다. 역으로 배려를 잘 하지 못하는 교사는 학생들의 소리를 듣지 않고, 학생들에 대해 염려하지 않으며, 학습을 촉진시키는 지속적인 활동을 전개하지 않고, 학생들의 행복에 대해 무관심한 사람이다.

셋째, 배려는 시도와 성취를 유발한다. 학창 시절을 되돌아 보는 개인적 일화에서 찾아볼 수 있는 공통적인 주제는 학생의 성취에 대한 교사의 배려이다. 대부분의 사람들은 교사가 가르친 구체적인 내용은 기억하지 못하지만, 학생들을 배려했던 교사와 그렇지 않았던 교사들을 분명하게 기억한다. 그것은 교사의 배려가 그들의 마음속에 각인되어 있기 때문이다. 배려적인 교사는 흔히 따뜻한 요구자(warm demander)라고 불린다. 그런 교사는 정서적으로 따뜻한 교실 풍토를 만들고, 일관적이면서도 분명하게 높은 수준의 학업 성취를 요구하며, 교사와 학생들 사이에 긍정적인 대인관계를 구축하는 데 많은 시간을 보내고, 그러한 관계를 교실을 넘어서까지 학생들에 대한 배려로 확장한다. 그런 교사는 미소나 웃음과 같은 비언어적 단서들을 통하여 학생들과 소통한다. 배려적인 교사의 학업과 관련한 요구 사항은 정서적 지지와 촉진적인 수업에 의해 보완되고, 독재적인 교수 방식을 사용하지 않고 코칭(coaching)이나 권고 방식을 선호하며, 학습에 대한 상호 책임감을 함양시키는 데 초점을 맞춘다. 이렇듯 정서적으로 따뜻하고, 개인적으로 배려적이며, 대인관계석으로 지지적인 수입 스타일은 학생들의 지적 수행에 긍정적인 효과를 가져다 준다.

넷째, 배려는 다차원적인 감응(responsiveness)이다. 배려는 다차원적이며, 그 핵심에 존재하는 것은 바로 맥락 속의 인간에 대한 이해를 조건으로 하는 감응이다. 이를 교수 활동과 관련하여 더 구체적으로 표현하면, 감응적이라는 것은 행동에 대한 문화적 영향력 및 교실의 정신 생태학을 이해하고 그에 입각하여 행동하는 것을 의미한다. 따라서 문화 감응 교육을 전개하는 교사는 문화적 다양성에 대한 역량을 갖추어야 하고, 그것을 교육의 과정에 포함시키는 데에 전념해야 한다. 이것은 교사가 다문화적 배경을 가진 학생들을 단지 좋아하는 것만으로는 불충분하다는 것을 말해 준다. 문화 감응 교사는 문화적 맥락 속에서 학생들을 효과적으로 가르칠 수 있어야 하며, 이를 위해서는 문화적 다양성에 대한 헌신, 역량, 확신, 내용을 구비해야만 한다. 교사가 이러한 배려의 여러 측면들을 다문화적 배경을 가진 학생들과 윤리적·정서적·학구적인 파트너십(partnership) 속에서 실행에 옮기고자 할 때, 그 파트너십은 존중, 경의, 진실성, 자원 공유, 초월의 가능성에 대한 깊은 신념에 토대를 두어야 한다. 특히 교사는 다문화적 배경을 가진 학생들이 학교에서 성공할 수 있다는 기대와 확신을 가져야만 한다.

문화 감응 배려의 이론적 토대

전문직으로서의 교사에게 부여된 소임 가운데 하나는 학생들을 잘 배려하는 것이다. 학생들은 교사의 배려가 학교에서 자신들의 성공적인 경험에 기여하는 가장 중요한 요인이라고 생각한다. 특히 학교에서 소외되거나 제대로 권한을 부여받지 못한 소수 인종·민족 출신의 학생들은 주류 학생들에 비해 교사의 더 많은 배려를 필요로 한다. 우리의 경우만 보더라도 탈북 학생이나 다문화 가정 학생들은 일반 학생들에 비해 중도 탈락 비율이 매우 높게 나타나고 있다. 2012년 정부의 발표에 따르면, 국내에 입국한 탈북 청소년(만 6-20세)은 1998년 12명에 불과했으나 2000년 60명, 2002년 211명, 2004년 330명, 2006년 336명, 2008년 378명, 2009년 464명, 2010년 321명 등으로 급증했다. 정규학교에 다니는 탈북 학생은 매년 늘고 있는 추세이지만 학교를 중간에 그만두는 비율은 여전히 높은 것으로 나타났다. 탈북 학생의 중도탈락률은 2007년 10.8%, 2008년 6.1%, 2009년 4.9%, 2010년 4.7%로 조금씩 낮아지고 있다. 그러나 상급학교로 갈수록 탈락하는 비율도 높았다. 2010년 기준으로 초등학생 중도탈락률은 2.5%였으나 중학생은 4.4%, 고교생은 10.1%로 나타났다. 고교생 중도탈락률은 2007년 28.1%에 비해 줄어들긴 했으나 전체 탈락률에 비해 2배 이상 높았다(뉴시스, 2012년 7월 25일자).

교사들의 거의 대부분이 주류 문화 배경을 갖고 있는 우리의 현실 속에서 외국인 노동자 가정 학생, 탈북 학생, 다문화 가정 학생들에 대한 참다운 배려가 이루어지기를 기대하는 것은 현실적으로 매우 어렵다. 일반 교사들이 문화적 차이를 가로질러 학생들을 이해하고 배려하기 위해서는 어떻게 해야 하는가? 나딩스(Noddings)의 배려윤리와 래슨 빌링스(Ladson-Billing)의 문화적으로 적절한 교육을 결합한 문화 감응 배려가 그 질문에 대한 하나의 답이 될 수 있다. 이에 나딩스의 배려윤리와 래슨 빌링스의 문화적으로 적절한 교육에 대해 상세하게 살펴보면 다음과 같다.

① 나딩스의 배려윤리

1980년대 초반 이후로 페미니스트이건 그렇지 않던 간에 도덕 철학자와 사회과학자들은 '배려의 윤리(the ethic of care)'라고 알려진 도덕성에 대한 새로운 접근의 근거와 규범적 장점, 그리고 그 함축 의미들에 대하여 논의하여 왔다. 배려의 윤리는 서구의 지배적인 도덕 이론들, 특히 칸트의 윤리학에서 일반적으로 강조되지 않았었던 도덕적 추론의 여러 측면들을 강조하고 있다. 도덕적 추론의 이러한 측면들은 대부분 전통적인 여성의 활동들과 경험 속에서 중요한 것이었기 때문에, 배려의 윤리는 페미니스트 윤리학자들의 특별한 관심의 대상이 되어 왔다.

나딩스는 배려윤리를 통해 도덕적 기획으로서의 학교교육을 다시 바라볼 것을 요구한 대표적인 학자이다. 그는 교육의 중요한 목적은 유능하고, 배려할 줄 알고, 애정이 깊으며, 사랑스러운 사람을 길러내는 것이 되어야만 한다고 주장한다(Noddings, 1984, vii). 나딩스에게 있어서 배려를 하는 것, 그리고 배려를 받는 것은 기본적인 인간의 욕구이고, 인간관계에 있어서 가장 근본적인 것이다. 우리는 이 세상에 태어나는 순간부터 배려의 과정에 들어가게 된다. 유아에게 있어서 배려는 생존을 위해 필수적인 것이며, 삶의 매 단계 동안에 인간은 배려를 받고, 이해되고, 수용되고, 존중을 받고, 인정받고자 욕구를 지니게 된다. 나딩스는 자신의 배려 개념을 동물과 식물, 사물, 그리고 아이디어로까지 확장한다.

배려 관계가 진전되기 위해서는 먼저 배려 제공자가 피배려자를 향해 몰입 혹은 전념(engrossment)을 해야 한다. 몰입은 배려자가 피배려자를 향한 심취나 강박관념을 언급하는 것이 아니다. 대신에 몰입은 배려자가 피배려자를 어떻게 수용하고 주의를 기울이는지를 보여준다. 몰입을 함으로써 배려자는 자신의 준거틀에서 벗어나서 타인의 준거틀을 채택하여 자신의 현실을 파악하고자 한다. 배려자는 가능한 피배려자가 느끼는 것을 느끼기 위하여 피배려자에게 몰입한다. 배려자는 그가 배려를 하고자 하는 시도를 하고 있음을 피배려자에게 신호하는 방식으로 행동한다. 여기서 시도라는 말이 매우 중요한데 그 이유는 피배려자가 배려를 받거나 수용하는 것을 선택하지 않는다면 그러한 상호작용은 배려로 간주될 수 없기 때문이다. 배려의 관계는 피배려자가 배려자의 시도와 신호를 받아들일 때에 완전한 것이 된다. 배려자의 욕구와 이해관계는 동기적 전환(motivational displacement)을 통하여 피배려자의 욕구와 이해관계에 이차적인 것이 된다. 따라서 나딩스의 배려윤리는 관계적이고, 상호적이며, 배려자와 피배려자 양자의 행동에 의존적인 것이다.

② 래슨 빌링스의 문화적으로 적절한 교육

비판적 인종학자인 래슨 빌링스는 흑인 학생들의 지속적인 저수준 학업 성취 문제의 해결 방안으로서 문화적으로 적절한 교육(culturally relevant pedagogy) 이론을 만들었다. 문화적으로 적절한 교육 이론은 교사들로 하여금 학교 교육과정, 교수 활동, 학습 활동을 위해 학생들의 가정과 문화적 배경을 자원과 교량으로 활용함으로써 가정과 학교 사이에서 발생하는 학생들의 경험에 있어서의 문화적 불일치를 해소시키려는 것이다. 문화적으로 적절한 교육은 교사가 학생들의 준거틀, 생생한 현실, 이해 관심 사항들을 통합하여 활용할 때 학생들의 학습이 개인적으로 더욱 의미 있는 것이 된다는 기본 가정에 근거한다. 그 결과 학생들은 학업에 더욱 매진하여 높은 성취를 이루게 된다. 래슨 빌링스의 이론은 학생들의 문화적 배경과 인식 방법을 중시하여 교실을 해방의 장소로 만들었었던 프레이리(Freire)의 이론에 근거한다. 문화적으로 적절한 교육은 어떤 민족이나 인종의 학생들을 가르치는 데에도 유용한 것이다(Ladson-Billings, 1994, 15).

래슨 빌링스는 문화적으로 적절한 교육의 이론적 토대를 찾기 위해 문화적으로 적절한 교사들이 견지하고 있는 자아와 타인에 대한 개념화, 문화적으로 적절한 교사들이 사회적 관계를 구조화하는 방식, 문화적으로 적절한 교사들이 견지하고 있는 지식에 대한 개념화에 주목하였다. 그는 흑인 학생들을 가르치는 데 있어서 매우 탁월한 역량을 발휘하고 있는 교사들이 가르치고 있는 교실에 대한 참여 관찰을 통하여 다음과 같은 사실을 알아내었다(Ladson-Billings, 1995b, 478-481).

첫째, 문화적으로 적절한 교사들은 자아와 타인에 대한 개념화에 있어서 모든 학생들은 학업에서 성공할 수 있다는 신념을 갖고 있고, 자신들의 교수 활동을 지속적인 되어감의 과정에 있는 예술로 파악하며, 그들 자신을 공동체의 성원으로 생각하고, 교수 활동을 공동체로부터 받은 것을 되돌려 주기 위한 방도로 생각하며, 교수 활동을 학생들로부터 지식을 이끌어내는 것 혹은 채굴하는 것으로 여기고 있다.

둘째, 문화적으로 적절한 교사들은 사회적 관계에 있어서 유동적인 교사-학생 관계를 설정하고, 모든 학생들과의 연관성을 시범 보여주며, 교실을 학습자 공동체로 구축하고, 학생들로 하여금 협동적으로 학습하고 서로에 대해 책임을 지도록 한다.

셋째, 문화적으로 적절한 교사들은 지식의 개념화에 있어서 지식은 정적인 것이 아니라 공유·순환·구성된다고 믿고 있고, 지식을 비판적으로 살펴보아야 한다고 믿고 있으며, 교사는 지식과 학습에 대한 열정을 보여야만 하고, 교사는 학생들의 학습을 촉진하기 위해 비계 설정을 해야 하며, 평가는 여러 형태의 수월성을 통합할 수 있도록 다차원적인 것이 되어야만 한다는 신념을 갖고 있다.

래슨 빌링스는 문화 감응 교수 활동을 일종의 대항 교육학(pedagogy of opposition)으로 규정하면서 개인적인 권한 부여(empowerment)가 아닌 집단적인 권한 부여에 초점을 맞춘다(Ladson-Billings, 1995a, 160). 그는 문화적으로 적절한 교육은 세 가지의 기준 혹은 명제에 근거한다고 주장한다. 첫째, 학생들은 학업에서의 성공을 경험해야만 한다. 둘째, 학생들은 문화적 역량을 함양·유지해야 한다. 셋째, 학생들은 현재의 사회 질서에 도전하는 비판적 의식을 발달시켜야 한다. 이에 여기서는 이러한 세 가지 기준에 대해 보다 상세하게 살펴보고자 한다.

- **학업에서의 성공**: 현재의 사회적 불평등과 적대적인 교실 환경에도 불구하고, 학생들은 그들의 학업 기능을 발달시켜야만 한다. 이런 학업 기능이 발달하는 방식은 다양하지만, 모든 학생들은 민주주의 사회에서의 능동적인 참여자가 되기 위하여 읽기와 쓰기 기능, 기술적·사회적·정치적 기능들을 필요로 한다. 문화적으로 적절한 교수 활동을 전개하는 교사들은 학생들의 학업 수월성을 요구·강화·산출하는 데 신경을 쓴다. 그들은 단지 학생들이 스스로를 좋게 느끼게끔 만드는 것이 아니라, 학생들의 학업 요구에 세심한 주의를 기울인다. 문화적으로 적절한 교수 활동은 학생들로 하여금 학업 수월성을 선택하도록 만든다.

래슨 빌링스는 이러한 예시로서 백인 여교사의 교육 경험을 제시한다. 루이스(Lewis)라는 백인 여교사는 교실에서 다수를 차지하고 있는 흑인 남학생들이 사회적 힘을 갖고 있음을 파악했다. 그는 흑인 남학생들이 그 힘을 또래 학생들에게 부정적으로 행사하기보다는 그들이 의미 있다고 여기는 이슈나 생각들을 발굴하는 데 사용하게 함으로써 학업적인 힘을 드러낼 수 있도록 하였다. 흑인 남학생들이 학업에서 리더십을 발휘하기 시작하자 다른 학생들도 그것을 긍정적 특성으로 파악하여 유사한 행동을 보이기 시작했다. 루이스 선생은 흑인 남학생들과 적대적인 관계를 형성하기보다는 그들의 능력과 기능을 소중하게 여길 수 있는 방법을 찾아내어 그것을 학교 공부에 쏟을 수 있도록 통로를 만든 것이다.

- **문화적 역량**: 문화적으로 적절한 교수 활동은 학생들이 학업 수월성뿐만 아니라 문화적 진실성(cultural integrity)을 보유할 것을 요구한다. 문화적으로 적절한 교사는 학생들

의 문화를 학습을 위한 도구로 활용한다. 흑인 여교사인 힐러드(Hillard)는 흑인 학생들의 랩 음악을 이용하여 시를 좋아하게끔 만드는 수업을 전개하였다. 그는 랩 음악이 흑인 청소년들 사이에 만연해 있음을 알게 되었고, 랩 음악의 폐해를 지적하기보다는 혐오스럽지 않은 또는 불쾌하지 않은 가사로 만들어 부르게 하였다. 그는 학생들에게 랩 음악을 부르게 하였고 그것을 통해 시의 기술적 특성인 리듬, 두운, 의성어만이 아니라 글자 그대로의 의미와 상징적인 의미에 대해서 논의하게 하였다. 그 결과 학생들의 시에 대한 이해는 놀랄 만큼 향상되었다. 힐러드의 교수 활동은 학업 성취와 문화적 역량을 결합시키는 대표적인 사례로 손꼽힌다.

백인 여교사인 윈스톤(Wisnton)은 학부모를 교실에 초빙하는 프로그램을 개발하여 운영하였다. 그는 학부모들과 래포를 형성한 후에 2-4일 동안 교실에 1-2시간 머물게 하면서 학부모가 가진 지식이나 재능을 학생들이 공유할 수 있게 하였다. 이를 통해 학생들은 서로의 부모를 통해서 학습하고 문화적 지식을 확인할 수 있게 되었다. 예를 들어 그는 학부모 가운데 고구마 파이를 잘 만드는 학부모를 교실에 초빙하여 아이들과 함께 이틀에 걸쳐 고구마 파이를 만들게 하였다. 첫째 날에는 학부모와 학생들이 파이를 만들기 위한 반죽을 하여 냉장고에 넣어 숙성시킨 뒤에 둘째 날에 파이를 만드는 일을 하였다. 그 외에도 목수, 간호사, 음악가 등의 학부모 혹은 학생들의 친척들을 초빙하여 학생들과 활동하게 하였다. 이를 통해 윈스톤은 부모가 지식이 많고 유능한 자원 인사라는 사실을 학생들이 깨닫게 하였다.

백인 여교사인 루이스(Lewis)는 6학년 학생들에게 표준어인 영어의 부차적인 담화에 대해 학습하면서 학생들로 하여금 가정에서 쓰는 자신의 모국어를 사용할 수 있게 하였다. 학생들은 말하기와 쓰기에 있어서 그들이 잘 알고 편안해 하는 모국어를 사용할 수 있게 되었다. 루이스는 학생들에게 모국어로 말하거나 쓴 것을 표준어인 영어로 번역하게 하였다. 학년 말이 되자 학생들은 영어와 모국어를 상황에 맞게 섞어 쓰는 데 있어서 능통할 뿐만 아니라 두 언어 모두를 잘 사용할 수 있게 되었다.

- **비판적 의식**: 문화적으로 적절한 교수 활동은 단순히 학업 수월성과 문화적 역량을 갖

추는 것에 그치지 않는다. 학생들은 사회적 불평등을 야기·존속하는 데 기여하는 문화적 규범·가치·관습·제도를 비판할 수 있는 사회정치적 의식을 가져야만 한다. 문화적으로 적절한 교실에서 학생들은 세상과 타인들을 향해 비판적으로 관여할 수 있는 기회를 갖게 된다. 교사는 교과서에 제시된 표준적인 관점이나 해석에서 벗어나서 학생들이 다양한 역사적·사회적 현상에 대해 다중적인 관점을 발달시킬 수 있도록 대항 지식을 제공한다. 학생들은 사회적 불평등의 실상에 대한 조사 활동을 벌인 후에 개선을 요구하는 내용의 글을 작성하여 신문사에 보내기도 한다. 이러한 활동들은 학생들이 학습의 대상이 아니라 주체가 되도록 만들어 준다.

문화 감응 배려의 실천

물론 일반 교사들이 자신들과는 인종·민족적 배경이 다른 학생들의 실제 생활과 그들이 차별과 억압을 받고 있는 사회체제적 조건들을 완벽하게 이해하는 것은 불가능하다. 하지만 교사들은 가능한 한 차이를 메우기 위해서 문화적 다양성에 대한 심층적인 지식과 경험적 토대를 함양함과 동시에 자신들의 정체성을 상세하게 검토해 볼 필요가 있다(Noddings, 1984, 16). 일반 교사들이 다문화적 배경을 갖고 있는 학생들의 신발을 신고 그들의 눈과 귀를 통해 보고 듣는 것이 현실적으로 어려움이 있다 할지라도, 교사들이 개인적·제도적 인종차별의 근원·과정·영향에 대한 심층적 이해를 시도하는 것은 다문화적 배경을 지닌 학생들과 상호작용을 함에 있어서 매우 결정적인 요인이 된다.

문화는 공통의 역사, 지리적 위치, 언어, 사회 계층, 종교 혹은 여타의 공유된 정체성에 의해 결합된 사람들의 집단에 의해 창조·공유·변형된 가치, 전통, 사회·정치적 관계로 구성된다(Nieto, 2004, 146). 문화는 개인이 세상을 바라보는 방식, 그리고 세상과 상호작용을 하는 방식에 영향을 미친다. 그러므로 교사가 자신의 배려를 실천하는 방식은 문화와 복잡하게 얽혀 있다. 일반 교사들이 다문화적 배경을 가진 학생들과 상호작용을 할 때에는 다음의 사실을 중시해야 한다. 첫째, 문화는 정적인 것도 아니고 단일한 것도 아니다. 문화는 집단 간에 있어서 그리고 집단 안에서도 변화함과 동시에 다르다. 그러나 많은 사람들을 조사할 때 드러나는 폭넓은 유형을 존중하는 것도 매우 중요한 일이다. 둘째, 다문화적 배경을 가진 학생들과 좋은 배려 관계를 유지하고 있는 일반 교사들이 일부 존재함에도 불구하고, 여전히 일반 교사들과 다문화적 배경을 가진 학생들 사이에는 장벽과 한계가 존재한다는 사실이다. 교사들은 그러한 장벽을 필연적인 것 혹은 극복할 수 없는 것으로 여길 필요는 없다. 문화 감응 배려를 실천하는 교사들은 그러한 한계를 인식하고 그러한 한계 안에서, 그리고 그 한계를 통해서 학생들과 마주해야 한다. 그런 교사들은 학생들에 대한 헌신을 보일 뿐만 아니라 자신들이 당연하게 여기는 규범·가정·관행들을 철저하게 비판적으로 조사한다.

배려는 관계에서의 존재 양식이지 일군의 특정한 행동이 아니다(Noddings, 1984, 171). 그러기에 문화 감응적인 배려 행동의 목록을 제시하는 것은 큰 의미가 없다. 그렇다고 해서 문화 감응 배려의 전형적인 모습을 그리는 것이 전혀 불가능한 것은 아니다. 문화 감응 배려는 다음의 네 가지 요인들에 의해 촉진된다(Eslinger, 2013, 5; Gay, 2000, 73). 첫째, 교사들은 풍부하면서도 문화적으로 다양한 지식 기반을 갖추어야 한다. 둘째, 교사들은 자신들과 연합되어 있는 정체성과 특권을 상세하게 조사해야 한다. 셋째, 교사들은 문화적 다양성에 관한 대화를 시도해야 한다. 넷째, 교사들은 교육과정과 교수법을 비판적으로 검토해야 한다. 이러한 요건들은 학생들로 하여금 교사의 배려를 거부하는 것이 아니라 오히려 희망적으로 수용하도록 이끌어 줌으로써 소위 나딩스가 말하는 몰입(engrossment)의 조건들을 충족시켜 주는 데 있어서 필수적이다.

① 문화적으로 다양한 지식 기반 마련

교사는 학생들의 가치, 전통, 세계관, 학습 및 의사소통 스타일, 관계 유형, 성 역할 사회화에 대한 이해를 제고하기 위한 방법으로서 지역사회에의 몰입을 통해 문화적으로 다양한 지식 기반을 마련해야 한다. 미국과 같은 나라의 경우, 문화적으로 다양한 지식 기반은 특히 도심 지역에서 중요한데, 교사들의 대다수가 그들이 근무하는 곳의 지역 주민들과 함께 살지 않기 때문이다. 도심 지역에서의 교사와 학생 간의 인종 차이와 계층 차이는 배려 관계를 발전시키는 것을 어렵게 만들 수도 있다. 그러나 우리나라의 경우에는 다문화 가정 자녀들이 주로 농어촌 지역에 집중되어 있기 때문에 그런 지역에 근무하는 교사들의 문화적으로 다양한 지식 기반이 중요하다고 볼 수 있다. 대부분의 교사들은 농어촌에 생활 기반을 두고 있지 않기에 지역사회에 몰입하는 것이 매우 어렵다고 할 수 있다. 그러므로 교사가 문화적으로 다양한 지식 기반을 갖기 위해서는 학생들을 의미 있게 알기 위한 기회를 많이 포착하고, 지역사회와 밀접한 관계를 맺어야만 한다.

교사가 학생들의 생활 실상에 몰입하는 것은 배려 관계를 형성함에 있어서 강력한 촉매제가 될 수 있다. 사실 일반 교사들은 한국 사회에서 인종차별의 희생양이 아니기 때문에, 지역사회에의 몰입은 다문화 배경을 가진 학생들 및 그들의 공동체에 대한 주변화 및 억압의 실태와 그 영향에 대한 깊은 통찰을 가능하게 해 준다. 따라서 교사들은 학생들 및 그 가족들과 관계를 형성함과 동시에 지역사회에 깊이 관여해야 한다. 학부모와의 만남을 통해 혹은 가정방문을 통해 교사는 학생들의 생활 이야기에 대해 학습하고, 개인적 수준에서의 가족에 관한 지식을 더 많이 획득할 수 있다. 다문화 배경을 가진 학생들이 살고 있는 지역사회의 교회, 상점, 식당 등을 이용하는 것도 학생의 관심사 및 지역사회의 관심사를 이해하는 데 도움을 줄 수 있다.

② 정체성 조사

인종·민족적으로 다양한 학생들을 문화 감응적으로 배려함에 있어서 지식 기반만으로는 충분하지 않다. 교사의 다문화적인 지식 기반은 문화·민족·지적 능력의 관련성에 관한 교사의 신념, 상이한 민족 집단 학생들에 대한 교사의 기대, 그리고 자신의 신념과 기대가 수업을 통해 드러나는 방식에 대한 주의 깊은 자기 분석에 의해 보완되어야만 한다. 게이(Gay, 2000, 71)는 이것을 문화적 자기 인식(cultural self-awareness)이라고 부른다.

사실 우리 사회에서 대부분의 교사들은 그들이 원래부터 한국인이라는 사실만으로 갖게 되는 유·무형의 특권에 대해 깊이 생각하지 않는다. 그러기에 교사들은 이미 주어진 것으로서의 기존의 사회 질서를 수용함으로써 그들이 의도하지 않았던 편견이나 차별의 가해자가 될 수 있다. 달리 말해, 그들은 다문화적 배경을 가진 사람들에 대한 불평등과 억압을 정당화하는 우리 사회의 지각·태도·가정·신념 등과 같은 무비판적인 마음의 습관을 가질 수 있다. 무비판적인 습관은 다문화적 배경을 가진 학생들의 저수준 학업 성취에 대한 신자유주의적인 논의에 담겨져 있는 능력주의 사회를 정당화하는 데 기여한다. 그러므로 교사는 차별에 관한 우리 사회의 역할을 분명하게 이해하기 위해 그러한 무의식적인 가정들을 비판적으로 들여다

볼 필요가 있다. 교사는 자신들이 주류 사회의 성원이라는 사실에서 부여되는 각종 특권들, 그리고 그것이 다문화적 배경을 가진 학생들을 어떻게 소외시키는지에 대해 명확하게 이해할 필요가 있다. 이를 위해 교사는 자신만의 가치·편견·고정관념을 비판적으로 조사해야 한다. 교사는 자신들에 대해, 그리고 주류 사회 구성원들의 지각·태도·가정·신념에 대해 도전하는 비판적 자기 성찰을 시도할 필요가 있다.

③ 문화적 다양성에 대한 대화

교실에서의 문화적 다양성에 대한 교사의 기대와 상호작용에 대한 자기 성찰에 덧붙여, 교사들은 그것을 타인들과 논의할 필요가 있다(Gay, 2000, 73). 이러한 대화는 정보가 풍부하게 담겨진 유익하면서도 분석적인 것이어야 한다. 교사는 자신의 행동을 잘 이해하고 개선하는 데 도움을 줄 수 있는 권위 있는 인물이나 전문가들과의 진지한 대화를 시도해야 한다. 그리고 동료 교사, 장학사, 학생, 기타 타인들과의 대화에서 참여자들이 민족적·인종적으로 다양할수록 더욱 좋다. 문화적 다양성에 대한 논의는 참가자들이 지각을 공유하고, 고려 중인 주제에 대한 심층적인 생각을 드러낼 수 있도록 본질상 탐구적이고 협동적이어야 한다. 그리고 분석의 초점은 다문화적 배경을 가진 학생들에 대한 교사의 기대와 상호작용 스타일, 그리고 그것이 학생들의 수행에 미치는 효과에 맞추어져야 한다.

한편 교사는 자신이 다문화적 배경을 가진 학생들과 상호작용하는 방식에 대한 인식과 이해를 위해 교실에서의 자신의 행동에 대한 동영상 기록물을 활용할 수 있다. 자신의 수업 활동을 촬영한 영상을 비판적·분석적으로 검토함으로써 교사는 다문화적 배경을 가진 학생들에 대한 자신의 기대와 실제 행동 간의 차이를 식별할 수 있다. 이러한 분석은 양적인 동시에 질적인 것이 되어야 한다. 이를테면 교사가 다문화적 배경을 가진 학생들과 언어적·비언어적으로 접촉하는 행동의 횟수를 살펴보는 것은 양적인 분석에 속한다. 이를테면 얼마나 많은 질문을 누구에게 했는지, 얼마나 많은 훈육상의 지적을 하였는지, 얼마나 많은 안내 활동이 이루어졌는지 등을 분석할 수 있다. 질적인 분석은 더욱 심층적인 분석을 요구하기에 어려울 수 있다. 특히 질적인 분석에서는 다문화적 배경을 가진 학생들과의 상호작용의 질에 있어서의 모순을 드러낼 수 있어야 한다. 교사가 젠더에 따라 질문을 어떤 식으로 달리 했는지, 인종·민족적 배경에 따라 어떤 식으로 질문을 달리 했는지 등을 분석할 수 있다. 교사가 누구를 칭찬했고, 누

문화 감응 교육학

구를 비판했는지도 분석의 대상이 된다. 이것은 다문화적 배경을 가진 학생들에 대한 교사의 기대와 실제 행동에서의 모순을 드러낼 수 있는 좋은 분석 방법이다.

④ 교육과정과 교수 활동에 관한 비판적 검토

교사들은 비판적인 렌즈를 통해 교육과정과 교수 활동을 세밀하게 조사할 필요가 있다 (Eslinger, 2013, 7). 이것은 교과서나 교수 자료를 인종차별, 성차별, 계급차별 등을 포함한 각종 차별의 관점에서 주의 깊게 살펴보는 것을 포함한다. 사실 학교교육은 사회의 기존 질서를 재생산하는 측면이 강하기 때문에 교육과정이나 교과서, 교수 자료에는 기존 사회의 암묵적인 편견과 차별 행위가 담겨 있을 수 있다. 현재 우리의 교육과정이나 교과서는 수류 사회 성원인 한국인의 관점에서만 개발되어 있기에, 문화적 다양성의 문제를 깊이 있게 다루지 못하고 있다. 이를테면 동성애 문제만 하더라도 종교 단체의 반발로 인해 교과서에서 깊이 있게 다루어지지 못하고 있는 실정이다. 따라서 다문화적 배경을 가진 사람들이 더욱 포함적이고 긍정적인 방식에서 교육과정과 교과서에 제시될 필요가 있다. 교사는 교수 자료의 활용에 있어서도 학생들의 문화적 다양성을 반영한 자료들을 포함해야 하고, 교육과정이나 교과서는 학생들의 문화적 역량을 제고하는 방식으로 개발되어야 한다.

참고 문헌

Eslinger, J. C. (2013), Caring and understanding "As nearly as possible": Towards culturally responsive caring, *Critical Intersections in Education*, 1(1), 1-11.

Gay, G. (2000), *Culturally responsive teaching: Theory, research & practice*, New York: Teachers College Press.

Nieto, S. (2004), *Affirming diversity: The sociopolitical context of multicultural education*, New York: Routledge.

Ladson-Billings, G. (1995a), "But that's just good teaching! The case for culturally relevant pedagogy", *Theory into Practice*, 34(3), 159-165.

Ladson-Billings, G. (1995b), "Toward a theory of culturally relevant pedagogy", *American Educational Research Journal*, 32(3), 465-491.

Noddings, N. (1984), *Caring: A feminine approach to ethics and moral education*, Berkeley: University of California Press.

Noddings, N. (1992), *The challenge to care in schools: An alternative approach to education*, New York: Teachers College Press.

Noddings, N. (1996), The cared-for, In S. Gordon, P. Brener & N. Noddings (Eds.), *Caregiving: Readings in knowledge, practice, ethics, and politics*, Philadelphia: University of Pennsylvania Press, 21-39.

10장

문화 감응 교실 관리

김 교사는 서울의 중산층 가정에서 태어나 서울에서 대학교육까지 마치고 이번에 경기도의 한 초등학교에 부임하였다. 김 교사가 첫 발령을 받은 이 학교는 국제결혼 이주 여성 자녀들의 재학 비율이 상당히 높다. 그러다 보니 김 교사가 맡은 학급에도 다문화 가정 학생들이 약 20%에 달한다. 대학 생활 중에 다문화교육에 대해 큰 관심을 갖지 않았던 김 교사는 앞으로 이 학생들을 어떻게 다루어야 할지 고민이 되었다. 다문화 교실 상황에서 교사가 문화 감응적인 방식으로 교실을 관리하기 위해서는 어떻게 해야 할까? 여기서는 이 문제에 대해 보다 상세하게 알아보고자 한다.

교실 관리란 무엇인가?

교실 관리란 효과적인 교수·학습이 진행될 수 있도록 담임교사가 지지적인 교실 풍토를 창조하는 활동을 일컫는다(Martin & Sugarman, 1993, 9). 교실 관리는 교실 수업이 학생들의 파괴적인 행동에도 불구하고 교사에 의해 부드럽게 행해지는 것을 보장하는 과정을 기술하기 위한 용어이다. 교실 관리는 파괴적인 행동의 예방을 포함하기도 한다. 상당수의 사람들은 교실 관리와 훈육을 상호 교환적으로 사용하지만, 사실 둘 사이에는 미묘한 차이가 존재한다.

일반적으로 훈육은 교실보다는 개인을 강조하며, 부정적 행동만을 함의한다. 이와는 달리, 교실 관리는 교사가 학생들의 학습 과정을 촉진하기 위해 수행하는 긍정적인 행동과 결정을 모두 강조하는 용어이다. 교실 관리는 자료의 계획과 준비, 교실 환경미화, 규칙과 관행의 설정 및 시행과 같은 질서 있는 학습 환경을 창조·유지하는 데 필요한 모든 활동들을 언급한다. 따라서 교실 관리는 질서 있는 학습 환경을 창조하고 유지하는 것과 더불어, 학생의 그릇된 행동에 대한 교사의 반응을 의미하는 훈육을 모두 포괄하는 용어이다. 달리 말해, 교실 관리는 효과적인 학습 경험을 창조·유지하기 위해 학습자, 학습 과정, 학습 환경을 계획·조직·통제하는 것을 뜻한다.

따라서 교실 관리는 다음의 두 가지 목표를 갖는다. 첫째, 긍정적·생산적인 학습 환경을 조성·유지한다. 이 목표는 교사에 의한 절대적인 통제를 의미하는 것이 아니다. 달리 말해 교실 관리는 무기력하고 유순하며 전적으로 복종하는 교실과 학생들을 만드는 것을 목표로 하는 것이 아니다. 효과적인 교실 관리는 학생들의 흥미·동기·참여를 유지하는 것이다. 따라서 그 초점이 긍정적·생산적·촉진적인 학습 환경을 조성하는 활동에 맞추어져 있다. 둘째, 안전한 교실 공동체를 지지·조성한다. 교실 관리의 또 다른 목표는 안전한 교실 공동체를 지지하고 조성하는 것이다. 그것은 학생들이 학습을 하는 데 필요한 연계성의 발현을 허용한다. 개별 학생은 자신의 오개념에 대해 비웃음을 당하는 위협감을 느끼지 않은 채 이전에 자신이 이해한 것에 대해 논의하는 데 충분한 편안함을 느낄 필요가 있다. 이러한 지적인 위험을 수행하는 데 있어서 학생들이 편안함을 느끼도록 하기 위해서는 교실에 관행과 규칙이 설정되어 있는 것이 바람직하다. 그러한 규칙이나 관행들은 학생들이 교사, 그리고 동료 학생들과 상호작용하기 위한 구조를 설정해야 한다. 규칙이나 관행은 모든 학생들이 그것을 따를 수 있도록 구체적이고 공평한 것이어야 한다. 아울러 규칙이나 관행은 왜 그것이 필요한지에 대한 나름의 설득력을 갖고 있어야 한다. 규칙이나 관행은 너무 모호해서는 안 되며, 충분한 사례들이 쉽게 제시될 수 있어야 한다.

교실은 학교교육을 직접적이고 구체적으로 수행하는 학교의 기본 단위 조직이자 장소이다. 박병량(2003, 18)은 교실 관리의 의의를 다음의 다섯 가지로 요약한 바 있다. 첫째, 교실은 교육이 실제적으로 이루어지는 곳이다. 둘째, 교실은 학생들이 매일 생활하는 장소이다. 셋째,

교사의 교실 관리 방식이 학생의 학업 성취와 인격 형성에 크게 영향을 미친다. 넷째, 교실은 교사의 전문성을 신장·발전시키는 곳이다. 다섯째, 학교교육의 발전은 교실을 기반으로 한다. 진정한 교육 개혁은 교육이 실제로 이루어지는 교실의 변화를 통해서 가능하다는 사실을 고려할 때, 교실 관리는 매우 중요한 것이다.

학생 주도적인 관리 접근법에 관한 연구들은 학생들은 그들의 행동을 통제할 수 있음과 동시에 자신들의 행동을 통제할 일차적인 책임이 있다는 신념에 근거한다. 그러한 연구들은 교사가 학생 소유권, 학생 선택권, 공동체, 갈등해결, 자연적 결과, 복원 등과 같은 교실 관리 개념들을 이해할 것을 요구한다. 이러한 개념들은 학생들이 교실을 드나들 때 어떻게 해야 하는지, 학생들이 교실에 있을 때 무엇을 수행해야 하는지, 책상과 의자를 어떻게 배열해야 하는지, 학생들 사이의 소통을 통하여 어떻게 학습을 공유시켜야 하는지 등의 관례 속에 잘 드러난다. 교실 관리의 초석이 되는 이러한 의식과 의례들은 효과적인 교수·학습에 있어서도 매우 중요한 의미를 갖는다. 교사가 교실 관리를 제대로 하지 못할 경우, 교사는 가르침에 있어서 애로를 겪을 수 있으며 학생들은 그들이 마땅히 배워야 할 것을 제대로 배우지 못하게 된다. 교사가 교실 관리를 제대로 하지 못할 경우, 교실에서는 훈육 문제들이 많이 발생하게 된다. 그러나 교사가 교실 관리를 잘 할 경우에는 교수·학습 활동이 원활하게 이루어짐과 동시에 훈육 문제도 적게 발생한다.

교실 관리 원칙을 설정하는 것은 문화적으로 다양한 모든 학생들의 학습을 향상시킴에 있어서 매우 중요하다. 대부분의 교사들은 다문화 가정 학생보다는 일반 학생들을 염두에 둔 교실 관리 원칙에 익숙한 편이다. 그런데 적절한 행동에 대한 개념 정의와 기대 사항은 문화적으로 영향을 받기 마련이다. 이를테면 일본인 어머니를 둔 가정에서 자란 학생은 식생활 습관에 있어서 일반 학생들과 다를 수 있다. 식사 예절에 있어서 적절한 행동은 문화마다 다소 다를 수 있다. 따라서 교사와 학생의 문화적 배경이 다를 경우에는 미처 생각하지 않았던 갈등이 발생할 수도 있다. 이에 교사는 자신의 문화적 배경에 근거한 단일한 문화적 렌즈를 통해 학생들의 행동을 이해하려고 해서는 안 된다.

문화 감응 교실 관리의 개념과 기본 원리

　　문화 감응 교실 관리는 문화 감응적인 방식으로 모든 학생들과 함께 학급을 경영하는 것에 대한 하나의 접근법이다. 즉, 문화 감응 교실 관리는 일군의 전략이나 관행 그 이상의 것이다. 그것은 교사가 내리는 관리 결정을 안내하는 교육학적 접근법이다. 달리 말해, 문화 감응 교실 관리는 일상적인 수업에서 사회적 경험, 이전 지식, 학습 스타일을 중시하는 가운데 학생들의 배경을 활용하는 문화 감응 교수 활동의 자연적인 확장인 셈이다. 문화 감응 교실 관리자로서의 교사는 자신의 편견과 가치를 인정하고, 그러한 편견이나 가치가 학생들의 학습, 학생들과의 상호작용, 그리고 학생들에 대한 행동 기대에 어떤 영향을 미치는지에 대해 성찰한다. 교사는 교실 관리의 목표가 순응이나 통제에 있는 것이 아니라, 모든 학생들에게 공평한 학습 기회를 제공한다는 것을 알고 있다. 문화 감응 교실 관리는 사회 정의의 실현을 위한 교실 관리라는 것을 알고 있다.

　　페도타(Pedota, 2007, 165)는 교실 관리의 10계명을 다음과 같이 제시하였다. ① 개성을 발휘하라. 누군가의 교실 관리 방식을 그대로 모방하려고 하지 말고 자신만의 교실 관리 방식을 찾아 적용해야 한다. 교사는 자신의 개성이 드러날 수 있는 교실 관리 방식을 택해야 한다. ② 교사가 학생들에게 대우받고자 하는 대로 학생들을 대우하라. ③ 학생들에게 항상 희망을 품게 하라. 학생들이 무언가를 성취할 수 있다는 느낌을 갖도록 만들어야 한다. ④ 교사의 교실 관리 방식에 대해 학부모들이 알게 하라. 학부모의 관여는 교사로서의 여러분의 역할을 지지해 준다. ⑤ 교사는 학생들에게 말하기 전에 모든 학생들의 주의를 집중시켜야 한다. 교사는 자신이 의미하는 것을 말함과 동시에 자신이 말한 것의 의미를 학생들에게 분명하게 인식시켜야 한다. ⑥ 교사는 전향적이고 사전 예방적이어야 한다. 교실의 여러 곳을 부지런히 돌아다니면서 모든 학생들의 활동을 예의주시해야 한다. ⑦ 학생들의 자존감이 중요하다는 사실을 인식해야 한다. 교사는 학급 학생들 앞에서 어떤 학생을 모욕하거나 자존감을 해치는 말이나 행동을 삼가야 한다. ⑧ 교사의 언행은 학생들에게 역할 모델이 될 수 있는 것이어야 한다. 교사는 자신이 학생들에게 기대하는 바를 스스로 학생들에게 보여줄 수 있어야 한다. ⑨ 학급의 규칙은 합당하고, 공평무사하며 일관된 방식으로 시행되어야 한다. ⑩ 교실에 '나'보다는 '우리'라는 철학을 만들어 교실을 하나의 공동체로 만들고, 학생들과 협력하여 문제를 해결하는 방식을 택해야 한다.

이렇듯 전통적인 교실 관리 방법에 대해서는 이미 알려진 바가 많으나 문화 감응 교실 관리에 대해서는 아직 알려진 바가 그리 많지 않다. 사실 문화 감응 교육학에 관한 문헌들도 대부분 교육과정이나 교수 전략에 대해서만 다룰 뿐, 교실 관리에 대해서는 상세하게 다루고 있지 않다. 이에 와인스타인(Weinstein)과 그 동료들은 문화 감응 교육학, 다문화 카운슬링과 배려에 관한 이론을 토대로 하여 문화 감응 교실 관리의 기본 원칙을 다음과 같이 제시하였다(Weinstein, Tomlinson-Clarke & Curran, 2004).

① 자신의 자민족중심주의와 편견에 대한 인식

다문화 역량은 인간 행동에 관한 자신만의 동기·신념·편견·가치·가정들을 이해하는 것과 직접적으로 관련된다. 그러나 한국 사회에서 주류 문화에 해당하는 대부분의 교사들은 일종의 문화적 은닉(cultural encapsulation) 상태에 있기 때문에 자신만의 인종적·민족적·문화적 정체성에 대해 깊이 생각하거나 느낄 기회가 많지 않다. 그들은 자신들의 문화적 규범이 중립적·정상적·보편적인 것이라고 생각한다. 따라서 문화 감응 교실 관리를 위한 첫 단계는 모든 교사들이 자신들의 가정·태도·편견이 어디에서 유래한 것인지를 탐색·성찰하고, 그들이 세계를 바라보는 방식이 문화적으로 상이한 학생들의 행동에 대한 오해와 불공평한 대우로 어떻게 이어졌는지를 이해하는 것이다. 달리 말해, 문화 감응 교실 관리를 위해 교사가 갖추어야 할 첫 번째 요소는 교사 자신의 자민족중심주의를 인정하는 것이라고 할 수 있다. 일반적으로 자민족중심주의는 민족 집단의 자기중요성(self-importance)과 자기중심성(self-centeredness)에 대한 강한 감정을 의미한다(Bizumic, 2012, 37). 자민족중심주의는 네 가지의 집단 간 표현과 두 가지의 집단 내 표현으로 구성된다. 집단 간 표현은 내집단이 외집단보다 더욱 중요하고 외집단과 비교하여 자기가 속한 민족적 내집단을 더욱 선호하는 것, 내집단의 우월성에 대한 신념, 민족적 순수성에 대한 소망, 내집단의 욕구를 위해 외집단을 착취하는 것을 승인하는 것을 포함한다. 집단 내 표현은 자신이 속한 집단이 그 집단의 개별 성원들보다 더욱 중요하다는 사실, 그리고 집단 응집성 및 내집단 헌신의 필요성을 포함한다.

② 학생의 배경에 관한 지식

문화 감응 교실 관리에 있어서 자민족중심주의를 인식하는 것이 필요조건이기는 하지만 충분조건은 되지 않는다. 교사는 학생들과의 간문화적인 상호작용을 위한 기능을 발달시키기 위해 학생들의 문화적 배경에 대한 지식을 풍부하게 갖고 있어야만 한다. 이와 관련하여 시츠 (Sheets)와 게이(Gay)는 다음과 같이 말한 바 있다. "교사는 상이한 민족 집단의 문화적 유산, 그들이 행동을 제재하고 성취를 축하하는 방식, 그리고 그들의 예법, 경의, 에티켓을 이해할 필요가 있다. 교사는 상이한 민족 집단의 가치 지향, 성취 기준, 사회적 금기, 관계 유형, 의사소통 양식, 동기 체제, 학습 스타일을 이해할 필요가 있다. 교사는 이러한 것들을 학생들을 가르칠 때뿐만 아니라 교실을 관리할 때 사용해야만 한다."(Sheets & Gay, 1996, 92).

문화적 감응성이 문화적 내용 지식을 필요로 한다는 데에 이견이 존재하지 않는다. 그럼에도 불구하고 어떤 사람들은 집단들 간의 차이를 본질적으로 만드는 것을 우려한 나머지 문화적 특성에 대해 말하는 것을 주저하거나 집단 성원들 간의 차이점을 무시하는 경향이 있다. 이를테면 그들은 문화적 내용 지식이 오히려 문화 집단에 대한 고정관념과 낮은 기대를 강화시킬 뿐이라고 주장한다(Cazden, 1999, vii). 핵심적인 문화적 특징이 모든 집단 성원들에게서 나타나지 않을 수도 있음을 고려해 볼 때, 그러한 우려는 일면 타당성을 갖는다. 사실 한국인의 특성이라고 해서 그러한 특성이 모든 한국인들에게서 동일한 상황에서 동일한 정도로 나타나지 않는 것은 분명하기 때문이다. 사실 문화적 특성들은 젠더, 교육, 사회 계층 등에 따라서 다르게 나타날 수 있는 것이다. 따라서 게이(Gay, 2000, 12)가 지적한 바와 같이 문화에 대한 기술은 단지 실재에 대한 어림값에 불과한 것이다. 게다가 우리가 사람들을 분류하는 범주는 끊임없이 변화하고 중첩적이며 심지어는 서로 정반대일 수도 있다. 정체성은 문화와 역사의 바깥에서 불변하는 고정된 실체가 아니다. 오히려 정체성 형성은 지속적이고 생애적인 과정이다.

문화적 정체성의 복합성과 다층적인 본질, 그리고 오늘날 우리의 학교에서 볼 수 있는 여러 문화들을 고려할 때 교사들이 다문화 역량을 갖기 위해 필요한 문화적 내용 지식을 충분하게 갖추지 못하고 있는 것이 사실이다. 따라서 교사들은 여러 문화에 대한 서적, 학부모와의 대화, 가정방문 등을 통하여 문화적 내용 지식을 갖추는 데 힘써야 한다. 교사는 특히 자신이 가르치는 학생들의 가정 배경, 교육 경험, 문화적 가치와 규범들에 대해 학습할 필요가 있다. 교사들이 알아야 할 사항과 그에 적합한 질문 내용을 예시하면 다음과 같다.

- **가정 배경과 구조**: 학생은 어느 나라 혹은 지역에서 왔는가? 학생이 한국에 거주한 지 얼마나 되었는가? 학생이 가정에서 맡고 있는 책임은 무엇인가? 한국어를 배우는 것이 우선권을 갖고 있는가?

- **교육**: 이전에 다른 곳에서 학교를 다닌 적이 있는가? 어떤 유형의 수업 전략에 익숙한가? 이전 학교에서는 대집단 학습, 암기, 암송에 강조점을 두었는가? 적절한 행동에 대한 기대 사항은 무엇인가? 학생은 능동적인가 아니면 수동적인가? 학생은 독립적인가 아니면 의존적인가? 학생은 또래 지향적인가 아니면 교사 지향적인가? 학생은 협동 지향적인가 아니면 경쟁 지향적인가?

- **대인 관계 유형**: 문화적 규범이 집단의 선을 위한 노력을 강조하는가 아니면 개인적 성취를 위한 노력을 강조하는가? 남성과 여성 간의 상호작용을 위한 규범이 존재하는가? 어떤 곳을 편안한 개인적 공간이라고 생각하는가? 학생들은 권위 있는 인물에게 복종적인가 아니면 회의적인가? 정서와 감정의 표현을 강조하는가 아니면 억압하는가?

- **훈육**: 성인은 권위주의적인가? 자유방임적인가? 아니면 권위적인가? 어떤 유형의 칭찬·보상·처벌·비평이 일상적인가? 훈육이 공적으로 행해지는가 아니면 사적으로 행해지는가? 훈육이 집단적으로 행해지는가 아니면 개별적으로 행해지는가?

- **시간과 공간**: 학생은 시간에 대해 어떻게 생각하는가? 시간 엄수를 중시하는가? 아니면 시간을 융통적인 것으로 생각하는가? 과제를 완수함에 있어서 속도를 얼마나 중시하는가?

- **종교**: 학교에서 논의해서는 안 되는 것에 대한 규정이 존재하는가?

- **음식**: 무엇을 먹는가? 무엇을 먹지 않는가?

- **건강과 위생**: 질병을 어떻게 그리고 누가 치료하는가? 질병의 원인을 무엇이라고 생각하는가? 정서적·심리적 문제를 위한 전문가적 도움을 찾는 것에 관한 규범이 존재하는가?

- **역사, 전통, 휴일**: 사람들이 집단에 대한 긍지를 느끼게 만드는 원천과 사건에는 어떤 것들이 있는가? 학교에서 관찰하기에 적절하다고 여겨지는 휴일과 축일에는 어떤 것들이 있는가?

③ 사회적 · 경제적 · 정치적 맥락에 대한 인식

교사는 교육 기획들이 전체 사회의 차별적 관행들을 반영하고 있고 종종 그것을 영속화한 다는 사실을 이해할 필요가 있다. 교사는 지배 집단의 규범에 근거한 개인적 편견이 제도화되는 방식을 이해할 필요가 있다. 교사는 인종, 사회 계층, 젠더, 언어적 배경, 성적 지향에서의 차이점들이 권력과 어떻게 연결되어 있는지를 이해해야만 한다. 학교의 구조와 관행은 어떤 학생들에게 특권을 부여하는 반면에 일부 학생들을 주변화하거나 분리시킬 수도 있다.

교실 관리와 관련하여 교사는 현행 관행과 제도들이 제도적 차별을 강화시킬 수 있는 방식을 세밀하게 점검할 필요가 있다. 어떤 학생이 주로 훈육의 대상이 되는지를 살펴본다면, 우리는 젠더, 어머니의 국적, 사회경제적 배경 등에 근거한 어떤 유형이 있다고 결정할 수 있다. 또한 어떤 행동이 교정의 대상이 되어야 할 것인지를 결정할 수도 있을 것이다. 미국의 경우 교사들은 복장 규정에 있어서 백인 학생들에 비해 흑인 학생들에게 더욱 엄격하고 가혹한 처벌을 하는 것으로 나타났다. 즉, 동일하게 불량해 보이는 복장에 대해 흑인 학생에겐 처벌을 가하는 반면에 백인 학생에게는 별 제재를 하지 않는 것으로 나타났다. 또한 백인 교사들은 흑인 학생들의 일부 행동을 불경스러운 것으로 여기고 있으나, 정작 흑인 문화권에서는 그러한 행동이 전혀 불경스럽게 여겨지지 않는 것으로 밝혀졌다. 이렇듯 학교의 관행과 제도들이 암암리에 사회의 차별적 방식을 반영할 수 있다.

이에 교사는 학교의 관행과 정책들이 모든 학생들에게 공평한 것인지에 대해 조사할 필요가 있다. 아울러 학생들의 부적절한 행동이 불공정한 체제에 대한 학생들의 저항일 수도 있음을 심각하게 고려해야 한다. 또한 학교와 교실의 현행 규칙에 대한 논의에 학생들을 참여시켜 사회 정의를 지향하는 교실 풍토를 조성할 필요가 있다.

④ 문화적으로 적절한 교실 관리 전략을 사용하는 능력과 자발성

교사는 문화적 다양성을 교실 관리를 위한 하나의 렌즈로 활용할 수 있어야 한다. 이것은 학업 목표와 사회적 목표를 지원해 주는 물리적 환경, 행동에 대한 기대를 설정·유지하는 것, 학생들의 동기를 고양시켜 주는 것, 문화 감응적인 수업을 설계하고 실행하는 것, 학부모와 협력하는 것, 행동상의 문제를 지닌 학생들에 대한 적절한 개입 활동을 하는 것과 같은 과제들을 포함한다. 이에 우리는 문화적 다양성이 교사들에게 제기하는 특정한 도전들을 고려할 필요가 있다.

　첫째, 교사는 공평한 처우의 관점에서 자신들의 행동을 모니터할 필요가 있다. 교사는 특정 학생들에게 더욱 관대하거나 혹은 더욱 엄격하지 않은가? 교사는 학생들에게 고정관념적인 판단을 형성케 하는 머리 모양과 복장을 하고 있지는 않는가? 교사는 학생들에 따라 처벌을 달리 하고 있지는 않은가? 교사는 인종차별적인 어휘를 사용하고 있지 않은가? 교실 관리에 대한 자신의 행동을 모니터하는 방법의 일환으로 교사는 다음과 같은 사항들을 점검할 필요가 있다.

<표 16> 교실 관리를 위한 자기 점검 사항

	교실 환경 실태	내가 하고 있는 것?
교실 출입	학생들이 교실에 들어올 때, 내가 학생들에게 처음 건네는 말은 무엇인가?	
	이름을 불러주고 얼굴을 쳐다보며 학생들에게 인사를 하고 있는가?	
	학생들의 마음 상태를 알아보기 위해 교실을 재빠르게 살펴보는 행동을 하고 있는가?	
	학생들이 즉각적으로 초점을 맞출 수 있도록 '오늘 해야 할 일' 혹은 '지금 해야 할 일' 등과 같은 학생 활동을 마련하고 있는가?	
좌석 배치	좌석 배치에 대해 학생들과 어떤 의견을 나누었는가?	
	매 수업의 주된 활동을 위하여 좌석 배열에 있어서 변화를 주고 있는가?	
	토론을 하는 동안에 학생들은 서로 시선을 쉽게 접할 수 있는가?	
	활동을 하는 동안에 학생들은 쉽게 협력할 수 있는가?	
	시험을 볼 때에 학생들은 홀로 앉을 수 있는가?	
	협동학습 집단을 구성할 때에 학생들의 다양성을 고려하여 이질적인 학생들로 집단을 편성하여 좌석을 배치하였는가?	

	중요 단어, 질문, 개념들이 부착되어 있는가?	
	목표와 주제가 명확하게 게시되어 있는가?	
	아이들이 교실 벽을 향해 눈을 돌릴 때, 그들이 보거나 학습할 수 있는 것은 무엇인가?	
교실 벽면	인용문이나 포스터를 통해 다양성을 확언하고 있는가?	
	학생들이 내용에 관해 평가를 받을 수 있는 방식의 시각적 게시물이 존재하는가?	
	작문 절차나 읽기 전략과 같은 학습 기능들이 요약되어 있어 학생들이 볼 수 있는가?	
	우수한 학생 작품이 전시되어 다른 학생들의 모델이 되고 있는가?	
	문화적 다양성에 대한 학생들의 흥미를 제고하기 위한 시각적 자료들을 활용하고 있는가?	
	독서 자료들은 다양한 관점과 저자들을 반영하고 있는가?	
자료	교실 자료들은 시각적 조직자와 여타의 비계 설정 도구들을 포함하고 있는가?	
	학생들이 손쉽게 꺼내어 볼 수 있는 다문화 관련 독서 자료들을 제공하고 있는가?	
	교실 자료들은 학생들이 자신만의 결론을 내릴 수 있는 1차 자료들을 포함하고 있는가?	
	교수 기법들은 역할놀이, 미술, 음악과 같은 다양한 접근법들의 활용을 포함하고 있는가?	
	학생들의 진전과 참여를 모니터할 수 있는 정기적인 대화의 시간을 마련하고 있는가?	
활동	학생들은 그들이 추구하고자 하는 주제나 산물들을 선택할 수 있는가?	
	학생들은 교실 활동에 적극적으로 참여하고 있는가?	
	학생들의 흥미를 더욱 높이기 위해 활동들을 수시로 변경하고 있는가?	
	학생들은 진정 중요한 내용을 학습하였는가? 학생들의 학습 진전을 어떻게 평가하고 있는가?	
	학생들의 학습은 단원을 배우기 전에, 도중에 그리고 사후에 평가되고 있는가?	
평가	학생 평가로부터 나온 자료들을 수업에 참조하고 있는가?	
	학생들의 이해에 대한 명확한 관점을 얻기 위해 다양한 평가 수단들을 활용하고 있는가?	

둘째, 교사는 효과적인 교실 관리의 전통적인 가정들을 무조건적으로 수용해서는 안 되며, 인습적 관리 전략과 학생들의 문화적 배경 간의 불일치에 대해 주의를 기울여야 한다. 이를테

면 필리핀에서는 성인 권위에 대한 의존을 매우 중요시 여긴다. 따라서 필리핀계 어머니를 둔 학생에게 독립심이 부족하다고 말하는 것은 오해를 발생시킬 수 있다. 중국인 부모들은 학생들이 선생님의 말씀을 귀담아 듣는 것을 매우 중시한다. 중국계 부모를 둔 학생이 자신의 의견을 잘 표현하지 않는다고 말하는 것은 그 학생의 문화적 배경을 제대로 이해하지 못한 것일 수도 있다.

셋째, 교사는 학생들의 문화적 배경을 조절함에 있어서 상호 조절(mutual accommodation)을 고려해야 한다. 상호 조절에서 교사는 학생들의 언어와 문화를 수용하고 학교의 문화 속에서 그들이 제대로 기능할 수 있도록 준비를 시켜야 한다. 만약 학생이 경쟁 상황에서 불편함을 느낀다면, 교사는 협동적인 상황을 도입할 필요가 있다. 예를 들어, 어느 학생이 시간 엄수를 그리 중요하게 여기지 않는 문화적 배경을 갖고 있다고 생각해 보자. 그 학생은 지각을 하는 경우가 많고, 학습 활동에서도 시간을 엄수할 줄 모른다. 이 경우에 교사는 외적으로 부과된 요구를 가지고 순응을 강조해서는 안 된다. 이를테면, "시간을 정확히 지켜야 한다. 알았냐?"라고 말해서는 안 된다. 교사는 조절을 분명하고 가시적인 것으로 만들어야 한다. 이를테면 교사는 문화에 따라 시간에 대해 상이한 관점이 있을 수 있음을 설명하고, 시간을 엄수하는 것의 이로움을 상세하게 설명해 주어야 한다.

⑤ 배려적인 교실 공동체의 형성에 대한 헌신

교실 관리는 대화와 유사하다. 교실 관리는 양측이 협동하기로 합의를 할 경우에만 효과적이기 때문이다. 학생들은 교사의 행동을 수동적으로 받아들이는 존재가 아니다. 학생들은 그들이 교실에서 영향을 받는 만큼이나 교실에 영향을 준다. 교사의 지시에 직면하여 그들은 거부하거나 협조를 한다. 또는 교사의 지시를 무시하거나 묵묵히 따른다. 그들이 어떤 선택을 하는지의 여부는 종종 그들이 교사의 배려를 지각하는 방식과 관련되어 있다. 시츠와 게이는 문화 감응 훈육의 중요성을 강조한다. 문화 감응 훈육의 궁극 목적은 교사가 학생들과 함께 협동, 협력, 상호성에 근거한 배려를 만들어 내고 관계를 발전시키는 데 있다(Sheets & Gay, 1996, 92). 게이는 배려야말로 효과적인 교수·학습을 위한 토대이며, 배려가 없다면 민족적으로 다양한 학생들의 교육 기회와 학업 성취에서의 불평등이 난무할 것이라고 주장하였다(Gay, 2000, 62). 학생들은 교사가 그들을 인간으로 대우하고, 개인적·교육적으로 그들을 배려해 줄 때 동기화된다(Rogers & Renard, 1999, 34). 달리 말해, 학생들은 자신들을 배려해 주고 존중해 주는 교사들에게 더욱 협력적인 태도를 보인다. 학생들은 교사가 배려적이고 지지적이라고 느낄 때 학습 동기가 활성화되고, 교실 활동에 적극적으로 참여하며, 친사회적이고 책임감 있는 방식으로 행동한다. 따라서 교사는 학생들과 개인적으로 더욱 친밀해지고, 학생들의 다양성을 인정하고 존중해 주며, 학생들과 긍정적이고 좋은 관계를 형성해 나가야 한다.

교실을 하나의 배려 공동체(caring community)로 보는 개념은 미국의 경우 아동 발달 프로젝트(Child Development Project)에서 특히 강조되었다. 자율성, 유능성, 소속감에 대한 아동 각자의 욕구들과 공동체의 욕구들이 균형을 이루고 있는 교실에 배려의 공동체를 창조하려는 노력은 협동학습과 친사회적 행동을 실천할 수 있는 도움의 활동을 전개할 수 있는 기회의 부여 등을 전개하면서 교실과 학교, 그리고 가정환경 속에서의 체계적인 변화를 통하여 아동의 도덕적·사회적 발달을 추구하고 있다. 배려의 공동체는 경쟁적이지 않고, 처벌적이지 않으며 판단적·배타적이지 않으며, 오히려 원조해 주는 관계들을 통하여 학교 공동체의 모든 구성원들이 학생들의 학습에 최선의 공헌을 할 수 있게 된다. 학생들은 자유스럽게 자기 의견을 개진하고, 실수도 하고, 새로운 문제를 놓고 씨름하고, 완전한 학습을 하기 위해 필요한 모험들을 시도해 볼 수도 있다(최용성, 2003, 95).

한편 류윤석(2010, 174-178)은 다문화 가정 학생의 적응을 지원하기 위한 학급 경영 전략을 정체성 확립, 학업 성취도 향상, 집단 따돌림 예방의 차원에서 제시한 바 있다. 류윤석의 연구는 다문화 가정 학생의 학교 적응을 지원하기 위한 매우 구체적인 방안을 제시하고 있는 장점이 있음과 동시에 이 분야에 대한 국내 유일의 자료이다.

첫째, 정체성 확립 전략과 관련하여, 그는 소그룹 활동의 활성화와 다문화 체험의 교실 환경 구성을 강조한다. 먼저 교사는 다양한 소그룹 활동을 전개하되, 다문화 가정의 학생들이 소외되지 않도록 해야 한다. 교사는 성별, 인종, 국적, 계층 등 다양한 배경을 가진 학생들을 그룹별로 골고루 배치하여야 한다. 그리고 소그룹의 유형에 따라 집단 활동 프로그램을 개발하고 적용하여 자기 역할을 수행할 수 있는 기회를 제공하는 것이 좋다. 이러한 역할 활동을 통해서 긍정적인 자아개념을 갖게 할 수 있기 때문이다. 이러한 소그룹 활동은 교과학습 활동, 특별활동, 방과 후 활동 등을 통해 실천에 옮길 수 있다.

한편, 다문화 체험을 위한 환경 구성은 관련 교과 활동과 연계하여 시기별 또는 월별로 주제를 정하여 체험하게 할 수 있다. 예를 들면, 각국의 생일파티, 조상숭배 모습, 민속놀이 체험하기, 명절에 하는 놀이, 전통음식 만들기, 전통의상 입어보기 등을 체험할 수 있도록 환경 공간을 구성할 수 있다. 또한 교실 환경 구성 활동에 다문화 가정 학생의 학부모를 참여시켜 출신국의 언어·문화·풍습 등을 소개할 수 있는 공간을 제공함으로써 모국 문화의 특징과 우수성을 알림으로써 상호이해의 폭을 넓힐 수 있다.

둘째, 학업성취도 향상 전략과 관련하여 류윤석은 다문화 학습 공동체 활동 전개와 동료 학습 멘토링 제도의 도입을 강조한다. 다문화 가정 학생의 학업 성취도를 높이기 위해서는 학습 동기를 유발하고, 기초 학력을 향상시키기 위한 다양한 활동의 전개가 요구된다. 이를 위해 학급 전체 구성원이 참여하는 학습공동체 활동의 전개와 멘토링 제도를 도입해야 한다.

셋째, 집단 따돌림 문제 해소 전략과 관련하여, 그는 의형제 맺기 활동과 집단 따돌림 예방 프로그램 운영을 강조한다. 먼저 학급에서 의형제 맺기 방법은 다양한 형태가 있을 수 있다. 즉, 짝꿍끼리 맺는 방법, 출석번호로 하는 방법, 또는 출생한 달이 같은 학생끼리 하는 방법 등 다양한 방법으로 전개할 수 있다. 일단 의형제 맺기를 하고 나서 의형제 간 다양한 활동을 전개할 수 있는데, 의형제 숙제하기, 점심 같이 먹기, 같이 학원가기 등을 예로 들 수 있다.

한편, 학급에서는 집단 따돌림 예방 프로그램을 운영할 필요가 있다. 그 프로그램의 내용은 구성원 사이의 활발한 상호작용을 유도할 수 있도록 설계되어야 할 것이다. 아울러 역할극을 통해서 상대방의 입장을 경험하고 이해하게 하는 방법을 동원할 수 있다. 다문화 학급에서 집단 따돌림 예방 프로그램에 포함될 수 있는 내용으로는 '내가 좋아하는 친구에게 줄 선물', '친구들이 좋아할 나의모습 그리기', '친구의 장점 찾기', '집단 따돌림의 대상이 된 나의 심정 말해 보기', '집단 따돌림 시 대처 방법 알아보기', '여러 나라 민속놀이 체험하기' 등이다. 이러한 프로그램은 다문화 가정 학생뿐만 아니라 학급 구성원 모두가 참여할 수 있어야 한다.

이와 더불어 교사는 감사 연습(gratitude exercise)을 통해 다문화 가정 학생의 학교 유대감(school bonding) 형성에 기여할 수도 있다. 감사에 관한 최근의 연구 결과들은 감사 연습 활동이 학생들의 학교 유대감 증진에 효과적임을 분명하게 보여준다(추병완, 2015, 39). 감사 연습의 대표적 방법인 축복 헤아리기(counting blessings) 활동은 학생들의 감사 성향을 제고하는 데에 큰 도움을 준다. 따라서 교사는 학생들에게 감사 저널이나 감사 일기를 지속적으로 작성하게끔 유도할 수 있다. 그런데 축복 헤아리기 활동에서 학생들의 감사 피로를 예방하기 위해, 교사는 학생들에게 큰 축복만이 아니라 작은 축복도 미묘한 방식으로 생각하여 기록하도록 해야 한다. 감사하는 마음을 가진 사람은 큰 호의만이 아니라 작은 즐거움도 기록한다. 우리의 삶에서 은인의 작은 호의는 큰 축복보다 더욱 빈번하게 발생한다. 축복을 헤아림에 있어서 우리가 느끼는 감사의 강도는 긍정적인 정의적 경험의 단순한 숫자만큼 그리 중요한 것은 아니기 때문에, 작은 호의를 열거하는 것의 중요성을 학생들이 생각해 보도록 하는 것이 중요하다. 따라서 교사는 학생들이 받은 축복을 작게 나누어 분석하여 기록하도록 지도하는 것이 바람직하다.

또한 학생들이 헤아려야 할 축복의 숫자 역시 마찬가지로 중요한 이슈가 된다. 감사 개입 연구에서 연구자들이 왜 축복을 5개까지 생각해 보도록 요구했는지를 이해하는 것이 중요하다. 왜냐하면 그것은 학생들에게 반드시 5가지를 축복 목록으로 만드는 것을 요구하지 않는 것이기 때문이다. 학생들이 열거하거나 기록할 이득의 최소 숫자를 강제적으로 요구하는 것은 학생들로 하여금 그들이 실제 축복이라고 여기지 않는 것을 어색한 방식으로 열거하도록 몰아세울 수도 있음에 교사는 유념해야 한다. 따라서 학생들이 헤아려야 할 축복의 숫자에 있어서 그들에게 모종의 융통성을 부여하는 것이 최상의 대안이다.

한편 감사 편지와 감사 방문은 인지적으로 경험되기만 할 뿐 행동으로 구체화되지 않는 지식 위주의 감사 연습에 그치는 것을 방지하는 데 큰 도움을 줄 수 있다. 물론 감사를 표현하기 위해 누군가를 직접 방문하는 것이 항상 가능한 것은 아니기 때문에, 감사 편지가 더욱 편리한 감사의 표현일 수 있다. 멀리 떨어져 있는 개인들 간의 소통 방식이 오늘날 크게 변하고 있음을 고려하여 감사를 표현하는 전자우편, 음성메일, 문자 메시지, 동영상 등이 효과적일 수도 있다. 하지만 이러한 전자적 표현 수단들은 수혜자가 은인과 직접 관계하는 것을 부분적으로 제한하는 형식을 제공한다는 것도 유념해야 한다. 이러한 이유 때문에 전자적인 형태의 감사 표현은 실제로 편지를 쓰는 것, 전화를 거는 것, 방문하는 것보다 덜 체화된 감사 표현이라고 평가할 수 있다.

참고 문헌

류윤석(2010), "다문화가정 학생 적응 지원을 위한 학급경영 전략", 『한국교육논단』, 9(1), 166-184.

최용성(2003), "도덕교육에 있어서 배려의 공동체에 관한 연구", 『도덕윤리과교육』, 17, 85-102.

추병완(2015), "감사 연습의 도덕교육적 의의", 『초등도덕교육』, 47, 29-55.

Bizumic, B. (2012), "Theories of ethnocentrism and their implication for peacebuilding", In O. Simic et al. (Eds.), *Peace psychology in the Balkans: Dealing with a violent past while building peace*, New York: Springer, 35-56.

Cazden, C. (1999), "Foreword", In C. Ballenger, *Teaching other people's children: Literacy and learning in a bilingual classroom*, New York: Teachers College Press.

Gay, J. (2000), *Culturally responsive teaching: Theory, research, and practice*, New York: Teachers College Press.

Martin, J. & Sugarman, J. (1993), *Models of classroom management*, Bellingham: Temeron Books Inc.

Pedota, P. (2007), Strategies for effective classroom management in the secondary setting, *The Clearing House*, 80(4), 163-168.

Rogers, S. & Renard, L. (1999), "Relationship-driven teaching", *Educational Leadership*, 57(1), 34-37.

Sheets, R. H. & Gay, G. (1996), "Student perceptions of disciplinary conflict in ethnically diverse classrooms", *NASSP Bulletin*, 80(580), 84-94.

Weinstein, C. S., Tomlinson-Clarke, S. & Curran, M. (2004), "Toward a conception of culturally responsive classroom management", *Journal of Teacher Education*, 55(1), 25-38.

문화 감응 훈육

북한 이탈 주민 자녀의 높은 중도 탈락률, 다문화 가정 학생의 학교 부적응 현상의 증가는 오늘날 학교교육이 직면한 새로운 훈육 문제이다. 이러한 문제를 해결하기 위해서는 다문화적인 교실 상황에서 학생들을 올바르게 훈육하는 방법, 그리고 학급의 규칙과 관례에 문화를 포함시키는 방법을 교사들이 이해하는 것이 중요하다. 왜냐하면 우리가 직면하고 있는 새로운 훈육 문제에는 문화에 근거한 행동에 대한 오해, 소수 학생을 향한 무의식적인 편견, 처벌을 받는 행동 유형에서의 인종적·민족적 차이, 주어진 처벌의 유형과 엄격성에서의 차이 등의 다양한 요인들이 관련되어 있기 때문이다.

훈육의 개념 정의

그렇다면 훈육이란 무엇인가? 훈육의 어원은 훈육의 의미를 이해하는 데 많은 도움을 준다. 훈육으로 번역되는 영어 단어 discipline의 어원에 대해서는 두 가지 견해가 있다. 그리고 이 두 가지 견해는 훈육의 의미 해석에 커다란 두 주류를 형성한다(박병량, 2001, 43). 하나는 훈육을 라틴어 'disciple'을 어원으로 보는 견해이다. 'disciple'은 추종자, 복종, 가르침의 뜻을 갖는다. 따라서 훈육은 권위 있는 사람에게 복종하는 것을 가르치는 의미를 갖는다. 이러한

문화 감응 교육학

훈육의 의미 해석은 복종과 외부 규제를 훈육의 중요 내용으로 삼는다. 그리고 이러한 훈육의 해석 방식은 전통적·권위적 훈육 접근이라 지칭할 수 있다.

다른 견해는 훈육의 어원을 라틴어 'disco'에서 찾는다. 'disco'는 '나는 배운다.'를 의미한다. 훈육 어원을 'disco'로 보는 사람들은 훈육에 있어서 복종이라는 개념은 학습해야 할 것을 구성하는 규칙에 따르는 것으로 해석한다. 따라서 그들은 학습 원리에 충실함을 훈육 원리의 핵심으로 본다. 학습 원리에 충실한 훈육이란 학습 원리와 훈육의 목적, 방법, 그리고 훈육 풍토가 일치하는 것이다. 특히 발달심리학자들에게 있어서 훈육은 내적 충동성을 억제하는 자기조절의 발달, 도덕성의 발달, 사회성의 발달 등 지적·정의적 발달을 의미한다. 이렇게 훈육을 규범적 행동의 자기 규제를 하는 학습 내지 발달로 보는 견해를 교육적·발달적 접근이라 지칭할 수 있다(박병량, 2001, 44).

훈육에 관한 국내의 권위자인 박병량은 훈육의 성격을 다음의 네 가지로 정리하였다. 첫째, 훈육은 훈육 문제를 근거로 하여 성립한다. 훈육 문제가 없다면 훈육도 필요 없을 것이다. 훈육 문제가 어떻게 정의되든 훈육은 훈육 문제를 다루는 행동이다. 둘째, 훈육은 훈육 문제를 해소하려는 수단적 활동이다. 훈육은 훈육 문제 해소를 목적으로 한다. 훈육 문제는 제거, 감소, 해결되어야 할 문제 행동으로 간주된다. 훈육은 문제 행동을 해소하기 위해 사용되는 행동, 전략, 방법, 기술 등을 의미한다. 셋째, 훈육은 통제 기능을 갖는다. 훈육에 의해서 개인 및 집단 행동은 질서 있게, 그리고 원활히 이루어진다. 넷째, 훈육은 궁극적으로 자기 훈육을 지향한다. 훈육은 외부 훈육과 자기 훈육으로 이루어진다. 이상적인 훈육은 자기 훈육의 내적 기제 성향을 발달시키는 데 있다. 이렇게 볼 때 학교에서의 훈육은 학생의 문제 행동을 예방·지도하는 것으로 학교 또는 학급 내에 교육적 질서를 유지하기 위한 행위인 셈이다. 달리 말해 학교 훈육은 학교의 질서를 유지하고 학생의 안전과 복지를 증진시키며, 건설적인 학습 환경을 조성하여 문제 행동을 예방하고 개선시키려는 학교의 경영 활동이라 할 수 있다(박병량, 2001, 47).

훈육 문제는 교사가 다루기 힘든 문제 중의 하나이다. 오늘날 명예퇴직을 신청하는 대부분의 교사들이 호소하는 어려움 가운데 하나는 바로 학생들의 훈육 문제이다. 많은 교사들이 학생들의 훈육 문제로 인해 교사로서의 자신의 역량에 대해 비관적이거나 교사로서의 정체성에 위협을 느끼기도 한다. 훈육 문제가 교육 문제로 나타나는 것은 다음의 몇 가지 이유 때문이다 (Charles & Senter, 1995, 133-134; 박병량, 2001, 20-21).

첫째, 훈육 문제는 문제를 일으키는 학생 자신은 물론이고 다른 학생들의 학습까지 방해한다. 달리 말해 훈육 문제는 학생들의 학습권을 침해하는 행위로서 그로 인해 학업 성취도를 저하시킨다.

둘째, 훈육 문제는 교사의 기본 권리인 가르칠 권리를 침해하게 되고, 이것은 다시 학생들의 학습에 부정적인 영향을 미친다.

셋째, 교사들이 학급의 훈육 문제를 다루는 데 신경을 쓰다 보면 수업에 할애해야 할 많은 시간을 낭비하게 된다. 훈육 문제가 심각한 경우 교실에서 수업이 제대로 이루어질 수 없다.

넷째, 훈육 문제 행동은 좋지 못한 학습 태도와 연결되고, 그러한 학습 태도가 형성되면 점차 학습 동기를 잃게 되고 나아가 행동 발달에 부정적 영향을 미치게 된다.

다섯째, 훈육 문제는 학생들과 교사 모두를 지치게 하고, 훈육 문제가 심각한 학급에서는 그들이 교실에서 경험할 수 있는 학습의 즐거움과 의욕을 잃어버리게 된다. 즉 훈육 문제로 교실은 교사와 학생 모두에게 피곤한 곳이 된다.

여섯째, 훈육 문제는 학생들과 교사 모두에게 공포 분위기를 조성할 수 있다. 물리적·언어적 폭력, 규칙과 절차의 무시, 비도덕적 행동, 권위에 대한 도전, 수업 방해, 무례 등은 신체적·심리적 안전을 위협한다.

일곱째, 훈육 문제는 교사와 학생 간의 신뢰감을 사라지게 하고, 이로 인해 교사와 학생 사이에는 바람직한 협력 관계가 발달하기 어려워진다.

이러한 이유 때문에 훈육 문제는 교육의 질을 저하시킨다. 최근 학교 폭력과 같은 훈육 문제는 학교의 정상적인 교육 기능을 심각하게 위협하고 있다. 따라서 훈육 문제는 우리 모두가 관심을 가져야 할 교육적 과제이다.

처벌의 한계

문화 감응 훈육은 문화 감응 교수에 있어서 필수적인 것이다. 문화 감응 훈육을 실천하기 위해 교사는 훈육과 처벌의 차이점을 분명하게 인식해야 한다. 처벌은 원하지 않는 행동을 감소시키기 위하여 혐오적인 결과를 활용하는 것을 포함하고 있는 행동 관리 전략이다. 처벌은 학생이 하고 싶어하는 어떤 것을 제거하는 것을 포함하고, 종종 욕구하지 않았던 행동에 대한 반작용이다. 처벌의 통상적인 사례는 쉬는 시간에 학생을 붙잡아 두는 것, 교실에서의 특권을 철회하는 것, 교무실에 보내는 것을 포함한다. 처벌은 부정적이거나 불유쾌한 결과를 바람직하지 않은 행동과 결합시키고, 원치 않는 행동을 감소 혹은 소거시키는 노력을 나타낸다. 처벌은 의도하지 않은 결과를 가져올 수도 있는 비효과적인 기법이다.

이와는 달리 훈육은 학습에 도움이 되는 환경을 창조할 수 있는 순행적이고 예방적인 조처로 구성된다. 훈육은 교정될 필요가 있는 행동을 찾아내는 것, 그리고 바람직한 대안적 행동을 학습하는 방식을 제공하는 것에 초점을 맞춘다. 달리 말해 훈육의 강조점은 하지 말 것보다는 해야 할 것에 있는 것이다. 학생의 문제 행동을 교정하기 위해 체벌이 아닌 형태의 벌을 분별력 있게 사용하는 합리적인 무관용 정책은 학교 차원의 종합적인 훈육을 구성하는 필수적이며 중요한 요소이다. 그러나 학교는 벌의 사용이 많은 한계에 봉착해 있다는 사실을 인식해야 한다. 벌이 지닌 주요 제한점은 다음과 같다(Bear, 2010, 7-9).

첫째, 벌은 하지 말아야 할 것과 들키지 말아야 할 것을 학생들에게 가르친다. 긍정적 기법을 병행하지 않은 채 벌만 사용하면, 벌은 학생들에게 하지 말아야 할 것을 가르칠 뿐이다. 그러한 벌은 외적이고 성인이 부과하는 것이기에 학생들은 순응하는 것처럼 보이는 방법이나 들키지 않는 방법을 배운다. 벌은 벌을 받게 하는 행동을 대체하는 행동이나 친사회적 행동을 가르치지 않는다. 마찬가지로 친사회적 행동의 기초가 되고 반사회적 행동을 억제하는 인지와 정서는 벌을 통해 가르칠 수 없다.

둘째, 벌의 효과는 단기적이고 성인의 존재 여부에 좌우된다. 언어적 경고, 무서운 눈초리, 신체적으로 접근하는 방법, 학생이 불쾌하다고 여기는 행동을 보여주는 등 학생들에게 벌을 가하게 되면 학생들은 대부분의 문제 행동을 즉각 멈춘다. 비록 벌이 이런 단기적 목표를 달성할지라도, 성인이 보고 있지 않을 때나 들킬 위험이 있더라도 문제 행동을 할 만한 가치가 있다고 여겨질 때 또는 벌을 받을 가능성이 그다지 높지 않을 때 그 행동은 지속적으로 발생한다. 벌의 효과성은 대체로 학생 행동에 대한 계속적인 감시와 모니터링이 있는지, 들킬 위험을 학생이 지각하는지, 벌의 심각성에 비추어 들킬 위험을 감수할 만한지에 좌우된다.

셋째, 벌은 학생들이 타인에 대해 공격적이 되고 타인을 벌하도록 가르친다. 학생들은 관찰학습과 우연학습의 과정을 통해 벌이 권력과 통제를 행사하는 효과적이고 합법적인 수단임을 배운다. 즉, 학생들은 성인이 위협, 빈정거림, 조롱, 체벌로 학생을 통제하는 것을 관찰하면서 벌하는 법을 배운다. 특히 존경받는 지위에 있거나 권위를 인정받은 사람의 행동을 관찰하고 그 행동이 타인을 복종하게 하여 원하는 성과를 얻는 데 효과적일 때 모델링은 행동을 가르치는 강력한 수단이 된다.

넷째, 벌은 학생의 문제행동에 영향을 미치는 여러 가지 요인들을 다루지 못한다. 학교생활에 어느 정도 적응하고 나면 지켜야 할 규칙과 규칙을 지키지 않은 것에 대해 겪게 될 결과를 학생들이 알지 못해서 학교규칙이나 학급규칙을 어기는 경우는 그리 많지 않다. 지식이나 사회적 기능의 부족이 문제행동의 원인으로 작용한다기보다는 여러 다른 요인들이 문제행동의 발생에 관여한다. 벌의 사용이 단기적으로는 행동을 중지시키지만 이러한 다수의 요인들을 다루지는 못한다. 예를 들면, 벌은 주의력 결핍과 과잉 행동 장애 아동의 충동성과 과잉 행동, 학교를 싫어하거나 정서적 혼란에 빠진 청소년의 부주의하며 파괴적인 행동, 지루하고 동기 부여가 안 되는 수업에서 나타나는 학생들의 주의산만, 또래들이 강화시켜 주는 부적절한 행동들을 감소시키지는 못한다.

다섯째, 벌의 사용은 벌을 사용하는 사람에게 강화가 될 수 있다. 벌은 적어도 단기적으로는 효과적이거나 행동을 중지시키기 때문에 사람들은 계속해서 벌을 사용한다. 벌을 주는 사람은 벌을 줌으로써 보통 다음 중 하나의 방식으로 강화를 받는다. 부적강화, 정적 강화, 자기강화이다. ① 벌의 사용은 원하지 않는 행동을 중단시킴으로써 강화되기도 한다. 이를 부적강화라고 한다. 예를 들면 어떤 학생이 복종하지 않고 교사와 언쟁을 벌이고, 교사는 그 학생을 교무실로 보내겠다고 고함을 지른다. 그러면 그 학생은 언쟁을 멈추고 복종하게 된다. 흔히 발생하는 이런 경우에 벌은 교사가 싫어하는 것을 멈추게 하는 효과가 있다. 유사한 행동이 교실에서 다시 발생할 때 교사는 그 전략이 효과적이었음을 알고 있으므로 동일한 전략을 사용한다. 여기서 벌의 사용(학생을 교무실로 보내겠다고 고함을 지르는 것)은 학생의 복종과 언쟁 중지에 의해 강화된다. ② 정적 강화에 의해 벌의 사용이 강화된다. 이는 벌을 사용하는 성인이 실제로 칭찬이나 인정을 받거나 또 다른 식으로 강화를 받을 때 발생한다. 예를 들면, 학급 환경을 질서정연하게 유지하고 학생들을 통제하는 교사를 교장이 칭찬하고, 교사는 벌의 사용이 질서와 통제라는 학교의 목표를 달성했다고 믿는다. 또한 교장은 학교의 무관용 관점을 찬성하는 학교운영위원회와 지역사회로부터 인정을 받고, 그렇게 인정받은 것을 모든 교직원들에게 알린다. ③ 벌의 사용은 자기 강화가 될 수도 있다. 예를 들면, 교사는 학생에게 소리를 지르거나 학생을 교무실로 보내는 등 벌을 줄 때 종종 통제감과 권력감을 느낀다. 벌의 실제적인 효과가 권력감과 통제감을 강화하는 것 같지만, 교사가 벌을 계속해서 사용하는 데 이러한 효과가 반드시 필요한 것은 아니다. 즉 학생들이 벌을 받은 즉시 또는 그 이후에 복종하지 않을 때조차 교사는 벌을 사용하면서 여전히 권력감과 권위감을 경험하게 되고, 그래서 벌을 계속해서 사용할지도 모른다.

여섯째, 벌은 바람직하지 않은 부작용을 초래할 수 있다. 타인으로부터 벌을 받는 것을 좋아하는 사람은 거의 없다. 왜냐하면 벌은 좌절감, 분노, 두려움, 수치와 같은 부정적 정서를 불러일으키기 때문이다. 이러한 감정이 강렬하고 조절되지 않을 때 행동 문제나 학습 문제로 이어진다. 학습 문제는 주의력, 집중력, 기억력의 저하로 나타난다. 벌은 학생들이 하고자 하는 행동(예: 친구들과 잡담하기, 공부 안 하기 등)을 못하게 하여 좌절감을 갖게 한다. 일단 유발된 좌절감은 쉽게 분노로 바뀔 수 있다. 특히 벌이 부당하거나 지나치게 가혹하다고 지각되거나 다른 사람 때문에 벌을 받는다고 여겨지면 더욱 그렇다. 이 경우 분노는 직접적인 보복(예: 언어적 혹은 신체적 대항), 간접적인 보복(예: 불복종 또는 권위를 훼손하려는 시도)을 유도할 수 있다. 또한 벌, 특히 체벌, 꾸짖음, 조롱은 불안과 두려움을 유발할 수도 있다. 이렇게 유발된 불안과 두려움은 회피 행동, 즉 불안과 두려움을 일으킨 것을 피하려는 행동을 유도한다.

벌은 좌절감, 분노, 두려움뿐만 아니라 죄책감과 수치심을 갖게 할 수도 있다. 특히 죄책감의 경우처럼, 이러한 정서가 경미하고 조절 가능할 때는 건설적일 수 있다. 그러나 그러한 정서를 자주, 그리고 강하게 경험하거나 조절 불가능할 정도로 경험을 하면 오히려 해로울 수 있다.

왜냐하면 벌은 부정적인 자기 지각을 유발하기 때문이다. 벌은 '내가 한 행동은 나쁘다.' 또는 '나는 나쁜 사람이다.'라는 메시지를 전달한다. 첫 번째 메시지는 특정 행동에 국한된 죄책감을 초래하는 반면에 두 번째 메시지는 좀 더 전반적인 수치심을 야기한다. 죄책감과 수치심이 자주 강렬하게 일어나거나 조절 불가능할 경우, 학습이 방해를 받을 수 있고 회피나 공격 행동이 나타날 수도 있다. 두 가지 감정이 모두 불편한 것이지만, 수치심이 학습이나 정신건강에 더 해로울 수 있고 책임 전가, 분노, 보복을 유도할 가능성도 있다. 학생들은 불안, 좌절감, 분노, 두려움, 수치심 같은 부정적 정서를 갖게 만든다고 여겨지는 것(예: 교사, 또래, 학교)을 일반적으로 싫어한다. 이러한 혐오는 수많은 비행 청소년들과 학교를 중도 탈락한 청소년들에게서 관찰되는 공격, 저항, 회피 행동을 유도한다.

끝으로, 벌은 부정적인 학교 풍토를 조성한다. 학생들이 교사가 사용하는 벌이 불공정하고 지나치게 가혹하다고 지각할 때, 벌은 학교 풍토나 분위기를 해칠 수 있다. 학교 풍토가 부정적일 때 학생들은 학업에 있어서 그리고 사회적·정서적 측면에서 곤란을 겪는다. 그러나 학교 풍토가 긍정적인 곳에서의 학생들은 학업에 더욱 몰두하며, 괴롭힘·범죄·일반적인 훈육 문제·학교 회피 등 여타의 사회적·정서적 문제들을 덜 일으킨다.

권위적 훈육의 일반 원리

권위적인 훈육의 중요성은 바움린드(Baumrind, 1996, 405)의 연구를 통해 확인된 바 있다. 그에 의하면 가장 효과적인 부모는 권위적으로 양육과 훈육을 한다. 권위적인 부모는 허용적이거나 독재적인 부모들과는 달리 반응성과 요구성 두 차원에서 모두 탁월하다. 반응성(responsiveness)은 성인이 학생의 사회적·정서적·인지적·신체적 요구에 반응하는 방식에서 확인할 수 있다. 반응적인 성인은 학생들을 지시하거나 통제하기보다는 안내한다. 벌을 사용하거나 권위를 행사하기보다는 모델링, 설득, 추론을 통해서 학생의 행동에 영향을 미친다. 또한 반응적인 성인은 배려적이고 지지적인 관계가 학생의 요구를 충족시키고, 자기 규율(self-discipline)을 개발하며, 행동 문제를 예방하는 데 결정적이라고 생각한다. 따라서 학생과 함께 하는 활동에서 온정, 이해, 존중, 수용, 즐거움 같은 긍정적 정서를 보이며 모든 학생의 삶에

문화 감응 교육학

대해 염려하고 관심을 갖는다. 반응적인 성인은 개방적이면서도 명확하게 경청하고 대화한다. 그리고 적절한 경우, 학급과 학교 전체의 의사결정에 학생을 적극적 참여자로 포함시킨다. 또한 목표로 하는 행동·사고·정서의 모델이 되고 이를 강화한다. 자율성에 대한 요구를 다룰 때 사회적 문제 해결, 도덕적 의사결정, 자기 행동에 대한 책임 수용의 발달을 강조한다.

권위적인 성인은 반응적이고 배려와 지지를 보이지만, 문제 행동을 예방하고 문제 행동에 반응할 때 단순히 그것을 묵과하기보다는 적절한 행동을 요구한다. 권위적인 성인은 요구성(demandingness)을 보이면서 높은 기대를 갖고 학생들이 높은 기대를 달성하도록 돕기 위한 많은 노력을 기울인다. 권위적인 성인은 학생의 행동을 자주 점검하고 감독하며, 명확하고 공정한 규칙을 설정하고, 규칙의 시행과 그 결과에 대해서 확고하고 일관적이며 공정하다. 학생이 문제 행동을 하는 것은 자연스럽다고 생각하지만 위험하거나 학습에 방해가 되는 행동을 관대하게 다루지는 않는다. 지시하기보다는 안내하기를 선호하지만 학생들이 자기규율을 보이지 않거나 책임 있게 행동하지 않을 때는 훈육(예: 타임아웃, 특권 제거 등)을 하는 것에 대해서 주저하지도 않는다. 그러나 권위적인 성인은 벌이 필요하다고 인식할 경우에 가혹한 벌보다는 적절한 벌을 선호하고, 설득과 추론을 함께 사용하며, 배려적이고 지지적인 관계 안에서 벌을 준다.

이렇듯 반응성과 요구성은 학생들이 자기 규율 능력을 발달시키는 데에 큰 도움을 준다. 또한 반응성과 요구성은 친사회적 행동, 문제 행동의 감소, 교직원과 학생 간 배려, 안전하고 긍정적인 학교풍토의 조성과 유지에도 도움을 준다. 그러므로 교사는 권위적인 훈육 방식을 활용할 수 있어야 한다. 권위적인 교사는 처벌적 기법에 의존하지 않고, 여러 가지의 예방적 기법, 긍정적 기법, 가벼운 처벌적 기법이 실패한 이후에만 처벌적 기법을 드물게 사용한다. 그러나 권위적 교사는 학생의 문제 행동을 못 본 척 넘어가 주는 사람이 아니다. 권위적 교사는 학생에게 적절한 행동을 명확히 기대하고 요구한다. 문제 행동을 교정하기 위해서 권위적 교사는 규칙을 위반한 학생에게 확고하면서도 정서적으로 심하지 않은 훈계를 한다. 그러한 훈계는 학생의 행동이 사회적으로, 그리고 도덕적으로 부적절함을 설명해 주고, 더 좋은 선택을 제안하며, 특권의 제거에서부터 타임아웃 등의 벌에 이르기까지 공정하면서도 논리적인 결과를 알려 준다. 권위적 교사는 벌을 사용하기는 하지만, 벌이 지닌 많은 제한점을 인식하고 있으며,

항상 반응성과 병행하여 벌을 사용한다.

교사는 학생들의 자기 규율을 증진시키기 위하여 학생을 훈육하는 동안에 여러 가지 전략들과 기법을 사용할 수 있는데, 그 방법은 다음의 몇 가지 원리들로 요약될 수 있다(Bear, 2010, 154-163 참조).

① 교사는 학생과의 훈육 만남을 교육의 기회로 여겨야 한다. 교사는 학생과의 훈육 만남(discipline encounter)을 학생이 자기 규율과 관련된 사회정서적 역량을 개발하고 연습하도록 도와주는 기회로 여겨야 한다. 따라서 교사는 학생과의 훈육 만남에 있어서 다음의 네 가지 단계, 즉 '문제 행동을 확인하고, 그 문제 행동이 왜 일어났는지를 탐색해야 하는 활동', '그 행동이 왜 문제가 되는지를 토의하는 활동', '자신의 행위에 대한 책임을 지게 하는 활동', '문제 행동의 반복을 피하는 방법을 학생이 결정하도록 돕는 활동'을 통하여 학생의 사회정서적 역량을 함양시켜 주어야 한다. 교사는 훈육을 하는 동안에 사회정서적 역량의 요소들인 자기 인식, 자기 관리(충동 조절, 목표 설정 포함), 사회적 인식(타인의 관점 수용, 타인에 대한 공감적 관심, 타인 존중), 대인관계 기술(의사소통, 협상, 협의, 또래 압력에 대한 저항, 대인갈등 해결, 도움 추구), 책임 있는 의사결정(사회도덕적 문제 해결, 책임감)을 학생들이 개발할 수 있도록 도와주어야 한다. 교사는 학생과의 훈육 만남에 있어서 반성적 행동 계획을 활용할 수 있다. 이 양식은 구두로 말해지거나 서면으로 작성될 수도 있다.

② 교사는 공정해야 한다. 교사는 학생이 지각하는 공정성에도 주의를 기울여야 한다. 따라서 훈육을 위한 만남은 다음과 같이 이루어져야 한다. 첫째, 일관성을 유지해야 한다. 교사는 규칙을 시행하는 데 있어서 일관성을 유지하기 위해 모든 노력을 기울여야 한다. 둘째, 분별 있게 행동해야 한다. 여기서 분별이 있다는 것은 현명하고 합리적인 판단을 하면서 실용적인 편의도 도모함을 의미한다. 셋째, 벌을 받은 학생이 문제 행동에 실제로 책임이 있는지를 밝혀야 한다. 학생이 자신의 책임을 부정하거나 의문시할 때, 교사는 자신의 주장을 지지할 만한 증거를 제시해야 한다.

③ 교사는 문제 행동의 설명 요인이나 원인, 특히 문제 행동과 직접 관련된 요인들을 조사

문화 감응 교육학

해야 한다. 학생의 문제 행동에 영향을 미칠 수 있는 요인에 대해 숙고하는 목적은 그 행동이 왜 일어나는지에 대한 통찰을 얻기 위해서, 그리고 바람직하지 않은 행동을 감소시키고 바람직한 행동으로 대체하기 위하여 변화의 가능성이 가장 큰 영향 요인과 문제 행동에 직접 관련된 영향 요인을 찾기 위해서이다.

④ 교사는 가능한 한 최소 충분성의 원리(the principle of minimal sufficiency)를 지켜야 한다. 최소 충분성의 원리는 행동을 변화시키기 위해 필요한 외부 압력을 최소한으로 사용하는 것을 의미한다. 최소 충분성의 원리가 중요한 이유는 세 가지이다. 첫째, 가혹한 개입이 경미한 개입보다 더 효과적이지 않으며, 때로는 덜 효과적이다. 이를테면 단시간의 타임아웃은 장기간의 타임아웃만큼 효과적이고, 학생을 장시간 교실 밖으로 내보내는 것은 학업 문제와 행동 문제를 감소시키기보다는 오히려 증가시킨다. 둘째, 가혹한 형태의 벌을 사용할수록 벌의 사용이 지닌 다수의 한계가 더욱 분명해진다. 셋째, 최소 충분성의 원리는 교사의 개입에 대한 수용 가능성을 다룬 많은 연구 결과들과 일치한다. 교사들은 흔히 발생하는 대부분의 행동 문제들을 교정할 때 가혹한 벌보다는 언어적 추론, 방향 수정(redirection), 긍정적 강화를 더욱 선호한다.

⑤ 교사는 대결(confrontation)과 사회적 문제 해결이 적절한 때와 적절하지 않은 때가 있음을 인식해야 한다. 학생이 지나치게 화가 나 있거나 당황하거나 우울할 때, 학생과의 사소통을 하기는 매우 어렵다. 그러한 경우에는 훈육 만남을 하면서 학생의 사고에 영향을 미칠 수 없다. 학생이 화가 나 있고 좌절하거나 당황해 할 때에는 학생과의 문제 해결에 나서서는 안 되며, 학생이 침착해질 때까지 기다려야 한다.

⑥ 교사는 벌을 단독으로 사용하지 말고, 긍정적 기법과 항상 병행해야 한다. 벌이 지닌 한계를 극복하기 위해, 교사는 벌을 사용할 때에는 바람직한 행동을 가르치는 다른 기법을 병행해야 한다. 이것은 학생이 미래에 유사한 상황에 직면할 때 사용할 수 있는 대체 사고, 대체 행동을 개발하기 위해 반드시 필요하다. 어떤 기법을 선택할지는 행동의 심각성, 학생의 발달 수준, 과거에 실시된 개입에 대한 학생의 반응, 행동의 원인이 되는 인지적·정서적·환경적 요인, 다양한 기법을 사용할 수 있는 교사의 역량, 다수의 실제적 및 상황적 요인과 같은 여러 요인들을 고려하여 결정해야 한다.

⑦ 교사는 학생의 행동이 타인에게 미치는 영향과 그 행동이 가져오는 혐오스러운 결과를 말해 주는 것 이외에 그 행동이 옳지 않은 이유를 강조해야 한다. 유도 또는 귀납법(induction)은 학생의 행동이 바람직하지 못한 이유와 타인에게 미치는 영향을 강조하면서 학생을 훈육하는 동안에 공감, 그리고 공감에 근거한 합당한 정도의 죄책감을 유발하는 것을 의미한다. 유도가 중요한 이유는 다음과 같다. 첫째, 그것은 학생들에게 자신의 행위를 평가할 수 있는 인지적 기준 혹은 이론적 설명을 제공해 준다. 둘째, 그것은 학생들에게 타인에 대한 동정심을 느끼게 하는 데 도움을 주며, 또한 교사나 부모들이 애정 철회 기법에 의해 정서적으로 불안정하거나 권력 주장 기법에 의해 화가 나게 된 학생들과 토론하기 어려운 자긍심, 죄책감, 수치심 등과 같은 도덕적 감정들에 대해 대화하는 것을 가능하게 해 준다. 셋째, 교사나 부모는 유도를 통해 학생들에게 금지 사항을 위반할 수 있는 유혹에 직면하였을 때 어떤 행동을 취해야 하는지, 그리고 위반 행동을 했을 때는 어떤 행동을 할 수 있는지에 대한 설명을 해 줄 가능성이 아주 높다. 이렇듯 유도는 도덕성의 인지적, 감정적, 행동적 측면들에 대해 주의를 기울이게 만들고, 그러한 측면들을 통합하도록 도와주기 때문에 효과적인 훈육 방법이 될 수 있다.

⑧ 교사는 학생들이 자신의 책임을 수용하도록 권장해야 한다. 교사는 행동이 잘못된 이유를 강조할 뿐만 아니라 학생이 자신의 행동에 궁극적으로 책임을 져야 한다는 것을 이해하도록 권장해야 한다.

⑨ 교사는 책임을 피하기 위한 학생의 부인과 변명에 재치 있게 대응해야 한다. 학생이 자신의 문제 행동을 자신의 탓으로 여기지 않을 때, 학생의 사회적·도덕적 책임감을 발달시키는 것은 매우 어렵다. 이러한 잘못된 귀인이 발생하지 않게 하려면, 훈육 만남을 하는 동안에 학생의 부인과 변명을 재치 있게 다루어야 한다. 그러한 대응은 심문하는 방식이나 독재적인 방식으로가 아니라 권위적인 방식, 즉 학생이 자신의 행동에 책임을 지면서 성인-학생 관계를 유지할 수 있는 방식으로 이루어져야 한다.

⑩ 교사는 학생이 자신의 문제 행동의 결과를 수용하고, 타인이나 타인과의 관계에 미친 피해를 보상하도록 해야 한다. 사람들은 문제 행동에 대한 책임을 느끼면서 자신의 실수를 인정하고 공정한 결과를 받아들이며 실수를 바로잡거나 문제를 해결하고자 한다.

맥락에 따라서, 문제를 바로잡는 것은 깨진 것을 고치거나, 대체물을 사주거나, 하기로 했던 것을 완수하거나, 타인에게 미친 정서적 피해를 보상하거나, 그 사람의 신뢰와 존중을 다시 얻도록 노력하거나, 사과하는 것을 말한다.

⑪ 교사는 교사와 학생과의 관계에서 요구를 하는 동시에 지지를 해 주는 사람이 되어야 한다. 이를 위해 교사는 높은 행동 기대와 규칙의 공정한 시행 둘 모두 학생들의 복지를 위한 것임을 강조해야 한다. 그리고 학생의 문제 행동에 대한 실망뿐만 아니라 학생의 행동이 개선될 것이라는 낙관적인 생각도 전달해야 한다.

한편 크리스티안센(Christiánsen, 1973, 492)은 오래 전에 교실 훈육의 10계명을 다음과 같이 제시한 바 있는데 이것은 오늘날에도 여전히 유용하다.

첫째, 학기 초의 며칠을 인상적이게 만들어야 한다. 학생들이 교사의 역량을 존중한다면 훈육은 훨씬 용이해진다. 학기 초 며칠 동안에 교사에 관한 학생들의 견해가 고정되게 마련이다. 그러므로 학기 초의 며칠 동안에 교사는 건전한 훈육 관행을 도입하여 학생들이 그것에 대해 분명하게 알게 해 주어야 한다.

둘째, 일상적 관행에 대한 정책을 수립한다. 적어도 몇 가지의 교실 과업들은 미리 규정된 방식에 의해 교실 안에서 매일 실행되어야 한다. 종이 치면 제 자리에 앉아야 하는 것, 학급 전달 사항이나 과제를 메모하는 것, 교실에서 위험한 장난을 하거나 뛰어다니지 않는 것 등은 일상적인 교실 관행의 전형적인 사례들이다. 이러한 관행의 사용은 질서 있는 교실을 구조화해 줌과 동시에 학생들에게 습관 형성을 위한 기회가 될 수 있다.

셋째, 학생들을 인간으로서 대우한다. 학생들은 개인적 가치와 존엄성을 향한 욕구를 갖고 있다. 학생들은 교사가 자신들을 한 인간으로서 대우하고 있다고 느낄 때에, 교사와의 좋은 래포(rapport)를 형성하게 된다.

넷째, 교실 활동에 학생들을 참여시켜야 한다. 학생들이 교실에서 아무 것도 하지 않을 때 발생하는 지루함과 태만함은 훈육 문제를 야기할 수 있다. 그러므로 교사는 학생들을 교실 활동에 참여시키고, 항상 학생들 각자에 주목하고 있다는 사실을 깨닫게 해야 한다.

다섯째, 적절한 교사-학생 관계를 발달시켜야 한다. 합당하고 효과적인 규칙을 제정하고 그것을 학생들에게 공평하게 적용해야 한다. 그러면 교사와 학생 간의 적절한 관계를 상실하지 않는 가운데, 학생들과 우호적이고 친밀한 관계를 형성할 수 있다.

여섯째, 동기를 부여해야 한다. 학습에 대한 동기 부여가 되어 있는 학생들은 대개 훈육 문제를 야기하지 않는다.

일곱째, 일관적이어야 한다. 교사와 학생 간의 상호작용에서의 일관성은 학습 지도나 훈육 모두에 있어서 중요한 것이다. 교사는 학생들이 믿고 의존할 만한 사람이라는 평판을 들을 수 있도록 노력해야 한다. 학생들이 교사를 통해 느끼게 되는 안전감은 교실에서의 훈육을 위해 매우 중요한 것이다.

여덟째, 보상과 처벌이 중요하다. 학생들이 개별적으로 선호하는 보상이 무엇인지를 확인하여 학생들이 바람직한 행동을 보여 주었을 때에는 곧바로 보상을 적용해야 한다. 교사는 학생들이 학급 규칙을 위반한 것에 대해 간과해서는 안 된다. 그러나 처벌이 가해질 때에는 책임이 있는 학생에게 가해져야 하고, 조용하게 이루어져야 하며, 위반 행동에 적절한 것이어야 한다.

아홉째, 체면 세우기를 가능하게 해야 한다. 교사는 학생들과의 공적인 대결로 치달을 수 있는 상황을 피해야 한다. 하지만 그러한 대결이 불가피할 때에는 모든 관련된 당사자들에게 체면을 세우는 것을 허용하는 방식에서 그 대결을 다룰 수 있어야 한다.

열째, 때로는 침묵이 금이다. 언어적 꾸지람은 치명적일 수 있다. 대부분의 경우에 침묵이 더 효과적이다. 시각적 대결은 종종 요점을 벗어나게 되어 공적인 언어적 표현의 가능성을 감소시킨다.

문화 감응 훈육의 요소

문화 감응 훈육은 문화적 차이에 민감한 가운데 학생들을 훈육하는 것을 의미한다. 문화만을 근거로 하여 어떤 문화 집단이나 인종 집단을 다르게 대하는 것은 불공정하고, 불공평하며, 차별적인 것이다. 문화적 차이는 사람들이 갖는 사물에 대한 사고와 지각 방식에 영향을 미친다. 인간 존재에 관한 거의 모든 측면들이 어느 정도는 문화의 영향을 받는다. 문화는 우리들에게 옳음과 그름, 가치 체계, 일상 행동, 타인과의 관계, 그리고 가치 인식을 규정해 준다. 종교, 민족 관습, 정치적 협력 관계, 성 역할, 사회적 관례, 음식 기호, 문학, 미술, 음악 등은 모두 문화적 독특성을 표현하고 세대 간의 문화적 전승에 기여한다. 문화적 다원주의는 문화 차이를 수용하고 존중하는 과정을 기술하는 용어이다. 만일 문화적 다원주의라는 개념이 아동의 출생에서부터 삶의 통합된 일부가 된다면 성, 종교, 인종, 연령, 장애 조건에 대한 개인들의 인종적 적대감, 편견, 또는 고정관념으로 인한 갈등을 겪지 않으면서 훌륭하게 성장할 수 있을 것이다.

문화감응 훈육은 다음과 같은 특징을 갖는다.

- 훈육 수단의 엄격함이 위반의 엄격함과 일치한다.
- 모든 학생들은 동일한 기준과 규칙의 적용 대상이 되어, 학생들 사이에 특권이 생기지 않는다.
- 훈육 수단은 학생이 아닌 위반에 근거하여 행해진다.
- 학생이 규칙을 위반하면, 다른 학생들과 동일한 훈육 행동을 받게 된다.

문화 감응 훈육은 문화적 이해, 배려적인 교실 환경, 공정한 행동 관리, 확언, 사회적 기능 교수, 헌신으로 이루어져 있다. 교사는 문화 감응 훈육을 반영한 교실 규칙과 관례를 개발해야 한다.

1. 문화적 이해

교사는 자신이 가르치는 학생의 문화적 배경만이 아니라 자신의 문화적 배경을 이해하는 것이 문화적 이해에 결정적임을 알아야 한다. 문화 규범에 대한 교사의 지각은 학생들의 그것과는 상당히 다를 수 있다. 개인주의 문화에서 온 교사는 자신이 지시한 대로 학생들이 조용히 자신의 과제를 수행하지 않고 학습 활동 동안에 집단주의적 문화에서 온 학생들이 자주 이야기를 하는 이유를 이해하는 데 어려움을 느낄 수 있다. 대도시에서 출생하여 성장한 교사는 농어촌 학생들의 문화를 이해하는 데 어려움을 느낄 수 있다. 학생의 문화에 대한 지식의 결여는 무의도적 편견이나 자민족중심주의를 교실 규칙과 관례에 통합시킬 수 있다.

교사가 무의도적인 문화적 편견을 극소화하는 핵심 조처는 학생의 가정, 공동체, 문화적 배경에 대해 학습하는 것이다. 이 과정 동안에 교사는 특히 문화의 차원과 가정/개인 삶의 정보(건강, 영양, 종교, 교육, 문화사와 전통)에 대해 주의를 기울여야 한다. 문화적 이해의 증진에 의해 교사는 교실의 학생들에 대해 더욱 완전한 관점을 얻을 수 있다. 이 관점은 학생 행동 및 효과적인 규칙/관례에 매우 귀중한 통찰력을 가져다준다.

2. 배려적인 교실 환경

배려적인 교실 환경의 수뇌부에는 학급 학생들에게 높은 기대와 기준을 설정하는 배려적인 교사가 있다. 배려적인 교사는 학생들과 긍정적이고 지지적인 관계를 설정한다. 그 관계는 존중, 그리고 학생의 성공에 대한 진실한 열망에 근거를 둔다.

긍정적이고 지지적인 관계는 다음을 통해서 설정될 수 있다. 학교 밖에서의 학생의 삶에 대한 흥미와 관심을 표현하는 것, 학생들의 사고와 견해를 표현할 수 있도록 학생들을 경청하고 고무시켜 줌으로써 학생들을 존중하는 것, 교실의 안과 밖에서 친밀하게 지내는 것, 스마일·몸짓·하이파이브·여타의 확언을 통해 소통하는 것이다.

배려적인 교사는 학생들에 대한 높은 기대와 기준을 갖고 있다. 그리고 학생들이 그러한 기준과 기대를 충족시킬 수 있도록 지지와 격려를 제공한다. 이러한 교사는 따뜻한 요구자, 제2의 어머니, 아버지와 같은 사람이다.

학생들을 존중하고 학생들을 염려하면서도 학생들에 대한 높은 기대와 기준을 갖고 있을 때 따뜻한 요구자가 되는 것이다. 학생들은 자신들의 감정적·신체적·대인 관계적·경제적 환경을 인정하고 소중하게 여기는 교사에게 더욱 잘 반응한다. 교실 내외부에서 학생들과 적극적으로 관계를 맺는 교사는 신뢰와 지지에 근거한 관계를 발전시킨다. 그것은 학생들이 수행 능력을 향상시켜 준다. 칭찬, 권고, 지지와 같은 빈번한 확언은 긍정적인 교사와 학생 관계를 설정하는 데 도움을 준다. 긍정적인 교사-학생 관계는 학습공동체를 위한 토대가 된다. 학습공동체는 학생-학생 관계가 질적으로 고양된다. 교실을 배열할 때, 그 환경이 교실에게 미칠 영향을 깊이 인식해야 한다. 물리적 편성은 학생과 교사, 학생과 학생, 학생과 산만 간의 근접성을 다룬다. 문화의 차원을 고려하여 문화의 요소들을 통합하는 것은 학생들의 학습에 영향을 준다. 어떤 학생은 개인적으로 있을 때보다는 집단으로 있을 때 학습을 더 잘한다.

3. 공정성

공정성은 문화 감응 교실의 핵심 요소이다. 종종 공정성은 교사가 학생을 지각하는 방식을 반영한다. 다양한 학생들은 문화에 뿌리를 둔 행동을 할 수 있는데, 그런 행동이 사악하거나 유순하지 않은 것으로 오해될 수도 있다. 이러한 오해는 학생 행동에 대한 불공정하고 부정확한 해석을 낳을 수 있다. 어떤 문화에 대한 무의식적 편견이나 선입관은 교사로 하여금 어떤 학생들에 대한 다른 기대를 갖게 만들 수도 있다. 예를 들어 교사는 학생이 더 열심히 하기를 기대하지만, 인종이나 문화에 기반을 둔 시험에서 낮은 점수를 받을 수 있다.

연구자들은 학생의 행동에 대한 불공정한 해석이 문화적 편견의 징표가 되는 몇 가지 상황을 찾아내었다. 백인 학생들은 재산 손상이나 저속한 언어를 포함하는 객관적인 위반에 주로 규칙을 적용하지만, 흑인 학생들은 무시나 위협과 같은 주관적인 위반에 규칙을 적용한다. 흑인 학생들은 백인 학생들에 비해 더욱 엄격한 처벌을 받고 있다. 훈육 개입에서의 이러한 차이는 백인 학생들 사이에 특권 의식을 만드는 반면에 흑인 학생들에게 낙인을 찍는 효과가 있다.

모든 규칙들이 분명하고 공정하도록 하기 위해 학생들을 참여시켜야 한다. 교실 규칙과 관례를 만드는 데 있어서 학생들의 목소리가 반영될 때, 개별 학생은 그의 문화적 규범을 책상 위에 가지고 올 수 있다. 교실 토론에서 학생들은 학습공동체를 만들기 위한 규칙 목록과 관례 목록을 제정할 수 있다. 교사는 만약 규칙을 위반했을 경우 어떤 일이 생기는지에 대해 토의하면서 모든 결과는 엄격성에서 공정하고 누구에게나 적용된다는 것을 밝혀야 한다. 또한 교사는 긍정적 강화를 제공하기 위하여 규칙을 준수하는 것과 연합된 긍정적 결과에 대해서도 말을 해야 한다. 이러한 학습자 공동체는 규칙과 관례를 따르도록 서로 권면해 준다. 학생들은 이러한 가이드라인을 만드는 데 시간을 투자하기 때문에 그 규칙의 소유권을 가지고 그 결과 규칙을 더욱 잘 지키게 된다. 교실 규칙이 개정될 필요가 있다고 느낄 경우 효과적인 교실 규칙을 만들기 위해 학생들과 협력해야 한다. 왜 규칙이 잘 지켜지지 않는지에 대해 논의를 해야 한다. 학생들이 이해할 수 있는 방식에서 그 문제를 고칠 수 있는 제안들에 대해 학생들이 말해보도록 해야 한다. 무엇이 잘 되고 있는지에 대해서도 마찬가지이다.

교사가 공정한 방식으로 다양한 학생들을 훈육하고 있음을 보장하기 위해 교실에서 행동,

그리고 그와 연합된 훈육을 추적해야 한다. 학생들이 훈육되고 있는지를 계속 지켜봐야 한다. 행동에서의 추세에 대해 잘 알고 있어야 교사는 그에 맞는 평가와 적응을 할 수 있다.

4. 행동 관리

적절한 사회적 행동이나 문화 규범의 학습은 가정에서 시작하기 때문에, 학생들은 상당히 상이한 문화 규범을 가지고 학교에 온다. 이러한 규범들은 교실에서 학생들에게 기대되는 사회적 행동과 종종 상당히 차이가 있다.

교실에서의 사전예방적인 행동 관리 전략은 교사가 훈육 개입을 필요로 하기 전의 사소한 행동 문제들을 관리하는 데 도움을 준다. 처벌의 공포에서 벗어나기 위해 혹은 보상을 얻기 위해 행동하도록 요구하는 것은 행동을 할 내재적 동기를 고취하지 못한다. 학생의 가치와 공유된 책임감에 호소하는 것이 더 효과적인 기법이다.

행동 관리 기법은 교실 안에 높은 수준의 구조를 제공하는 것을 포함한다. 교실 구조를 증가함으로써 교사는 혼란을 줄이고 예측 가능하고 학습에 도움을 주는 교실 관례를 만들 수 있다. (예: 떠들 때 박수 세 번 치면 침묵하게 하는 것). 이런 구조가 만들어지면 교실 관례의 여러 요소들이 교실을 부드럽게 운영하는 데 도움을 준다.

SSS(stroke, stifle, stroke) 전략은 부적응 행동에 대한 효과적인 피드백을 제공한다. 이 전략은 교정적 피드백을 제공하는 동안에 학생의 존엄성과 자긍심을 유지시켜 준다. 이 전략은 칭찬과 확언 사이에 교정을 집어넣은 것으로서 흑인 학생들에게 효과적이다.

stroke: 네가 오늘 안에 수학 숙제를 마쳐서 제출하면 내가 참 기쁠 것 같다.

stufle: 다음번에는 제 때에 과제를 마칠 것을 약속하자.

stroke: 요즘 아주 잘 하고 있구나.

덧붙여 긍정적 행동 지원(positive behavior support)은 바람직하지 못한 행동을 처벌하는 것의 반대 개념으로서 긍정적 행동을 강화시켜 주는 프로그램이다. 하지 말 것보다는 해야 할 것에 초점을 맞추고 있는 PBS는 학생에게 기대하는 행동을 명확하게 강조한다. 이것은 특히 문화 감응 훈육에 적합한 것이다. 바람직한 교실 행동을 가르치는 것을 강조하기 때문이다. 이것은 긍정적인 교실 문화를 조장하고, 학교와 가정 간의 문화적 다리를 세우는 데 효과적이다.

파괴적인 행동은 학생들이 교실에서 반응해야 할 기회의 양을 증가시킴으로써 감소될 수 있다. 반응 기회를 증가시키는 한 방법은 Think-Pair-Share 활동이다. 이것은 학생들이 글을 읽은 후에 글에 대해 조용히 생각하고, 그들의 생각을 토론하기 위해 집단으로 짝을 이루고, 집단의 토론 내용을 전체 학급 학생들과 공유하는 것이다. 이 전략은 문화적으로 다양한 교실에서 활용하기에 탁월한 활동이다. 이것은 학생들이 개인주의자와 집단주의자 사고의 전역에 걸쳐서 사고하도록 만들어 준다.

문제 행동은 문제가 시작되기 전에 사전교정의 활용에 의해서도 예방될 수 있다. 사전교정은 교실의 규칙과 관례에 대해 상기하게 하고, 어떤 행동을 해야만 하는지의 명확한 기대를 진술하는 것에 의해, 더욱 적절한 행동의 출현을 촉진시켜 준다. 예를 들어, 학생들이 점심시간에 줄을 서는 것에 어려움을 겪는다면 교사는 다음과 같이 말한다. 우리가 점심을 먹기 위해 줄을 서야 할 때, 의자를 안에다 집어넣고 문을 열고 나가서 줄을 선다는 것을 기억해라. 학생들은 줄을 서는 방식에 관련된 단계를 상기하기 때문에 행동상의 문제 없이 줄을 설 수 있게 된다. 이러한 관례를 정확하게 완수하는 것의 반복을 통하여 문화적으로 다양한 학생들은 사회적 기능을 배울 수 있는 많은 기회들을 갖게 된다. 그리고 나중에는 이 기능을 독립적으로 사용할 수 있게 된다.

지속적 관찰, 교실 순회, 학생과의 약속과 같은 적극적 감독도 부가적인 예방 전략이다. 적극적 감독은 더욱 적절한 학생 행동을 고무시키기 위해 계획된 것으로서, 학생들의 규칙 위반을 낙담시킨다. 선교정과 결합할 경우 적극적인 감독은 큰 문제로 바꾸기 위한 문제 행동이 시작할 때 교사가 개입하도록 해 준다. 능동적 감독과 선교정의 결합은 문화적으로 다양한 교실에서 행동 관리를 위한 강력한 접근이 될 수 있다. 능동적 감독은 학생들에게 교사-학생 약속, 그리고 그들이 필요로 하는 지지를 제공한다. 사전교정은 문제 행동이 발생하기 전에 행동 기대와 바람직한 사회적 기능을 명확하게 정의해 준다.

5. 확언

모든 학생들은 칭찬과 지지를 받아야 한다. 그러나 문화적으로 다양한 학생들은 특히 그들이 성공을 했을 때에 격려와 지지를 받을 필요가 있다. 문화적으로 다양한 학생들의 흥미와 강점을 격려하고 칭찬하는 것은 교사를 대신하여 흥미감과 배려를 소통하는 것이다. 교사는 학생들이 그 재능을 타인에게 행사하도록 권장함으로써 문화적으로 다양한 흥미를 포용할 수 있다. 이것은 교실 안에서 문화적으로 다양한 학생들의 소속감을 증진시켜 준다. 그리고 자긍심과 개별성을 길러준다.

우발적인 칭찬은 바람직한 행동을 강화시켜 주는 확언의 한 형태이다. 교사는 학생들이 바람직한 행동을 일관적으로 할 때 우발적인 칭찬을 해 주어야 한다. 우발적인 칭찬과 규칙적인 확언간의 차이점은 우발적 칭찬은 특정한 행동의 뒤를 따르고, 그 특정한 행동을 칭찬 속에 포함한다. 난 네가 손을 드는 방식을 좋아한다. 우발적인 칭찬은 확언의 한 형태이다. 그것의 활용은 학생-교사 관계를 강화시킨다. SSS 전략은 확언을 제공함과 동시에 학생의 바람직하지 못한 행동에 대한 피드백을 전달한다. 교사의 주의력은 강력한 것이다. 그 주의력을 성공을 확언하는데 사용하는지 아니면 실패에 확언하는지는 교사의 몫이다.

6. 사회적 기능 교수

사회적 기능 수업을 교실에 통합함으로써 교사는 지속적인 행동 문제를 다룰 수 있다. 달리 말해, 사회적 기능 교수는 교실에서 기대되는 행동을 가르치는 것이다. 바람직한 행동을 가르칠 때, 교사는 그 행동을 완벽하게 설명해야 하고, 어떻게 그 행동을 하는지를 보여주어야 하며, 나아가 그 행동을 학생들이 자발적으로 실천하게 도와주어야 하고, 행동 상의 변화를 평가해야 한다. 문화적으로 다양한 학생들의 그릇된 행동은 가정 문화와 교실 문화의 마찰의 산물일 수 있기 때문에, 사회 기능 수업을 문화적으로 적절하게 하는 것이 중요하다. 사회적 기능을 가르치는 것은 인격 발달과 가치를 학교 문화, 수업 계획, 대인 관계적 상호작용에 통합함으로써 학생들이 사회적·윤리적·학구적으로 발달할 수 있도록 도와주는 것을 목표로 한다. 이것은 지역사회에서 공유된 가치들을 강조하고, 종종 그러한 가치들은 존중, 책임, 정직, 공정, 동정심, 예의, 용기, 친절을 포함한다. 사회적 기능을 가르치는 것은 학생들의 문제 행동이 발생하는 것을 사전에 차단하고, 사소한 행동 상의 문제들이 더 커다란 문제로 확대되는 것을 예방해 준다. 따라서 사회적 기능을 교실 수업에 통합하는 것은 학생들이 교실 공동체 안에서 자신들을 향한 기대를 이해하고 타인에게 수용되고 있다는 느낌을 가질 수 있게 함으로써 조직화되고 우호적인 환경을 유지하는 데 도움을 준다. 사회적 기능을 교실 활동과 수업에 통합하는 것은 학생들로 하여금 어떤 행동이 기대되는 행동인지를 이해하는 데 도움을 주고, 훈육에 소요되는 교사의 시간과 노력을 절감하는 데 도움을 준다.

<표 17> 사회 정서 학습 핵심 역량과 하위 기술

핵심 역량	하위 기술	
자기 인식	• 자신의 정서를 인식하고 이름 붙이기 • 자신이 느끼고 있는 정서의 이유 및 상황에 대해 이해하기 • 타인의 정서를 인식하고 이름 붙이기 • 내면의 힘(강점)을 인식하고, 자신, 학교, 가족, 지원 네트워크에 대한 긍정적 정서를 결집시키기	• 자신의 필요와 가치에 대해 알기 • 자신에 대해 정확하게 인지하기 • 자기 효능감 갖기 • 영성(삶의 의미 및 목적감) 갖기
자기 관리	• 불안, 분노, 우울을 말로 표현하고 이런 감정들에 대처하기 • 충동, 공격성, 자기 파괴적이고 반사회적인 행동 통제하기 • 개인적 또는 대인관계의 스트레스를 조절하기 • 주어진 과제에 집중하기	• 장·단기 목표 설정하기 • 깊이 생각하고 철저하게 계획하기 • 피드백을 통해 행동 수정하기 • 긍정적 동기를 결집시키기 • 희망과 낙관주의를 활성화시키기 • 최선의 상태를 향해 나아가기
사회적 인식	• 다양성 존중하기 • 타인에 대한 존중 보여주기 • 주의 깊게 그리고 정확하게 듣기	• 타인의 정서에 대해 공감하고 민감성 증대하기 • 타인의 관점, 견해, 정서를 이해하기
관계 관리	• 관계에 있어 정서를 조절하고 다양한 정서와 견해를 조화시키기 • 사회-정서적 단서들에 대해 민감성 보이기 • 정서를 효과적으로 표현하기 • 분명하게 의사소통하기	• 타인을 사회적 상황에 참여시키기 • 관계 형성하기 • 협력해서 일하기 • 자기주장, 리더십, 설득 발휘하기 • 갈등, 협상, 거절 관리하기 • 도움을 제공하고 요청하기
책임 있는 의사 결정	• 상황을 민감하게 분석하고 문제를 명확하게 확인하기 • 사회적 의사결정과 문제 해결 기술을 실행하기 • 대인 관계적 장애물에 대해 생산적이고 문제 해결적 방식으로 반응하기	• 스스로 평가하고 반성하기 • 개인적, 도덕적, 윤리적으로 책임감 있게 행동하기

* 출처: Elias et al., 2008, 251-252.

〈표 18〉 사회 정서 학습을 증진하기 위한 교수 전략

1. 교실 구성
- 학생들이 서로를 바라볼 수 있도록 좌석을 배열한다.
- 게시판과 전시물들은 학생들의 다양성을 풍부하게 반영해야 한다.
- 오늘 수업을 위한 자료들을 미리 준비한 가운데 교실을 청결하고 질서 있게 유지해야 한다.

2. 안전하고 배려적인 학습 환경
- 학생들을 환영하는 환경을 만드는 가운데 교실에 들어오는 학생들을 반갑게 인사하며 맞이한다.
- 서로를 존중하며 가르칠 수 있는 방법에 대해 학생들과 함께 공유된 규칙과 약속을 제정한다.
- 존중, 배려, 자기 통제, 공정한 의사결정의 사회 정서 학습 행동을 학생들에게 몸소 시범을 보인다.
- 모든 학생들의 긍정적 특질에 초점을 맞추고, 그들의 시도와 공헌을 인정한다.
- 학생들의 반응, 명료화를 위한 요구, 행동에서의 변화를 위한 요구, 그리고 그러한 요구들을 즉각적으로 다루는 데 주의를 기울여야 한다.

3. 수업 전개
- 학생들이 이미 알고 있는 것을 발견하도록 개방적인 질문을 한다.
- 학생들의 진실한 반응을 이끌어내기 위한 다양한 탐구 방법을 활용한다.
- 학생들의 확산적 사고를 촉진하기 위해 '왜?'라는 질문보다는 '네 생각은 무엇이니?'라고 질문을 해야 한다.
- 모든 학생들이 성찰할 기회를 부여하기 위해 대답할 학생을 호명하기 전에 7-10초 정도 기다리는 시간을 가져야 한다.

4. 새로운 기능과 정보의 도입
- 새로운 기능과 정보를 소개하고 그것들을 학생들의 반응과 연결시켜야 한다.
- 명확하고 분명한 수업을 제공하고, 적절한 때에 과제를 시범 보여야 한다.
- '좋아요', '고마워요', '오케이' 등의 다양한 방식을 사용하여 학생들의 확산적 사고에 대한 존중과 개방성을 표현해야 한다.
- 학생들의 상이한 학습 스타일을 존중하기 위해 학생들이 교사의 질문에 대답을 하지 않고 타인에게 넘길 권리를 부여해야 한다.

5. 안내된 실천을 위해 학생들을 준비시키기
- 새로운 기능과 지식을 학생들이 연습하여 적용하기 이전에 안내된 실천을 시범 보여야 한다.
- 역할놀이에서 항상 부정적 행동을 소재로 해야 한다. 그러면 학생들은 기능 형성 실천 및 강화로서 적절한 행동을 연기하게 된다.
- 안내된 실천 후에는 적절하고 지지적이며 명확한 피드백을 즉각적으로 제공한다.
- 학생들이 학습한 것에 대해 성찰하고 새로운 학습 내용을 그들의 삶 속에 적용할 수 있는 방법을 상상할 수 있도록 마무리 질문을 활용한다.

6. 안전과 존중의 방식으로 훈육을 관리하기
- 규칙과 약속을 일관되게 부과해야 한다.
- 학생들을 존중과 공정성으로 대하는 가운데 문제를 재빠르고 신중하게 다루어야 한다.
- 학생들이 타인을 비난하기보다는 해결 방안에 대해 논의하도록 권면해야 한다.
- 부적절한 행동에 대한 교사의 반응을 학생들과 공유하고, 왜 그 행동이 수용될 수 없는지를 분명하게 설명해야 한다.

* 출처: Bertani et al., 2010, 88.

사회적 기능을 교실에 통합하는 구체적인 방법은 무엇인가? 또래 가르침(peer tutoring)과 협동학습은 대인 관계적 기능을 가르치는 효과적인 방법이다. 이를테면 자폐증이 있는 학생과 그렇지 않은 학생을 짝꿍으로 만들어 학습하게 하는 것은 사회적 기능을 증진하기 위한 효과적인 방법이다. 사회적으로 역량 있는 학생과 사회적 기능에 어려움을 겪고 있는 학생을 서로 짝을 지어주는 것은 그들의 대인 관계적 기능 향상에 도움을 준다.

문화적 요소들을 교실 수업과 활동에 포함하는 것도 좋은 방법이다. 학생의 문화적 배경은 대인 관계적 기능을 증진시켜 준다. 상당수 흑인 학생들은 확대 가족의 중요성을 가치 있게 생각할 수 있다. 이러한 가치는 문학에 기반을 둔 활동, 토론, 문화적 차이에 따른 가족의 개념을 조사하는 것, 집단 활동 연습 등과 같은 교실 활동에 통합될 수 있다. 문화적으로 다양한 문헌을 선택하는 것은 사회적 기능을 수업에 통합하는 효과적인 방법이다. 도서, 시, 음악, 영화는 대인관계의 중요성을 잘 보여준다. 교사는 학생들에게 가정에서 좋아하는 혹은 읽은 책을 제안해 보라고 요구할 수 있다. 흑인 학생들은 교실에서 사용된 문헌들이 모두 백인 작가들에 의해 집필된 것이라면 교실에서 소외감을 느낄 수 있다. 다문화적 도서들에 접촉하게 하는 것은 학생들의 자존감을 높여줄 뿐만 아니라 교실 속에서 문화적 존중, 호기심, 학습을 권면하는 데 큰 도움을 줄 수 있다.

자기 관리 기법을 가르치는 것도 매우 중요하다. 자기 관리 기법은 목표 설정, 자기 교수, 자기 기록, 자기 평가, 자기 강화, 자기 처벌로 구성된다(Bear, 2010, 173-174).

- **목표 설정**: 이 기법을 적용할 때 학생은 교사에게 의존하지 않고 스스로 목표를 설정해야 한다. 교사는 학생에게 "네가 행동을 개선하고자 할 때 설정할 수 있는 현실적이고 실행 가능한 목표는 무엇이니?"라고 질문함으로써 목표 설정을 도울 수 있다.
- **자기 교수**: 학생은 생각하고 느끼는 방법에 대해 자신을 안내하거나 언어적으로 학습한다. 예를 들면 예슬이는 책상 위에 붙여진 단서 카드를 보고, 교사에게 집중하기와 말하기 전에 손들기를 스스로 상기한다. 또는 다음과 같은 사회적 문제 해결이나 분노 조절의 단계를 스스로 떠올려 본다. "그래 문제가 무엇일가? 먼저 나는 차분히 생각해 볼 필요가 있어. 해결책에는 무엇이 있을까? 최선의 해결책은 무엇일까? 내가 할 수 있을까? 나는 할 수 있

다고 확신해."

- **자기 기록**: 이 기법은 자기의 행동을 기록하는 것이다. 예를 들면 학생은 목표 행동이 발생할 때마다 책상에 붙여 놓거나 학생이 소지한 색인카드나 차트에 기록할 수 있다. 자기 기록 하나만으로도 행동이 개선될 수 있다.

- **자기 평가**: 학생은 자신의 행동을 관찰하고 판단하거나 평가한다(예: 나는 문제 해결의 단계를 정확하게 따랐고 이 단계는 효과가 있었어!). 자기 기록이 자기 관찰과 자기 평가에 필요하지는 않지만 자기 평가의 정확성을 높일 수는 있다.

〈표 19〉 자기 평가 기준

	예	아니오	잘 모름
1. 학교 규칙에 관한 질문 　나는 모든 학교 규칙과 기대를 따르는 행동을 했는가? 　(그렇지 않았다면, 어떤 규칙을 따르지 않았는가?)			
2. 타인 존중에 관한 질문 　나는 타인(친구와 성인)을 존중하는 행동을 했는가?			
3. 교수·학습에 미치는 영향에 관한 질문 　나는 선생님이 수업하는데 도움이 되는 행동을 했는가? 　나를 포함한 여러 친구들의 학습에 도움이 되는 행동을 했는가?			
4. 황금률에 관한 질문 　남이 나에게 해주기를 바라는 대로 나도 남에게 하고 있는가?			
5. 공정성에 관한 질문 　내가 한 행동이 공정했는가?			
6. 현재의 결과에 관한 질문 　내 행동의 결과는 좋은 것인가?			
7. 미래에 관한 질문 　내 행동은 미래의 나에게 도움이 될 것인가?			
8. 부모의 인식에 관한 질문 　부모님은 내 행동에 대해 찬성하실까?			
9. 교사의 인식에 관한 질문 　내가 선생님이라면, 학생이 나와 같은 행동을 하기를 원할 것인가?			
10. 죄책감 또는 자부심에 관한 질문 　내가 한 행동에 대해 좋은 기분이 드는가?			
11. 자기 인식과 자아정체성에 관한 질문 　내 행동은 내가 되고 싶어하는 사람의 모습과 일치하는가?			
12. 학교 풍토에 관한 질문 　내 행동은 교직원과 학생들이 원하는 학교 풍토에 잘 맞는가?			

* 출처: Bearer, 2010, 165; Lickona, 2004, 47.

- **자기 강화**: 이 기법은 자신의 행동에 수반하여 긍정적인 말(예: 잘 하고 있어!)이나 물질적 보상 또는 선호된 활동으로 자신에게 보상을 제공하는 것이다.
- **자기 처벌**: 이 기법은 스스로 부과한 부정적인 결과(예; 특권 박탈, 자기 비판)로 구성된다.

그런데 자기 강화나 자기 처벌은 자기평가를 한 후에 해야 한다. 자기 강화와 자기 처벌의 기법은 효과적이려면 자기 평가가 정확해야 한다. 즉, 학생이 자신의 행동을 적절하다고 판단한다면 실제로도 적절해야 한다. 정확한 자기 평가를 위해 교사, 부모, 또래가 학생에 대해 한 평가와 학생의 자기 평가를 비교하여 자기 평가가 정확한지를 점검해야 한다. 만일 학생이 자신의 행동을 정확하게 평가하지 못한다면 자신의 행동을 부적절하게 강화할 수도 있기 때문에(예: 학생의 행동이 수용 가능한 기준을 충족시키지 못했지만 자기 강화를 하는 경우) 정확한 자기 평가는 매우 중요하다.

보통 이러한 자기 관리의 기법들은 상호 조합을 통해 사용된다. 예를 들면 예슬이는 현재 매주 세 번 내지 다섯 번 지각하는데 매주 한 번만 지각하는 것을 목표로 세울 수 있다. 그런 후에 예슬이는 자신이 지각했는지를 매일 색인카드에 기록하고, 정해진 기준에 비추어 자기 평가를 하고(나는 총 5일 가운데 4일을 제 시간에 등교를 했어. 80%의 정시 출석은 이전에 내가 했던 60%보다는 훨씬 좋아진 것이야!), 칭찬(내가 세운 80%라는 기준에 도달하여 기뻐. 아마 내 성적도 좋아질 것 같아.), 보상(나는 나에게 선물을 사 줄만 해)을 활용하여 자기 강화를 한다. 또한 교사는 다양한 자기 관리 기법을 조합하는 것에 추가하여 자기 관리의 기법만으로는 충분하지 않을 때 다중 요소 개입의 일환으로 자기 관리 기법과 외적 기법의 병행을 고려해야 한다.

자기 관리 기법은 세 가지 장점이 있다. 첫째, 자기 관리 기법은 증거에 기초한 것이다. 다수의 연구는 자기 관리 기법이 파괴적인 행동을 감소시키는 데 효과적임을 증명하였다. 둘째, 자기 관리 기법은 자기 규율의 개발에 중요한 최소 충분의 원리와 일치된다. 즉 학생이 자기 관리 기법을 원하지 않는 게 아니라면 그리고 자기 관리 기법이 필수 조건으로 강요되지 않는다면, 자기 관리 기법이 종종 외부에서 부과될지라도 학생은 자기 관리 기법을 외적 기법보다 덜 통제적인 것으로 인식할 것이다. 셋째, 자기 관리 기법이 다수의 행동적 기법에 비해 더 실용적이고 편리하며, 자기 관리 기법을 사용하는 학생은 자신의 행동을 스스로 개선하려고 노력하고 있다는 것을 성인에게 보여줄 수 있기 때문에 교사는 자기 관리 기법을 선호한다.

그러나 자기 관리 기법은 제한점도 있다. 첫째, 외부에서 부과되는 행동적 기법과 마찬가지로 자기 관리 기법의 효과도 단기적이거나 오래 지속되지 않는다는 것이다. 자기 관리 기법의 적용이 종료되면 효과가 끝나 버리고 다른 장면, 시간, 행동에 일반화되지 않는다. 둘째, 학생이 자신의 행동을 변화시키고자 하는 동기가 없을 때 자기 관리 기법의 효과는 미미하다. 마지막으로 자기 관리 기법만으로는 행동 문제가 재발되는 학생들에게 충분하지 않다. 이러한 제한점에도 자기 관리 기법은 대다수의 학생들, 특히 자신의 행동을 개선시키는 것에 대해 동기가 부여된 학생들을 위한 반성적 행동 계획의 일부로 포함되어야 한다. 학생의 반성적 행동 계획의 사례를 제시하면 다음과 같다.

학생의 반성적 행동 계획

   이 반성적 행동 계획은 학생 (   )이/가 자신의 행동에 책임을 지고 (   )을/를 다시는 하지 않도록 돕기 위해 작성한다.

내가 그 행동을 한 이유는 다음과 같다.

문제 행동인 (   )을/를 하지 않는 것이 중요하다.
그 이유는 다음과 같다.
- 이번에 받는 벌은
- 다음에 받을 벌은
- 이 행동이 잘못된 행동인 이유를 세 가지만 찾는다면 다음과 같다.
  1.
  2.
  3.

문제 행동을 교정하기 위해 이제 나는 (   )을/를 할 것이다.
다음에 동일한 문제 행동을 하는 대신에 나는
- 다음과 같이 생각할 것이다.

(   )
- 다음과 같이 행동할 것이다.

(   )

다음 중 하나를 체크한다.
(   ) 나는 이렇게 생각하거나 행동하는 방법을 배우거나 관찰할 필요가 있다.
(   ) 나는 이렇게 생각하거나 행동하는 방법을 이미 알고 있다.

다시는 문제를 저지르지 않는 것 이외에, 이전의 문제 행동을 하지 않는 대신에 나는 다음과 같은 행동을 할 것이다.
(   )
그 이유는 다음과 같다.
(   )
내가 그 행동을 하기 위해 다른 사람들이 나를 도울 수 있는 방법은 다음과 같다.
(   )

참고 문헌

박병량(2001), 『훈육』, 서울: 학지사.

Baumrind, D. (1996), "The discipline controversy revisited", *Family Relations*, 45, 405-414.

Bear, G. B. (2010), *School discipline and self-discipline: A practical guide to promoting prosocial student behavior*, New York: The Guilford Press.

Bertani, T. A. et al. (2010), *Culturally responsive classrooms*, http://www.sbbh.pitt.edu/files/pdf/Culturally%20Responsive%20Classrooms010412.pdf

Charles, T. & Senter, G. (1995), *Elementary classroom management*, White Plains: Longman.

Christiansen, T. (1973), 10 commandments of classroom discipline, *The Clearing House*, 47(8), 492.

Kohn, A. (2001), Beyond discipline: From compliance to community, 김달효·성병창·허승희 공역 (2005), 『훈육의 새로운 이해』, 서울: 시그마프레스.

Lickona, T. (2004), *Character matters*, New York: Touchstone.

12장

다문화 가정 학생의
희망 수준 제고 방안

요즘 우리 교육계의 중요한 화두 가운데 하나는 바로 행복과 희망이다. 많은 사람들은 공교육의 정상화를 기대하는 가운데, 학교가 학생들에게 꿈과 끼를 키워 주는 행복한 장소가 되어야 한다고 말한다. 학교는 학생들이 인간으로서 지닌 잠재력을 충분히 실현하게끔 도와주는 장소가 되어야 함에도 불구하고, 우리의 학교는 상급학교 진학을 위한 준비에만 몰두하는 임시 정거장으로 변모한 지 오래다. 학생들의 행복이 우리의 물질적·기술적 진보의 산물이 아니라는 것이 아주 분명함에도 불구하고, 학교가 해야 할 일은 많은 학생들이 좋은 학교에 들어가서 궁극적으로 좋은 곳에 취직을 할 수 있도록 준비시키는 것이라는 암묵적인 사회적 압력과 교육적 가정이 우리의 현실을 사로잡고 있다고 해도 과언이 아니다.

이러한 현상은 비단 우리나라만의 문제만은 아닌 것 같다. 최근 서구의 교육학자들 사이에서도 교육의 목적을 학생들의 행복 증진으로 설정하는 경향이 늘고 있기 때문이다(Cloninger, 2011, 378). 성적 부진이나 학업 실패로 인한 스트레스 증가, 학교 폭력 및 사이버 불링의 피해 증가, 우울증 및 자살 충동의 증가 등으로 인해 많은 학생들이 정신건강에 있어서 상당한 문제를 겪고 있는 것으로 밝혀짐에 따라서 학생들의 행복 수준에 대한 학자들의 관심이 급증하였다. 그 가운데서도 불리한 환경이나 여건 속에서도 자신의 목표를 달성하는 데 실질적인 도움을 주는 희망은 최근에 많은 교육학자들과 긍정심리학자들의 관심의 대상이 되고 있다.

인류의 역사가 시작된 이래로 수많은 철학자, 신학자, 교육학자, 과학자들이 희망의 개념을 정의하려는 시도를 해 왔다. 희망은 유대교와 기독교에서 신앙, 사랑과 함께 최고의 신학적 덕목을 구성하고 있었다(Peterson & Seligman, 2004, 571). 이를테면, 어거스틴(Augustine)의 도덕 이론에서 신앙, 사랑, 희망은 세 가지의 중요한 신학적 덕목이다. 어거스틴은 희망이 없는 사랑이란 있을 수 없고, 사랑이 없는 희망 또한 있을 수 없으며, 신앙이 없는 사랑이나 희망은 결코 존재할 수 없다고 보았다(Stratton-Lake, 1998, 507). 희망에 대한 개념 정의에 있어서 학자들 사이에 많은 차이점이 존재함에도 불구하고, 희망은 자신의 미래 목표를 달성하는 능력에 관한 긍정적인 정신적 상태로 여겨져 왔다.

20세기 후반에 이르러 사회과학자들, 특히 심리학자들은 여러 가지 방식으로 희망을 서술·측정·연구하려는 시도를 전개하였으며, 하나의 이론적 구성물로서의 희망은 목표와 미래에 대한 기대와 감정으로 개념화되었다. 희망에 대한 이론적 개념화에 있어서 일부 학자들은 희망을 어려운 시기에 개인으로 하여금 신념을 유지하게 해 주는 하나의 감정으로 정의하였다. 희망에 관한 대중적인 문헌들의 대부분이 희망의 정의적인 관점을 중시한 데 비해, 대부분의 연구들은 희망의 본질을 인지적인 것으로 파악하는 가운데 희망 모델을 제안하고자 하였다. 이를테면 애버릴(Averill, 1990)과 그 동료들은 희망을 인지에 의해 안내되고 환경 조건의 영향을 받는 하나의 감정으로서 규정하였다. 스타트랜드(Stotland)와 가쵸크(Gottschalk, 1985)는 희망을 목표 달성에 관한 기대로 정의하였다. 스타트랜드는 목표 달성의 중요성과 가능성에 초점을 맞추어 희망을 정의한 반면에, 가쵸크는 개인으로 하여금 역경을 헤쳐 나가게끔 만들어주는 긍정적인 힘으로서 희망을 묘사하였다. 이와 유사하게 스타츠(Staats, 1989)는 희망을 기대와 정서, 즉 가능성을 평가하고 싶은 소망과 상호작용하는 기대와 목표 달성에 연관된 정서로 규정하였다(Edwards, 2013, 487에서 재인용).

심리학 분야에서 가장 널리 알려진 희망에 대한 조작적 작업은 스나이더(Snyder)에 의해 이루어졌으며, 이후 그의 희망 이론은 수많은 연구들을 위한 이론적 토대가 되었다. 스나이더의 희망 이론은 희망이 본질상 주로 인지적이며, 목표·경로·주도 지향적인 사고에 근거한 하나의 동기적 상태(motivational state)라는 사실을 보여준다. 스나이더의 희망 이론은 희망 주도와 희망 경로가 상호작용하여 목표지향적인 에너지를 만들어 목표에 도달할 수 있다는 이론이다. 이는 자신이 바라는 목표인 희망을 만들고 이에 도달하기 위한 여러 가지 방안을 마련하며 이를 이룰 때까지 자신감과 동기를 잃지 않고 노력한다는 것을 의미한다. 스나이더의 희망 이론에 고무된 많은 교육학자들은 희망 이론을 학교에서 가르쳐야 한다고 주장한다.

희망은 학생들이 자신들의 삶을 성공적으로 영위함에 있어서 본질적인 것이다. 희망은 학업에서의 성공, 운동에서의 성취, 사회적 발달의 여러 형태와 밀접한 상관관계를 맺고 있으며 한 개인의 전반적인 행복감과도 깊이 연관되어 있다. 희망은 우울증, 자살, 무력감의 예방에도 기여한다. 또한 희망은 윤리적 목적, 우선성, 민감성을 변화시킴으로써 개인의 도덕 발달에 기여한다. 최근 긍정심리학자들이 강조하는 성격 강점의 분류 체계에서 희망은 초월성의 하위 요소로서 최상의 것을 기대하고 그것을 성취하기 위해 노력하는 것을 의미한다. 그러므로 희망은 인간이 행복을 추구함에 있어서 지녀야 할 대표적인 도덕적 역량이자 성격 강점인 셈이다(Park & Peterson, 2006, 894).

그러므로 학생들이 희망을 발달시키고 유지하게끔 하는 것은 도덕교육자로서 우리에게 부여된 의무이자 특권이다(Diessner et al., 2006, 301). 이에 이 장에서는 문헌 분석에 근거하여 스나이더의 희망 이론을 다문화 가정 학생들에게 적용하기 위한 방안을 모색하고자 한다. 이를 위해 이 장에서는 희망 이론의 개요, 희망의 측정 방법과 희망의 효과, 희망 이론의 적용 및 실천에 관한 다양한 연구 성과들을 살펴본 후에, 다문화 가정 학생들의 희망을 증진·향상시킬 수 있는 바람직한 방안을 제안하고자 한다.

희망 이론의 기원

20세기까지 학자들은 목표를 추구하려는 인간의 보편적인 욕망이라고 여겨지는 것에 대한 다양한 저술을 남겼다. 그러한 문헌들에 나타난 공통적인 주제들 가운데 하나는 바로 희망에는 자신의 목표가 성취될 것이라는 지각이 포함되어 있다는 사실이다. 스나이더는 이전의 학자들에게 공유되어 있었던 희망에 대한 위와 같은 생각은 유망한 목표 지향적 사고에 포함된 것이 무엇인지를 제대로 포착하지 못한다고 생각하였다. 이에 스나이더는 보다 포함적이면서도 상대적으로 더욱 간결한 희망에 대한 개념 정의를 찾기 시작하였다(Rand & Cheavens, 2011, 324).

사실상 스나이더에게 있어서 희망 이론의 기원은 변명 만들기(excuse making)이다. 1970년대 말과 1980년대 초반에 스나이더와 멜먼(Mehlman)은 사람들이 자신들의 실수와 실패에 대한 변명을 어떻게 만들어 내는지의 과정에 대해 연구하였다(Mehlman & Snyder, 1985, 996). 그들은 사람들이 자신들의 실패 이후에 자아 관련적인 과제의 불충분한 수행을 변명하기 위한 전략으로서 독특성을 부각시키는 귀인 설명이나 일관성을 감소시키는 귀인 설명을 하고 있으며 그것은 자기 보호에 기여한다는 것을 알아내었다. 이 연구를 통해 스나이더는 사람들이 원하지 않았던 것을 설명하는 방식을 이해하는 데 초점을 맞추었다.

이를 토대로 하여, 이제 스나이더는 사람들이 실제로 자신이 원하는 것에 가까이 다가가는 과정, 즉 사람들이 자신의 목표를 달성하는 과정을 보다 잘 이해하기 위한 시도의 일환으로 희망 이론을 개발하였다. 이런 의미에서 스나이더는 희망을 변명 만들기 과정의 또 다른 측면으로 개념화하였다(Snyder, 2002, 249). 1987년에 스나이더는 희망과 삶의 목표에 대해 사람들과 이야기를 나누면서 안식년을 보냈다. 스나이더는 그들과의 대화를 통해 사람들이 자신들의 목표에 대해 논의할 때에는 두 가지의 구성 요소, 즉 그들의 목표에 도달하는 경로와 그 경로를 활용하려는 동기를 언급하고 있다는 사실을 알아내었다. 스나이더는 이 두 구성 요소를 각각 경로(pathways)와 주도(agency)라고 명명하였다. 1991년에 스나이더와 그 동료들은 희망에 대한 새로운 개념 정의를 세상에 내놓았다. 그들에 따르면, 희망은 목표지향적인 에너지인 '주도'와 목표를 달성하기 위한 '경로'가 성공적으로 상호작용하는 감각에 근거를 둔 긍정적인 동기적 상태이다(Snyder, Irving & Anderson, 1991, 287).

스나이더의 표현을 빌려 표현한다면, 희망적인 사고는 개인은 자신이 의도하는 목표에 이르는 경로를 발견할 수 있다는 신념, 그리고 그 경로들을 활용하려는 동기를 불러 모을 수 있다는 신념 두 가지로 구성된다. 그러므로 스나이더에게 있어서 희망은 인지적이고 목표 지향적인 현상으로서, 의도하는 목표에 이르기 위한 경로를 이끌어낼 수 있는 능력과 그러한 경로를 활용하기 위해 주도 사고를 통해 자신을 동기화하는 것이다(Snyder, 2002, 249). 스나이더와 그 동료들은 희망 이론의 관점에서 볼 때 환상에 근거한 기대, 부적절한 목표, 의도한 목적에

문화 감응 교육학

도달하기 위한 빈약한 전략이라는 세 가지 관점에서 그릇된 희망(false hope)을 비판하는 것은 타당하지 못하다고 주장한다(Snyder et al., 2002, 1003). 희망 이론적 관점에서 높은 희망으로 개념화된 사람들은 여러 삶의 분야에서 높은 생산성과 안녕을 누리고 있다는 일관된 증거들이 발견되고 있으므로, 희망 이론의 관점에서 그릇된 희망을 논의하는 것은 무의미하다고 주장한다. 특히 최근에 희망 이론이 긍정심리학의 한 분파로 자리를 잡게 됨에 따라서 희망은 보편적인 여섯 가지 도덕적 덕목 가운데 하나인 초월성의 하위 요소로 구분된다. 즉 희망은 미와 탁월성에 대한 인식, 감사, 유머, 종교성과 함께 초월성을 구성하는 대표적인 도덕적 역량이자 성격 강점인 셈이다(Park & Peterson, 2006, 894).

그런데 희망은 자기 효능감이나 낙관성과 같은 여타의 심리적 특성과는 다르다. 자기 효능감은 어떤 영역을 지배할 수 있다는 개인의 신념을 언급한다. 낙관성은 모든 것이 다 잘 될 것이라는 일반적인 기대를 언급한다. 희망, 자기 효능감, 낙관성이 모두 미래에 대한 기대를 포함하고 있음에도 불구하고, 그것들은 서로 미묘한 차이가 있다. 자기 효능감을 지닌 사람은 어떤 영역을 지배할 것이라는 기대를 한다. 낙관성은 결과에 대한 자신의 통제력과는 상관없이 미래의 결과에 대한 긍정적인 기대를 포함한다. 이와는 달리 희망을 지닌 사람은 자신의 목표를 달성하는 데 필요한 의지, 경로, 전략을 모두 갖고 있다(Lopez et al., 2009, 37).

희망 이론의 주요 구성 요소

희망 이론을 구성하고 있는 핵심 개념들은 목표, 경로, 주도이다. 이에 여기서는 세 가지 핵심 개념들의 의미에 대해 보다 상세하게 살펴보고자 한다.

① 목표

희망 이론의 기본 교의는 인간 행동의 상당수가 목표 지향적이라는 사실이다. 목표는 인간 행동의 계열성을 안내하는 정신적 표적이다. 사실 목표 사고(goal thoughts)는 그 자체로서 희망 이론의 토대를 이룬다. 목표는 언어적으로 혹은 시각적으로 표현될 수도 있다. 이를테면, 목표는 "나는 이번 겨울 방학에 살을 빼겠다."와 같은 자기 진술로 표현될 수도 있고, 백화점 매장에서 보았던 신상품 코트의 그림처럼 정신적 이미지로 표현될 수도 있는 것이다. 목표는 단기적 목표와 장기적 목표의 경우에서 볼 수 있는 바와 같이 시간적 틀에 따라서 다를 수 있다. 또한 목표들은 구체성, 가치, 중요성의 관점에서 서로 다를 수 있다. 스나이더(2002, 250)에 의하면, 목표들은 의식적 사고를 점유하기에 충분한 가치를 지닐 필요가 있다. 덧붙여 스나이더는 두 가지의 기본적인 목표 유형이 있다고 주장한다. 즉, 목표는 의과대학에 입학하는 것과 같은 정적인(positive) 접근 목표와 감기에 걸리지 않는 것과 같은 부적인(negative) 회피 목표로 구분된다. 첫 번째 유형은 정적인 목표 결과를 가져오는 것으로서, 여기에는 그 목표에 최초로 도달하는 것, 현재 목표 결과를 유지하는 것, 이미 시도된 것을 증가시키는 것이 포함된다. 두 번째 유형은 부적인 목표 결과를 가져오는 것으로서, 여기에는 그것이 다시 발생하지 않도록 억제하는 것, 그것의 출현을 지연시키고자 억제하는 것이 포함된다. 한편 스나이더(2002, 250)는 목표는 너무 어렵거나 너무 쉽지 않은 중간 수준이어야 한다는 초기의 생각을 바꾸어 매우 높거나 매우 낮은 가능성을 가진 목표들도 희망의 적절한 표적이 될 수 있다고 보았다.

② 경로

희망 이론에 따르면, 인간 진화의 어느 시점에서 인류는 시간을 과거, 현재, 미래로 개념화할 수 있는 능력을 발달시켰다고 한다. 그 결과 인간은 자신이 바라는 미래의 상태인 목표를 달성하기 위해 자신의 행동을 조직화할 수 있게 되었다. 경로 사고(pathways thinking)는 현재와 상상된 미래를 연결시키기 위한 수단을 창출하기 위한 지각된 능력을 함의한다. 그러므로 경로 사고를 통해 개인은 의도하는 목표에 도달할 수 있는 최소한 한 가지 이상의 방도를 창출할 수 있다고 지각한다. 목표 추구에 있어서 장애에 직면할 때를 대비하여 다양한 경로를 모색하는 것이 중요하다. 높은 희망 수준을 가진 사람일수록 목표에 이르는 대안적인 경로들을 창출함에 있어서 매우 효능적이다. 이와는 달리 희망 수준이 낮은 사람에게 있어서 경로 사고는 미약하기 때문에, 목표에 이르는 경로가 정교하지 않다(Snyder, 2002, 251).

③ 주도

희망 이론에서 주도는 동기적 구성 요소로서, 의도한 목표를 달성하기 위해 경로를 활용하려는 지각된 능력을 의미한다. 주도 사고(agency thinking)는 어떤 경로를 따라서 움직임을 개시·유지하기 위한 능력에 관한 자기 준거적인 사고를 포함한다. 주도 사고는 '나는 이것을 할 수 있어!'와 같은 확언적인 자기 진술을 포함한다. 주도 사고는 모든 목표 추구에 있어서 중요한 것이지만, 특히 사람들이 목표 추구의 과정에서 난관에 봉착했을 때에는 매우 결정적인 것이 된다. 왜냐하면, 주도 사고는 대안적인 경로를 따라 움직이는 데 필요한 동기를 부여해 주기 때문이다. 주도 사고와 밴두라(Bandura)의 자기 효능감 간에는 상당한 개념상의 중첩이 존재한다. 밴두라는 효능감 기대(efficacy expectation)를 개인으로 하여금 특정한 목표 추구를 위한 특정한 행동 방안을 실행할 수 있는 상황 특수적인 평가로 정의하였다(Bandura, 1977, 193). 이와는 달리, 주도는 개인이 여러 목표들을 위한 목표 지향적인 행동을 실행할 것이라는 특성과 같은 지각(trait-like perception)을 의미한다. 덧붙여, 주도는 단순히 그렇게 할 수 있는 능력을 지각하는 것이라기보다는 행동하려는 의도를 반영한다. 주도와 자기 효능감이 관련되어 있기는 하지만, 자기 효능감 이상의 안녕(well-being)에서의 독특한 차이를 예측해 준다.

④ 주도와 경로의 통합

희망적인 사고는 어떤 목표에 이르는 경로를 창출하기 위한 지각된 능력과 그러한 경로들을 활용하려는 지각된 능력과 결단 두 가지 모두를 필요로 한다. 그러므로 희망 이론에서 주도와 경로의 통합은 매우 중요한 부분이다. 희망 이론에서 희망은 목표 지향적인 에너지를 의미하는 주도와 목표 충족을 위한 계획을 의미하는 경로가 성공적으로 상호작용을 하고 있다는 감각에 근거한 하나의 동기 상태인 셈이다(Snyder, Irving & Anderson, 1991, 287). 경로 사고와 주도 사고의 관계는 부가적이고 반복적이라는 의미에서 교류적인(transactional) 것이다. 목표 추구의 중간에 경로 사고는 주도 사고를 증대시켜 주고, 반대로 주도 사고는 경로 사고를 증가시켜 준다.

⑤ 희망과 정서

희망 이론에서는 인지적 과정이 주로 강조되고, 정서는 목표 지향적 사고와 활동의 결과로 가정된다. 정서는 의도한 목표의 달성을 향한 지각된 진보, 즉 방해를 받지 않는 움직임이나 효과적으로 장애를 극복하는 것으로부터 유래한다. 이와는 달리 부정적 정서는 목표 추구에서의 지각된 침체나 좌절로부터 유래한다. 성공적인 목표 달성이나 장애물을 극복하는 것은 긍정적인 정서를 수반하는 반면에 목표 추구 과정에서 극복할 수 없는 난관은 부정적 정서를 수반한다. 그러므로 중요한 삶의 목표를 추구하는 과정에서 어려움에 직면한 사람들은 감소된 안녕감을 경험한다. 자신의 동기적 상태와 특정한 결과의 가능성에 대한 생각은 정서를 유발시키지만, 그 역은 성립하지 않는다(Rand & Cheavens, 2011, 324).

희망 모델

지금까지 희망 이론의 기본적인 구성 요소들에 대해 살펴보았다. 이제 여기서는 목표 지향적 사고의 시간적 계열성에 대해 알아보고자 한다. 이 계열성은 〈그림 4〉에 잘 나타나 있다(Snyder, Rand & Sigmon, 2002, 259). 좌측에서 우측으로 이동함에 따라서 목표 지향적 사고가 목표 추구에 영향을 미치는 세 단계, 즉 개인의 학습사(learning history), 사건 이전(preevent) 단계, 사건 순서(event sequence) 단계를 거치게 된다. 주도 사고와 경로 사고의 토대는 아동기 동안에 형성되기 때문에 개인의 학습사는 매우 중요하다. 이론상, 경로 사고는 유아가 발생하는 사건들 간의 연합을 만들기 시작할 때 발달한다. 한 살 무렵에 유아는 자신이 타인과는 구별되는 독립된 실체임을 깨닫기 시작하고, 자신이 사건의 연쇄 순서에서 인과적 주도가 될 수 있다는 통찰을 하게 된다. 이것이 바로 주도 사고의 시작이다.

경로 사고와 주도 사고의 반복 과정은 이전의 목표 추구에서 축적된 개인의 경험에 근거한 일군의 정서(emotion set)나 기분을 동반한다. 예를 들어, 목표 달성과 장애 극복으로 충만한 개인의 역사는 목표 추구에 직면하여 긍정적이고 적극적인 감정(예: 흥미와 호기심)의 특징을 지닌 일군의 정서를 야기한다. 미래의 목표 추구는 과거의 목표 추구로부터 나오는 정서에 의해 예측된다. 그러므로 높은 수준의 희망을 가진 개인은 확신과 기쁨의 감정을 포함하고 있는 일군의 정서들을 갖고 있다. 반면에 낮은 수준의 희망을 가진 개인은 수동적이고 부정적인 감정의 특징을 가진 일군의 정서들을 갖고 있다.

이제 두 번째 단계인 특정한 목표 추구의 사건 이전 단계에 대해 알아보고자 한다. 사건 이전 단계에서 잠재적 목표에 대하여 개인은 문제시 되는 목표의 결과 가치를 평가한다. 만약 목표가 지속적인 관심을 보장하기에 충분히 중요한 것이라면, 개인은 사건 순서 단계로 나아간다. 개인이 어떤 목표를 추구하기 시작하면, 〈그림 4〉의 양방향 화살표에서 볼 수 있는 바와 같

문화 감응 교육학

이 주도 사고와 경로 사고가 반복적으로 평가된 '결과 가치'와 상호작용을 한다. 그러나 상상된 목표의 결과 가치가 지속적인 노력을 기울이는 데 충분하지 않은 것으로 평가된다면, 목표 추구는 중단된다. 이렇듯 지속적으로 결과 가치를 검토하는 것이 중요한데, 그 이유는 목표 추구가 개시될 때까지 간혹 어떤 목표의 가치가 정확하게 평가되지 않을 수도 있기 때문이다.

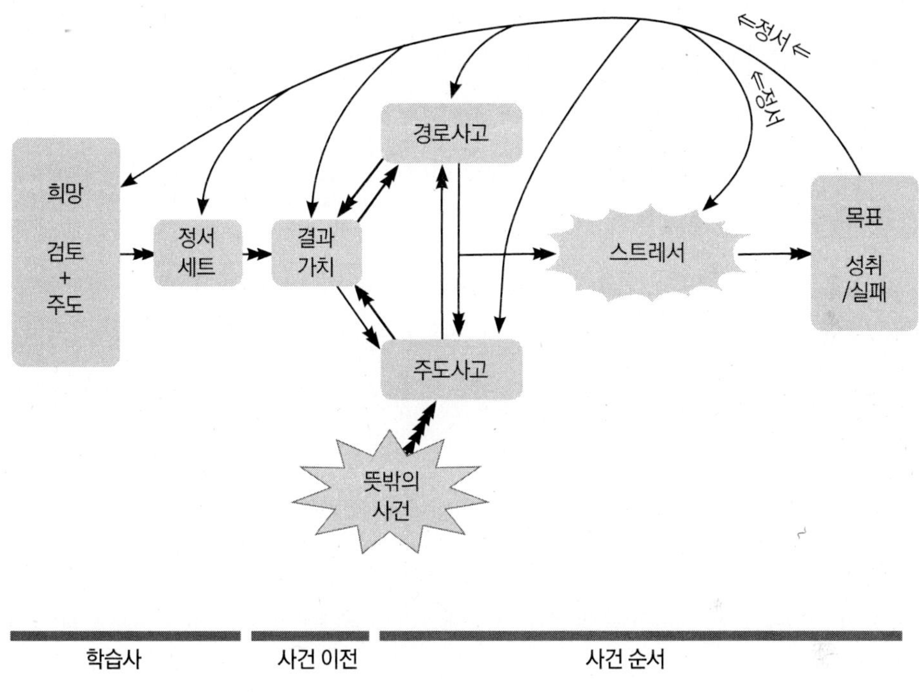

〈그림 4〉 희망 모델

　개인이 목표 추구의 사건 순서 단계로 진입함에 따라서, 목표 특수적인 경로 사고와 주도 사고가 번갈아 일어나며 합해지게 된다. 사건 순서 단계를 통한 경로 사고와 주도 사고의 반복은 피드포워드(feed-forward) 방식의 주어진 목표 추구에서의 사후 성공에 영향을 미친다. 일단 특정한 목표 추구가 달성되면, 그 과정에 대한 개인의 평가(예: 성공 혹은 실패)와 후속 정서(예: 긍정적 혹은 부정적)는 역순환하여 일반적인, 그리고 특수한 영역에서의 목표를 위한 경로 사고와 주도 사고에 대한 이후의 지각에 영향을 미친다. 반복된 실패는 적어도 학업과 같은 특정한 삶의 영역에 있어서 희망의 상실로 귀결된다.

목표 추구의 어느 시점에서 개인은 스트레서(stressor)와 조우할 수도 있다. 희망 이론에서 스트레서와 장애물은 목표 달성을 위태롭게 하는 모종의 방해로 정의된다. 스트레서는 지속적인 목표 추구에 피드백으로 영향을 미치는 정서를 만들어 낸다. 그 결과로서 생기는 정서는 스트레서가 평가되는 방식의 기능이다. 스트레서가 모든 사람에게 있어서 초기에 상당한 부정적 정서를 유발함에도 불구하고, 희망 수준이 높은 사람은 스트레서를 극복해야 할 도전으로 보는 경향이 강하기 때문에 그에 상응하는 긍정적인 정서를 경험할 수도 있다.

끝으로 목표 추구에 있어서 또 다른 정서적 영향력의 원천은 뜻밖의 사건(surprise event)이다. 뜻밖의 사건은 지속적인 목표 추구의 상황 밖에서 발생하는 사건으로서 긍정적일 수도 있고 부정적일 수도 있다. 예를 들어, 그것은 오랜 시간 잊고 지내던 친한 친구로부터의 전화를 받는 일과 같은 긍정적인 것일 수도 있고, 태풍의 피해로 집을 잃은 친구를 발견하는 것과 같은 부정적인 것일 수도 있다. 이렇듯 뜻밖의 사건에 의해 유발되는 정서는 전반적인 동기를 증가시키거나 감소시킴으로써 개인의 주도 사고에 영향을 줄 수 있다. 이러한 주도는 친구가 살게 될 새 집을 구하는 일을 돕는 것과 같이 특정한 목표 및 상황에 적합한 경로에 부속된 것이다. 여기서 중요한 사항은 정서가 특정한 목표 추구의 상황 밖에서 유발될 수 있다는 것이다. 그러나 그 정서는 지속적인 목표 추구 사고 과정에 빠르게 통합되어 목표 추구 결과에 영향을 미친다. 요약하면, 희망 모델은 어떤 주어진 목표 추구에서 개인의 성공에 영향을 미치는 피드포워드 기제(사고)와 피드백 기제(사고와 정서)로 구성된다. 이러한 순서는 개인의 성향적 특성(예: 개인의 학습사)과 특정한 상황의 성격 양자로부터 영향을 받는다(Rand & Cheavens, 2011, 326).

희망의 측정

지난 20여 년 동안 스나이더와 그 동료들은 성인과 아동을 위한 효과적인 희망 측정 도구를 개발하였다. 희망은 안정된 성격 성향인 '특성'으로 존재할 수도 있고, 일시적인 마음의 틀인 '상태'로 존재할 수도 있다. 성인용 특성 희망 척도(trait hope scale)는 4개의 주도 진술(예: 나는 지금까지 성공적인 삶을 살아오고 있다.), 4개의 경로 진술(예: 나는 궁지에서 벗어나기 위

문화 감응 교육학

한 많은 방법들을 생각하고 있다.), 4개의 희망 척도와는 무관한 선택지(distracter) 진술(예: 나는 대부분의 시간 동안 피곤하다는 느낌이 든다.)로 구성되어 있다. 특성 희망 척도는 '절대로 아니다.'로부터 '절대로 맞다.'의 8단계 리커트 척도로 구성되어 있다(Snyder, 2002, 274). 이것은 안정적이고 지속적인 희망을 측정하는 도구이다. 한편 성인용 상태 희망 척도(state hope scale)는 3개의 경로 항목(예: 지금 내가 직면한 문제를 해결하기 위한 많은 방안들이 존재한다.)과 3개의 주도 항목(예: 요즘 나는 내가 설정한 목표를 효과적으로 추구하고 있다.)으로 구성되어 있으며 응답자들이 '지금 당장'(right now)의 관점에서 응답하도록 되어 있다. 이 척도는 희망이 개인의 성격 특징과 관련된 요인이기는 하지만 특정한 상황과 밀접한 관계가 있고, 희망의 강도 또한 상황적으로 변화할 수 있는 불안정한 개인차를 보인다는 연구 결과에 근거하여 제작된 것이다. 즉 상태 희망 척도는 변화하는 심리 상태 속에서 지금 나 자신의 희망 상태를 측정하기 위한 것이다(Snyder, 2002, 275). 한편, 아동용 희망 척도는 7-14세 아동의 특성 희망을 측정하도록 되어 있다. 아동용 희망 척도는 3개의 경로 문항, 3개의 주도 문항으로 구성되어 있으며, 주도 항목의 사례로는 '나는 내 또래의 다른 아이들만큼이나 잘 하고 있다.' 그리고 경로 항목의 사례로는 '내가 꿈을 갖고 있을 때, 나는 그것을 해결할 많은 방법들을 떠올릴 수 있다.' 등이 포함되어 있다. 아동용 희망 척도는 '항상 아니다.'로부터 '항상 그렇다.'의 6단계 리커트 척도로 구성되어 있다(Edwards & McClintock, 2013, 45; Snyder, 2002, 275). 우리나라에서는 스나이더의 특성 희망 척도를 우리말로 번안하고 타당화한 최유희(2008)의 연구와 초등학생용 희망 척도를 개발하고 타당화한 조한익(2009)의 연구가 있다.

희망의 효과

그렇다면 희망이 우리의 삶에 미치는 영향은 무엇인가? 이 질문에 대한 과학적인 근거를 찾기 위해 희망 이론의 연구자들은 희망이 여러 분야에서의 삶의 결과에 미치는 긍정적 효과를 밝혀 내었다. 그 결과, 희망은 수행(예: 학업과 운동), 안녕(육체적 건강과 정신적 적응), 대인 관계에서 탁월한 효과가 있는 것으로 밝혀졌다. 특히 최근 긍정심리학에서는 희망을 24개의 성격 강점들 가운데 하나로 구분하면서, 희망을 학생들이 지녀야 할 대표적인 도덕적 역량 가운데 하나로 제시하고 있다(Park & Peterson, 2006, 893).

① 희망과 수행

졸업이나 취업과 같은 장기적 목표를 달성하는 데 필수적인 학업 이수를 성공적으로 수행하는 것은 대부분의 학생들에게 편재하는 중요한 삶의 목표이다. 그러므로 높은 수준의 특성 희망은 성공적인 학업 성취와 반드시 상응하는 것이어야만 한다. 이를 입증하기 위한 많은 연구들이 수행되었는데, 희망 점수가 높은 학생일수록 높은 학업 성취도를 보이는 것으로 밝혀졌다. 희망 점수가 높은 초등학생들은 성취도 평가에서 탁월한 결과를 보여주었고, 고등학생들과 대학생들의 경우에도 일반 학생들에 비해 평균학점(GPA)이 훨씬 높은 것으로 밝혀졌다. 특히 지능, 이전의 학업 수행, 자존감, 대학입학 성적 등을 통계적으로 통제하는 가운데 대학생들을 대상으로 한 연구에서, 희망 점수가 높은 학생일수록 높은 평균학점, 높은 졸업률, 낮은 중도탈락률을 보이는 것으로 나타났다(Snyder, 2002). 희망 점수가 높은 학생일수록 운동에서도 탁월한 수행을 하는 것으로 나타났다. 트랙 경기 운동선수들을 대상으로 한 연구 결과에 의하면, 비슷한 실력의 운동선수들 사이에서도 희망 점수가 높은 선수가 더 탁월한 수행을 하는 것으로 나타났다(Lopez et al., 2009, 41).

② 희망과 안녕

대부분의 사람들에게 있어서 육체적 건강은 중요한 목표이므로, 희망적인 사고는 개인의 육체적 건강에 영향을 미칠 수 있어야 한다. 이를 입증하기 위해 희망 이론 연구자들은 1차 예방(예: 미래의 건강 문제를 회피하는 것)과 2차 예방(예: 현존의 건강 문제에 대처하는 것)의 두 영역에서 건강 관련 목표 추구에 영향을 미치는 희망의 효과를 밝혀 내려는 실험을 수행하였다. 그 결과 희망 수준이 높은 여성일수록 낮은 여성에 비해 암 진단 검사를 더욱 충실하게 잘 수행하는 것으로 나타났다. 또한 희망 수준이 높은 여성일수록 낮은 여성에 비해 암 예방 활동에 적극적으로 관여하려는 강력한 의도를 지닌 것으로 나타났다. 또 다른 연구에서는 희망 수준이 높은 사람일수록 낮은 사람들보다 질병을 예방하기 위한 시도로서 운동을 더 많이 하는 것으로 나타났다. 한편, 입원 환자들 가운데 희망 수준이 낮은 사람일수록 자살극을 벌이는 비율이 훨씬 높은 것으로 나타났다(Rand & Cheavens, 2011, 327).

육체적 건강의 경우와 마찬가지로 정신 건강의 경우에도 1차 예방(예: 적응 및 정신병리 예방)과 2차 예방(예: 정신 병리에 대한 대응 및 그로부터의 회복)으로 나누어 생각할 수 있다. 희망 이론에 관한 연구 결과에 의하면, 희망은 긍정적 정서와 정적 상관을, 그리고 부정적 정서와 부적 상관을 보이는 것으로 나타났다. 이를테면 희망 수준이 높은 대학생일수록 낮은 대학생들에 비해 더욱 고무적이고, 활기가 있으며, 확신이 강한 것으로 나타났다. 또한 희망 수준이 높은 사람일수록 지속적인 스트레서에 대응함에 있어서 효과적이며, 높은 확신감을 갖고 있는 것으로 나타났다. 어머니가 수감 중인 아동들의 경우에 있어서도, 희망 수준이 높은 아동일수록 비행이나 문제 행동에 관여하는 비율이 훨씬 낮은 것으로 나타났다(Hagen, Myers & Mackintosh, 2005, 211). 반대로 희망 수준이 낮은 사람일수록 스트레스 유발 요인들에 직면하여 대응보다는 회피 전략을 활용하는 비율이 높으며, 그 결과 절망과 심리적 적응 능력의 감소를 경험하는 것으로 밝혀졌다. 희망 수준이 높은 사람은 어려움에 직면했을 때 대안적 목표를 추구할 수 있는 인지적 융통성을 갖고 있지만, 희망 수준이 낮은 사람은 곤란에 직면한 것에 대해 비생산적으로 반추하는 경향을 갖고 있어서 효과적인 대응보다는 회피 전략을 사용한다(Snyder, Rand & Sigmon, 2002, 231).

③ 희망과 대인관계

희망적인 사고는 아동과 그의 배려 제공자, 또래, 교사와의 상호작용에 근거하여 아동 초기에 발달하기 시작한다. 그러므로 희망적인 사고는 아동과 성인 배려 제공자 사이의 안전하고 지지적인 관계의 산물인 셈이다. 목표 추구는 항상 사회적 교섭의 맥락 안에서 발생하기 때문에 타인과 관계를 맺는 것은 기본적인 인간의 목표들 가운데 하나이다. 사람들이 타인과 관계를 맺는 것에 얼마나 관심을 가지고 있는지를 알아볼 수 있는 척도 가운데 하나는 사람들이 자신들에 대한 타인들의 지각에 얼마나 관심을 갖는지의 정도일 것이다. 따라서 긍정적인 방식으로 자신을 타인에게 드러내는 경향성은 적응적이고 친사회적인 것이라고 여겨질 수 있다. 희망 이론의 연구 결과에 의하면, 희망 수준이 높은 사람일수록 사회적 바람직성 및 긍정적인 자기표현과 정적인 상관성을 보인다고 한다. 즉 희망 수준이 높은 사람들은 그들이 타인에게 주는 자신의 인상에 대해 건전한 관심을 드러내는 것이다.

희망적인 사고는 타인과의 관계성에도 긍정적인 영향을 준다. 희망 수준이 높은 사람일수록 타인들과 친밀한 관계를 맺는다(Rand & Cheavens, 2011, 330). 왜냐하면 희망 수준이 높은 사람은 자신의 삶에 있어서 자신의 목표만이 아니라 타인들의 목표에도 관심을 갖고 있기 때문이다. 또한 희망 수준이 높은 사람들은 타인의 입장을 채택하는 능력에서도 높은 수준을 보여주고, 타인들과 상호작용하는 것을 매우 즐겁게 여긴다. 요약하자면, 희망 수준이 높은 사람일수록 사회적 지지와 사회적 역량이 높으며, 고립감을 덜 느낀다고 할 수 있다.

희망 수준의 향상 방안

희망 이론 연구자들은 희망 이론을 학교교육에 적용하려는 다양한 시도들을 전개하여 왔다. 희망 이론의 교육적 개입 활동은 캔사스대학교(University of Kansas)의 연구팀에 의해 시도된 바 있다. 'Making hope happen' 프로그램은 초·중등학교 학생들에게 각자의 목표를 추구하는 동시에 이야기나 소설 속에 등장하는 주인공과 학생들에게서의 희망을 확인하는 것과 관련된 적절한 활동과 수업을 전개하는 방식으로 실행되었다(Edwards & McClintock, 2013, 50). 한편 연구팀은 중학생을 대상으로 한 5주간의 개입 프로그램을 통해 희망 어휘, 희망의 개념, 희망 목표 설정, 희망적 대화를 나누는 방법, 희망을 미래에 적용하는 방법에 대해 가르친 결과 중학생들의 희망, 자아가치, 삶의 만족에서 통제집단에 비해 탁월한 효과가 있다는 것을 밝혀 내었다(Marques, Lopez & Pais-Ribeiro, 2009, 139).

스나이더와 그 동료들은 학교에서의 카운슬러들이 학생들의 희망을 향상시켜 줄 수 있는 방안을 희망 이론의 세 구성 요소인 목표, 경로, 주도를 중심으로 하여 상세하게 제시하였다(Snyder, Feldman, Shorey & Rand, 2002, 303-304). 또한 스나이더는 자신의 경험과 교실 관찰을 토대로 하여 학생들의 희망을 향상시킬 수 있는 기본 원리를 다섯 가지로 제안한 바 있다. 그는 특히 교실이 희망을 중시하는 하나의 공동체가 되어야 한다는 사실을 강조하였다(2005, 75). 그가 제시한 다섯 가지 원리들은 다음과 같다. 첫째, 학생들과 함께 많은 시간을 함께 하면서 배려해야 한다. 둘째, 학급을 위한 목표를 설정한다. 셋째, 학급 목표를 향한 경로 사고를 창조한다. 넷째, 학급 목표를 추구하기 위한 주도 사고를 고양한다. 다섯째, 목표 추구 및 달성을 통한 자존감의 증가를 중시해야 한다. 또한 로페즈와 그 동료들은 학생들의 희망을 향상시키기 위한 구체적인 방안을 목표 설정을 도와주는 일, 경로 사고를 발달시키도록 도와주는 일, 학생들의 주도를 고양하도록 도와주는 일로 구분하여 구체적인 방안들을 제안하였다 (Lopez et al, 2009, 42-45). 그들은 특히 학생들의 희망을 향상시키기 위해서는 교사들 스스로가 자신의 중요한 관심과 삶의 목적들을 추구하는 일에 몰두할 필요가 있음을 강조하였다.

국내의 경우 조한익(2009)은 희망 이론을 학교교육에 적용하기 위한 방안을 제시한 바가 있으나, 그의 연구는 희망 이론에서 제안한 목표, 경로, 주도 사고를 향상시키는 방안을 번안하여 제시하는 데 그치고 있다. 이에 여기서는 도덕 교과 수업을 통해 희망을 향상시킬 수 있는 방안을 희망 이론의 연구 결과들에 근거하여 구체적으로 탐색하고자 한다.

① 도덕적 미(moral beauty)에 대한 감상력 제고

자연적·예술적·도덕적 미에 관여하는 것은 특성 희망에서의 증가를 유발할 수 있다는 연구 결과가 있다(Diessner et al., 2006, 309). 그러나 교실 수업을 통해 학생들이 자연적·예술적 미를 감상하는 것은 현실적으로 불가능한 요소가 많기 때문에 여기서는 도덕적 미를 중심으로 논의를 전개하고자 한다. 철학적 관점에서 볼 때, 인간의 덕(virtues)은 도덕적 미의 한 표현이다. 이런 점에서 도덕적 선(moral goodness)과 도덕적 미는 동의어가 될 수 있다. 하지만 어떤 사람은 타인의 도덕적 선함을 보고도 아무런 감흥이 없거나 전혀 감정의 움직임이 없을 수 있다. 도덕적으로 선한 행동에 의해 관찰자의 정서가 연루되어 감정의 움직임이나 고양을 느낄 때에 그 행위를 비로소 도덕적 미라고 부를 수 있다(Diessner et al., 2006, 304). 즉 우리가 어떤 행동을 도덕적 미의 행동이라고 부를 때, 그것은 그 행동에 의해 우리의 마음이 움직였다는 것을 의미한다.

하이트의 연구 결과에 의하면, 도덕적 미에 대한 감상과 인지는 고양(elevation)이라는 도덕적 정서를 유발한다. 사랑, 충성, 자기희생의 행위는 고양을 유발하는 강력한 유도체이다 (Haidt, 2002, 864). 어떤 사람이 타인의 행동을 도덕적 미의 행동으로 언급한다면, 그것은 그 행동에 의해 그의 마음이 움직였다는 것을 함축한다. 도덕적 미에 의해 자신의 감정이 활성화되었을 때, 고양의 조건들이 만들어진다. 고양은 도덕적 미에 의해 유도되고, 인간다움의 최상의 본질의 표현을 보는 것에 의해 야기된다. 고양은 가슴속에 온화와 확장의 독특한 감정을 유발한다. 고양은 더 좋은 사람이 되겠다는 열망을 야기한다. 고양은 그러한 감정을 생기게 만든 사람에게뿐만 아니라 타인들을 향해서도 자신의 마음을 열게 만들어 준다(Haidt, 2002, 864). 고양의 친사회적 행동 경향성은 그러한 감정을 유발시킨 사람에 대한 감사의 수준을 넘어서서 그 자신이 더 좋은 사람이 되기 위한, 그리고 도덕적 귀감의 사례를 따르기 위한 일반화된 욕망을 포함한다(Haidt, 2002, 864). 도덕적 미는 심오한 도덕적 정서인 고양의 인과적 요인이자 유도체이다. 도덕교육에서 고양이 중요한 이유는 무엇인가? 우리의 도덕적 직관이나 심의적인 도덕적 추론을 실행하기 위해서는 먼저 우리가 그렇게 동기화되어야만 한다. 그런데 정서는 도덕적 사고와 도덕적 행동의 간극을 연결시키도록 우리를 동기화시켜 준다.

그러므로 문학 작품이나 위인전, 매스미디어에 등장하는 다양한 사람들의 도덕적 미에 자주 접하게 하는 것은 학생들의 희망 수준을 높일 수 있을 뿐만 아니라, 고양을 유발함으로써 학생들의 도덕 발달에 크게 기여할 수 있는 장점이 있다. 특히 희망 수준이 높은 도덕적 귀감이 지니고 있었던 목표, 그들이 직면했었던 역경이나 장애물, 그들이 그러한 역경이나 장애물을 극복하기 위해 활용했었던 전략, 그들이 목표를 달성하기 위해 노력했었던 동기들을 탐색해 보게 하는 것은 학생들의 희망 수준을 높임과 동시에 도덕적 모델링의 기회를 제공하는 장점이 있음에 주목해야 한다.

② 협동적 목표 달성의 중시

희망 이론은 학생들의 희망을 향상시키기 위해서는 무엇보다도 먼저 학생들이 목표를 설정할 수 있도록 도와주어야 한다는 사실을 강조한다. 그러므로 도덕 수업을 통해 교사는 학생들이 도덕적 삶의 실천과 관련한 다양한 목표들을 설정하여 그 목표를 추구해 나갈 수 있도록 도와주어야 한다. 그런데 목표 설정에 있어서 두 가지 유념할 사항이 있다. 첫째, 교사는 학생들이 구체적인 목표를 설정할 수 있도록 도와주어야 한다. 추상적인 목표들은 매우 구체적인 목표들에 비해 달성하는 것이 매우 어렵기 때문이다(Emmons, 1992, 292). 이를테면, '좋은 점수를 받겠다.'또는 '남을 도와주겠다.'라는 목표는 매우 모호한 목표이다. 이러한 목표들은 구체성이 떨어지기 때문이다. 따라서 교사는 '기말고사의 도덕 시험을 위해 앞으로 매일 한 시간씩 공부를 더 하겠다.' 혹은 '앞으로 1주일에 적어도 두 번은 내 방을 스스로 청소하여 어머니의 일손을 덜어드리겠다.' 등의 표현과 같이, 학생들이 목표 달성을 위한 명확하고 구체적인 지표가 있는 목표들을 설정하도록 도와줄 필요가 있다.

한편 희망 수준이 높은 사람들은 자신의 목표와 더불어 타인의 목표에도 깊은 관심을 갖는다. 그러므로 교사는 학생들 개인의 '자기' 목표와 더불어 '우리'의 목표라는 관점에서 학생들이 사고하도록 가르칠 필요가 있다. 이에 스나이더(2005, 77)는 학생들 성적의 상당 부분이 협동이 절대적으로 필요한 집단 활동에 의해 결정되는 수업 방식을 채택할 것을 권장하면서, 특히 직소우 교실(Jigsaw classroom)의 중요성을 강조하였다. 이러한 방법은 경쟁을 강조하지 않는 가운데 공유된 성취감을 불러일으킬 수 있는 장점이 있다(Lopez et al., 2009, 44). 학생들은 어려운 도덕적 결정을 요구하는 문제들을 공동의 노력을 통해 해결하는 가운데 대인관계적 능력을 발달시킴과 동시에 타인과 잘 어울려 지내는 방법을 학습할 수 있다. 협동적인 과제 수행을 통해 타인을 돕는 가운데 학생들은 인간의 이타적 욕구를 충족시키고, 그 결과 자신에 대해 긍정적으로 생각할 뿐만 아니라 타인의 복지에도 더 많은 관심을 기울이게 된다. 그러므로 도덕 수업에서 공동의 목표를 설정하여 수업을 전개하는 것은 학생들의 희망 수준을 높여 줄 뿐만 아니라, 간접적으로 도덕교육적 성과를 가져올 수 있는 장점이 있다.

③ 희망 풍토 조성

어린 아동은 부모나 배려 제공자와의 원인-결과 상호작용의 예측 가능성에 대한 신뢰를 학습하는 것을 통하여 희망을 발달시킨다. 이와 마찬가지로 학생들은 교사와의 질서 있는 예측 가능성과 일관성에 대한 신뢰를 학습하는 것을 통하여 희망을 발달시킨다. 확고하고 공평하고 일관된 자세를 견지한 교사는 학생들 사이에 희망을 야기할 수 있다(Lopez et al., 2009, 46). 그러한 질서와 함께 교사는 학생들이 그들의 행동에 대해 책임을 지는 풍토를 조성할 필요가 있다. 이것은 권위에 대한 전적인 복종이 필요하다거나 바람직하다는 것을 말하는 것이 아니다. 그것은 학생들이 적절하게 높은 기준 준거에 의거해야만 한다는 것을 뜻한다. 교실에 질서와 책임이 설정되어 있을 때 교사는 교실에 신뢰의 씨앗을 심을 수가 있기 때문이다.

학습은 어느 정도의 위험 감수를 포함한다. 만약 교사가 학생들을 존중하지 않거나, 학생들이 교사의 기준에 미치지 못할 때 학생들을 무시한다면, 학생들은 위험이 따르는 학습 활동에 적극적으로 참여하지 않을 것이 분명하다. 특히 도덕 수업에서는 교사가 승리(winning)를 지나치게 강조해서는 안 된다. 어떤 학생이 선정되어 정답을 말한 것에 대해 칭찬을 받는 식으로 수업이 이루어지는 교실은 학생들을 지나치게 승리에만 집착하게 만든다. 도덕 수업에서 교사의 칭찬이나 좋은 점수를 획득하는 것과 같은 좋은 결과 역시 학생들이 추구해야 할 하나의 목표임에는 틀림이 없다. 그러나 그것보다 정작 더욱 중요한 것은 학생들이 도덕적 삶을 영위하는 데 필요한 지식과 정보, 가치와 규범을 이해하고 내면화하는 데 실제적인 노력을 기울이는 것이다. 요즘의 학생들은 단기적이고 즉각적인 목표와 준거, 즉각적인 만족에 익숙해져 있기에 생산적이고 만족스러운 삶의 영위에 필수적인 장기적인 목표에는 무관심한 경우가 많다. 도덕적 삶은 우리가 일생을 통해 추구해 나가야 할 장기적인 목표이다. 교사는 신뢰와 질서에 근거한 희망 풍토 조성을 통해 학생들이 장기적인 목표로서의 도덕적 삶에 대한 관심을 제고할 수 있게 해야 한다.

교사는 학생들이 자신의 도덕적 목표를 달성하기 위한 노력을 할 수 있도록 학생들의 경로 사고와 주도 사고를 발달시킬 필요가 있다. 이와 관련하여 로페즈와 그 동료들은 학생들의 주도 사고와 경로 사고를 발달시키기 위한 체크리스트를 〈표 20〉과 같이 제시한 바 있다(Lopez et al., 2009, 46). 희망은 전파력이 강하다. 희망은 한 사람으로부터 다른 사람의 삶으로까지 이어질 수 있다. 그러므로 교사는 도덕 수업을 통한 학생들의 희망 향상이 교실, 학교로 퍼져 나갈 수 있도록 하는 데에도 관심을 가질 필요가 있다. 여러 형태의 장애물들을 제거하는 것은 희망의 확산에 있어서 매우 중요한 것이다. 교사는 현재 학생들의 도덕적 삶에 장애가 되는 요인들이 무엇인지를 탐색하여 그러한 장애물들을 이겨낼 수 있는 대안적인 경로들을 모색하는 데에도 많은 관심과 노력을 경주할 필요가 있다.

〈표 20〉 학생들의 경로 사고와 주도 사고를 위한 체크리스트

	경로 사고	주도 사고
해야 할 것	• 장기적 목표를 단계나 하위 목표들로 분화시킨다. • 첫 번째의 하위 목표에 집중하는 것에 의해 먼 목표의 추구를 시작한다. • 목표에 대한 상이한 경로들을 만들어 연습하고, 최상의 것을 선택한다. • 난관에 봉착했을 때 자신이 해야 할 것을 위한 대본들을 정신적으로 예행 연습한다. • 목표에 도달하기 위한 새로운 기능이 필요할 경우에는 그것을 학습해야 한다. • 조언을 주고받을 수 있는 양방향적인 우정 관계를 발전시킨다.	• 목표를 선택했고, 그 목표를 추구하는 것은 바로 나의 몫이라고 자신에게 말을 한다. • '난 이것을 할 수 있어!'라는 식으로 긍정적인 목소리로 자신에게 말을 한다. • 어려움에 직면했을 때에는 이전의 성공적인 목표 추구를 회상한다. • 자신의 목표 추구에서 어떤 곤경에 처했을 때 자신을 향해 웃음을 지을 수 있어야 한다. • 최초의 목표가 분명하게 좌절되었을 경우에는 대체 목표를 찾는다. • 최후의 목표 달성에만 초점을 맞추지 않고 자신의 목표에 이르는 과정을 향유해야 한다.
하지 말 것	• 큰 목표를 한 번에 달성할 수 있다고 생각한다. • 목표에 이르기 위한 경로를 만드는 데 있어서 매우 서두른다. • 자신의 목표에 부합하는 최상의 경로나 최초의 경로를 선택할 때 급하게 행동한다. • 자신의 목표에 대한 하나의 완벽한 경로를 찾으려는 생각에 지나치게 몰두한다. • 최초의 전략이 실패했을 때 자신이 재능이 없거나 쓸모없는 존재라고 생각한다. • 나의 문제에 대한 해결 방안을 찾지 못한 것에 대해 칭찬을 받는 우정 관계에 매달린다.	• 자신의 삶에서 나타나는 걸림돌들에 반복해서 놀란다. • 자신에 대한 내적인 혹평 사고를 전적으로 억누르려는 시도를 한다. • 자신의 소망스러운 사고가 빠르게 증가하지 않을 경우 조바심을 낸다. • 자신이 실패했을 경우에, 아무리 노력을 해도 만사가 변하지 않을 것이라고 결론을 내린다. • 역경에 직면했을 때에 자기 연민에 빠진다. • 목표가 난관에 봉착했는데도 계속해서 오직 그 목표만을 고수하려 한다. • 목표를 향한 자신의 진전을 평가하기 위해 어떻게 해야 하는지에 대해 끊임없이 자신에게 질문을 한다.

일반적으로 희망은 자신의 의도하는 바가 이루어질 것이라는 기대를 뜻한다(Tong, Fredrickson, Chang & Lim. 2010, 1207). 희망은 오랜 기간 철학과 종교학 분야에서 심도 있게 논의되어 온 개념이지만, 심리학 분야에서 희망에 대한 연구가 본격적으로 수행된 것은 1950년대부터이다. 당시 심리학에서 희망에 관한 근본적인 논쟁은 희망이 인지적 과정인지, 아니면 정서적 과정인지의 문제였다. 심리학자들은 희망을 의도한 결과에 도달하기 위한 방법에 관한 사고와 관련된 인지적 과정인지, 아니면 목표 달성에 성공한 것과 관련된 감정 상태인 정서적 과정인지를 둘러싸고 상당한 논쟁을 벌였다. 희망 이론의 대표자라고 할 수 있는 스나

이더는 희망은 근본적으로 인지적 과정이고, 감정은 중요하기는 하지만 이차적인 역할을 수행한다고 보았다(Cheavens & Stigen. 2012, 1446). 최근 긍정심리학자들이 강조하는 성격 강점의 분류 체계에서 희망은 초월성의 하위 요소로서 최상의 것을 기대하고 그것을 성취하기 위해 노력하는 것을 의미한다. 그러므로 희망은 인간이 행복을 추구함에 있어서 지녀야 할 대표적인 도덕적 역량이자 성격 강점인 셈이다.

희망 수준이 높은 학생은 높은 자존감을 갖고 있고, 미래에 대해 매우 낙관적이며, 우울증을 겪을 확률이 매우 낮고, 매우 우호적인 방식으로 자신을 드러내며, 긍정적 정서를 경험한다. 또한 희망 수준이 높은 사람은 문제에 초점을 맞춘 대응을 하고, 부정적 피드백에 직면했을 때조차도 높은 주도감을 보이며, 난관에 봉착했을 때 문제 해결에 대한 더 많은 경로를 개발하고, 더욱 어려운 목표를 추구하며, 전반적으로 높은 안녕감을 향유한다(Snyder et al., 1991, 578). 한마디로 말해, 희망 수준이 높은 사람은 희망 수준이 낮은 사람에 비해 더 행복한 삶을 영위한다(Gallagher & Lopez, 2009, 549).

희망은 학생들이 자신들의 삶을 성공적으로 영위함에 있어서 본질적인 것이다. 희망은 학업에서의 성공, 운동에서의 성취, 사회적 발달의 여러 형태와 밀접한 상관관계를 맺고 있으며 한 개인의 전반적인 행복감과도 깊이 연관되어 있다. 희망은 우울증, 자살, 무력감의 예방에도 기여한다. 또한 희망은 윤리적 목적, 우선성, 민감성을 변화시킴으로써 개인의 도덕 발달에 기여한다. 그러므로 교사들은 다문화 가정 학생들로 하여금 희망을 발달시키고 유지하게끔 하는 것은 교육자로서 우리에게 부여된 의무이자 특권이라는 사실을 한시도 잊어서는 안 될 것이다.

참고 문헌

정미나·이창식(2011), "청소년의 희망에 관한 연구 동향", 『청소년학연구』, 18(3), 273-299.

조한익(2009), "초등학교 고학년용 희망 척도의 개발과 타당화 연구", 『교육심리연구』, 23(2), 323-342.

조한익(2009), "학교에서 Snyder 희망이론의 적용 방안 연구". 『아동교육』, 18(4), 201-215.

최유희(2008), "희망 척도의 타당화 연구", 가톨릭대학교 석사학위청구논문.

Averill, J. R., Catlin, G., & Chon, K. (1990), *Rules of hope*, New York: Springer-Verlag.

Bandura, A. (1977), "Self-efficacy: Toward a unifying theory of behavioral change", *Psychological Review*, 84(2), 191-215.

Cheavens, J. S. & Stigen, C. L. (2012), "Hope theory and hope therapy", In N. Seel (ed.), *Encyclopedia of the Sciences of Learning*, New York: Springer, 1446-1448.

Cloninger, K. (2011), "Hope rekindled: Well-being, humanism, and education", In R. W. Sussman, C. R. Cloninger (Eds.), *Origins of Altruism and Cooperation*, New York: Springer.

Diessner, R., Rust, T., Solom, R. C., Frost, N. & Parsons, L. (2006), "Beauty and hope: a moral beauty intervention", *Journal of Moral Education*, 35(3), 301-317.

Edwards, L. M. & McClintock (2013). Promoting hope among youth: Theory, research, and practice. In C. Proctor & P. A. Linley (eds.). *Research, applications, and interventions for children and adolescence: A positive psychology perspective*. New York: Springer, 43-55.

Emmons, R. A. (1992). Abstract versus concrete goals: Personal striving level, physical illness, and psychological indicators among adolescents. *Journal of Personality and Social Psychology*, 62, 292-300.

Feldman, D. B. (2013), "The meaning of hope and vice versa: Goal-directed thinking and the construction of a meaningful life", In J. A. Hicks & C. Routledge (Eds.), *The Experience of Meaning in Life: Classical Perspectives, Emerging Themes, and Controversies*, New York: Springer, 141-150.

Gallagher, M. W. & Lopez, S. J. (2009), "Positive expectancies and mental health: Identifying the unique contributions of hope and optimism", *The Journal of Positive Psychology*, 4(6), 548-556.

Hagen, K. A., Myers, B. J. & Mackintosh, V. H. (2005), "Hope, social support, and behavioral problems in at-risk children", *American Journal of Orthopsychiatry*, 75, 211-219.

Haidt, J. (2002), "The moral emotions", In R. J. Davidson, K. Scherer & H. H. Goldsmith (Eds.), *Handbook of affective sciences*, Oxford: Oxford University Press, 852-870.

Ladson-Billings, G. (1995), "But that's just good teaching! The case for culturally relevant pedagogy", *Theory into Practice*, 34(3), 161-165.

Lopez, S. J., Rose, S., Robinson, C., Marques, S. C. & Pais-Ribeiro, J. (2009), "Measuring and promoting hope in school children", In R. Gilman, E. S. Huebner, M. J. Furlong (Eds.). *Handbook of positive psychology in schools*, New York: Routledge, 37-50.

Marques, S. C., Lopez, S L. & Pais-Ribeiro, J. L. (2009), "Building hope for the future: A program to foster strengths in middle school students", *Journal of Happiness Studies*, 12, 139-152.

Mehlman, R. C. & Snyder, C. R. (1985), "Excuse theory: A test of the self-protective role of attributions", *Journal of Personality and Social Psychology*, 49, 994-1001.

Park, N. & Peterson, C. (2006), "Moral competence and character strengths among adolescents: The development and validation of the Values in Action Inventory of strengths for youth", *Journal of Adolescence*, 29, 891-909.

Peterson, C. & Seligman, M. E. P. (2004), *Character strength and virtues: A handbook and classification*, Oxford: Oxford University Press.

Rand, K. L. & Cheavens, J. S. (2011), "Hope theory", In S, J. Lopez & C. R. Snyder (Eds.), *The Oxford handbook of Positive Psychology*, Oxford: Oxford Universoty Press, 323-334.

Rie, K. (2010), "Philosophy of hope: concepts and applications for working with marginalized youth", *Journal of Youth Studies*, 13(1), 35-46.

Shorey, H. S., Snyder, C. R., Rand, K. L., Hockemeyer, J. R. & Feldman, D. B. (2002), "Somewhere over the rainbow: Hope theory weathers its first decade.", *Psychological Inquiry*, 13(4), 322-331.

Snyder, C. R. (2002), "Hope theory: Rainbows of the mind", *Psychological Inquiry*, 13, 249-275.

Snyder, C. R. (2004), "Hope and the other strengths: Lessons from Animal Farm", *Journal of Social and Clinical Psychology*, 23(5), 624-627.

Snyder, C. R. (2005), "Teaching: The lessons of hope", *Journal of Social and Clinical Psychology*, 24(1), 72-

84.

Snyder, C. R., Feldman, D. B., Shorey, H. S. & Rand, K. L. (2012), "Hopeful choice: A school counselor's guide to hope theory", *Professional School Counseling*, 5(5), 298-307.

Snyder, C. R., Harris, C., Anderson, J. R., Holleran, S. A., Irving, L. M., Sigmon, S. T., et al. (1991), "The will and the ways: Development and validation of an individual-differences measure of hope", *Journal of Personality and Social Psychology*, 60(4), 570-585.

Snyder, C. R., Irving, L. & Anderson, J. R. (1991), "Hope and health: Measuring the will and the ways", In C. R. Snyder & D. R. Forsyth (Eds.), *Handbook of social and clinical psychology: The health perspective*, Elmsford: Pergamon, 285-305.

Snyder, C. R., Rand, K. L. & Sigmon, D. R. (2002), "Hope theory: A member of the positive psychology family", In C. R. Snyder & S. J. Lopez (Eds.). *Handbook of positive psychology*, New York: Oxford University Press, 231-243.

Snyder, C. R., Rand, K. L., King, E. A., Feldman, D. B. & Woodward, J. T. (2002), "False hope", *Journal of Clinical Psychology*, 58(9), 1003-1022.

Snyder, C. R.. (1989), "Reality negotiation: From excuses to hope and beyond", *Journal of Clinical and Social Psychology*, 22, 685-715.

Stratton-Lake, P. (1998), "Hope", In E. Craig (Ed.), *Encyclopedia of philosophy*, Vol. 14. London: Routledge, 507-510.

Tong, E. M. W., Fredrickson, D. L., Chang, W. & Lim, Z. X. (2010), "Re-examining hope: The role of agency thinking and pathways thinking", *Cognition and Emotion*, 24(7), 1207-1215.

Valle, M. F., Huebner, E. S. & Suldo, S. M. (2006), "An analysis of hope as a psychological strength", *Journal of School Psychology*, 44, 393-406.

Weis, R. & Speridakos, E. C. (2011), "A meta-analysis of hope enhancement strategies in clinical and community settings", *Psychology of Well-Being: Theory, Research and Practice*, 1(5), 1-16.

다문화 교실에서의 우정 형성

'이주의 시대'라고 할 수 있을 만큼 세계적 차원의 인구 이동이 활발해짐에 따라서 우리의 초등학교 교실 환경도 급격하게 변하고 있다. 국제결혼 및 외국인 방문 근로자의 증가에 따라 우리의 초등학교 교실 역시 문화적으로 다양한 공간으로 변모하는 중이다. 일반 학생과 장애 학생의 통합교육이 제대로 자리를 잡기도 전에, 우리의 초등학교 교실은 피부색이 다른 학생들의 민족적·문화적 다양성을 고려해야 하는 현실이 된 것이다. 이러한 교실 상황에서 장애학생들과 다문화 가정 학생들은 친구 관계 형성에서 상당한 어려움을 겪고 있다.

주지하는 바와 같이, 아동기 발달 과업 중의 하나는 바로 우정 관계 형성이다. 친구는 상호 간에 의미 있고 즐거운 활동을 모색하고, 시간이 지남에 따라서 삶에 대한 모종의 관점을 공유하도록 해 주는 경험들의 공통분모를 발견한다. 친구는 서로 배려하고 도와주는 관계이기에, 서로에 대하여 어떻게 느끼는지의 문제가 서로 무엇을 할 것인가에 비해 더욱 중요성을 가진다. 친구는 서로의 관계에 정서적 투자를 하기 때문에, 상대방의 관점에서 상황을 바라보면서 그들을 분리시키는 위협을 주는 모종의 언쟁을 해결해 나간다. 그 결과 친구는 관점 채택의 증가와 갈등 해결 기능의 발달에 매우 효과적이다(Ormrod, 2003, 75).

초등학교에 입학하면서 아동은 새로 알게 된 친구를 통해 정서적 지지를 얻고, 자신과는 상이한 관점을 학습하며, 사고와 감정을 공유한다. 아동은 친구를 통해 소통과 상호작용 기능을 발달시킨다. 아동은 친구를 통해 자신의 정서를 조절하고 함께 어울려 지내는 방법을 배운

문화 감응 교육학

다. 그러므로 초등학교 시기의 우정 관계는 아동의 정신적·신체적 안녕(well-being)과 지적 발달 및 도덕성 발달에 크게 기여한다(Niffeneggerl & Wilier, 1998, 95). 또한 초등학교 시기에서의 우정 관계 형성의 실패는 이후의 삶에서 아동의 사회적 적응에 지속적인 영향을 미친다. 친구들로부터의 따돌림이나 거부와 같은 또래 문제들은 아동기와 청소년기에서 나타나는 우울, 학교에서의 중도 탈락, 자살 충동과 같은 여러 가지 정신 병리 문제들을 포함한 다양한 부정적 행동들과 부적응 문제의 전조가 된다. 따라서 아동기에서 우정 관계 형성은 매우 중요한 발달 과업인 셈이다.

그러나 일부 초등학생들은 집단 따돌림이나 사이버 불링(cyber-bullying)의 피해자로 전락하고 있는 가운데 그러한 발달 과업을 제대로 수행하지 못한다. 일부 학생들은 자신들과 다르다는 이유만으로 개인적으로 혹은 집단적으로 또래 학생들에게 편견과 차별, 그리고 폭력을 일삼고 있으며, 상당수 학생들은 동조자나 방관자로 머물고 있는 실정이다. 우리나라 교실의 문화적 다양성이 증가함에 따라 이러한 현상은 더욱 심화될 가능성이 크다.

전통적으로 우정은 친구 간에 도덕적 선함을 조장하는 특수한 도덕적 관계로 여겨져 왔다. 근대 이후의 철학적 논의에서 그리고 2차 대전 이후의 심리학 논의에서 우정은 큰 빛을 보지 못했던 것이 사실이다. 칸트주의와 공리주의와 같은 도덕 이론들은 우정의 배타성이 도덕성의 기준으로서의 모든 사람의 최상을 이익을 고려하거나 보편적 합의를 이루는 데 저해가 된다고 보았다(Cooper, 1992, 390). 2차 대전 이후의 심리학 역시 질병 모델에만 얽매어 인간이 가진 문제와 그 치료에만 치중한 나머지 우정에 대한 연구를 소홀히 하였다(추병완, 2013, 5). 그러나 최근 덕 윤리학과 관계를 중시하는 배려 윤리학의 발전, 그리고 긍정심리학의 등장과 더불어 우정은 매우 중요한 인간관계의 덕목으로 다시 부상하고 있다. 일례로, 긍정심리학 관점에서 우정은 긍정적인 정서를 창조하고 대인 관계적 발달을 증진시키는 데 도움을 주는 긍정적인 성격 강점들을 함양하는 아동들 간의 관계를 의미한다. 긍정심리학은 아동들이 그들의 감정을 조절하고, 그들의 강점들을 관계를 개시·유지·증진하는 것에 지향하게 함으로써, 깊고 지속적인 우정을 형성하게 하는 데 관심을 둔다(O'Grady, 2013, 189).

도덕 교과가 초등학교에서 독립 교과로 설정된 이후로 우정은 줄곧 도덕 교과의 내용 체계에 포함되어 있었다. 비록 우정이 독립된 가치·덕목으로 비중 있게 다루어지지는 않았지만, 예절의 하위 영역으로서 '친구 간의 우정과 예절'은 여전히 도덕 교과의 내용 체계 중 하나이다. 그러나 우리는 공유된 학교생활의 일부로서의 우정의 가치와 중요성을 가르치는 데에는 다소 소홀하였다. 만약 우정이 우리가 도덕적 삶에 입문하는 방식의 하나이고 우리의 소망과 욕망을 우리 주변 사람들의 그것들과 조정하는 것을 학습하는 것이라면, 우정을 실천하고 발달시키는 물리적인 장소로서의 교실은 모든 교사와 학생들에게 있어서 학교생활의 가장 결정적인 요소가 되어야 할 것이다(Healy, 2011, 452). 이에 이 장에서는 다문화적 교실에서 학생들 간의 우정을 촉진하기 위한 교수 전략을 탐색하고자 한다. 이에 이 장에서는 우정의 개념과 중요성을 밝히고, 아동의 우정 개념 발달에 관한 연구 결과들을 분석하며, 다문화적 교실에서 학생들 간의 우정을 촉진시키기 위한 교사의 교수 전략을 제안하고자 한다.

우정의 개념 정의와 친구의 특징

우정이란 무엇인가? 고대 도덕 철학자들은 우정을 이해하기 위한 많은 노력을 경주하였다. 우정 개념에 해당하는 고대 서양의 필리아(phillia)는 일시적 면식에서의 우호적인 관계와 더불어 가족 안에서 혹은 가족을 벗어난 비즈니스 관계에서의 친밀하고 사랑이 담긴 관계 모두를 포괄하는 말이었다(Badhwar, 1998, 794). 그러기에 예로부터 사랑과 우정은 하나의 주제로 여겨져 왔으나 엄밀히 말해 사랑은 특정한 사람에 대한 평가적인 태도를 그리고 우정은 특별한 관심에 근거한 모종의 관계를 언급한다. 달리 말해, 우정은 상호 배려, 친밀감, 공유된 활동을 특징으로 하는 모종의 개인적 관계를 의미한다. 또한, 우정은 애정에 근거한 친밀한 결합을 제공하는 하나의 수단이다(Edwards & Ramsey, 1986, 116).

일반적으로 우정은 친구 사이의 정을 의미한다. 그렇다면 도대체 친구란 무엇인가? 친구의 사전적 정의는 오래 두고 정답게 사귀어 온 벗을 의미한다. 인간은 고립되어서는 친구가 될 수 없다. 개념 정의상 친구는 타자의 존재를 필요로 한다(Healy, 2011, 443). 친구는 수용, 신뢰, 존중의 바탕 위에서 인생의 즐거움을 공유하고 도움을 교환하는 동반자라고 할 수 있다(권석만, 2005, 248). 이렇게 볼 때, 우정은 친구와 나누는 정다운 애정 관계를 의미한다고 볼 수 있다.

우정은 인간의 삶에서 매우 기묘한 관계이다. 우정은 우리 모두에게 중요한 것임에도, 원칙과 공정성을 중시하는 우리의 공적 생활에서는 상당히 무시된다. 우리는 우정의 시작이나 단절을 알리는 의식을 거행하지 않는다. 우정은 어떤 규칙을 가지고 시작하는 것이 아니기에 다른 관계들에 비해 매우 개방적이다. 따라서 친구는 인생의 다른 동반자인 가족, 연인, 직장동료와는 구분되는 특성을 갖는다(권석만, 2005, 249).

첫째, 친구 관계는 대등한 위치의 인간관계이다. 친구관계는 흔히 나이나 출신지역, 출신학교나 학력 그리고 사회적 신분 등에 있어서 비슷한 사람과 맺는 친밀한 관계이다. 친구관계는 수직적 관계라기보다는 수평적 관계의 속성을 지닌다.

둘째, 친구 관계는 가장 순수한 인간지향적인 대인관계이다. 실리적 목적보다는 상대방의 개인적 속성이 친구관계를 형성하는 주요한 요인이 되며, 이해관계보다는 상대방에 대한 호감과 정감이 친구관계를 유지하는 주요한 요인이 된다. 친구관계에서 얻게 되는 현실적 이득은 2차적인 부수적 효과일 뿐이다.

셋째, 친구관계는 인간관계 중 가장 자유롭고 편안한 관계이다. 친구관계는 대등한 위치에서 맺는 인간관계이기 때문에 위계적 관계에서 지켜야 하는 심리적 부담과 제약이 적다. 가족이나 직장동료에게 할 수 없는 이야기를 가장 허심탄회하게 할 수 있는 것이 친구 사이이다.

넷째, 친구는 여러 가지 측면에서 유사점을 지닌 사람들이기 때문에 서로 공유할 삶의 영역이 넓다. 친구 관계는 삶의 체험이 유사하기 때문에 서로를 이해하고 공감할 수 있는 공유 영역이 가장 넓은 관계이다.

끝으로 친구 관계는 구속력이 적어 해체되기 쉽다. 친구 관계는 그 가입과 탈퇴가 다른 인간관계에 비해 자유롭다. 접촉과 관심의 감소, 갈등 해결의 실패, 친구에 대한 실망, 투자와 보상의 불균형, 이해관계의 대립 등은 친구 관계를 약화시키거나 해체시키는 대표적인 요인들이다.

우정은 아동의 태도·가치·행동·발달에 상당한 영향을 준다. 그러한 영향이 일반적으로 긍정적인지 아니면 부정적인지에 대해서는 의견이 엇갈린다. 친밀한 우정의 긍정적 영향을 강조하는 사람들은 아동의 심리적 적응과 사회적 발달에 초점을 맞춘다(Berndt, 1992, 156). 권석만(2005, 251-252)은 친구의 긍정적 기능으로 다음의 다섯 가지를 제시하였다. 첫째, 친구는 주요한 정서적 공감자이자 지지자이다. 둘째, 친구는 자기 자신과 자신의 삶을 평가하는 주요한 비교 준거가 된다. 셋째, 친구는 즐거운 체험을 공유하는 사람이다. 넷째, 친구는 안정된 소속감을 제공한다. 끝으로 친구는 삶에 현실적인 도움을 준다.

한편 정진선·문미란(2005, 238-239)은 우정의 긍정적 기능을 여섯 가지로 제시하였다. 첫째, 우정은 학생들에게 기꺼이 시간을 보낼 수 있고 공동의 생활을 할 수 있는 파트너를 제공한다. 둘째, 우정은 학생들에게 흥미 있는 정보, 흥분, 즐거움을 제공한다. 셋째, 우정은 학생들 간에 시간과 자원을 공유하도록 하며 필요한 경우에는 물질적인 도움을 주기도 한다. 넷째, 우정은 학생들이 자신 있고 매력적이고 가치 있는 인간으로서 자신을 바라보도록 하며 지지·격려·피드백을 제공한다. 다섯째, 우정은 학생들이 사회에서 다른 사람과 관련하여 제대로 행동하고 있는지에 대한 정보를 제공한다. 끝으로 우정은 학생들에게 따뜻하고 가깝고 다른 사람과의 믿을 만한 관계, 자신을 드러낼 수 있는 관계를 제공한다.

그런가 하면 아동의 행동에 대한 친구의 부정적 영향을 강조하는 사람들도 있다. 이러한 관점을 취하는 사람들은 친구의 영향력이 반사회적이거나 일탈적 행동을 유발할 수 있다는 데에 주목한다. 그러나 이 두 가지 입장은 친구의 영향력이 갖는 효과에 대한 가정뿐만 아니라 영향력의 경로나 과정에 대한 가정에서도 분명한 차이가 있다. 긍정적 영향을 강조하는 첫 번째의 관점에서 우정의 영향력은 그러한 관계의 특성에 달려 있다. 일례로, 매우 친밀한 우정은 아동의 자존감과 타인에 대한 이해를 증진시키는 것으로 여겨진다. 부정적 영향을 강조하는 두 번째의 관점에서 친구의 영향력은 친구의 태도와 행동에 달려 있다. 일례로, 어떤 아동이 편의점에서 물건을 훔치는 친구를 둔 경우, 그 아동도 편의점에서 물건을 훔칠 가능성이 있다고 여겨진다. 따라서 전자는 영향력의 경로가 우정의 특성(features)에 초점을 맞추고 있는 반면에, 후자는 친구의 특성에 초점을 맞추고 있다. 하지만 두 관점 모두 우정의 효과에 대해 한쪽 면만을 보고 있는 단점이 있다. 요약하자면, 우정은 두 가지 경로나 과정을 통하여 아동에게 긍정적이거나 혹은 부정적 효과를 줄 수 있다고 보는 것이 타당하다. 친구 관계에서 양자는 서로에게 영향을 미칠 수 있으므로, 우리는 친구의 부정적 영향력을 줄이려는 시도를 하기보다는 그 영향력을 긍정적인 방향으로 변경시키는 데에 관심을 두어야 한다.

문화 감응 교육학

우정의 도덕적 중요성

우정이 도덕적으로 중요한 이유는 무엇일까? 한마디로 말해, 우정은 우리의 행동에 도덕적 요소들을 가져다준다. 그러기에 많은 사람들은 우정을 '도덕성을 위한 은유(metaphor)'라고 생각했다(Pahl, 2000, 86). 우정이 서로에 대한 헌신을 통해 결속된 사람들을 필요로 한다는 것을 고려할 때, 친구에 대한 우리의 헌신은 관대함, 배려, 친절과 같은 좋은 성품의 특성들을 학습하고 실천할 공간을 제공해 줌으로써 우리를 도덕적 삶으로 이끌어 준다고 말할 수 있다. 그러기에 화이트(White, 1999, 86)는 우정에 대한 우리의 헌신은 도덕적 삶에 대한 우리의 헌신을 객관적으로 표현한 것이라고 말한 바 있다. 이렇듯 우정은 그 자체로서 도덕적 삶의 표현인 셈이다.

인간의 도덕적 삶에서 우정의 중요성을 강조한 대표적인 학자는 바로 아리스토텔레스(Aristotle)이다. 그는 우정(philia)은 일종의 탁월성이거나 혹은 탁월성을 수반하는 것이며, 삶에서 가장 필요한 것이라고 보았다. 재산이 많은 사람이나 높은 자리와 권세를 가진 사람들에게도 친구가 필요하며, 곤궁할 때나 어려움을 겪을 때에도 친구가 필요하고, 젊은이에게도, 나이 든 사람들에게도, 전성기의 사람에게도 친구가 필요하다고 말하였다. 특히 젊은이들에게 있어서 친구는 서로의 잘못을 바로잡아 주는 데 필요한 것임을 강조하면서, "둘이 함께 가면 사유에 있어서나 행위에 있어서 더 강해진다."라고 말하였다(홍석영, 2012, 306에서 재인용). 그는 우정은 유용성, 즐거움, 좋음(선) 때문에 생기는 것이라고 얘기하면서 유용성이나 즐거움 때문에 생기는 우정은 오래 지속되기 어려운 단점이 있다고 지적하였다.

그러므로 아리스토텔레스가 말하는 완전한 우정은 선의 우정이다. 선은 우리의 이해관계와는 관계없이 그 자체로 '사랑할 만한 것'이다. 선의 우정을 가진 친구들은 서로를 위하여 서로를 사랑하고, 그들이 서로에게 줄 수 있는 우연한 이득이나 즐거움을 위해서가 아니라 서로의 성품 때문에 서로를 소중히 여긴다. 선을 추구하는 우정은 선하고 그리고 동등한 사람들 사이에서만 존재할 수 있다. 완전한 우정은 선하고, 덕에 있어 서로 닮은 사람들의 우정이다(박재주, 2010, 183에서 재인용).

우정의 도덕적 중요성은 도덕심리학자들의 문헌에서도 자주 발견된다. 우정의 도덕적 중요성을 가장 분명하게 밝힌 사람은 아마도 피아제(Piaget)일 것이다. 피아제는 또래 간의 상호 작용만이 도덕 발달에서 정당하고 평등한 형태이기 때문에 아주 중요한 것이라는 점을 그 어떤 학자들보다도 강력하게 주장하였다. 그에게 있어서 또래 간의 상호작용에서 비롯된 우정은 타율적 도덕성에서 자율적 도덕성으로 발달하는 데 있어서 결정적인 역할을 수행한다(추병완, 2011, 340). 피아제는 두 가지 유형의 성인과 아동의 관계에 상응하는 두 가지 유형의 도덕성이 존재한다고 보고 있다. 그 가운데 하나는 아동들의 발달을 촉진해 주지만, 다른 하나는 아동들의 발달을 지체시키는 역할을 하게 된다.

첫째 유형의 도덕성은 복종의 도덕성(a morality of obedience)이다. 피아제는 이것을 타율적 도덕성(heteronomous morality)이라고 부르기도 하였다. 여기서 타율적이라는 용어는 '다른 사람들에 의해 만들어진 규칙들을 따르는 것'을 의미하고 있는 어원 속에서 나온 용어이다. 그러므로 타율적인 도덕성을 지니고 있는 사람들은 강한 권력을 지니고 있는 권위에 복종하려는 마음에서 다른 사람들에 의해 만들어진 도덕적 규칙들을 따르고 있는 것이다. 타율적 도덕성은 전혀 의심의 여지가 없는 가운데 단순하게 수용되거나 추종된 도덕적 규칙들에 대한 동조를 의미하는 것이다.

둘째 유형의 도덕성은 자율적인(autonomous) 것이다. 여기서 자율적이라는 용어는 '자기 조절'(self-regulation)을 의미하고 있는 어원으로부터 파생된 용어이다. 그에게 있어서 자율적 도덕성을 지니고 있는 사람은 자신의 도덕적 규칙들을 따르는 것이다. 여기서 그러한 규칙들은 자기 구성적인 원리들(self-constructed principles)과 자기 조절적인 원리들(self-regulating principles)인 것이다. 그 규칙들은 개별 인간을 위한 인간적 필요성을 지니고 있다. 즉, 자율적인 도덕성을 지니고 있는 사람은 다른 사람들과의 관계 속에서 그 사람들에 대한 존중감의 필요성에 대한 내적인 확신을 따르고 있는 것이다.

데이먼(Damon, 1977, 154)은 아동기의 우정은 중요한 도덕 규범들을 발견·실천해 볼 수 있는 좋은 여건을 만들어 놓는다고 주장하였다. 그 이유는 아동들의 우정이 간절한 열망, 긴밀한 친밀성, 강한 애정 등과 함께 시작하기 때문이다. 또한 아동기의 우정은 성인과 아동 간의 일방적이고 위계적인 관계와는 달리 동등하고 수평적인 지위에서 이루어지기 때문이다. 데이먼이 보기에, 최상의 우정은 이상적인 도덕적 상태를 만들어 낸다. 참된 우정 속에서는 타인의 권리에 대한 자발적 존중이 있고 타인의 복지에 대한 반응적 관심이 있다. 친구들 간의 공정성은 요구할 필요가 없이 서로 친구라는 의식 속에서 자연스럽게 우러나온다.

아동의 우정 관계는 동등성(peerness) 관계이기 때문에 아동의 도덕 발달에 독특한 공헌을 한다. 아동과 성인이 상호작용할 때 아동의 행동과 반응은 궁극적으로 성인의 지시에 따라 통제된다. 반면에 또래관계의 상대방은 권위자가 아니다. 또래끼리의 우정에서는 리더십이 존재한다고 할지라도 매우 한정된 조건 하에서 아마도 한 쪽에 특별한 기능이 있을 때에 한한다. 친구들 사이에서 평등의식은 리더십보다 우세하다. 평등의식을 갖고 아동들은 서로 간에 지시와 반응을 자연스럽게 주고받는다. 아동은 또래 관계에서의 상호 존중을 바탕으로 도덕 규범과 의무에 대한 구체적 태도를 형성해 나간다. 그 결과, 도덕 규칙들은 자유로운 의견 교환과 합의를 통해 만들어질 수 있으며 또한 인간적 필요에 맞추어 합의될 때 조정될 수 있다는 것을 아동이 깨닫게 된다.

이렇듯 우정은 도덕적으로 매우 중요한 의미가 있다. 우정은 우리가 도덕적 삶의 구체적 모습을 배우고 실천해 볼 수 있는 매우 유익한 관계인 셈이다. 김태훈(1999, 211-216)은 우정의 도덕적 의미와 중요성을 다음의 일곱 가지로 요약하였다. 첫째, 우정은 상호 간의 신뢰에 기초하는 덕이다. 둘째, 우정은 상대방에 대한 공경을 바탕으로 한다. 셋째, 우정은 서로의 선을 증진시키는 교호 작용이다. 넷째, 우정은 또 다른 자기 자신의 자원이다. 다섯째, 우정은 자기 인식을 촉진시킴으로써 자신의 도덕적 성장을 가져오게 한다. 여섯째, 우정은 상대방을 수단으로 대하지 않고 목적으로 대한다. 일곱째, 우정은 사람의 내면과 내면을 결합시키는 것으로서, 그 내용에 있어 정의를 능가한다.

우정 개념의 발달 과정

아동의 우정 개념이 연령의 증가에 따라서 어떻게 달라지는지의 문제는 발달심리학자들의 주된 관심사였다. 유니스(Youniss, 1976)는 아동들이 어떻게 사회적 관계를 형성하고 유지하는지를 조사하였다. 그는 친구임을 표현하는 방법과 그와 관련된 이야기를 완성시키도록 해 본 결과를 다음과 같은 발달적 특징으로 정리하였다(홍순정, 1989, 153).

첫째, 아동의 우정 개념은 물건 등을 나누어 갖는 것이나 즐거운 활동을 함께 하는 등의 연상으로부터 발전해 감으로써 보다 고차원적인 우정의 이해, 즉 개인적인 생각과 상호 관심의 감정을 나누는 수준으로 발달해 간다. 둘째, 우정의 형성과 유지에 있어서도 어린 시기에는 함께 놀고 나누는 것을 통해 이루어지나 나이가 듦에 따라 점차 서로에게 도움을 주게 된다. 더 나아가서 심리적인 도움, 즉 공감, 동정, 이해, 위로 등을 나누게 된다. 셋째, 아동의 우정 개념은 물질적인 것을 바탕으로 하는 이해 수준에서 심리적 요인들을 기초로 하는 이해 수준으로 발달한다. 넷째, 연령 증가에 따라 우정의 의미를 결핍이 있거나 부적절한 상태를 보다 바람직한 상황으로 전환시키는 역할에 두게 된다. 따라서 그러한 행동을 하는 것은 친구의 책임이라고 생각한다.

데이먼(1977, 154-164 참조) 역시 연령에 따른 아동의 우정 개념 발달을 조사하였다. 5세 아동은 장난감을 나누며 놀이하는 것을 우정 개념과 연합시킨다. '친구가 같은 유치원에 다닌다.' 혹은 '같은 버스를 타고 다닌다.' 등 지리적으로 가까이 있는 것이 최초의 친구 관계가 맺어지는 조건이다. 따라서 우정은 그때그때 놀이를 통해 만나는 일로 여겨진다. 또한 친구를 한 번 때렸어도 우정이 단절되어 끝나게 되는 것이 아니다. 8세 아동은 여전히 물리적 근접성, 즉 '나는 그 아이 옆에 앉기 때문에'를 중요하게 여긴다. 그러나 '친구들은 가능한 방법으로 서로서로 도와줄 것이다.'라는 기대에 초점을 맞추려고 한다. 또한 이때의 아동은 우정 관계가 시간이 오래 가면서 깊어진다고 생각한다.

11세 아동은 어떤 기준에 의해 친구를 선택한다. 잘난 체 하거나 귀찮게 하는 자는 배제된다. '문제를 함께 의논하고, 함께 대화하고, 함께 활동하고' 등의 이유를 들면서 친구를 선택한다. 친구들 간에는 '서로 같이 지내는 것'이 기대된다. 이때의 아동들은 친밀하고 안정성 있는 관계를 유지하려고 한다. 이때 우정의 핵심인 상호성은 단순한 호의의 교환 또는 놀이 기구들을 나누면서 놀이하는 것보다는 오히려 '도움과 신뢰의 교환'이다.

한편, 거트만(Gottman, 1983; 황혜정, 2002, 37에서 재인용)에 의하면, 아동 및 청소년의 우정 관계는 3단계를 거쳐서 발달한다. 첫 번째 단계는 4-7세경 유아의 단계로 유아의 행동은 소집단 환경에서의 협동놀이에 주로 초점을 맞춘다. 다음 단계에서는 환상적인 놀이에서 집단으로의 집중으로 초점이 변한다. 6-11세의 아동은 규칙의 지배를 받으며 그들이 따라야 하는 사회적 규칙을 찾으려 한다. 그들의 많은 에너지는 또래 집단의 구조에서 자신들의 위치를 찾고 다른 사람들의 위치를 이해하는 데 집중된다. 마지막 단계인 12-18세의 청소년기에는 자기 탐구로 초점이 이동한다. 사회적인 상호작용은 점차 자기 노출과 다른 사람에게 피드백을 제공하는 것에 초점을 맞추게 된다.

이렇듯 아동기의 우정은 사회인지 능력의 발달에 따라서 자기중심적 관점에서 상호호혜적인 관점으로, 그리고 물리적 근접성에서 상호 간의 공유된 관계를 강조하는 방향으로 발달해 나간다. 유아기에서 아동기로 그리고 청소년기로 이동함에 따라서 우정은 더욱 깊어지고 풍부해진다. 우정은 아동에게 일종의 안녕감(sense of well-being)을 제공해 주고, 아동의 삶이 더 나은 것이 되도록 만들어 준다. 그러므로 아동기의 우정은 행복과 번영에 대한 아동들의 감각을 풍부하게 해 준다고 볼 수 있다.

우정 관계의 선택 기준

우리는 살아가면서 많은 사람들을 만나지만 그들 모두와 우정 관계를 형성하지는 않는다. 우리는 친구 관계의 대상을 선택할 수밖에 없으며, 또한 우리는 타인으로부터 친구로 선택되기도 한다. 이러한 친교 대상자를 선택하는 기준은 무엇인가? 우정 관계는 개인적 요인과 맥락적 요인 둘 모두의 영향을 받는다. 개인적 요인은 개인의 독특한 특성, 그리고 태도·가치·흥미에서의 지각된 유사성을 포함한다, 그리고 맥락적 요인은 우정이 발달하는 맥락을 지칭하는 것으로서 인생에서의 중요한 사건, 물리적 근접성, 빈번한 접촉, 직장 등을 포함한다(Sias et al., 2008, 3). 권석만(2005, 258)은 사회심리학의 연구 결과를 토대로 하여 친교 대상자의 선택에는 근접성, 친숙성, 유사성, 보상성 그리고 개인적 특징이 중요한 역할을 한다고 보았다.

근접성은 물리적 거리를 의미한다. 우리는 물리적으로 가깝게 사는 사람과 친해지는 경향이 있다. 또한 친한 친구도 물리적으로 먼 곳에 떨어져 살게 되면 멀어지는 경향이 있다. 이렇듯 물리적 거리는 친교 관계에 있어서 중요한 역할을 한다. 가깝게 사는 사람은 만날 기회가 많기 때문에 친해질 수 있다. 가까이 사는 사람은 커다란 노력 없이 쉽게 접촉할 수 있기 때문에 만남의 부담을 적게 한다. 가까이 사는 사람은 사회경제적 수준, 취미, 가치관 등에서 서로 유사한 경우가 많기 때문에 친해지게 된다.

우리는 무엇이든지 자주 접하는 것을 좋아하는 경향이 있는데, 이러한 친숙성의 효과는 우정 관계에서도 마찬가지이다. 즉 자주 접하는 사람에게 호감을 느끼게 되어 친한 관계로 발전하는 경향이 있는 것이다. 이러한 경향은 생물학적인 적응 가치를 지니고 있다. 낯선 사람보다는 친숙한 사람에게 호감을 느끼는 것이 생존 가능성을 높여준다. 또한 친숙한 사람은 잘 알고 익숙하여서 그 사람의 행동을 이해하고 예측하기가 쉽다. 이러한 예측 용이성이 친숙한 사람에 대해 편안함과 호감을 느끼게 되는 이유가 될 수 있다.

유사성은 자신과 비슷한 사람을 좋아하는 경향성을 의미한다. 유사성이 친교 관계를 촉진하는 이유는 세 가지이다. 첫째, 서로 유사하면 상대방의 속성을 이해하기 쉽고 두 사람 사이에 일어날 접촉의 성격을 예상하기 쉽다. 따라서 심리적 부담을 감소시켜 접촉을 용이하게 한다. 둘째, 우리는 유사한 상대에 대해서는 그가 나를 좋아할 것이라고 기대하는 경향이 있다. 따라서 상대방과의 관계에 대한 긍정적 기대가 친교 행동을 촉진시킬 수 있다. 셋째, 유사한 사람들 간의 관계는 공감과 강화를 많이 주고받으므로 긍정적 체험을 경험하게 된다.

우리는 아무리 가깝게 살고 자주 접촉하는 유사한 사람이라도 손해만을 안겨 주는 사람과는 친해지지 않는다. 우리는 나를 좋아하고 나에게 즐거운 체험을 제공하며 도움을 주는 보상적인 사람을 좋아한다. 인간관계에서 주고받는 보상은 상대방으로부터의 호감과 애정, 즐거운 체험이나 유쾌한 시간, 정신적 또는 물질적 도움을 포함한다. 끝으로 우리는 만나는 사람의 개인적인 특성을 보고 그 사람에 대한 호감을 갖게 된다. 호감도에 영향을 미치는 개인적 특성은 성격 특성, 능력, 신체적 매력이다.

친구 관계를 선택하는 기준과 관련된 국내의 연구 결과에 의하면, 우리나라의 초등학생들은 공부나 운동을 잘 하고 성격이 밝고 유머가 있으며 정직하고 착한 아동을 선호하는 경향이 있다. 한편 초등학생들에게 있어 또래를 싫어하는 가장 큰 이유는 잘난 체하고 비웃으며 못 되게 구는 등의 속물근성이고, 신체적 공격이 두 번째 이유였다(황혜정, 2002, 42-43).

한편 친구 관계는 부모와의 애착 관계에 의해서도 영향을 받는 것으로 알려져 있다. 박희경과 강인설(2012, 58)은 유아와 부모의 애착 유형에 따른 유아의 상호 우정 관계를 살펴본 결과, 유아가 어머니 혹은 아버지와 안정 애착 관계를 형성할수록 상호 우정을 맺는 친구의 수가 많다는 사실을 밝혀 내었다. 이것은 부모와의 애착이 또래와 의미 있는 관계를 구축하도록 해 준다는 기존의 애착 이론을 지지하는 결과로서, 부모와의 애착 관계는 아동의 사회적 유능성 발달에 큰 영향을 준다는 사실을 재확인해 주었다.

우정 촉진을 위한 교수 전략

골닉과 친(Gollnick & Chinn, 1998, xiii-xviii)에 의하면 민족과 인종, 계급과 사회적 지위, 젠더와 성적 취향, 장애학생 혹은 영재학생과 같은 예외성, 언어, 종교, 지리적 배경, 연령과 같은 여덟 가지 요인들이 다문화를 구성하는 대표적인 요소라고 본다. 그들은 이러한 여덟 가지 요인들이 우리 자신의 정체성 및 문화적 정체성에 영향을 미친다고 보았다.

최근 우리의 초등 교실 상황이 다문화적인 교실 상황으로 급변함에 따라서 아동들 간의 우정 형성 문제가 심각한 도덕적 문제로 부상하였다. 다문화 가정 학생들이 친구들에게 따돌림이나 차별을 받는 경우는 15.7%로 나타나고 있는데, 초등학생은 중학생의 경우보다 두 배 정도 더 높은 것으로 나타나고 있다. 엄마나 아빠가 외국인이기 때문에 차별과 놀림, 따돌림을 받는 것으로 36%가 이유를 제시하고 있고, 26%는 특별한 이유가 없는 것으로 나타났다(서강식, 2013, 83).

다문화적 교실 상황에서 초등 교사가 다양한 학생들의 우정 촉진을 위해 해야 할 일은 무엇인가? 여기서는 다문화 교실 상황에서의 우정 촉진에 관한 선행 연구들에 대한 문헌 분석을 통해, 다문화 교실 상황에서 학생들의 우정 촉진을 위한 교수 전략들에 대하여 살펴보고자 한다.

① 우정의 의미를 가르치기

우정을 촉진하기 위한 가장 손쉬운 방법은 우정과 사회적 기능에 관한 수업을 직접 전개하는 것이다. 우정에 관한 수업은 우정의 의미와 중요성, 좋은 우정의 속성, 많은 친구들을 갖는 것의 가치와 소중함, 우정이 타인에게 미치는 영향력, 친구를 사귀는 데 있어서 학생들이 겪는 어려움 등과 같은 실제적인 내용들을 포함해야 한다. 교사는 수업을 통해 아동들이 우정

관계 형성을 학습하고 실천할 수 있는 다양한 기회들을 제공해 주어야 한다.

우정에 대해 가르칠 때 교사는 특히 우정을 발달시키고 유지하기 위한 개인적 노력의 중요성을 강조할 필요가 있다. 교사는 우정을 발달시키고 유지하기 위해서는 자기 자신을 개방하는 것, 상대방에게 지속적인 관심과 호의를 보이는 것, 상대방을 인정하고 수용하는 것, 함께 할 수 있는 활동을 찾는 것, 현실적인 도움을 교환하는 것, 상대방에 대한 믿음을 갖는 것이 중요하다는 사실을 학생들에게 가르쳐 줄 필요가 있다(정진선·문미란, 2005, 242). 또한 이러한 조건들을 제대로 충족시키지 못했을 때에는 우정이 붕괴될 수도 있음을 강조해야 한다. 진실성이 없고, 비밀 유지를 하지 못할 경우, 자발적인 도움이 없는 경우, 있는 그대로 수용하고 이해하지 못하는 경우, 서로 존중하지 않고 질투하거나 비판적인 경우, 물리적으로 멀리 떨어져 있는 경우, 다른 학생들과 새로운 친구 관계를 형성했을 경우에는 기존의 우정 관계에 금이 가거나 우정 관계가 붕괴될 수도 있음을 강조할 필요가 있다.

우정에 대해 가르칠 때 교사는 다양한 방법을 활용해야 한다. 자신의 친구를 홍보하는 유인물을 만들어 보게 하는 활동, 우정을 중요성을 강조하는 표어나 포스터를 만들어 보게 하는 활동, 우정을 나타내는 장면을 4컷 만화로 표현하게 하는 활동, 우정을 소재로 한 유비(analogy)를 만들어 보게 하는 활동(예: 좋은 친구와 맛있는 피자의 공통점은 무엇인가?), 자신의 친구 관계를 마인드맵이나 개념 지도로 표현해 보게 하는 활동, 친구를 처음 만나게 된 사건이나 배경 혹은 친구와 헤어지게 된 사건이나 이유 등에 대한 내러티브를 만들어 보게 하는 활동 등이 매우 효과적이다. 이런 맥락에서 브라운(Brown)과 오돔(Odom)은 다양한 배경의 학생들이 함께 할 수 있는 게임·음악·미술 활동 등의 우정 활동, 그리고 신체적 우정 자극(예: 악수하기, 어깨동무하기)이나 언어적 우정 자극(예: 친구를 칭찬하기, 친구에게 감사하기)을 활용하여 학생들에게 우정의 중요성을 강조하고 우정을 촉진시킬 수 있는 교실 환경을 만드는 것이 중요하다고 하였다(Brown & Odom, 1995, 41).

우정에 관한 수업은 사회적 기능을 가르치는 것을 포함해야 한다. 사회적 기능은 아동이 타인들 및 자신이 살고 있는 공동체와 관계를 맺는 능력을 의미한다. 사회적 기능에 관한 수업은 다양한 특성을 가진 학생들이 서로 동등한 지위의 사회적 상호작용을 개시·반응·유지하는 방법에 초점을 맞춰야 한다. 사회적 기능에 관한 수업은 타인으로부터 지원을 구하거나 타

문화 감응 교육학

인을 지원해 주는 방법만이 아니라 타인의 제안이나 부탁을 정중하게 거부·거절하는 방법을 포함해야 한다. 그리고 교사는 장난감이나 자료를 공유하는 방법, 순서를 지키는 방법, 자신의 감정과 욕구를 타인에게 드러내는 방법, 타인의 말을 공감적으로 듣는 방법, 친구를 칭찬·위로·격려하고 도와주는 방법 등과 같이 대인관계의 기본 기능들에 대해 가르칠 필요가 있다.

② 개인차에 대해 가르치기

일반 학생, 다문화 가정 학생, 장애 학생들 간의 우정 발달에 장애가 되는 것은 그들이 지각한 차이점 때문이다. 학생들은 그들이 다른 학생들과 다르다고 지각할 때, 사회적 관계를 맺는 데 있어서 매우 소극적인 태도를 보인다. 그러므로 교사는 교실에서의 우정 관계 형성의 장애를 다루기 위해 개인차에 대한 학습을 교실 교육과정의 중핵적인 부분으로 다루어야 한다. 개인차의 가치를 이해하고 소중히 여기도록 가르치는 활동들은 모든 학생들의 수용을 촉진하고, 교실 안에서 공동체 의식을 갖게 할 수 있다. 학생들은 자신들과 유사하다고 지각한 타인들과 사회적 관계를 맺는 경향이 많으므로, 개인차에 대한 교실 수업은 개인들은 차이점과 더불어 유사성을 많이 공유하고 있다는 신념을 확산시키는 데 주력해야 한다.

교사는 인종, 민족, 장애, 문화, 젠더, 사회경제적 지위와 관련된 개인차에 대하여 가르칠 수 있는 다양한 활동들을 전개할 수 있다. 예를 들어, 교사는 교실의 게시판이나 빈 공간을 이용하여 개인차를 지닌 사람들의 사진이나 포스터 등을 게시하는 활동, 세계 여러 나라의 아동 도서들을 읽어보게 하는 활동, 세계 여러 나라의 아동용 민속 게임을 실행하는 활동, 음악·미술·음식·휴일·언어 등에 있어서 문화 간의 유사성과 차이점을 찾아보게 하는 활동, 성공한 장애인이나 소수 인종·민족 출신의 위인에 대한 정보를 소개하는 활동 등을 전개할 수 있다.

개인차와 관련된 활동이 성공을 거두기 위해서는 학생들이 자신들과는 다르다고 지각한 사람들에 대해 갖고 있는 고정관념을 타파하고, 그들에 대한 불편한 감정을 감소시켜 줄 수 있는 경험과 정보를 교사가 제공할 수 있어야 한다. 또한 교사는 그러한 활동을 전개함에 있어서 모든 사람은 소중한 존재이고, 존중을 받을 권리가 있으며, 차별 없이 수용되어야 한다는 것을 보여주는 역할 모델로서 기능해야 한다.

근접성은 우정을 발달시키는 데 매우 중요한 요인이기 때문에 교사는 협동 집단을 활용하여 우정을 촉진하는 시도를 해야 한다. 교사는 학생들이 교실에서 집단을 이루어 학습하고 활동하게끔 학습 환경과 사회적 환경을 구조화할 수 있다. 이를테면, 협동학습은 교사가 다양한 학생들 간의 우정 촉진을 비롯한 다수의 중요한 목적들을 동시에 성취하게 해 준다(추병완, 2011, 499). 첫째, 협동 학습은 성적이 우수한 학생이나 부진한 학생들을 포함한 모든 학생들의 학업 성취도를 높여 준다. 둘째, 협동 학습은 학생들이 긍정적인 인간관계를 맺게 하는 데 도움을 준다. 학생들 간의 긍정적인 관계는 다양성을 중요시하는 학습 공동체를 만드는 데 있어서 핵심이 되는 것이다. 셋째, 협동 학습은 학생들에게 건강한 사회적·심리적·인지적 발달을 위해 필요로 하는 제반 경험들을 제공해 준다. 이러한 세 가지 측면의 장점 때문에 협동 학습은 다른 어떠한 학습 방법들보다도 비교 우위에 있을 수 있다.

교사는 학생들이 쉬는 시간이나 점심시간에 협동 집단을 이루어 간단하고 경쟁적이지 않으며 즐거운 게임을 하도록 유도할 수도 있다. 높은 수준의 언어적·육체적 기능을 필요로 하지 않는 게임을 활용하여 다양한 학생들이 서로 어울리게 하는 것은 서로를 알고 이해하는 데 큰 도움을 준다. 다문화 가정 학생이 많은 교실의 경우, 교사는 학부모의 도움을 얻어 각국의 다양한 민속 게임을 학생들에게 소개할 수도 있다. 또한 교사는 학생들이 짝을 이루어 대화 저널을 기록하게 함으로써 학생들의 작문 실력을 제고하고 우정 형성을 촉진할 수도 있다.

이렇듯 협동 집단은 학생들이 우정의 형성 및 유지에 필요한 대인관계 기능을 발달시키는 데 매우 큰 도움을 줄 수 있다. 서로를 깊이 아는 것, 서로를 신뢰하는 것, 직접적으로 명확한 방식으로 소통하는 것, 타인을 지원하는 것, 차이를 인정하는 것, 갈등을 해결하는 것과 같은 대인 관계적 기능이 부족할 경우 그 집단은 효율적인 업무 수행이 불가능하기 때문이다.

④ 다양한 과외 활동 참여를 장려하기

아동기의 우정은 사실상 학업 이외의 활동이나 무대에서 시작하기 때문에 교사는 학생들이 과외 활동이나 지역사회 기반 활동에 참여하여 새로운 친구를 사귈 수 있도록 권장해 주어야 한다. 그러한 활동은 상호 간에 즐겁고 유쾌한 활동을 공유할 기회를 학생들에게 제공하기 때문에, 학생들 간의 유사성이 두드러지게 된다. 교사는 다양한 집단의 학생들이 사회적으로 상호작용할 기회를 제공해주는 방과 후 활동, 클럽 활동, 지역사회 봉사 활동, 지역사회 문화·여가·체육 활동 등에 대한 학생들의 적극적인 참여를 독려해 줄 필요가 있다.

⑤ 또래 지지 위원회를 활용하기

교사는 다양한 학생들 간의 우정을 증진하고 교실 내 사회적 상호작용의 질을 제고하기 위하여 또래 지지 위원회(peer-support committees)를 구성하여 운영할 수 있다(Stainback et al, 1992, 7). 또래 지지 위원회의 성원들은 순번제로 하여 학급의 모든 학생들이 참여하여 봉사할 기회를 갖게 하는 것이 바람직하다. 또래 지지 위원회는 교실 내의 모든 학생들이 존중을 받고 수용되게 하는 책임을 지게 된다. 또래 지지 위원회는 우정 관계에 있어서 개별 학생 혹은 전체로서의 학급이 경험하는 문제가 무엇인지를 찾아내고, 그러한 문제를 해결하기 위한 방안을 고안하는 역할을 한다. 또래 지지 위원회는 브레인스토밍을 통하여 교실에서, 그리고 교실 밖에서 우정을 증진하기 위한 전략들을 만들어 낸다.

이를테면 또래 지지 위원회는 다양한 학생들의 우정 촉진을 위한 친구 체제(buddy system)를 제안할 수 있다(Salend, 1999, 3). 학생들끼리 짝을 이루어 공부나 숙제를 도와주는 일, 방과 후 활동에 함께 참여하는 일, 쉬는 시간이나 점심시간에 함께 활동하는 일, 몸이 불편한 학생의 학교생활을 도와주는 일 등을 통해 학급 내에서 친구가 적은 학생들의 사회적 상호작용을 제고할 수 있다.

⑥ 우정 미팅을 활용하기

긍정심리학자인 오그래디(O'Grady, 2013, 203)는 아동의 우정을 촉진하기 위해서는 우정 미팅(friendship)을 활용하는 것이 효과적이라고 한다. 교사는 아동들이 서로 잘 알게 하는 우정 미팅을 실행할 수 있다. 초등학교에서 우정 미팅은 담임교사에 의해 하루의 정해진 시간에 행해질 수 있다. 우정 미팅은 새로운 친구 관계를 형성하거나 기존의 관계를 심화시키기 위한 목적으로 행해질 수 있다. 우정 미팅에서 교사는 우정에 관한 학생들의 생각이 무엇인지, 친구를 돕기 위해 학생들이 그들의 강점들을 어떻게 활용하고 있는지, 칭찬해 줄 친구가 누구인지, 친구에 관한 좋은 소식을 들은 것이 있는지, 어느 친구와 다투었는지, 친구와의 갈등을 어떻게 해소했는지 등에 대해 학생들에게 질문을 할 수 있다.

우정 미팅에서 교사는 '좋은 친구란……'등과 같은 미완성 문장을 학생들이 채워 보게 하는 활동을 전개할 수도 있다. 교사는 학생들로 하여금 하루 중 한두 명의 친구를 인터뷰하도록 한 후에 우정 미팅 시간에 그 결과를 발표해 보게 할 수도 있다. 인터뷰 질문에는 좋아하는 음식, 색깔, 과목 등 개인적 기호를 나타낼 수 있는 특성, 장래 희망, 사귀고 싶은 급우의 이름 등 그 학생에 대해 심층적으로 알 수 있는 질문 문항들로 구성하게 하여, 학생들이 적어도 하루 한두 명의 친구에 대해 심층적인 이해를 할 수 있는 기회를 제공할 수도 있다.

⑦ 도덕공동체 의식을 조장하기

다문화 교실에서 다양한 학생들 간의 우정을 촉진하기 위해서는 교실을 하나의 공동체로 만드는 것이 중요하다. 이를 위해 교사는 긍정적인 사회적 상호작용을 증진해 주는 심리적으로 안전한 환경을 조성할 필요가 있다(Burk, 1996, 285). 비티(Beatty, 1994)는 그러한 환경을 일컬어 친사회적 환경(prosocial environment)이라고 불렀다. 친사회적 환경은 교사와 학생이 공감, 관대, 협동, 배려 제공과 같은 행동을 드러내는 환경을 의미한다. 그러한 행동은 다양한 특성을 가진 사람들이 서로 잘 어울릴 수 있게 만들어 준다(Niffeneggerl & Wilier, 1998, 99에서 재인용).

교실을 도덕공동체로 만들기 위한 첫 걸음은 상호 존중이 지속적으로 실천되는 사회 도덕적(sociomoral) 분위기를 만들어 내는 것이다. 이를 위해서는 학급의 규칙 제정과 의사결정에 모든 학생들을 적극적으로 참여시키는 것이 필요하다. 교실에서 의사 결정 및 규칙 제정에 아동들을 참여하게 하는 것이 지니고 있는 하나의 포괄적인 목적은 바로 교사와 아동들이 공동으로 자기 규제와 협동을 실천하는 상호 존중의 분위기를 만들어 주는 데 기여하도록 하기 위한 것이다. 세 가지의 구체적인 하위 목표들은 다음과 같다. 첫째, 규칙과 공정함의 필요성에 대한 감정을 제고한다. 둘째, 교실 규칙의 내용, 교실 규칙 제정 절차, 그리고 결정 사항에 대한 소유 의식과 마음의 다짐을 제고한다. 셋째, 교실의 운영 및 교실 내에서의 협동 방법에 대한 연대 책임 의식을 드높인다.

또한 교사는 학생들의 응집성을 제고하기 위한 다양한 방법들을 활용해야 한다. 예를 들어, 교사는 학급 홈페이지나 온라인 학급 저널을 만드는 일, 학급 신문이나 문집을 발간하는 일, 특별한 학급의 날을 설정하여 축하하는 일, 학급 앨범을 만들어 지속적으로 관리하는 일,

학급의 상징이나 로고를 만드는 일, 매월 한 번씩 그 달에 생일인 학생들을 축하하는 일 등을 통해 학급 구성원들의 응집성을 제고할 수 있다.

한편, 다문화적 교실을 하나의 도덕공동체로 만들기 위해 교사는 교실 내에서 발생할 수 있는 다양한 편견과 차별을 해소하는 데 많은 노력을 경주해야 한다. 편견과 차별은 가해자나 피해자 모두에게 상처를 준다. 왜냐하면 편견과 차별은 사람들 간에 벽을 만들어 신뢰 관계의 형성을 어렵게 만들고, 개별적 요구와 전체 집단의 요구가 처리되는 강한 공동체를 만들기 위해 공동 노력하는 것을 방해하기 때문이다. 이에 팽(Pang, 2001, 260)은 다문화 교실에서 편견을 해소하기 위한 방법으로 다음의 다섯 가지 사항을 제안하였다. 첫째, 학생들로 하여금 교실에서의 행동에 대한 명확한 기대 사항을 설정하고, 공동체·존중·존엄·명예의 가치에 대해 토론을 하게 한다. 둘째, 교사는 여러 민족 집단으로부터의 긍정적인 반인종차별주의 역할 모델을 제공해야 한다. 셋째, 교사는 학생들에게 자신들의 가치와 행동을 조사·명료화하도록 고무시켜 주어야 한다. 넷째, 교사는 학생들로 하여금 자신들의 행동 및 그것이 타인에게 미치는 영향에 대해 성찰하도록 해야 한다. 다섯째, 교사는 학생들이 타인의 신발을 신고 자신들을 바라볼 수 있게 해야 한다.

참고 문헌

김태훈(1999), 『덕교육론』, 서울: 양서원.

권석만(2005), 『젊은이를 위한 인간관계의 심리학』, 서울: 학지사.

박재주(2010), "공자와 아리스토텔레스의 우정 관념 통합 분석", 『윤리교육연구』, 22, 177-194.

박희경·강인설(2012), "유아-부모 애착이 유아의 상호 우정과 상호 반감에 미치는 영향", 『대한가정
학회지』, 50(8), 53-63.

서강식(2013), "다문화가정 학생의 인성 및 학습능력 함양을 위한 교육제도적 지원 연구", 『도덕윤리
과교육』, 39, 73-99.

정진선·문미란(2005), 『인간관계 심리의 이론과 실제』, 서울: 시그마프레스.

추병완(2011), 『도덕교육의 이해』, 고양: 인간사랑.

추병완(2013), "긍정심리학의 덕 가설에 대한 비판적 평가", 『도덕윤리과교육』, 39호, 1-25.

홍순정(1989), 『어린이의 사회·도덕성 발달』, 서울: 창지사.

이은해(1999), "아동의 친구관계에 관한 연구", 『아동학회지』, 20(3), 77-95.

홍석영(2012). "아리스토텔레스 우정론의 도덕과 교육에의 함의", 『도덕윤리과교육』, 37, 303-328.

황혜정(2002), "아동과 청소년의 친구 관계 발달", 『아동학회지』, 23(3), 35-49.

Badhwar, N. K. (1998), "Friendship", In E. Craig (Ed.), *Routledge encyclopedia of philosophy*, Vol. 3, New
York: Routledge, 794-797.

Berndt, T. J. (1992), "Friendship and friend's influence in adolescence", *Current Directions in Psychological
Science*, 1(5), 156-159.

Brown, W. H. & Odom, S. L. (1995), "Naturalistic peer interventions for promoting preschool
children's social interactions", *Preventing School Failure*, 39(4), 38-43.

Burk, D. I. (1996), "Understanding friendship and social interaction", *Childhood Education*, 72(5), 274-
285.

Cooper, J. M. (1992), "Friendship", L. C. Becker & C. B. Becker (Eds), *Encyclopedia of ethics*, Vol. 1, New
York: Garland Publishing, Inc., 388-391.

Damon, W. (1977), *The social world of the child*, San Francisco: Jossey-Bass.

Edwards, C. P. & Ramsey, P. G. (1986), *Promoting social and moral development in young children*, New York: Teachers College Press.

Gollnick, D. M. & Chinn, P. C. (1998), *Multicultural education in a pluralistic society*, Ohio: Merrill.

Gottman, J. M. (1983), "How children become friends", *Monographs of the Society for Research in Child Development*, 48.

Healy, M. (2011), "Should we take the friendship of children seriously", *Journal of Moral Education*, 40(4), 441-456.

Kutnick, P. & Kington, A. (2005), "Children''s friendships and learning in school: Cognitive enhancement through social interaction?", *British Journal of Educational Psychology*, 75, 521-538.

Niffeneggerl, J. P. & Wilier, L. R. (1998), "Friendship Behaviors During Early Childhood and Beyond", *Early Childhood Education Journal*, 26(2), 95-99.

O'Grady, P. (2013), *Positive psychology in the elementary school classroom*, London: W. W. Norton & Company, Inc.

Ormrod, J. L. (2003), *Educational psychology: Developing learners*, Upper Saddle River: Merrill Prentice Hall.

Pahl, R. (2000), *On friendship*, Oxford: Polity.

Pang, V. O. (2001), *Multicultural education: A caring-centered, reflective approach*, Boston: McGraw-Hill.

Salend, S. J. (1999), "Facilitating friendship among diverse students", *Intervention in School and Clinic*, 35(1), 9-15.

Sias, P. M., Drzewiecka, J. A., Meares, M., Bent, R., Konomi, Y., Ortega, M. & White, C. (2008), "Intercultural friendship development", *Communication Reports*, 21(1), 1-13.

Stainback, W., Stainback, S. & Wilkinson, A. (1992), "Encouraging peer supports and friendships", *Teaching Exceptional Children*, 24(2), 6-11.

White, R. (1999), "Friendship and commitment", *Journal of Value Inquiry*, 33(1), 79-88.

14장
문화 감응 상담

다문화 가정 학생의 급격한 증가에 따라 학교교육에서 문화 감응 상담 혹은 다문화 상담의 필요성이 더욱 커지고 있다. 다문화 가정 학생들은 일반 학생들과는 상이한 가정 배경과 피부색을 갖고 있기에 각종 편견과 차별에 쉽게 노출된다. 또한 그들은 학업 부진과 같은 일상적인 문제 행동뿐만 아니라 일반 학생들에게서는 찾아볼 수 없는 문화적 정체성의 혼란을 심각하게 경험하기도 한다. 그들은 누구보다도 교사의 온정적인 관심과 배려, 상담을 필요로 함에도 불구하고, 대부분의 교사들은 문화 감응 상담을 실행할 충분한 준비 태세를 갖추지 못한 상태다. 이에 이 장에서는 문화적 다양성을 중시하는 상담인 문화 감응 상담에 대해 살펴보고자 한다.

문화 감응 상담의 개념과 전제

상담 분야에서의 다문화주의 운동은 미국에서 1970년대 후반부터 활기를 띠기 시작하였다. 다문화 상담은 소수 집단 내담자들이 불평등하고 형편없는 정신 건강 서비스를 받고 있다는 현실 인식으로부터 비롯되었다(Patterson, 1996, 227). 수(Sue, 1977)는 흑인들이 정신 건강 서비스에서 차별적 처치를 받고 있다는 사실을 밝혀 내었다. 이후에 상담 분야에서의 다문

화주의는 여러 하위문화, 인종 집단, 젠더 집단, 빈곤층을 포함한 경제 집단으로 확대되기 시
작하였다. 이에 따라 중상류 계층의 미국 백인 내담자를 위해 개발된 상담 형식들은 여타의
집단들에게는 부적절하다는 주장이 득세하기 시작했다. 이러한 맥락에서 페더슨(Pederson,
1976, 26)은 "효과적인 상담을 위해 개별 문화 집단은 상이한 기능, 독특한 강조 분야, 구체
적인 통찰력을 필요로 한다."고 주장하였다. 또한 그는 전문 상담자마저도 자신과는 다른 가
치·태도·생활방식을 갖고 있는 인종, 민족, 사회 경제적 집단 출신의 내담자를 다루기 위한 충
분한 준비가 되어 있지 못함을 지적하였다. 앨비(Albee, 1992, 554)는 이러한 현상을 일컬어
전통 심리 치료의 '문화적 불감증'이라고 표현한 바 있다. 이에 따라 '문화적으로 민감한', '문화
적으로 적절한', '문화적으로 적합한', '문화 감응적인' 등의 다양한 표현 아래 새로운 상담 기
법들이 개발되기 시작하였다. 그러므로 문화 감응 상담과 다문화 상담을 상호 교환적으로 사
용해도 큰 무리는 없어 보인다.

　　문화 감응 상담 혹은 다문화 상담을 주장하는 학자들은 현대 상담 이론과 심리 치료 이론
은 다양한 문화권에서 살고 있는 사람들의 광범위하고도 복잡한 문제를 설명·예측·해결하
는 데에 부적합하다고 주장한다. 정신분석, 행동주의, 인본주의, 인지주의의 상담과 심리 치료
의 이론들은 모두 유럽계 미국인들의 문화적 가치·관습·습관·철학·언어를 반영하며 형성되
었다. 유럽계 미국인들의 문화에서 드러나는 가장 분명하고도 중요한 가치의 하나는 그것이 개
인주의와 자아의 독립된 존재에 중요성을 부여한다는 것이다. 예를 들어, 성격 이론은 다른 사
람들이나 세상과 격리된 자아를 강조한다. 의사결정과 책임감은 집단이 아닌 개인의 영역에
설정된다. 그 결과 집단은 개인들의 집합이라는 은연중의 가정이 팽배한다. 인간 발달 이론들
역시 성숙, 건강, 자율성, 문제 해결의 기반으로 개별성을 중시한다.

　　이렇듯 유럽계 미국 심리학자들은 이 세상의 다양한 사회와 문화에서 정체성에 대하여 집
단적 개념을 중시한다는 사실을 간과한다. 상당히 많은 문화권의 사람들이 행위의 심리사회
적 단위를 개인으로 보지 않는다. 실제로 그들의 문화는 개인주의를 긍정적으로 보지 않으며
오히려 정신문명의 목표를 성취하는 데 장애로 본다. 많은 비서구 문화권에서는 개인주의가
아닌 집단주의를 선호한다. 예를 들어, 일본인들은 나를 지칭하는 인칭 대명사를 가지고 있지
않다. 그리고 인도에서는 아트만(atman)이라는 개념이 이 세상의 모든 것들을 참여시키는 존

재를 지칭한다. 우리 역시 나의 집, 나의 학교보다는 우리 집, 우리 학교라는 표현을 선호한다.

현대 상담 이론에서 개인의 자율성 개념은 다음과 같은 식으로 기술된다. ① 나와 너의 상담 관계가 전제되는 개인 상담이 되어야 한다. ② 변화에 대한 책임감은 개인에게 있는 것이다. ③ 문제는 본질적으로 그 사람 내부에 있다. ④ 정신건강에 이르는 방법은 자율성, 독립성, 개별적인 자아실현을 제고하는 것이다. 따라서 이러한 관점에 매몰된 카운슬러는 다른 문화권의 사람들을 내담자로 맞이하여 집단주의적 관점을 접하게 될 경우에 그 사람들을 지극히 의존적인, 미성숙한, 책임 회피적인, 자신의 삶을 스스로 통제하지 못하는 사람으로 간주할 것이다. 이런 식의 상담은 내담자들의 생활 방식과 문화적 가치에 부적절할 뿐 아니라 실제로 해로울 수 있다. 그러므로 문화 감응적인 상담 과정에서 요구되는 접근은 개인주의를 특정 문화의 가치로 인식하거나 혹은 어떤 특정한 하나의 문화 집단의 대표적 가치로서만 인정하는 것이다.

개인주의에 근거한 서구의 상담 이론이 여타의 문화들과 어떻게 상충하는지를 보다 상세하게 살펴보기로 하자. 첫째, 서구의 상담과 심리 치료에는 자연과학의 관점이 적용되어 있다. 인간 조건에 대한 질문과 대답은 합리적 경험주의와 상징적 논리주의 가치로부터 시작되었다. 이러한 양적, 원자 과학적, 직선적, 귀납적, 인과론적 접근은 전체주의적이며 비선형적, 세상과 조화를 강조하는 여러 문화 가치들과 충돌한다.

둘째, 개방성과 친밀성(자아 노출)이 종종 효율적인 상담의 선결 조건이 된다. 하지만 소수 민족의 문화·사회 정책적 요인들은 그들로 하여금 그들 자신이나 가족들에 대하여 많은 것을 기꺼이 드러내지 않도록 기대할 수 있다. 예컨대, 대부분의 아시안계 미국인들은 개인적인 문제를 털어놓는 것을 불편하게 생각할 수 있는데, 왜냐하면 이러한 행위는 문화 구속력이 있기 때문이다. 그리고 아프리카계 미국인들은 무조건적 개방을 상당한 불신으로 간주한다. 따라서 상담 전문가들이 이러한 행동에 접할 때 편집증, 예민증, 지나친 민감증, 의심증의 내담자로 오해할 수 있다.

셋째, 상담 과정에서 내담자가 말을 잘 하고, 자기 주장이 강하고, 세련되고, 자신의 감정과 정서를 잘 표현할 때 최상의 상담 성과가 예상된다. 내담자의 이러한 성격 특성에 비추어 보면, 문화 차이가 분명하게 드러나는데, 특히 아시안계 미국인과 인디언계 미국인의 경우 강한 감정의 억제가 미덕으로 간주되고, 갈등의 감정은 간접적이거나 숨기는 경향이 있으며, 비언어적으

문화 감응 교육학

로 표현하는 경향이 있다.

그렇다면, 다문화 상담 혹은 문화 감응적인 상담이란 어떤 것인가? 다문화 상담의 본질을 이해하기 위해서는 다문화 상담의 주창자들이 제시하는 기본 명제를 살펴볼 필요가 있다(Sue, Ivey & Pederson, 1996).

첫째, 다문화 상담 이론은 상담과 심리 치료의 메타 이론이다. 그것은 이론에 관한 이론으로, 인류가 개발해 온 다양한 상담 접근법들을 이해할 수 있는 조직적인 기초를 제공한다. 서구 사회에서 발달한 상담과 심리 치료 이론들과 비서구 문화에서 발달한 특유의 상담 모델들 모두 어느 이론이 근본적으로 옳다거나 그르다는 것, 혹은 좋다거나 나쁘다는 것이 아니다. 각 이론은 각기 다른 세계관을 나타내는 것이다. 개별적인 상담 이론과 심리 치료 이론은 특정한 문화를 배경으로 발달하였기 때문에 특정 문화 배경에 적합한 만큼, 현격하게 다른 문화적 배경에 대해서는 편향적일 수 있다. 다문화 상담 이론은 내담자의 생활 경험과 문화적 관점에 가장 부합하는 이론적 접근법을 사용한다. 따라서 다문화 상담 이론은 궁극적으로 그 자신의 문화 틀 안에서 상이한 세계관을 존중하고 이해하면서 새로운 방식으로 생각하고 느끼고 행동하며 의도대로 살 수 있도록 개인, 가족, 집단, 조직을 자유롭게 하는 데 관여한다.

둘째, 상담자와 내담자 모두의 정체감은 다양한 수준의(개인적, 집단적, 보편적) 경험과 개인·가정·주변 환경이라는 상황 속에서 형성된다. 모든 사람들은 개인적, 집단적, 보편적인 수준의 정체감을 가지고 있다. 사람들은 유일무이한 존재이고 그들의 준거 집단과 공통점을 공유하며, 최소한 인류라는 정체감의 한 수준을 공유한다. 전통적으로 상담 이론과 심리 치료 이론은 개인적 혹은 보편적인 수준에서의 정체감과 관련하여 내담자를 설명하는 경향이 있기에 집단 정체감을 부정하는 경향이 존재하였다. 한편 경험과 상황의 상호 관계 및 전체성이 상담의 초점이 되어야 한다. 인간과 환경 간의 상호작용은 다문화 상담 이론의 토대이다. 상담자가 내담자와 효과적으로 활동하려면 그 개인이 어떤 가정에 토대를 두고 있는지, 그리고 그 가족은 그 지역과 복합적인 문화의 영향을 어떻게 받고 있는지를 잘 이해해야만 한다.

셋째, 문화적 정체감의 발달은 자기 자신, 내집단의 사람들, 외집단의 타인들, 그리고 주류 집단에 대한 상담자와 내담자의 태도를 결정하는 주된 요인이다. 정서적·행동적 차원에서 명백하게 드러날 수 있는 이러한 태도는 문화적인 변인뿐만 아니라 문화적으로 상이한 타 집단들 간의 지배-종속 관계의 역동성에 의해 큰 영향을 받는다. 인종적·문화적 정체감의 수준 혹은 단계는 내담자와 상담자가 문제를 어떻게 정의하는지에 영향을 미치며, 적절한 상담 목표와 과정에 대한 확고한 믿음을 제공한다.

넷째, 다문화 상담 이론의 효과는 상담자가 내담자의 생활 경험과 문화적 가치에 부합하는 양식을 활용할 때 증가한다. 모든 집단의 사람들과 생활 장면에 동등하게 효과적인 접근법은 존재하지 않는다. 다문화 상담자/치료자 훈련의 궁극적인 목표는 이론적인 지향과 상관없이 모든 전문직이 활용할 수 있는 도움 반응(helping response) 목록을 확장하는 것이다. 어떤 상담은 특정한 문화적 맥락에 있는 내담자에게 적합하지만 다른 문화적 맥락에 있는 사람에게는 부적합할 수 있다. 적절한 때에 내담자에게 적절한 기능을 수행할 수 있도록 상담 기술 목록을 다양하게 확대시켜야 한다.

다섯째, 다문화 상담 이론은 문화적으로 상이하고 다양한 집단과 사회에서 발전한 다양한 도움 역할(helping roles)의 중요성을 강조한다. 상담 역할은 개인 교정을 목적으로 하는 기본적인 일대일 만남에 그치는 것이 아니라, 더 큰 사회 단위, 체제 중재, 예방을 포함한다. 다문화 상담 이론에서 문제는 가족, 집단, 혹은 지역사회 안에 존재하는 것이기에 상담자는 문제를 그 문제가 놓인 문화적 맥락 속에서 인식하며 그 내담자를 둘러싸고 있는 지지 체제(support system) 네트워크에 주의를 기울여야 한다.

여섯째, 의식의 평등화는 다문화 상담의 기본 목표이다. 다문화 상담 이론은 관계 속에서의 자아, 관계 속에서의 가족, 관계 속에서의 조직의 입장에 대한 개인적·집단적·조직적 의식의 폭을 확장하는 것을 강조한다. 다문화 상담자는 항상 전체적인 정황 속에서 내담자의 이해관계에 주의를 기울여야 한다. 다문화 상담자는 서구적 및 비서구적 상담 체제를 활용하며, 상담 기법과 이론들을 정중하게 내담자의 문화적 배경과 특정한 요구에 맞추려고 노력한다.

문화 감응 상담의 특징과 장점

다문화 상담 이론의 특징과 장점은 무엇인가? 다문화 상담 이론의 특징 중 가장 대표적인 것은 바로 다문화 상담 이론이 포스트모던 철학의 많은 장점들을 내포하고 있다는 것이다.

첫째, 다문화 상담 이론은 사람들이 문화적 상징과 은유를 포함하는 사회적 과정을 통하여 그들의 세계를 구성한다는 사회 구성주의를 실현하고 있다. 왓츠(Watts, 1992)에 의하면 다문화 상담 이론은 사회 구성주의의 네 가지 의미를 갖고 있다. ① 문화적 상대주의이다. 이것은 개별 문화는 고유한 특성이 있어서 지배문화가 아닌 그 자체의 문화에 근거하여 이해되어야 함을 의미한다. ② 사회 정치적 위상이다. 이것은 한 집단의 기준을 다른 집단에게 강요하는 것의 부당함을 뜻하며, 문화적으로 상이한 집단들 간에서의 지배-종속 관계의 역동성을 말하는 것이다. ③ 생태학적 사회체제적 접근이다. 이것은 사람들이 환경과 상호작용을 할 때 역사적·문화적·사회적 상황의 영향을 받는다는 것을 의미한다. ④ 참여자 중심의 방법론이다. 이것은 도움 전문가가 되기 위해서는 사회적 상황과 세계관이 그의 연구, 이론, 실천에 미치는 영향을 이해하고 알고 있어야 한다는 것을 의미한다.

둘째, 다문화 상담 이론은 언어의 합리적 관점에는 찬성하지만, 표상적 관점에 대해서는 반대한다. 거겐(Gergen, 1994)은 실재론적 심리학의 현대적 전통에서 보면, 언어에 대한 표상적 관점은 '객관적 인식'을 말한다고 지적하였다. 다문화 상담 이론은 모든 문화의 언어가 지닌 합리적 관점을 무조건적으로 인정하기에, 서구 사회의 과학적 전통을 초월하여 존재하는 실재성과 진실성을 인정한다.

셋째, 다문화 상담 이론은 맥락적이다. 이는 행동은 그 행동이 발생하는 맥락 속에서 이해되어야 하고, 행동은 맥락 속에 깊이 배어 있다는 것을 의미한다. 다문화 상담 이론은 기존의 상담 이론과 심리 치료 이론이 유럽계 미국 백인 중심적이기에 모든 문화 집단에 보편적으로 적용될 수 없다고 본다.

넷째, 다문화 상담 이론은 이론, 연구, 실천에서 하나의 관점을 선택하는 것이 아니라 모두를 포함한다. 예를 들면, 모든 이론들은 다문화 상담 이론의 우산 아래 있어야 한다.

그렇다면 다문화 상담 이론의 구체적인 장점은 무엇인가?

첫째, 다문화 상담 이론은 다원론적이다. 그것은 모든 주의(isms)를 수용한다. 이러한 포괄적인 접근 방법은 개인에게 영향을 주는 다양한 압력들을 고려함으로써 많은 사람들이 직면한 현실을 알게 한다. 다문화 상담 이론은 자민족중심주의가 유럽계 미국인들에게만 해당하는 것이 아니라 아프리카인, 아시아인, 라틴계 미국인들에게도 나타난다는 것을 인정한다. 다문화 상담 이론은 이렇듯 모든 다양성을 수용하고 예찬한다.

둘째, 다문화 상담 이론은 자아를 '관계 속의 자아'로 재구성한다. 서구심리학에서 자아는 다른 사람들과 환경에 대해 가지는 분리감과 대립으로 정의되어 왔다. 이에 비해 아프리카인, 아시아인, 라틴계 미국인과 토속 문화는 집단주의를 강조한다. 즉 가족, 공동체와 조상들은 자아와 선천적으로 얽혀져 있다. 모든 사람들의 자아를 '관계 속의 자아'로 재구성하는 것은 매우 중요한 것이다. 왜냐하면 한 사람의 세계관은 그의 뚜렷한 특징과 동의어가 아니기 때문이다.

셋째, 다문화 상담 이론은 다양한 배경을 가진 내담자들에게 유용하다. 이러한 입장에서 보면, 촉진자와 장애 내담자는 지배적인 사회 질서뿐만 아니라 민족문화, 가족, 공동체로부터 나온 그들의 확장된 자아 속에서 통합될 수 있다. 예를 들어 라틴아메리카 동성애자는 그의 가족과 공동체, 그리고 민족문화가 수용한다면 인종차별주의와 동성애 장벽을 극복할 수 있다. 또한 유로아메리컨 문화로부터도 수용될 수 있다.

넷째, 다문화 상담 이론은 상담자와 심리 치료자를 넘어서 다양한 상담자 역할의 중요성을 강조한다. 지지와 치료 체제, 조언자, 촉진자, 옹호자의 역할은 모든 내담자를 돌보는 데 있어서 중요하다. 다문화 상담 이론은 문화 감응적인 상담자들이 많은 문화들로부터 전통적인 치료 방법을 이끌어 낼 것을 강조한다. 다문화 상담 이론은 상담자들이 전통적인 유럽 중심 상담 체제와 비서구적 치료 방법을 함께 사용할 것을 강조한다.

다문화 상담자의 역량

앞서 살펴본 바와 같이 다문화 상담 이론의 강점은 역사적으로 상담 분야에 등장한 수많은 이론들을 대체하려고 노력하지 않는다는 것이다. 대신에 다문화 상담 이론은 상담자들이 어떤 이론이 발달한 특정한 문화적 맥락에서 그 이론을 잘 사용할 수 있도록 도와준다. 어떤 이론들의 특정한 문화적 맥락은 그것의 문화적 기본 전제를 이해하지 못하는 사람들에게는 그것에 대한 편견을 갖게 할 수 있다.

그렇다고 해서 다문화 상담 이론을 소수 인종 집단에 대한 정보와 지식을 제공하고, 그러한 특성에 알맞은 특정한 방법이나 기법을 제안하는 것으로 오해해서는 안 된다. 왜냐하면 그런 식의 접근법은 몇 가지 문제점을 갖기 때문이다.

첫째, 다양한 집단에 대한 서술은 추상적으로 평균적인 개인을 서술하는 일반화이다. 그 결과 고정관념의 확산에 기여할 수 있다. 집단들 간의 실제적인 차이가 종종 그러한 차이에 대한 고정관념적인 이미지를 과장하는 경향이 있음에 유념해야 한다. 상담자는 집단 간 차이와 더불어 집단 내의 차이도 존재한다는 것을 항시도 잊어서는 안 된다.

둘째, 소수 인종·민족 집단의 특성에 관한 가정들은 자기 충족 예언을 수반할 수 있다. 상이한 문화적 배경을 가진 내담자가 자기 표출이 적고 의존적이며 지시와 조언을 필요로 한다고 여겨진다면, 상담자는 그러한 신념을 확증시켜 주는 방식으로 반응하게 될 것이다.

셋째, 내담자의 문화에 대한 상담자의 지식이 보다 적절하고 효과적인 치료를 가능하게 한다는 가정은 입증된 것이 아니다. 내담자의 문화에 대한 지식은 효과적인 처치를 위한 필요조건이지 결코 충분조건이 아니다. 그러한 지식은 구체적인 조작과 전략으로 반드시 변형될 필요가 있다.

그러므로 특정한 소수 인종·집단에 대한 특정한 상담 기법을 제안하는 것은 다문화 상담 이론에서 크게 중시되지 않는다. 오히려 상담자의 개인적 속성인 상담자의 역량이 중시된다. 따라서 다문화 상담 이론은 다문화 상담자가 갖추어야 할 역량을 제시한다.

수(Sue)와 그 동료들은 자신의 문화적 가정·가치·편견에 대한 상담자의 인식, 내담자의 세계관에 대한 상담자의 인식, 문화적으로 적절한 개입 전략의 개발이라는 세 가지 특성과 태도/신념, 지식, 기능이라는 세 가지 차원의 매트릭스를 통해 총 아홉 가지의 간문화적 상담 역량을 다음과 같이 제안하였다(Sue et al., 1992, 481-483).

<표 21> 간문화적 상담 역량

자신의 문화적 가정·가치·편견에 대한 상담자의 인식	
태도·신념	• 문화적으로 유능한 상담자는 자신의 고유한 문화적 전통을 인식하여 민감하게 반응하며, 문화적 차이에 가치를 두고 그것을 존중한다. • 문화적으로 유능한 상담자는 자신의 고유한 문화적 배경/경험, 태도, 가치, 편견 등이 심리적 과정에 어떤 영향을 미치는지를 인식한다. • 문화적으로 유능한 상담자는 자신의 역량과 전문성의 한계를 인식할 수 있다. • 문화적으로 유능한 상담자는 자신과 내담자 사이의 문화적 차이, 즉 인종, 민족, 문화, 신념 등에 대해 편안하게 대처할 수 있다.

지식	• 문화적으로 유능한 상담자는 자신의 고유한 인종적/민족적 유산에 대해 그리고 그 문화적 유산이 개인적으로 혹은 전문적으로 정상과 비정상의 개념 정의와 상담 과정에 어떻게 영향을 주는지에 대한 구체적인 지식을 습득하고 있다. • 문화적으로 유능한 상담자는 억압, 인종 차별주의, 그리고 차별 행동이 개인적으로 그리고 직무에 있어서 어떤 영향을 주는지에 대한 구체적인 지식을 습득하고 있다. 이를 통해 상담자는 자신의 고유한 인종 차별적인 태도, 신념과 감정을 인식할 수 있다. 이러한 기준은 모든 집단들에게 적용되는 것임에도 불구하고, 특히 백인 상담자의 경우에 그것은 자신이 어떻게 직·간접적으로 개인적·제도적·문화적 인종차별주의에 의해 이익을 얻고 있는지를 이해한다는 것을 의미할 수도 있다(백인 정체성 발달 모델). • 문화적으로 유능한 상담자는 타인에 대한 자신의 사회적 영향에 대한 지식을 갖고 있다. 내담자와의 의사소통 방식의 차이, 자신의 소통 방식이 비주류 출신 내담자와의 상담 과정을 어떻게 촉진·저해하는지 그리고 자신의 방식이 타인들에게 미치는 영향을 예측하는 방법에 대하여 알고 있다.
기능	• 문화적으로 유능한 상담자는 문화적으로 상이한 내담자와 상담할 때 이해와 효율성을 제고하기 위해 교육과 자문 그리고 훈련 경험을 모색한다. 자신이 지닌 역량의 한계를 인식하므로 자문을 구하고, 보다 심화된 훈련과 교육을 추구하며, 보다 자격을 갖춘 개인과 자원 인사들에게 의뢰한다. • 문화적으로 유능한 상담자는 자신을 인종적/문화적인 존재로 이해하고, 인종적인 영향을 덜 받는 정체성을 능동적으로 추구한다.
	내담자의 세계관에 대한 상담자의 인식
태도·신념	• 문화적으로 유능한 상담자는 내담자와의 상담에 해로운 영향을 줄 수 있는 민족/인종 집단에 대한 부정적인 정서적 반응을 인식한다. 그들은 자기 나름의 신념과 태도를 문화적으로 상이한 내담자의 신념과 태도와 비(非)판단적인 방식에서 기꺼이 비교하려 한다. • 문화적으로 유능한 상담자는 다른 민족/인종 집단에 대한 자신의 고정관념과 선입견을 인식한다.
지식	• 문화적으로 유능한 상담자는 그와 함께 일하는 특정 집단에 대한 구체적 지식과 정보를 갖고 있다. 상담자는 문화적으로 상이한 내담자의 삶의 경험, 문화적 유산, 역사적 배경을 인식한다. 이러한 특별한 역량은 소수 인종 정체성 모델과 깊은 관련이 있다. • 문화적으로 유능한 상담자는 민족, 문화, 인종이 어떻게 인성 형성, 직업 선택, 정신장애의 발생, 도움 찾기 행동, 상담 접근의 적절성과 부적절성에 영향을 줄 수 있는지를 이해한다. • 문화적으로 유능한 상담자는 사회정치적 영향이 어떻게 민족/인종 소수 집단에 대해 영향을 주는지에 대한 이해와 지식을 갖고 있다. 이민 문제, 빈곤, 인종차별주의, 고정관념과 무력감 같은 문제들이 상담 과정에 영향을 줄 수도 있는 중요한 오점을 남긴다.
기능	• 문화적으로 유능한 상담자는 다양한 인종/민족 집단의 정신건강과 정신장애에 대한 관련 연구들과 최신 연구 결과들에 대해 알고 있어야만 한다. 상담자는 자신의 지식, 이해, 간문화적 기능을 풍부하게 해 주는 교육 경험을 능동적으로 모색한다. • 문화적으로 유능한 상담자는 상담 환경 외부에 있는 소수 인종 사람들(지역사회 이벤트, 사회/정치적 행사, 축제, 친교, 이웃 집단 등)에 대해서도 능동적으로 개입하여 자신의 소수 인종에 대한 견해가 단순히 학문적 실천이나 도움의 실천 이상의 것이 되게 한다.

문화 감응 교육학

<table>
<tr><th colspan="2">문화적으로 적절한 개입 전략의 개발</th></tr>
<tr>
<td>태도·신념</td>
<td>
• 문화적으로 유능한 상담자는 신체적·정신적 기능 수행에 관한 종교적·영적인 신념과 가치를 존중한다.
• 문화적으로 유능한 상담자는 토착적인 도움 실천을 존중하고, 소수 집단의 본질적인 도움 제공 네트워크를 존중한다.
• 문화적으로 유능한 상담자는 이중언어주의를 중시하고 자신과 다른 언어를 사용하는 것이 상담에 저해가 된다고 보지 않는다.
</td>
</tr>
<tr>
<td>지식</td>
<td>
• 문화적으로 유능한 상담자는 상담과 치료의 태생적 속성(문화적 한계, 계급 한계, 단일 언어)과 그러한 속성들이 다양한 소수 집단들의 문화적 가치와 어떻게 상충할 수 있는지에 대한 분명하고 명확한 지식과 이해를 갖고 있다.
• 문화적으로 유능한 상담자는 소수 집단의 정신건강 서비스 이용을 방해하는 제도적 장벽들을 인식한다.
• 문화적으로 유능한 상담자는 측정 도구와 활용 절차가 지닌 잠재적 편견에 대한 지식을 갖고 있으며, 내담자의 문화적·언어적 특징을 고려하는 가운데 조사 결과들을 해석한다.
• 문화적으로 유능한 상담자는 소수 집단의 가족 구조, 위계, 가치, 신념에 관한 지식을 갖고 있다. 상담자는 가족뿐만 아니라 지역사회의 특성과 자원에 대해서도 알고 있다.
• 문화적으로 유능한 상담자는 내담자가 속해 있는 집단의 심리적 안녕에 영향을 줄 수 있는 사회적, 지역사회적 수준에서의 차별적 관행들에 대해서도 알고 있어야만 한다.
</td>
</tr>
</table>

다문화 가정 학생 상담의 목표와 기본 원리

내담자의 문제 해결과 자아 성장을 돕는다는 일반 상담의 목표는 다문화 가정 학생 상담에도 그대로 적용된다고 할 수 있다. 이런 의미에서 볼 때, 다문화 상담은 여러 다른 문화권 출신의 소수민들을 충분히 존중하면서 그들의 다양한 요구를 이해하고 수용하여, 당면 문제를 해결하고 자기 성장을 이루도록 돕는 것에 그 목표를 둔다고 볼 수 있다.

다문화 가정 학생에 대한 상담이 효과를 거두기 위해서는 로저스가 말한 상담의 기본 원칙을 따르는 것이 바람직하다. 로저스는 내담자 중심 치료법의 기본 원리로서 무조건적 존중, 공감적 이해, 진실성을 제시한 바 있다. 이 세 가지 원리는 교사나 상담사의 일반적인 태도나 자세와 밀접하게 관련된 상담 원리로서, 오랜 시간의 노력과 훈련을 필요로 한다.

① 무조건적 존중

무조건적 존중이란 학생을 그 나름대로의 독특한 가치를 지닌 인간으로 존중하는 것이다. 이는 학생의 감정·사고·행동을 평가하거나 판단하지 않은 상태에서 학생의 감정·사고·행동을 있는 그대로 받아들이는 것을 말한다. 즉 학생이 어떤 문제를 지니고 있건, 어떤 잘못이나 과오를 범하였건 상관없이, 무조건적으로 학생을 하나의 소중한 인격체로 수용하고 인정하며 존중하는 마음·자세·태도를 말한다. 교사나 상담사가 어떤 편견이나 차별적인 평가와 판단 없이 이러한 태도를 마음과 행동으로 보여줄 때 학생은 자신이 존중받고 있다는 느낌을 갖고 교사와 상담사에 대한 신뢰감이 형성되고 마음이 열려 자유롭게 자신의 생각과 마음, 그리고 경험을 표현할 수 있게 된다.

② 공감적 이해

공감적 이해란 교사와 상담사가 학생의 입장이 되어 학생의 세계를 이해하는 것, 제 3의 귀를 가지고 학생의 '마음의 소리'를 듣는 것, 학생이 지니고 있는 생각과 느낌의 틀로 학생의 생각과 감정을 이해하는 마음과 자세·태도를 말한다. 교사나 상담사가 학생을 지도하고 학생과 대화할 때 공감적 이해의 태도와 행동을 보여주면 학생은 자신이 이해 받는다는 느낌을 갖게 되고 교사와 상담사를 더 신뢰하게 되어 자신을 깊이 드러내 보이며 결과적으로 교사와 학생 간의 관계를 촉진할 수 있다.

③ 진실성

진실성이란 교사가 상담하는 학생과의 관계에서 지각하는 느낌과 생각들을 있는 그대로 인식하고, 교사 자신이 체험하는 바를 긍정적인 것뿐만 아니라 부정적인 것까지도 시의 적절하게 솔직하면서도 진실하게 표현하는 것을 말한다. 예컨대 "네 말을 들으니 한편으로는 너의 입장이 이해되지만 네가 그렇게 행동하는 것은 너에게 도움이 되지 않는 것 같구나."와 같이 교사나 상담사가 지각하고 느끼는 바를 진실하게 표현하는 것이다. 교사가 진실한 마음과 자세로 대하면서 학생의 모습을 객관적인 시각으로 바라볼 수 있으면, 학생도 교사의 이러한 솔직한 모습에 자신의 솔직한 감정과 생각을 표현할 수 있게 된다. 이러한 관계를 통해 학생은 교사와 마음속 깊은 문제도 자유롭게 나눌 수 있다.

다문화 가정 학생 상담 지도의 방향과 내용

김광수(2010, 193-196)는 다문화 가정 학생들을 효과적으로 상담 지도할 방향과 그 내용을 다음과 같이 제시한다.

① 편견과 차별이 없는 자연스러운 수용

교사 자신이 먼저 다문화 가정 학생을 일반 학생들과 똑같은 우리의 아이로 수용하고 일반 가정의 자녀처럼 자연스럽게 대해야 한다. 이러한 교사의 태도와 자세는 일반 학생들에게 자연스럽게 전이될 수 있고, 다문화 가정 학생들의 안정감을 촉진시켜 준다.

② 긍정적인 이중문화 정체성 발달 촉진

다문화 가정 학생의 문화적 정체성을 이해하고 긍정적인 문화적 정체성을 발달시키도록 한다. 문화적 정체성이란 자신이 속한 문화 혹은 자신의 준거집단이 되는 문화가 어떤 문화이냐에 대한 본인의 믿음을 말한다. 다문화 가정 학생은 자신이 태어난 문화 또는 부모가 속한 문화와 현재 거주하는 문화가 다르고, 아버지와 어머니의 문화가 다르기 때문에 정체성의 혼란을 일으킨다. 즉 자신이 어떤 문화에 속하고, 어디 출신이며, 어느 나라 사람이라고 해야 할지 혼란을 느낀다. 다문화 가정 학생이 다문화 사회 속에서 자기 나름의 자아 정체성을 형성하는 발달 과정을 보면, 처음에는 주류사회를 동경하며 그 사회의 사람으로서 정체성을 느끼다가, 두 번째는 차별을 받으면서 혼란과 주류 사회에 대한 적대감을 가지며, 세 번째는 동족의 인권과 복지를 위해 저항하고 투쟁하다가, 네 번째는 궁극적으로 한 인간으로서의 자신의 정체성을 찾게 된다.

다문화 가정 학생을 상담 지도할 때는 내담자가 보이는 몇 가지 행동들을 개인적인 부적응이나 성격의 문제로 단정하여 교정하려고 하기 전에, 그 밑에 잠재하는 문화적 정체성 혼란 현상을 이해하고 조심스럽게 부각해 다룰 필요가 있다. 이때 교사가 목표로 삼아야 할 다문화 가정 학생의 문화적 정체성은 통합이며, 다문화 가정 학생의 이중문화 정체성이 확고해지도록 이끌어 주어야 한다. 다문화 가정 학생은 어머니나 아버지의 출신국가 후손으로서 출신 문화에 속할 수도 있으며, 또 한 편으로는 현재 거주하는 국가의 일원임을 당당하게 주장하면서 긍정적인 이중문화 정체성을 발달시키도록 도와주어야 한다.

③ 건강한 자아 정체성과 자존감 발달 촉진

자아 정체성은 내가 누구이며 무엇을 하면서 어떻게 살아가야 하는지에 대하여 스스로 답을 찾아가는 과정에서 발달하는 심리적 상태로 자신에 대한 평가를 특징짓는 자존감과 밀접한 관련이 있다. 자존감은 사회생활에 원만하게 적응하며 주관적인 만족도를 높이는 중요한 변인이다.

건강한 자아 정체성을 형성하기 위해서는 주변의 사회적 지지, 즉 부모·교사·또래의 지지 등이 절대적으로 필요하다. 다문화 가정 학생에게는 지역사회 사람들이 그들에게 보내는 반응이 중요한 지지의 원천이 된다. 가정의 지지가 충분할 경우에는 다른 사람이 보내는 지지의 질이 다문화 가정 학생의 자아 정체성 형성에 미치는 직접적인 영향이 줄어든다. 그러나 많은 다문화 가정이 부모 자체의 미해결 과제와 부부 사이의 문화적 차이와 개인적 차이로 인한 갈등을 겪기 쉽기 때문에, 자녀들이 부모에게 긍정적인 자아 정체성 형성에 필요한 충분한 지지를 얻지 못할 수 있다. 또한 지역사회 주민들도 아직은 다문화 가정 학생들을 온정적이기보다는 관찰과 분리 또는 차별의 시각으로 바라보는 경향이 강하다. 이러한 상황에서 교사의 지지는 다문화 가정 학생의 자아 정체성 형성을 위해 매우 중요한 역할을 한다. 이들에게 긍정적인 자기평가를 할 수 있는 기회를 많이 만들어 준다면, 다문화 가정 학생들은 여러 가지 어려움을 극복하고 긍정적인 자아 정체성과 자존감을 형성하는 데 큰 도움을 받을 것이다.

④ 학교생활과 학업 발달에 실제적 조력을 주는 개입

다문화 가정의 자녀이기 때문에 겪을 수 있는 문제를 이해하고 이에 대해 주의 깊은 관심과 관찰로 배려를 할 필요가 있지만, 실제로 다문화 가정 학생 문제는 결손 가정적 요소나 경제적 어려움으로 인해 나타나는 현실적 문제가 더 많이 드러날 수 있다. 예컨대 다문화 가정 학생들이 경험할 수 있는 소외, 놀림, 차별 등 친구나 교사와의 관계에서 오는 어려움을 고려하면서도 이들이 학교 공부나 숙제 및 준비물 챙기기 등 개인적이고 실질적인 문제에 부딪쳐 일반 학생들보다 학교 공부에 따라가기 힘든 상태임을 직시하고 이를 효과적으로 조력할 상담 지도 방안을 찾아 적용할 필요가 있다.

문화 감응 교육학

⑤ 위험 요인을 줄이고 보호 요인을 강화하는 상담 지원

다양한 문제나 어려움을 지닌 학생의 경우, 이러한 문제나 어려움이 더욱 악화되느냐 아니면 이를 잘 극복하고 오히려 그러한 어려움이나 문제 상황이 자신의 성장이나 발전의 계기가 될 수 있느냐는 그 학생 개인과 가정, 또래 관계, 지역사회나 매체 차원에서 위험 요인이 작동하느냐 아니면 보호 요인이 작동하느냐에 따라 좌우된다. 위험 요인이란 한 개인이 평균적인 다른 사람에 비해 발달사의 문제를 일으킬 소지가 높아지도록 하는 특성이나 변인을 말하며, 보호 요인이란 개인이 위험요인에 노출되어 나타날 수 있는 부정적인 영향력을 완화시켜 결과적으로 문제 행동이 야기될 수 있는 확률을 낮추는 변인이다. 따라서 학교와 교사는 다문화 가정 학생에게 위험요인으로 작용할 요인을 조기 발견·개입해서 약화시키고 보호 요인으로 작용할 다양한 상담 지도 및 지원 방안을 적용할 필요가 있다.

⑥ 문제 행동 제거보다 긍정적 행동 특성, 강점 강화

너무나 문제 행동에 집착하여 부정적 행동(불안, 우울, 분노, 공격성 등)을 제거하는 데 초점을 맞추기보다는 긍정적 행동 특성과 품성(자존감, 가치감, 적응 유연성, 희망, 배려, 용서, 감사, 공감 등)을 계발해 주고 강화하며 자신의 강점이나 장점(다문화 가정 학생 속의 강점, 이중 언어 능력 계발, 폭넓은 문화 감각과 한국인이면서도 세계시민이라는 세계화의 관점 개발 등)을 자각, 발견하여 이를 강화해 나가도록 상담 지도할 필요가 있다.

⑦ 균형 있는 종합적 관점의 상담 지도

다문화 가정이라 해서 드러내는 특성이나 문제가 다 같은 것은 아니므로 현상이나 문제의 보편성과 독특성을 잘 구분하고 분별하여 상담 지도 및 개입을 할 필요가 있다. 인류학에서 에믹은 원주민들의 관점(folk perspective)을 말하는 것으로서 원주민들의 범주 그 자체(natives' own category)를 말한다. 에틱은 분석적 관점(analytic perspective)으로서 검증할 수 있는 과학적 판단(verifiable scientific judgements)을 말한다. 에믹은 실재에 대한 원주민적 모델의 설명과 표현이고, 에틱은 관찰자의 기준에 따른 사회문화체계의 기술이고 비교이다. 에틱은 보편성의 수준이고 객관적 관찰자에 의해 관찰될 수 있는 사물의 수준이다. 반면 에믹은 특수한 언어나 문화 내에서만 유의미한 수준이다.

예컨대 다문화 가정이기 때문에 일반적이고 보편적으로 갖는 에틱(etic)한 특성이 있지만 국적·종교·가족 특성에 따라 독특하게 갖는 에믹(emic)한 특성이 있다. 이는 다문화 가정 학생의 경우에도 마찬가지이다. 따라서 다문화 가정 학생을 상담 지도하는 교사가 다문화 가정 특성이나 문제에 대해서 보편적으로 알고 이해해야 할 것과 각 가정이나 학생에게 개별적으로 독특하게 나타나는 문제를 이해하고 두 관점을 균형 있게 취하면서 상담 조력을 할 필요가 있다.

참고 문헌

김광수(2010), "다문화가정 학생상담의 실제", 원진숙 외 6인 공저, 『글로벌 시대의 다문화교육』, 서울: 사회평론.

Guild, P. (1994), "The culture/learning style connection", *Educational Leadership*, 51(8), 16-21.

Shade, B. J. (1989), "The influence of perceptual development on cognitive style: Cross ethnic comparisons", *Early Child Development and Care*, 51, 137-155.

Sue, D. W., Arredondo, P., McDavis, R. J. (1992), "Multicultural Counseling Competencies and Standards: A Call to the Profession", *Journal of Counseling and Development*, 70, 477-486.

Patterson, C. H. (1996), "Multicultural counseling: From diversity to universality", *Journal of Counseling and Development*, 74, 227-241.

Patterson, C. H. (1978), "Cross-cultural or intercultural counseling or psychotherapy", International *Journal for the Advancement of Counseling*, 1, 231-247.

Pederson, P. (1976), "The field of intercultural counseling", In P. Pederson, W. J. Lonner & J. G. Draguns (Eds.), *Counseling across cultures*, Honolulu: University Press of Hawaii.

Rogers, C. R. (1957), "A note on the nature of man", *Journal of Counseling Psychology*, 4, 199-203.

Sue, D. W. (1978), "Eliminating cultural oppression in counseling: Toward a general theory", *Journal of Counseling Psychology*, 25, 419-428.

Sue, D. W. & Sue, D. (1990), *Counseling the culturally different: Theory and practice*, New York: Wiley.

Ladson-Billings, G. (1992), "Liberatory consequences of literacy: A case of culturally relevant instruction for African American students", *Journal of Negro Education*, 61(3), 378-391.

Ladson-Billings, G. (1994), The dreamkeepers, San Francisco: Jossey-Bass.

Richards, H. V., Brown, A. F. & Firde, T. B. (2006), *Addressing diversity in schools: Culturally responsive pedagogy*, Tempe: NCCREST.

15장
문화 감응적인 학부모 참여

아동 교육 및 학교 환경에 대한 학부모의 적극적인 참여는 아동과 학교의 성공에 있어서 매우 중요한 요소이다. 학부모의 참여는 학교의 문화·목적·조직과의 연계를 분명하게 하기 위해 계획된 지속적·포괄적·유목적적인 과정이다. 그럼에도 불구하고 의미 있는 학부모의 참여는 학교에 의해 제대로 보장을 받지 못하였다. 기껏해야 교사와 학부모의 대화, 일부 학부모의 학교운영위원회 참여, 가정통신문 등에 국한되었던 것이 사실이다. 교사들은 학부모들의 일관되지 못한 참여나 학교교육에 대한 무관심을 토로하고 있고, 학부모들은 학교나 교사가 지나치게 권위적이고 학부모들의 의견을 제대로 수용하지 않는다고 비판한다. 우리 사회의 다문화 추세가 심화됨에 따라서 학부모들의 인적 구성도 이전과는 판이하게 변하였다. 일부 농어촌 학교에서는 한 교실에서 30% 이상의 어머니들이 외국인으로 구성되어 있음을 쉽사리 확인할 수 있다. 이러한 환경 속에서 학교가 문화 감응적인 학부모의 참여를 제고하기 위해서는 어떻게 해야 할까? 이 장에서는 이 문제에 대해 자세하게 다루고자 한다.

학부모 참여의 중요성

오늘날 전 세계적으로 공립학교 교육 체제는 두 번째 개혁의 물결을 맞고 있다. 첫 번째의

문화 감응 교육학

개혁이 주로 학교의 교육 과정 개혁과 관련된 것이었다면, 두 번째의 교육 개혁은 학부모 및 지역사회의 요구에 부응하는 것과 관련되어 있다. 학교는 아직도 학부모 및 지역사회가 바라고 있는 교육을 교육 대상인 학생들뿐만 아니라 모든 사회 성원들에게 제대로 제공해 주지 못하고 있다는 현실 인식에서 비롯된 이 두 번째의 개혁 추세는, 오늘날 전 세계의 공립학교들이 안고 있는 시대적 과제라고 볼 수 있다. 물론, 이러한 두 번째의 개혁 요구를 학교의 힘만으로 해결하는 것은 불가능하다. 그러므로 오늘날 많은 학교들은 학부모 및 지역사회로부터의 도움을 얻어내기 위한 전략들을 개발하는 데 골몰하고 있다.

의사소통의 측면에서 볼 때 학교와 학부모/지역사회 사이에는 네 가지의 공적 관계 양식이 가능하다고 볼 수 있다(추병완, 2004, 764). 첫째는 홍보 담당직/선전(press agentry/publicity) 양식이다. 이 양식은 선전이나 공표를 주된 목적으로 하는 일방 통행적인 의사소통 양식이다. 이 양식에서 볼 때 학교는 일방적인 선전자이고, 학부모 및 지역사회는 일방적인 선전의 수혜자인 셈이다. 둘째는 공적 정보(public information) 양식이다. 이 양식 또한 일방적인 의사소통을 특징으로 하지만 참된 정보의 보급 및 배포를 목적으로 한다는 점에 있어서 앞의 양식과 차이가 있다. 따라서 학교는 학교 교육에 관련된 참된 정보를 학부모 및 지역사회에 일방적으로 보급 및 배포한다. 셋째, 양방향적 비균형(two-way asymmetric) 양식은 과학적 설득을 목표로 한다. 학교와 학부모/지역사회 사이에는 양방향적인 의사소통이 가능하지만 원칙적으로 그 과정이 균형적이지는 못하다. 학교는 학부모/지역사회로부터 피드백을 구하여, 그것을 학부모/지역사회에 학교의 방침을 설득시키기 위한 차후의 의사소통이나 설득 이론을 만들어 내는 데 적용하고자 한다. 넷째, 양방향적 균형(two-way symmetric) 양식이다. 학교는 학부모/지역사회의 관점을 학교 교육에 반영하기 위하여 모든 형태의 의사소통 채널을 활용한다. 이때 교사는 조직 및 제도로서의 학교와 학부모/지역사회 간의 매개자 역할을 충실하게 수행하고자 하며, 학교의 입장만을 강요하려고 하는 것이 아니라 학부모/지역사회의 요구와 주장을 적극적으로 반영하고자 한다. 이러한 네 가지 의사소통 양식에 비추어 볼 때, 현재 우리의 학교는 대부분이 '공적 정보' 양식을 따르고 있는 실정이다. 학교가 학부모/지역사회와 유기적인 협력 체제를 갖추기 위해서는 '양방향적 균형' 양식에 입각한 의사소통이 이루어질 수 있어야 한다.

한편, 엡스타인(Epstein, 1995; 추병완, 2004, 764-765)은 학교가 학부모/지역사회를 학교 교육에 적극적으로 관여시킴으로써 궁극적으로 학교/학부모/지역사회의 협력 체제를 구현하기 위한 여섯 가지 유형의 활동들을 제시하고 있다.

첫째는 육아(parenting)이다. 육아의 목적은 모든 가정들이 학생들을 지지·지원해 줄 수 있는 가정환경을 만들 수 있도록 학교가 각 가정을 도와주는 것이다. 이를테면, 학교는 각 학년의 학습을 지원해 줄 수 있는 가정환경 조건들에 대한 정보를 제공할 수 있다. 또 학교는 미취학 아동을 위한 자녀 교육 지침에 대한 정보를 예비 학부모들에게 알려 줄 수도 있다.

둘째는 의사소통(communicating)이다. 의사소통의 목적은 학교의 교육 프로그램 및 아동의 진전에 관한 '학교로부터 가정으로' 그리고 '가정으로부터 학교로'의 의사소통 체제를 구안하는 데 있다. 일례로, 매 학기당 1회씩 정기적으로 학부모 상담을 실시하는 것이 한 예시가 될 수 있다.

셋째는 자발적 참여(volunteering)이다. 자발적 참여의 목적은 학부모로부터의 자발적인 지원과 협력을 이끌어 내는 데 목적이 있다. 학생, 교사, 학교장, 다른 학부모들을 도와주기 위한 학부모 및 지역사회 도우미가 이에 속한다.

넷째는 가정에서의 학습(learning at home)이다. 이것의 목적은 각 가정에서 학생들이 과제물을 이행하거나 그 밖의 교육 과정 관련 활동들을 하는 것을 도와주기 위하여 학교가 각 가정에 정보나 아이디어들을 제공해 주는 것이다. 일례로, 학교는 각 교과목별 학습 방법, 과제물 지도 및 확인에 관한 다양한 정보나 아이디어들을 학부모들에게 제공해 줄 수 있다.

다섯째, 의사 결정(decision making)이다. 의사 결정의 목적은 학부모들을 학교의 의사 결정에 참여시키거나 학부모 대표자 회의나 학부모 간의 네트워크를 만들게 하는 데 있다. 학부모 및 지역사회의 성원들을 참여시키기 위한 PTA/PTO, 학교 운영 위원회, 각종 학부모 모임 등이 이에 속한다.

여섯째, 지역사회와의 협력(collaboration with community)이다. 이것의 목적은 학교의 교육 프로그램, 가정의 교육 여건 개선 및 부모 교육 프로그램, 학생의 학습 및 발달을 촉진시키는 데 도움을 줄 수 있는 자원이나 서비스들을 지역사회로부터 구하고, 그것들을 통합하는 데 있다. 일례로, 학생들의 사고력 계발을 위한 지역사회 내의 교육 기관을 학부모에게 안내해 주는 것, 학교 시설을 지역사회에 개방하는 것, 학생 교육을 위하여 동창회 조직을 활용하는 것, 학생들을 지역 사회를 위한 봉사 활동에 참여시키는 것, 학부모들에게 지역사회 안의 문화·의료·여가 프로그램 등에 관한 다양한 정보를 제공해 주고 연결시켜 주는 것 등이 이에 속한다.

엡스타인이 분류하고 있는 여섯 가지의 방식은 상호 관련되어 있으며, 우리나라의 경우도 대부분의 학교에서 부분적으로 실행하고 있는 것들이다. 문제는 그러한 것들이 학교 조직의 차원에서 자율적으로 그리고 내실 있게 이루어지고 있는지의 여부라고 할 수 있다. 한편, 엡스타인은 학교/학부모/지역사회의 협력 체제가 성과를 거두기 위해서는 협력 체제의 형성 및 유지를 위한 실무진(action team)이 구성되어 조직적이고 체계적인 계획을 수립해야 한다는 점, 학부모 및 지역사회의 요구를 정확하게 파악해야 한다는 점, 장기적인 계획을 수립하여 추진해야 한다는 점, 단기적이고 가시적인 성과를 기대하지 말고 꾸준한 노력을 기울여야 한다는 점, 교육 과정 및 교실 수업 개선과 연관되어야 한다는 점, 교사들에 대한 연수 및 훈련이 병행되어야 한다는 점 등을 제시하고 있다. 이러한 장기적이고도 체계적인 계획에 입각한 협력 체제가 이루어질 때, '가정과 같은 학교, 학교와 같은 가정, 가족과 같은 지역사회'가 이루어질 수 있으며, 그러한 환경 속에서 학생들의 발달 및 학습이 더욱 촉진될 수 있는 것이다.

문화 감응적인 학부모 참여의 기본 가정

다문화 가정 학생들의 학교생활 부적응에 영향을 미치는 대표적인 요인들은 다음과 같다. 첫째, 학교에서의 차별과 무관심이다. 둘째, 언어습득과 학습 부진이다. 결혼이민여성 가정의 자녀들은 결혼이민여성의 부족한 한국어 실력(읽기, 말하기, 쓰기 등)으로 인하여 초등학교 저학년 시기에 언어로 인한 고통을 경험하고, 고학년으로 접어들면서 교과학습 부진을 경험한다. 셋째, 신체상의 차이가 부정적 영향을 미치고 있다. 결혼이민여성 초등학생 자녀들이 일반 학생들과 다른 생김새와 피부색을 가졌다는 이유만으로 집단 따돌림을 경험하는 사례가 늘고 있다. 넷째, 정체성 혼란이 학교생활 적응에 부정적 영향을 미치고 있다. 이러한 문제의 해결은 학교만의 노력으로는 감당할 수 없는 문제이다. 그러므로 교사는 문화 감응적인 학부모 참여를 통해 다문화 가정 학생들의 학교생활 적응을 도와줄 필요가 있다(김진·한상미, 2013, 6). 문화 감응적인 학부모 참여는 다음의 몇 가지 가정들에 근거를 둔다(King & Goodwin, 2002, 6-8).

첫째, 우리 사회의 인구통계학적 변화는 교사들로 하여금 학생들의 가정 경험과 구조에 대한 선입견을 변경하도록 만들고 있다. 국내 초·중·고교에 다니는 다문화가정 학생이 2013년 현재 처음 5만 명을 넘어섰다(한겨레신문, 2013년 8월 4일자). 매년 증가폭이 크게 늘며 전체 학생의 1%에 육박하고 있어, 교육 당국이 이들을 위한 지원책을 강화해야 한다는 지적이 나온다. 교육부는 2013년 4월 1일 기준 다문화가정 학생이 55,767명으로 잠정 집계됐다고 밝혔다. 정부 공식 통계에서 다문화가정 학생이 5만 명을 돌파한 것은 2013년이 처음이며, 전체 학생 대비 다문화가정 학생의 비율은 0.86%이다. 더구나 이 숫자는 외국인학교 재학생을 빼고 공교육기관에 다니는 학생만 조사한 숫자다. 55,767명의 다문화 가정 학생 중 초등학생이 3만 9423명(71.1%), 중학생이 1만 1235명(20.2%), 고교생이 4827명(8.7%)이었다. 국내에서 태어난 한국인-결혼이주자 부부의 자녀가 4만 5674명(81.9%)으로 가장 많았고, 외국인 가정 자녀가 5162명(9.3%)으로 뒤를 이었다. 외국에서 태어나 중도에 한국에 입국한 학생은 4931명(8.8%)이었다.

경기도 안산의 원곡초등학교는 우리나라에서 다문화 학생 비율이 가장 높은 학교다. 재학생 407명 중 237명인 58%가 다문화 학생이다. 정부는 출생 시 부모 중 한 명 이상이 외국인인 경우 다문화 학생으로 분류하고 있다. 안산 원곡초교 다문화 학생들 부모의 출신 국가는 15개국에 달했다. 중국·우즈베키스탄·필리핀·베트남·우간다·카자흐스탄·네팔·러시아·인도네시아·일본·태국·방글라데시·파키스탄·콩고민주공화국 등이다. 중국 출신 부모를 둔 학생이 68%로 가장 많다. 안산시 원곡동 다문화 특구에 중국동포 밀집 지역이 형성됐기 때문이다(중앙일보, 2013년 9월 14일자).

다문화 가정 학생 수 추이

연도	학생 수
•2006년	9389명
•2007년	1만 4654명
•2008년	2만 180명
•2009년	2만 6015명
•2010년	3만 1788명
•2011년	3만 8678명
•2012년	4만 6954명
•2013년	5만 5767명(잠정)

다문화 학생 학교별 분포

구분	학생 수
•초등학생	3만 9423명(71.1%)
•중학생	1만 1235명(20.2%)
•고등학생	4827명(8.7%)

다문화 학생 부모 국적 비율(2012년)

국적	비율
•중국(중국동포)	17.4%
•중국	16.4%
•일본	27.5%
•필리핀	16.1%
•베트남	7.3%
•태국	2.4%
•몽골	2.2%
•러시아	1.6%
•대만	1.1%
•미국	1.0%
•인도네시아	0.9%
•기타	6.1%

※자료: 교육부

〈그림 5〉 다문화 학생 관련 통계

둘째, 가정의 다양한 문화적 배경은 학부모 참여를 권장하기 위한 새로운 전략을 요구한다. 한국어가 모국어가 아닌 학부모의 숫자가 획기적으로 증가하고 있고, 그들은 문화적 불일치를 경험하는 가운데 한국 사회 및 한국의 학교교육에 적응하는 데 상당한 어려움을 갖고

있다. 그들은 한국어에 능통하지 않다보니 자녀의 학습 지도에 한계를 가질 수밖에 없는 실정
이다.

셋째, 유의미한 학부모의 참여는 학생의 학교생활에서의 성공 비율을 높일 수 있다. 학부모
는 자녀의 장점과 단점에 대해 잘 알고 있고, 학생의 요구와 능력에 대해 학교에 알려 줄 수 있
는 소중한 정보원이다. 또한 학부모는 그 누구보다도 자녀의 학교생활에서의 성공을 바라는
존재이다. 대한민국의 미래는 지금 학교에 다니고 있는 학생들의 성공에 달려 있다는 사실을
고려할 때, 모든 학생들이 적절한 교육을 받고 미래를 준비할 역량을 갖추는 것은 매우 중요한
일이다.

넷째, 학부모는 자녀교육에 참여할 것을 바라고 있다. 교육열이 높은 우리나라의 경우를 놓
고 보노라면, 학부모는 자녀의 교육적 성공을 위해서라면 무엇이라도 할 준비가 되어 있는 사
람들이다. 그러므로 학부모의 참여를 지원하는 가운데 학부모를 학교의 교육적 과정에 참여
시킬 수 있는 효과적인 방법을 모색하는 것은 오늘날 학교가 마땅히 짊어져야 할 책임 가운데
하나이다. 따라서 교사들은 학부모에 대한 그들 나름의 태도를 면밀하게 조사하여 부정적이거
나 부정확한 가정들을 폐기하고 학부모와 협력할 수 있는 강한 결단력을 가져야 한다.

다섯째, 학교교육에 참여하는 학부모들이 모든 학부모들의 관점과 요구를 대변하는 것은
아니다. 학부모들이 인종, 사회경제적 지위, 젠더, 가족 구조, 종교적 배경, 문화유산, 지역 등을
비롯한 여타의 특징들을 적절하게 대변할 때, 학부모 참여는 비로소 포함적인 것이 될 수 있
다. 이것은 교사와 학부모 간의 지속적인 대화가 이루어질 때 가능한 일이다. 학교 행사나 교육
활동에 열심히 참여하는 학부모들은 학교에서 편안함을 느끼기 때문이다. 그들은 대부분 주
류 사회의 성원들이고, 중산층 이상의 사회경제적 지위를 가진 사람들이다. 따라서 이들이 모
든 학부모들의 관점과 요구를 반영한다고 생각해서는 절대 안 된다. 특히 한국어에 능통하지
못한 대부분의 국제결혼 이주 여성들은 지리적으로 농어촌에 위치하고 있거나 생계를 위한 노
동으로 말미암아 학부모 참여의 의욕은 있으나 그러지 못하고 있는 실정이다. 그들 또한 자신
의 자녀들이 한국 사회에서 성공하기를 바라고 있다. 교사들은 그들이 자녀의 교육에 무관심
하다고 단언해서는 안 된다.

여섯째, 학부모는 학교에서 벌어지는 일에 대해 알 권리를 갖고 있다. 학부모들은 학교 관행

문화 감응 교육학

과 수업에서 일고 있는 변화에 뒤처지지 않고 따라갈 수 있을 때만 학교를 지원할 수 있다. 이러한 변화를 제대로 감지하지 못하는 학부모들은 학교교육에 제대로 참여할 수가 없다. 물론 학부모들은 미디어를 통해 학교교육에 관한 정보를 얻을 수는 있지만, 미디어는 개별 학교들의 실상을 정확하게 반영하지 못하는 한계가 있다. 그러므로 학교는 학교에서 벌어지고 있는 일들에 대해 학부모들에게 명확하게 알려 주어야, 학부모들의 참여를 제고할 수 있다.

일곱째, 학교와 학부모의 파트너십은 성공적인 개혁을 위한 열쇠이다. "한 아이를 기르는 일은 전체 마을을 필요로 한다."는 아프리카의 격언처럼, 교사만이 아이를 교육한다는 생각을 버려야 한다. 학부모와 그들이 속해 있는 지역사회는 학교교육의 중요한 파트너이다. 후원자, 동조자, 지지자로서의 학부모는 적이나 수동적인 관찰자로서의 학부모에 비해 훨씬 생산적이다.

여덟째, 학부모와 학교는 서로 협력할 수 있는 전략들을 개발해야만 한다. 생산적이고 상호 존중적이며, 대화적인 관계는 쉽게 생길 수 있는 것이 아니다. 학교와 학부모를 연결하는 구체적인 구조가 결여되어 있다면, 일관되고 포괄적인 학부모의 참여가 이루어지기 어렵다. 따라서 학교와 학부모는 파트너십을 제고하기 위한 구체적인 전략들을 개발해야만 한다.

학부모 참여에 관한 공통의 오해

문화 감응적인 학부모 참여는 복잡한 것도 신비스러운 것도 아니다. 그것은 모든 학생들을 공평하게 다루려는 의지와 결단을 필요로 한다. 문화 감응적인 학부모 참여는 학교와 가정의 대화를 방해하는 교사의 지각을 변화시키는 것, 그리고 교사와 학부모 간의 오해를 없애는 것을 필요로 한다. 그러한 오해들의 대표적인 사례를 제시하면 다음과 같다(King & Goodwin, 2002, 9-10).

① 학교를 방문하지 않는 학부모들은 그들의 자녀교육에 대한 관심이 없는 사람들이다. 교사들은 학부모가 학교에 나타나는 것을 자녀에 대한 관심의 표현이라고 생각하는 경우가 많다. 하지만 학부모들이 학교를 찾지 않는 데에는 여러 가지 이유가 존재한다. 일부 학부모들은 교사를 권위 있는 인물로 생각하여 교사를 만나는 것 자체를 일종의 위협으로 생각한다. 어떤

학부모들은 정말 일이 바빠서 학교를 방문하는 시간을 내기가 어려운 경우도 있다. 그리고 어떤 학부모들은 우리 아이가 또 문제를 일으켰다는 소리를 반복적으로 듣기 싫어서 학교에 나타나는 것을 꺼리기도 한다. 어떤 학부모들은 선생님이 잘 알아서 할 것이라는 막연한 기대에서 학교 방문을 꺼리기도 한다. 따라서 교사는 전화, 이메일, 가정통신과 같은 대안적인 방법을 통하여 학부모와 소통하는 방법을 생각해야만 한다. 교사와 학부모 간의 대화가 무엇보다도 가장 중요한 것이기 때문이다.

② 학부모 참여의 좋은 방법이 모종의 방식으로 존재한다. 밤에 아이에게 책을 읽어 주는 것과 같은 부모의 적절한 양육 행동에 대한 대중적인 개념 정의는 사실 중산층의 규범에 기반을 둔 것이다. 그래서 그런 규범을 따르지 않은 학부모들은 종종 비난의 표적이 되기 십상이다. 하지만 학부모마다 자녀를 양육하는 방식에는 다소의 차이가 있을 수 있으므로, 어떤 표준적인 방식을 어떤 학부모들이 따르지 않는다고 해서 아동의 교육적 실패와 관련하여 그들을 쉽게 비난해서는 안 된다. 따라서 교사들은 그들이 다른 학부모들과 비교하여 비난을 받지 않을 그들만의 양육 방식이 있을 수도 있음을 헤아려야 한다.

③ 모든 학부모들은 동일한 전략에 반응한다. 학생들과 마찬가지로 학부모들도 상이한 요구, 질문, 학습, 타인과의 상호작용 방식을 보여준다. 일군의 학부모들에게 초점을 맞춘 전략은 다른 학부모들을 소외시킬 수 있다. 학부모와의 대화, 가정방문, 사친회 참여 등과 같은 보편적 방법들이 모든 학부모들에게 효과가 있다고 기대를 해서는 안 된다. 그것은 일부 학부모들의 참여를 소외시킬 수도 있음에 유념해야 한다.

④ 재정적으로 곤란을 겪는 학부모들은 학교를 지원할 수 없다. 교사들이 학부모의 지원을 금전적인 관점에서만 생각한다면, 경제적으로 곤란을 겪는 학부모들은 아동의 교육을 위해 학교에 공헌할 수 없다고 생각한다. 그러나 학부모가 학교교육에 창의적인 방식으로 기여할 수 있게 하는 것이 항상 돈, 시간, 노력, 전문성을 필요로 하는 것은 아니다. 따라서 교사들은 학부모의 도움이나 지원에 대한 폭넓은 개념적 이해를 필요로 한다. 그래야만 학부모들이 능력과 권한을 신뢰하는 가운데, 학교의 사명을 달성하는 데 도움을 줄 수 있는 학부모 참여의 유형을 창의적으로 개발할 수 있다.

⑤ 모든 학부모들은 그들 자녀에 대한 동일한 목적을 갖고 있다. 교사들은 학부모들이 그

들 자녀에 대해 갖고 있는 목표와 포부를 모두 알고 있다고 가정해서는 안 된다. 교사와 학부모의 대화는 개별 학생의 목표에 대한 유의미하고 적절한 담화를 보장함에 있어서 필수적인 것이다. 학부모들 역시 자신의 자녀들에 대해 오개념을 갖고 있는 경우가 많다. 일부 학부모들은 이렇게 말한다. "나도 학교 다닐 때 공부를 못해서 내 아이에게 도움을 주지 못합니다." "선생님이 우리 집안 현실을 잘 이해하지 못하고 계십니다." "선생님이 우리 아이에게 너무 많은 것을 요구하고 계십니다." "나는 하루 종일 일만 해야 하기에 아이를 돌볼 시간이 거의 없습니다." "우리 아이가 집에서는 전혀 그렇지 않습니다." 등의 표현은 교사들이 학부모와 대화를 할 때 많이 접하는 것들이다. 문화 감응적인 학부모 참여를 유도하기 위한 첫 조처는 교사와 학부모가 공히 학생에 대한 기본 가정, 편견, 고정관념을 있는 그대로 인정하고 논의하면서 그것들을 하나둘 제거하는 것이다. 그러한 대화를 시도하는 것은 교사와 학부모 사이에 열린 의사소통의 채널의 구축을 필요로 한다.

구체적인 실천 방법

그렇다면 문화 감응적인 학부모 참여를 유도하기 위해 교사가 활용해야 할 구체적인 실천 방법은 무엇인가?

① 임무 진술이나 목표 설정을 진술함으로써 유의미하고 문화 감응적인 학부모 참여에 대한 교사의 결단을 분명하게 표현한다. 임무 진술(mission statement)은 조직이나 개인 혹은 집단이 스스로 자신이 맡은 일이나 목적 또는 사명을 자세히 진술하는 것을 의미한다. 임무 진술은 매우 간단하고 일반적으로 이루어지지만 일종의 나침반과도 같아서 목표달성을 용이하게 해준다. 교사들은 임무 진술을 통해 문화적 다양성을 존중하고 그것을 학교교육에 포괄적으로 포함하는 방식에서의 학부모 참여 방안을 모색할 수 있다. 임무 진술은 학교의 우선순위에 대해 지역사회에 중요한 메시지를 전달한다. 즉, 그것은 학부모 참여가 자녀교육을 위한 일종의 책무가 될 수 있고, 학부모들에게 자기 점검과 평가를 위한 렌즈가 될 수 있음을 알려 준다. 학교는 이러한 임무 진술을 학부모들과 공

유할 필요가 있다. 학부모의 피드백과 조언을 거쳐서 정기적으로 수정되거나 보완될 필요가 있다.

② 부모의 관심·관점·생각을 목록으로 만든다. 교사는 학부모에 대한 조사를 통하여 가능한 한 많은 학부모들의 관점을 포착해야 한다. 학부모의 간담회, 전화, 이메일, 숙제 등을 통해 교사는 학부모들의 관심·관점·생각을 조사하여 목록으로 만들 수 있다. 이러한 조사 활동은 교사가 지역사회의 문화적 정체성과 특성들을 이해하는 데 많은 도움을 준다. 교사는 학부모들에게 다음과 같은 질문을 할 수 있다.

- 집에서 자녀와 대화할 때 주로 사용하는 언어는 무엇인가? 부모의 모국어를 아이에게 가르치고 있는가?
- 다른 가족들과 구별되는 가족의 독특한 문화적 관행과 전통을 갖고 있는가?
- 학부모의 교육 수준은? 학부모는 이전에 학교나 교사와 어떤 경험을 하였는가?
- 학부모는 학교와 공유할 수 있는 풍부한 문화적 자료와 자원을 구비하고 있는가?
- 학부모의 취미·기술·흥미·재능은 무엇인가?
- 학부모의 근로 시간은?
- 학부모는 학교에 나올 수 있는 적절한 교통수단을 갖고 있는가?
- 자녀교육과 관련하여 학교와 특별히 논의할 문제를 갖고 있는가?
- 자녀의 학교생활에 있어서 학부모가 다양성의 관점에서 결여하고 있는 무엇인가?

교사는 조사를 통해 학부모들이 자녀와 관련한 사항들을 말할 수 있게 해 주어야 한다. 그러한 질문들의 사례를 제시하면 다음과 같다.

- 자녀에 대해 교사가 꼭 알아야 할 사항은 무엇인가?
- 교실이나 학교에서 학부모와 자녀가 잘 할 수 있는 것은 무엇인가?
- 자녀의 학업, 교실생활, 학교생활에 대해 어떤 생각을 갖고 있는가?

- 자녀의 학교생활에 대해 알고 싶은 것은 무엇인가?

- 교실 경험을 모두에게 의미 있는 것으로 만들 수 있는 방안을 생각하고 있는가?

- 자녀의 문화에 대해 학교가 어떤 식으로 더 많이 알기를 바라고 있는가?

- 학교에서 자녀의 문화가 거부를 당하는 사례를 말해 줄 수 있는가?

- 자녀에게 다른 학생들과 특별히 다르게 대우할 사항이 있는가?

- 학교에서 자녀의 교육 경험이 되기를 바라는 특정한 교육 경험이나 수업 자료에 대해 말해 줄 수 있는가?

③ 조사 결과에 근거한 교사-학부모 세미나를 계획한다. 교사-학부모 세미나는 지속적인 학습, 관계 형성, 실용적인 결과를 지지해 주는 데 충분할 수 있도록 적어도 3회에 걸쳐서 이루어질 필요가 있다. 세미나는 일정이 각기 다른 학부모들이 참여할 수 있도록 상이한 시간대에 이루어질 필요가 있다. 어떤 학부모들은 방과 후에 즉시 참여할 수 있으나, 어떤 부모들은 직장을 퇴근한 이후에나 참여할 수도 있기 때문이다. 조사 결과에 근거한 교사-학부모 세미나가 이루어져야 하며, 대표적인 주제들을 예시하면 다음과 같다.

- 학습 기준: 학습 기준이란 무엇이고 왜 중요한가? 학습 기준에 도달하기 위해 상이한 교수·학습을 제공해야 하는가?

- 숙제에 대한 교사와 학부모의 기대: 너무 많은가? 너무 적은가?

- 학부모와 교사의 의사소통: 왜 필요하고, 어떻게 하면 잘 할 수 있을까?

- 우리 아이 리터러시 제고하기: 읽기, 쓰기, 셈하기에 대한 개관

- 책 읽기를 좋아하는 아이로 만들기

- 우리 아이 진로 선택하기

- 아동의 학업 성취도 평가 방식 이해하기

- 아이의 자존감 및 자기 확신 제고하기

- 아이의 창의·인성 발달시키기

- 학교 폭력 예방하기

- 집단 따돌림을 예방하는 방법
- 우리 아이 성교육하기

세미나는 학부모들의 요구 분석에 근거하여 그들의 새로운 기능이나 지식 습득에 기여할 수 있어야 한다. 컴퓨터 리터러시, 투자 전략, 법률 자문, 북클럽(book club) 등에 관한 워크숍 등을 개최하는 것 또한 지역사회에 기반을 둔 하나의 제도로서의 학교의 기능과 역할을 강조하는 것이다.

④ 가족 연락원(family liaison)을 지정한다. 교사, 직원, 학부모들 가운데 몇 명이 순번을 정하여 학교와 가정의 연락원 역할을 수행하도록 한다. 이러한 역할을 수행하는 사람들을 위해 학교는 별도의 예산을 마련하여 재정적인 지원을 할 수 있다. 누군가가 책임을 지는 가운데 가정과 학교를 지속적으로 연결시켜 주는 체제 구축이 필요하기 때문이다.

⑤ 학교의 문화적 자원 바인더(cultural resources binder)를 개발한다. 한국어를 잘 못하는 다문화 가정 학부모와 소통할 수 있는 교사는 누구인가? 한국어 사용에 어려움을 겪고 있는 학부모와의 소통을 대신해 줄 지역사회 인사는 누구인가? 교사들은 어떤 방식으로 문화 감응적인 학부모 참여를 유도하고 있는가? 다문화 가정 학부모를 위해 지역사회 조직들이 제공하는 서비스에는 어떤 것들이 있고 그들은 다문화 가정과 어떻게 접촉하고 있는가? 지역사회에 다문화 가정을 위한 상점, 식당, 종교 시설 등이 존재하는가? 학교는 이러한 부류의 질문들에 대한 대답들을 바인더에 수집하여 보관해야 한다.

⑥ 가족 공간이나 사무실을 마련한다. 크든 작든지 규모에 상관없이 학부모들이 만나서 이야기하고, 차를 마시고, 책을 읽을 수 있는 공간을 학교 안에 마련하는 것이 좋다. 이것은 학부모들에게 학교에 대한 소속감을 심어 주는 좋은 방법이다.

⑦ 학부모들에게 학교에 대해 알려 주거나 학교에 관여하도록 만드는 다양한 방법들을 모색한다. 아래에 제시한 예시들 가운데 적어도 두 가지 이상은 실천하는 것이 바람직하다.

- 학급 견학, 교실 개방 행사, 학생 전시회, 학생 발표회, 여타 학교 활동에 학부모들을 초

청한다.

- 학부모들이 그냥 학교에 오셔서 교실을 자주 출입할 수 있게 한다.
- 학부모들이 학교에 나와서 취미를 공유하거나 경력이나 진로에 대해 이야기를 나눌 수 있게 한다.
- 교실이나 학교에서 학생의 활동에 관하여 학생들이 학부모에게 편지를 쓰게 한다.
- 학부모들에게 정기적으로 편지를 보낸다. 편지에는 이전에 교실이나 학교에서 실시했었던 행사나 활동, 학생들이 해야 할 과제나 숙제 등에 대한 정보, 학업 성취도 평가를 위한 가정에서의 준비 사항 등에 관한 상세한 정보를 담는 것이 좋다.
- 아동의 학교생활에 대해 학부모와 전화로 자주 대화를 한다. 하루 5-6명의 부모와 4-5분의 통화를 하면, 1주일 동안 학급의 모든 학부모들과 한번 정도는 통화를 할 수 있다.
- 포트락(potluck) 조식, 중식, 석식 모임에 학부모를 초대한다. 학교는 다문화 가정 학부모들로 하여금 모국의 고유한 음식을 만들어 서로 나누는 행사를 진행함으로써 문화적 다양성에 대한 상호 이해를 제고할 수 있다.
- 지역사회 이벤트에 참여하거나 지역사회의 교회, 사원, 식당 등을 방문하여 지역사회에 대한 지식을 넓힌다.

참고 문헌

김진·황상미(2013), "결혼이민여성 초등학생 자녀의 학교생활 적응 요인", 『한국사회복지교육』, 22, 1-21.

중앙일보, 2013년 9월 14일자.

추병완(2004), 『도덕교육의 이해』, 서울: 백의.

한겨레신문, 2013년 8월 4일자.

King, S. H. & Goodwin, A. L. (2002), *Culturally responsive parental involvement: Concrete understandings and basic strategies*, New York: The American Association of Colleges for Teacher Education.

문화 감응 교사교육

우리의 인구 구성이 인종적·민족적·문화적으로 점차 다양해짐에 따라서 한국인이 된다는 것이 의미하는 바가 무엇인지를 정의하는 문제가 상당히 복잡해지고 있다. 한 국가의 국민으로서 우리는 각자의 개인차를 인정하고, 개인적 권리를 옹호하는 가운데 민주 시민으로서의 공통성을 모색해야 하는 새로운 과제에 직면하게 되었다. 한국 사회의 인종적·민족적·문화적 다양성의 증가는 국가적 차원에서 새로운 사회 통합 방안을 강구하도록 요구할 뿐만 아니라, 다양한 배경을 지닌 학생들의 요구에 부합하는 새로운 교육 체제를 모색하도록 만든다.

교육은 결코 문화적으로 중립적일 수 없다. 사회적·역사적 근원의 영향을 전혀 받지 않는 가운데 독립적으로 존재하는 교육 체제는 이 세상 어디에도 존재하지 않는다. 거의 모든 사회에서 지배문화의 정책·실천·관점은 교육 내용과 접근법에 커다란 영향을 주기 마련이다. 그와 동시에 사회적 소수의 문화적 선(cultural goods)은 지배문화의 유지와 조장을 위한다는 명목 아래 희생되기 마련이다. 그러므로 교육에 대한 다문화적 접근은 지배 집단의 관점을 사회적 실재로 파악하는 것에서 탈피하여, 한 사회의 실재에 대한 완전성과 전체성을 반영한다는 점에서 그 의미가 자못 크다(Roux, 2002, 37).

문화적으로 다양한 사회에서 간문화 역량(intercultural competence)은 거의 모든 사회적 만남에서 중요한 것이다. 자신과는 상이한 문화적 배경을 갖고 있는 타인들과 관계를 맺고 소통하기 위해서는 간문화 역량이 필수적으로 요청되기 때문이다. 설령 단일한 문화적 상황이라 할지라도 우리가 미처 경험하지 못한 다양한 하위문화를 이해하기 위해서는 어느 정도의 간문화 역량이 필수적으로 요구된다. 간문화 역량은 언어적·문화적으로 자신과는 상이한 사람들과 상호작용을 해야 하는 상황에서 효과적으로, 그리고 적절하게 소통을 하는 데 필요한 능력들의 복합체를 의미한다. 지구적인 상호 의존성이 날로 증가하고 있는 시대에서 다양한 관점을 포함하고 있는 문제들에 직면하여 정보에 근거한 윤리적 의사결정을 내릴 수 있는 간문화적 인간을 양성하는 일은 긴박한 교육적 우선성을 갖는다(Gurin et al., 2002, 330).

그러기에 간문화 역량은 다문화 사회에서 시민들이 지녀야 할 핵심 역량 가운데 하나로 급부상하였다. 이를테면, 베넷(Bennett)은 다문화적 인간이 되는 과정은 다양한 방식으로 인식·사고·행동할 수 있는 역량을 발달시키는 과정이라고 정의하면서, 그 과정에서 가장 중요한 것은 국가 내 그리고 국가 간에 존재하는 문화적 다양성을 이해하고 그것을 잘 처리해 나갈 수 있는 방법을 학습하는 것이라고 주장하였다(Bennett, 2007, 9). 이러한 제반 사항들을 고려할 때 간문화 역량은 문화 감응 교사가 되기 위해 교사가 지녀야 할 핵심 역량 가운데 하나이다. 하지만 간문화 역량이 구체적으로 무엇이고, 그것을 어떻게 훈련시키고 가르쳐야 하는지의 문제는 이론적·실제적으로 매우 복잡하고 어렵다. 이에 이 장에서는 교사교육에서 문화 감응 교수 능력을 갖춘 교사를 길러내기 위해서는 간문화 역량을 갖춘 교사를 양성해야 한다는 전제 아래 간문화 역량 발달을 위한 교사교육 방안에 대해 다루고자 한다.

간문화 역량에 관한 연구 배경

간문화 역량은 한 마디로 정의하기가 매우 어려운 학술 용어이다. 왜냐하면 간문화 역량에 관한 연구 문헌들은 간문화 역량, 간문화 소통 역량, 문화 간 적응, 간문화적 민감성, 다문화 역량, 문화적 역량, 국제적 역량, 간문화적 상호작용 등과 같은 매우 다양한 용어들을 사용하고 있기 때문이다. 이렇듯 다양한 용어들이 공통적으로 언급하고 있는 것은 자기 고유의 문화를 넘어서서 언어적·문화적으로 상이한 배경을 가진 사람들과 함께 기능할 수 있는 능력이다.

역사적으로 볼 때, 간문화 역량에 대한 연구는 1950년대 이후 해외에서 일하는 서구인들의 경험(예: Peace Corp)을 조사하는 것에서 비롯되었다. 초기의 연구는 상이한 배경을 가진 사람들 간의 협력을 방해하는 문화 간 소통의 문제를 지각한 연구자들에 의해 추진되었다.

1970년대 말부터 1980년대에는 간문화 역량을 위한 연구가 유학생, 국제 비즈니스 종사자, 문화 간 훈련, 이민자 동화, 해외에 살고 있는 국외 추방자들을 포함하기 시작하였다. 이 시기 동안에 간문화 역량에 관한 연구는 간단한 자기 보고법, 설문 조사, 개방적인 면접을 통하여 개인의 태도·인성·가치·동기를 평가하는 방법을 주로 활용하였다. 그리고 그러한 평가는 주로 해외에서의 실패를 설명하기 위해, 해외에서의 성공을 예측하기 위해, 개인적인 선택 전략을 개발하기 위해, 체류자 훈련 및 준비 방법론을 설계·실행·검증하기 위해서라는 네 가지 목적을 달성하기 위한 것이었다(Ruben, 1989, 230).

오늘날 간문화 역량에 관한 연구는 국제학교로부터 의료 훈련 및 사회사업가 훈련, 단기 해외 연수 프로그램에서부터 외국에서의 영주권자에 이르기까지 그 대상이 크게 확대되는 추세이다. 또한 연구의 목적도 해외로 보내기 위한 적절한 참가자의 선택에서부터 문화 간 중재, 다양한 교육 경험과 연합된 학습 결과의 결정에 이르기까지 매우 다양하다. 간문화 역량에 관한 연구의 초점과 목적이 확장됨에 따라서 간문화 역량을 서술하고 평가하기 위한 접근법들도 매우 다양해졌다. 이에 따라 오늘날에는 간단한 태도와 인성 조사를 포함하여 복잡한 행동적 자기 평가, 수행 평가, 포트폴리오 평가 등의 다양한 방법들이 활용되고 있다(Sinicrope et al., 2007, 2).

그러나 간문화 역량의 개념적 명료성에 요구 사항은 여전히 미해결의 상태이다. 오히려 대안적인 용어들의 범람으로 인해, 간문화 역량의 본질이 무엇인가에 대한 혼란만 더욱 가중되고 있을 정도이다. 간문화 역량에 상응하는 대안적인 용어들이 무려 20여 개나 된다는 것이 그러한 혼란을 잘 입증해 준다. 간문화 역량에 관한 개념 정의는 경제적 관점에서의 효율성을 강조하는 것으로부터 교육적 관점에서 인간 발달을 강조하는 것까지 매우 다양하다. 간문화 역량을 보다 효율적인 상호작용을 위한 수단으로 보는 사람들은 간문화적 상호작용에서의 생산성을 강조한다. 따라서 이러한 관점을 옹호하는 사람들은 간문화 역량을 성공을 위한 도구나 수단으로 간주한다. 간문화 역량을 효율성 관점에서 정의하려는 시도는 권력 차이가 있는 협상에서 전략적 이득을 얻기 위해 간문화 역량을 도구화할 위험성이 있으며, 간문화적 상황에서 어떤 목표의 성취를 전제하고 있다는 비판에 직면하였다.

간문화 역량을 효율성 관점에서 접근하는 것에 대해 반대하는 사람들은 성공적인 간문화 역량은 모종의 명백한 개인적 발달로서 참여자들에게 나타날 것이라는 기대 속에서 효율적인 상호작용의 중요성을 강조한다. 그러나 간문화 역량을 개인적 발달의 관점에서 정의하려는 시도는 너무나 관념론적이라는 비판을 받고 있다. 한편, 일부 학자들은 개념상의 모호성을 극복하기 위해 간문화 민감성(intercultural sensitivity)과 간문화 역량을 구분하려는 시도를 전개하였다. 그들은 간문화 민감성을 관련된 문화적 차이를 구별하고 경험하는 능력이라고 정의하는 반면에, 간문화 능력을 간문화적으로 적절한 방식에서 사고하고 행동하는 능력이라고 정의하였다(Rathje, 2007, 255-256). 즉, 이러한 구분은 간문화적 역량에서 아는 것과 행동하는 것을 구분해야 함을 강조한 것이다.

최근 국내에서는 다문화교육에 대한 관심의 고조와 더불어 다문화 역량의 중요성이 중시되고 있다. 일부 학자들은 다문화 역량과 간문화 역량을 크게 구분하지 않고 사용하고 있기에 다문화 역량과 간문화 역량은 상호교환적으로 사용될 수도 있으나, 엄밀하게 따지면 둘은 상당한 차이가 있는 개념이다. 다문화 역량이 주로 한 국가 안에서의 문화적 다양성 상황에 대응하는 역량을 언급하는 반면에, 간문화 역량은 국내·국외적 상황을 모두 포괄할 수 있고 나아가 문화 간의 교류와 상호작용을 함의하고 있으므로, 간문화 역량이 다문화 역량에 비해 더욱 적절한 교육적 목표가 되어야 한다는 의견이 지배적이다(King & Magolda, 2005, 572).

다문화 역량과 간문화 역량의 구분은 그 이데올로기적 기초인 다문화주의와 간문화주의(interculturalism)의 차이점과도 밀접한 관계가 있다. 다문화주의가 국가와 그 안의 문화적 소수와의 관계에 초점을 맞춘다면, 간문화주의 혹은 상호문화주의는 시민 사회 안에서의 시민과 집단들 간의 관계에 초점을 맞춘다. 오늘날 유럽 공동체의 다수 국가들은 문화적 다양성에 대응하기 위한 국가 전략으로서 다문화주의라는 용어 대신에 간문화주의라는 용어를 사용한다. 간문화주의는 다문화주의에 비하여 집단들 간의 대화와 커뮤니케이션의 중요성을 더욱 강조하는 개념이다(Levey, 2012, 218). 간문화주의 개념의 도입은 기존의 다문화주의가 문화적 다양성의 예찬에만 치중하여 개별적인 문화적 전통의 승인과 인정만을 강조했을 뿐, 문화 간 대화와 소통에 소홀함으로써 오히려 사회의 분열 현상을 증대시켰다는 비판에서 연유하였다. 이에 유럽 공동체의 다수 국가들은 다문화주의에서 간문화주의로, 다문화교육에서 간문화교육으로 전환을 시도한 바 있다. 이렇게 볼 때, 다문화 역량이 북미 학자들을 중심으

문화 감응 교육학

로 다문화주의와 다문화교육에서 선호되는 개념이라면, 간문화 역량은 유럽 학자들을 중심으로 간문화주의와 간문화교육에서 더욱 선호되는 개념이라고 볼 수 있다.

한편 다문화 역량은 접두어인 'multi'가 함의하듯이 다양한 문화의 존재를 승인하고 인정하는 것을 강조한다면, 간문화 역량은 접두어인 'inter'가 함의하고 있듯이 문화 간의 상호작용을 더욱 중시한다. 나아가 간문화 역량은 문화 간 상호작용을 문화 그 자체로 변형시킨다는 점에서 다문화 역량과 차이점을 갖는다. 간문화 역량은 문화 간 상호작용에서 만들어진 정상성과 친숙성을 미래의 소통, 협동, 공존을 위한 토대로 활용하게 해 준다는 점에서 하나의 문화를 창조하는 과정이기도 한 것이다(Rathje, 2007, 263). 이 점에서 볼 때, 간문화 역량은 상이한 문화적 배경을 지닌 사람들 사이에서 새로운 지향 체계를 증진·촉진하는 것을 목표로 하는 창의적인 능력이다.

간문화 역량에 관한 모델

간문화 역량은 복합적이고 다층적인 구성물이므로, 이러한 결과를 얻기 위한 교육과 훈련은 포괄적이고 통합적인 접근법을 필요로 한다. 이에 간문화 역량에 관한 이론과 실천에 있어서 연구자들은 간문화 역량에 관한 다양한 모델들을 개발하였다. 여기서는 간문화 역량의 개념 정의 및 구성 요소에 관한 대표적인 연구 결과들에 대해 살펴보고자 한다.

① 구성 모델

구성 모델(compositional model)은 구성 요소들 간의 관계를 상세하게 밝히지 않는 가운데 가설적인 구성 요소들을 제시하는 데 초점을 맞춘다. 구성 모델은 역량 있는 상호작용에 도움을 준다고 여겨지는 적절한 혹은 그럴듯한 특성·성격·기능들의 목록을 제시한다. 해밀톤(Howard Hamilton)과 그 동료들은 간문화 역량 구성 요소 모델을 제안하였다. 그들은 간문화 역량은 태도, 지식, 기능으로 구성된다고 보았다(Hamilton et al., 1998, 6). 태도 구성 요소에서 간문화 역량을 갖춘 사람은 자기가 속한 집단과 집단들의 기본적인 평등을 중시하고, 차별과 자민족중심주의적 가정들을 평가절하하며, 위험 감수와 삶의 질에 있어서 문화 간 상호작용의 역할을 중시한다. 지식 구성 요소에 있어서 간문화적 역량을 갖춘 사람은 자아를 문화적 정체성과 관련된 것으로 이해하고 문화를 가로지르는 유사성과 차이점에 대한 지식을 갖고 있다. 또한 집단 경계와 억압의 역사, 그리고 소통 과정에 대한 문화적 차이의 영향에 대한 지식을 소유하고 있다. 기능 구성 요소에 있어서 간문화적 역량을 갖춘 사람은 자아 성찰에 관여할 수 있는 능력, 문화적 유사성과 차이점을 발견하여 정교화하는 능력, 다양한 관점을 채택할 수 있는 능력, 다양한 맥락에서의 차이점을 이해할 수 있는 능력, 차별적 행동에 도전할 수 있는 능력, 문화 간 소통을 할 수 있는 능력을 갖추고 있다.

② 행동적 접근

간문화 역량에 관한 또 다른 포괄적인 이론 틀은 루벤(Ruben)의 행동적 접근이다. 이전의 접근법들이 인성이나 태도에 초점을 맞춘 것과는 달리, 루벤은 지식과 행동 간의 간극을 메우기 위해 행동적 접근을 옹호하였다. 그는 간문화적인 역량이 무엇인지를 알고 있는 것과 간문화적 상황에서 실제로 그렇게 행동하는 것 간의 간극을 메우려는 시도를 하였다. 그는 개인이 간문화적 효율성에 대해 알고 있고, 나아가 자신의 역할을 수행하려는 동기를 가졌다고 할지라도, 그러한 이해를 자신의 행동으로 표현하는 것은 별개의 문제라고 생각하였다(Ruben & Kealey, 1979, 19-20). 이러한 이유 때문에 루벤은 개인의 의도·이해·지식·태도·욕망보다는 개인의 행동에서 개념들을 행사할 수 있는 능력을 반영하는 역량 척도를 활용해야 한다고 주장하였다(Ruben, 1976, 337). 그는 간문화 역량의 일곱 가지 차원을 다음과 같이 제시하였다(Ruben, 1976, 339-341).

첫째, 존중의 행사(display of respect)는 타인들에 대해 존중과 긍정적인 호감을 표현하는 개인의 능력을 의미한다. 둘째, 상호작용 자세(interaction posture)는 서술적이고 비평가적이며 비판단적인 방식으로 타인에게 반응하는 개인의 능력을 의미한다. 셋째, 지식 지향(orientation to knowledge)은 지식이 본질적으로 개인적인 것임을 인정하는 개인의 능력을 의미한다. 달리 말해, 지식 지향은 사람들은 상이한 선악 기준을 근거로 하여 자기 주변의 세계를 설명한다는 것을 용인·수용하는 개인의 능력을 뜻한다. 넷째, 공감(empathy)은 다른 사람의 신발을 신어볼 수 있는 개인의 능력, 즉 타인의 감정을 이해할 수 있는 능력을 의미한다. 다섯째, 자기 지향 역할 행동(self-oriented role behavior)은 역할을 개시하고 조화시킴에 있어서 융통성 있게 작용할 수 있는 개인의 능력을 뜻한다. 여기서 개시한다는 것은 문제 해결을 위해 정보를 요구하고 관념을 명료화하고 평가하는 것을 언급하는 반면에, 조화시킨다는 것은 조정을 통해 집단의 현상(status quo)을 조절하는 것을 언급한다. 여섯째, 상호작용 관리(interaction management)는 토론을 교대로 하고, 상대방의 욕구와 욕망에 대한 합당하고 정확한 평가에 근거하여 상호작용을 개시·종료할 수 있는 개인의 능력을 의미한다. 끝으로, 모호성에 대한 관용(tolerance for ambiguity)은 새롭고 모호한 상황에서 불쾌감을 드러내지 않고 반응하는 개인의 능력을 뜻한다.

③ 다차원적 모델

간문화 역량에 관한 다차원적 모델은 유럽 학자들에 의해 개발된 것으로서, 바이람(Byram)은 간문화 역량에 관한 다섯 가지 요인 모델(five-factor model)을 개발하였다(Byram, 1997, 91). 첫째, 태도(attitude) 요인은 자신의 자아를 상대화하고 타인을 소중하게 여기는 능력을 언급하며, 호기심과 개방성 그리고 타 문화에 대한 불신과 자기 문화에 대한 신뢰를 보류하려는 준비성을 포함한다. 둘째, 자아와 타인에 대한 지식(knowledge) 요인은 개인 및 사회적 상호작용을 위한 규칙들에 대한 지식을 의미하며, 자기 문화와 타 문화 모두에 있어서 사회 집단과 그것의 관행에 대한 지식으로 구성된다. 셋째, 해석과 관계 기능(skills of interpreting and relating)은 사건과 자료들을 타 문화로부터 자기 문화로 해석하고 설명하며 관계시키는 것을 서술한다. 넷째, 발견과 상호작용의 기능(skills of discovery and interaction)은 개인이 문화와 문화적 관행에 대한 새로운 지식을 획득하는 것을 가능하게 해줌과 동시에 간문화적 상황에서 기존의 지식·태도·기능들을 활용할 수 있는 능력을 포함한다. 끝으로, 비판적 문화 인식(critical cultural awareness)은 평가를 내리기 위해 자기 문화와 타 문화의 관점·관행·산물들을 활용할 수 있는 능력을 의미한다.

바이람의 이론적 토대에 근거하여 리자거(Risager)를 비롯한 유럽 학자들은 간문화 역량에 대한 확대된 개념화 작업을 수행하였다. 그들은 간문화 역량을 측정하기 위한 도구를 개발하기 위한 연구 프로젝트를 진행하면서 다차원적인 이론 틀을 채택하였다. 그들은 간문화 역량이 여섯 가지의 상이한 차원으로 구성된다고 보았다(Sinicrope, Norris & Watanabe, (2007, 7에서 재인용). 첫째, 모호성에 대한 관용(tolerance for ambiguity)은 명료성의 결여와 모호성을 인정하고, 그것을 건설적으로 다룰 수 있는 능력을 의미한다. 둘째, 행동적 융통성(behavioral flexibility)은 자신의 행동을 상이한 요구 사항과 상황에 적합하게 적응시키는 능력을 의미한다. 셋째, 소통적 인식(communicative awareness)은 언어적 표현과 문화적 내용 간의 관계를 설정하고, 외국인 상대방의 다양한 소통 인습을 확인하여 의식적으로 그에 부합하고자 하며, 나아가 자신의 언어적 표현 형태를 상대방에 맞추어 수정할 수 있는 능력을 의미한다. 넷째, 지식 발견(knowledge discovery)은 문화와 문화적 관행에 대한 새로운 지식을 획득하고, 그러한 지식·태도·기능을 활용하여 행동할 수 있는 능력을 의미한다. 다섯째, 다름의 존중(respect for otherness)은 타 문화에 대한 불신과 자기 문화에 대한 신뢰를 보류하려는 준비성을 의미한다. 끝으로 공감(empathy)은 구체적인 상황에서 타인이 생각하고 느끼는 것을 직관적으로 이해하는 능력을 의미한다.

④ 간문화적 민감성 발달 모델

베넷(Bennett)의 간문화적 민감성 발달 모델은 개인이 문화적 차이에 어떻게 반응하고, 그러한 반응이 시간에 따라 어떻게 발달하는지를 설명하기 위한 역동적 모델이다. 이 모델의 기본 가정은 문화적 차이에 대한 개인의 경험이 더욱 정교해짐에 따라서 간문화적 관계에서의 개인의 역량이 증가한다는 것이다. 간문화적 민감성 발달 모델은 모두 여섯 단계로 구성되어 있으며, 처음의 세 단계는 자신의 문화가 중심적 세계관이라고 보는 자민족중심(ethnocentric) 단계이고, 나중의 세 단계는 자신의 문화가 동등하게 타당한 수많은 세계관들 가운데 하나라고 인식하는 민족 상대주의적(ethnorelative) 단계이다. 자민족중심 단계에서 개인은 자기 문화의 세계관이 모든 실재에 있어서 중심적인 것이라고 여기며, 자기 문화의 관점에서 사건과 행동을 해석한다. 이와는 달리 민족 상대주의적인 단계에서 개인은 자기 문화가 실재에 대해 가능한 수많은 구성물 가운데 하나라고 여긴다. 베넷에게 있어서 각 단계는 특정한 세계관 구조를 나타내며, 모종의 인지적 처리·태도·행동이 그러한 각각의 세계관의 모습과 연합되어 있다. 그러므로 간문화적 민감성 발달 모델은 태도 변화 혹은 기능 습득에 관한 모델이 아니라, 오히려 세계관 구조의 발달에 관한 모델이라고 할 수 있다. 베넷이 제시한 여섯 가지 단계에 대해 살펴보면 다음과 같다(Bennett, 1986, 34).

첫째, 부정(denial) 단계에서 개인은 타 문화로부터의 고립과 분리 형태로서 심리적·신체적 장벽을 설치하여 타 문화의 존재와 차이점을 부정한다. 부정 단계에서 개인은 자신이 속한 문화를 유일한 실재로서 경험하며, 차이로부터 신체적·심리적 고립을 유지함으로써 타 문화에 대한 고려를 회피한다.

둘째, 방어(defense) 단계에서 개인은 타 문화를 모욕하고 자기 문화의 우월성을 증진함으로써 타 문화의 위협에 대응한다. 방어 단계에서 개인은 차이를 괴이쩍게 여김과 동시에 그러한 차이가 자존감과 정체성에 위협적인 것이라고 생각한다. 따라서 문화적 차이를 경험하는 것은 타 문화의 열등함 혹은 자기 문화의 우월성 둘 가운데 어느 하나로 양극화된다. 그런데 방어 단계에서 한 가지 흥미로운 것은 반전(reversal)이다. 반전은 양극화된 세계관에 있어서 '우리와 그들'이 서로 뒤바뀌는 것이다. 달리 말해, 자신이 속해 있던 문화가 단순화된 고정관념의 대상이 되고, 이전에 경멸의 대상이었던 타 문화가 좋은 문화로 포용되는 것이다(Bennett & Bennett, 2004, 154).

셋째, 경시(minimization) 단계에서 개인은 표면상의 문화적 차이를 인정하지만, 모든 문화는 근본적으로 동일한 것이라고 간주한다. 즉, 경시 단계에서 개인은 에티켓이나 여타의 관습에서의 표면적인 차이를 용인하지만, 깊이 들어가면 우리는 모두 동일하다는 가정을 갖게 된다.

넷째, 수용(acceptance) 단계에서 개인은 행동 및 가치와 관련된 문화적 차이를 수용하고 존중한다. 이 단계에서 개인은 중요한 문화적 차이를 발견하는 것이 인간의 상호작용을 이해함에 있어서 매우 중요한 것임을 인정하게 된다.

다섯째, 적응(adaptation) 단계에서 개인은 공감과 다원주의를 통해 자신의 준거 틀을 문화적으로 다양한 세계관으로 이동시킬 수 있는 능력을 발달시킨다. 적응의 한 형태는 대안적 관점을 취하는 것, 즉 인지적 틀 이동(cognitive frame-shifting)이다. 적응은 대안적 경험을 언급하는 행동 강령 이동(behavioral code-shifting)을 포함한다. 이 단계에서 개인은 대안적인 문화적 준거 틀을 활용할 수 있게 됨에 따라서 다원주의적으로 변모한다.

여섯째, 통합(integration) 단계에서 개인은 다른 세계관들을 자신의 세계관에 통합한다. 베넷은 이것을 문화적 주변성(cultural marginality)이라고 부른다(Bennett, 1993, 56). 이 경우 개인의 문화적 정체성은 둘 혹은 그 이상의 문화들의 주변부에 존재한다. 여기서 건설적인 주변성(constructive marginality)은 문화적 차이를 정체성 안에 통합하는 경험을 의미하며, 그 결과 통합된 자아감을 유지하는 가운데 문화적 준거 틀 사이를 이동하는 것이 가능해진다. 반대로 캡슐화된 주변성(encapsulated marginality)에서 개인의 정체성은 여러 문화적 틀의 주변에 닫혀 있다. 이러한 사람은 분화된 정체성을 지닌 채 소외와 뿌리의 부재를 경험한다. 캡슐화된 주변성을 가진 사람은 문화 간 이동에 탁월할 수 있으나 그들의 개인적 혹은 직무상의 결정에 있어서 일관성을 유지하는 것이 매우 어렵다.

지금까지 살펴본 바와 같이, 간문화 역량은 여러 가지 특성이나 차원 혹은 발달적 과정으로 서술되어 왔다. 이를테면 존중, 공감, 융통성, 인내, 흥미, 호기심, 개방성, 동기, 유머감, 모호성에 대한 관용, 판단 유보 등은 간문화 역량을 구성하는 대표적인 특성으로 언급되었다. 또한 간문화 역량은 관계를 설정하고 유지하는 능력, 최소한의 손실이나 왜곡에 근거하여 소통할 수 있는 능력, 상호 이해나 상호 요구 사항을 실현하기 위해 협동할 수 있는 능력을 포괄하는 영역 혹은 분야의 개념으로 인식되기도 하였다. 그런가하면 인식, 기능, 태도, 지식은 간문화 역량의 대표적인 차원으로 언급되었다. 그리고 자민족중심주의로부터 민족상대주의로 발달은 간문화 역량의 발달로 이해되었다.

이러한 다양성에도 불구하고, 간문화 역량은 다른 문화의 사람들과 성공적으로 소통할 수 있는 능력을 의미한다. 즉 간문화 역량은 언어적·문화적으로 자신과는 상이한 사람들과 상호작용을 해야 하는 상황에서 효과적으로 그리고 적절하게 소통을 하는 데 필요한 능력들의 복합체를 의미한다. 그리고 그러한 능력들의 기본적인 요소는 바로 민감성(sensitivity)과 자기의식(self-consciousness)이다. 달리 말해, 간문화 역량은 타인의 사고방식과 행동을 이해하는 것뿐만 아니라 자신의 고유한 관점을 투명한 방식에서 표현함으로써 서로 이해하고 존중하는 관계 형성을 목표로 한다.

그러나 간문화 역량에 관한 기존의 연구들이 보여주는 한계점도 결코 무시할 수 없다. 이를테면 연구자들은 간문화 역량에서 말하는 역량이 내재적인 능력이나 특성인지, 아니면 학습된 능력이나 상태인지에 대해, 그리고 간문화 역량이 문화 특수적인 것인지 아니면 문화 보편적인 것인지에 대해 아직까지 분명한 결론을 내놓지 못한다. 간문화 역량의 연구 결과들은 사실상 아직도 상당한 논쟁 상태에 머물고 있다. 또한 연구자들은 문화 간 접촉 상황에서 효

문화 감응 교육학

과적으로 그리고 적절하게 소통하는 것이 간문화적 인간이 갖추어야 할 중요한 모습임을 강조하면서도, 개별적인 소통 만남에서 어떤 것이 효과적이고 적절한 것인지에 대한 명확한 지침을 제공해 주지 못한다. 끝으로, 많은 연구들에서 간문화적 역량의 특성으로 제안하고 있는 요소들이 학문 분야에 따라서 다소 상이하게 나타나고 있으며, 여러 학문을 가로지르는 통합된 특성들에 대해서 연구자들은 아직 제대로 된 설명을 제시하지 못하고 있다.

교사교육에서 간문화 역량의 함양 방안

그렇다면 간문화 역량을 발달시키기 위한 교사교육에서의 적절한 교수 방법은 무엇인가? 여기서는 이 질문에 대한 해답을 모색해 보고자 한다. 화울러와 블럼(Fowler & Blohm, 2004, 79)은 간문화 훈련을 위한 방법론들의 개요와 장단점에 관한 포괄적인 연구 결과를 제시한 바 있다. 그들은 간문화 훈련을 위한 방법론을 인지적 방법, 행동적 방법, 특별 프로그램, 기타 방법 등으로 구분하여 제시하였다. 먼저 지식 획득에 초점을 맞춘 인지적 방법에는 강의, 문서 자료, 컴퓨터 기반 훈련, 필름, 자기 평가, 사례 연구, 위기 사건 등의 방법이 포함된다. 행동적 방법은 역할놀이, 시뮬레이션 게임, 실습 등의 방법을 포함한다. 그리고 간문화 학습을 위해 특별히 설계된 프로그램에는 문화 대조 훈련, 문화적 동화물, 간문화 분석, 간문화 대화, 영역 연구, 몰입 등의 방법이 있으며, 기타 방법에는 시각적 심상, 예술과 문화 등이 포함된다.

그러나 이러한 간문화 훈련 프로그램이나 해외 체류가 모든 학생들에게 가용한 것이 아니므로 교사들은 간문화 역량을 발달시키기 위한 교수 방법이나 학습 경험을 개발해야 할 과제를 안고 있다(Perry & Southwell, 2011, 463). 이에 여기서는 간문화 역량 발달을 위한 교수 방법 중 교사교육 과정에서 용이하게 활용할 수 있는 방안들을 선별하여 개요와 장단점, 그리고 적용 사례들을 중심으로 기술하고자 한다. 즉, 인지적 영역에 초점을 맞춘 사례 연구와 위기 사건, 행동적 영역에 초점을 맞춘 역할놀이, 정의적 영역에 초점을 맞춘 시각적 심상의 개요와 장단점, 그리고 적용 방법과 사례에 대해 상세하게 알아보고자 한다.

① 사례 연구

사례 연구는 관련된 문제를 평가하고 가능한 해결 방안을 결정하는 데 충분할 정도의 세부 사항을 담고 있는 상황에 대한 설명을 의미한다. 달리 말해, 사례 연구란 어떠한 사례를 제시하고 그 상황의 성격과 맥락을 파악한 후, 그 상황에서 어떤 행동을 해야 하며 가능한 결과들이 어떤 것들이 있는지 분석해보는 방법이다. 사례 연구는 학생들에게 주인공, 상황, 행동, 가능한 결과에 대해 분석할 것을 요구한다. 학생들은 소집단 혹은 대집단 활동을 통해 사례에 대해 서로 토의하도록 되어 있다.

사례 연구는 우리가 간문화적인 경험을 할 때 실제로 경험할 수 있는 구체적인 문제를 다루기 때문에, 학생들이 문화에 대해 학습하고 그 문화 속에서 타인들이 어떻게 문제를 해결했는지를 학습하도록 강하게 동기화시킬 수 있다. 이 방법의 장점은 간문화적인 상황의 복잡성을 생생하게 잘 보여줄 수 있고, 오직 한 가지 답만이 있을 수 있다는 생각에서 벗어나게 할 수 있다는 것이다. 또한 참가자들에게 생각을 잠시 보류하는 것도 필요하다는 것을 인식시킬 수 있고, 자신과 다른 의견을 받아들이는 것에 대해서도 생각할 수 있고, 참가자들의 지식과 경험을 끌어낼 수 있다는 장점이 있다. 이 방법은 추상적 개념화와 성찰적 관찰 학습 스타일을 가진 학생들에게 특히 효과적이다. 그러나 이 방법의 단점은 좋은 사례를 연구하고 개발하는 데 시간과 노력이 많이 들고, 지나치게 인지적이며, 문화적 경험이 없는 사람들에게는 사례에서 제시되는 간문화적인 상황이 매우 당혹스러운 상황일 수 있고, 고정관념이나 과잉일반화를 유발할 수도 있다는 것이다. 이 방법을 활용하여 교사교육 과정에서 적용할 수 있는 두 가지 사례를 제시하면 다음과 같다.

> 〈사례 1〉 철수는 초등학교 6학년이다. 철수는 방학을 맞이하여 미국 초등학교에서 실시하는 어학연수 프로그램에 참여하였다. 평소 영어 공부에 관심이 많던 철수는 미국의 초등학교에서 여러 나라의 아이들과 어울리며 재미있게 영어를 배우고 있었다. 그러던 어느 날 철수는 사소한 일로 언쟁을 벌이다가 미국 학생과 싸움을 하게 되었고, 급기야 선생님에게 불려가게 되었다. 선생님은 두 학생이 싸움을 한 것에 대해 매우 언짢게 생각을 하시며 앞으로 두 사람이 다투지 말고 사이좋게 지내라고 훈계를 하셨다. 선생님의 훈계를 듣는 동안 내내 철수는 고개를 푹 숙이고 깊이 반성하는 자세를 보였다. 그러나 이러한 철수의 태도에 대해 미국 초등학교의 선생님

문화 감응 교육학

은 매우 화를 내시면서 자신의 말을 무시하는 것이냐고 철수에게 더 화를 내셨다. 철수는 선생님이 왜 깊이 반성하고 있는 자기에게 화를 더 내는지에 대해 전혀 이해할 수가 없었다.

1. 선생님이 철수에게 화를 더 내신 이유는 무엇일까?
2. 철수는 왜 선생님이 말씀하시는 동안 고개를 푹 숙이고 있었을까?
3. 이 문제를 해결하려면 선생님과 철수는 어떻게 해야 할까?

〈사례 2〉 백인인 스탠(Stan)은 마이크로칩을 생산하는 미국의 회사에 다니고 있다. 평소 회사 일을 열심히 하였기에 회사 내에서 그의 신망은 매우 두터운 편이다. 스탠이 다니는 회사에서는 이번에 일본의 컴퓨터 회사 임원진 방문을 앞두고 매우 긴장하고 있었다. 왜냐하면 일본의 회사와 계약이 성사된다면 회사 매출의 절반에 가까운 엄청난 돈을 단번에 벌 수 있기 때문이다. 스탠이 다니는 회사에서는 일본 회사의 임원진들에게 신제품을 설명하는 일을 스탠에게 맡기기로 했다. 스탠은 일본 회사의 임원진 앞에서 발표를 잘 하기 위하여 많은 준비를 하였다. 드디어 일본 회사의 임원들이 회사를 방문하였다. 미리 발표 연습을 하고 있던 스탠에게 일본 회사의 임원 세 명이 다가와서 공손하게 인사를 하면서 두 손으로 명함을 전달하였다. 발표 준비를 하던 스탠은 한 손에는 리모컨을 들은 채 뻣뻣한 자세로 한 손으로 일본 회사의 임원들과 명함을 주고받았다. 스탠은 준비한 대로 아주 열심히 발표를 하였고, 스스로도 아주 만족하였다. 스탠이 발표를 하는 동안에 일본의 회사 임원들이 고개를 끄덕이며 경청해 주었기에 스탠도 자신의 발표에 아주 만족스러워 하였다. 발표를 마친 후에 세 명의 임원들이 다시 스탠에게 다가와서 오늘 저녁에 같이 술을 마실 수 있냐고 물어 보았다. 평소 술을 마시지 않는 스탠은 그 자리에서 바로 "아니오."라고 대답하였다. 그러자 일본 회사의 임원들은 바로 발표장을 떠났다. 다음 날 아침 스탠이 회사에 출근하자 사장이 스탠을 불렀다. 사장은 스탠에게 어제 발표장에서 무슨 일이 있었는지 모르나 일본 회사의 임원들이 우리 회사 제품을 구매하지 않기로 결정했다는 통보를 해 왔다고 전해 주었다. 그들은 우리 회사 대신에 다른 회사를 물색할 것이라는 말을 남기고 오늘 아침에 일본으로 떠났다고 한다.

1. 스탠은 발표 전에 어떤 잘못을 저질렀는가?
2. 스탠은 일본 회사 임원들의 비언어적인 행동에 대해 부적절한 가정을 하였다고 생각하는가?
3. 스탠이나 그의 회사가 이 상황을 바로잡기 위해 할 수 있는 일이 있다고 생각하는가? 그렇다면 무슨 일을 할 수 있는가?

② 위기 사건

위기 사건은 간문화적 상황에서의 적응이나 문화적인 차이에서 발생할 수 있는 오해·문제·갈등이 있는 상황을 제시하고 그 문제의 해결에 대한 몇 가지 대안 중 답을 고르게 한 후 상세한 해설을 하는 것이다. 사례 연구보다는 짧거나 간단하고 서로 다른 행동이나 서로 다른 상황에 초점을 맞추는 경향이 있다. 위기 사건을 잘 활용하면 참가자들이 자신과 타인의 문화적 태도와 개인적 신념에 대해 이해를 증진시킬 수 있다. 따라서 오해와 갈등에 영향을 미치는 문화적 차이가 무엇인지를 밝히는 데 도움이 된다. 이러한 과정을 통하여 참가자들은 문화적인 상황에 대해 분석을 할 수 있는 기술을 개발하게 되고 좀 더 적절한 행동을 배우게 되며, 새로운 환경을 좀 더 효과적으로 다루는 것이 필요하다는 것을 인식하게 된다. 위기 사건을 활용하는 것은 다양한 사건을 훈련의 자료로 이용함으로써 문화 적응에 결정적인 태도나 행동이 무엇인지를 파악할 수 있도록 해 주며, 자료가 짧기 때문에 읽는 시간이 짧고, 위기 사건을 읽은 후 토론이나 역할놀이 등 다양한 기법과 함께 사용할 수 있다는 장점이 있다. 그러나 위기 사건의 내용을 만들 때 주의해서 조심스럽게 만들어야 하는데 특히 문화 특수적인 학습을 목표로 할 경우 해당 문화 사람들의 생각을 정확히 파악할 필요가 있으며, 자료를 만들어내기까지 시간과 비용이 너무 많이 든다. 위기 사건은 8명 이하의 소집단으로 나누어서 토의할 때 가장 효과적이라는 특성이 있다(정진경·양계민, 2005, 202).

위기 사건의 목표는 자기의 문화적 민감성이 충분하다고 믿어서는 안 된다는 것을 사람들에게 알려 주기 위한 것으로 겸손해야 한다는 것을 배우도록 하는 것이다. 위기 사건은 참가자들을 동기화시키는 데 유용하다. 위기 사건을 이용하는 대표적인 예는 문화 이해지(cultural assimilator)로 일종의 귀인 훈련이다. 귀인 훈련은 다른 문화적 배경을 지닌 사람들의 상호작용과 관련된 위기 사건에 기초하고 있다. 그 경우 옳고 그름이란 존재하지 않으며, 사람들에게 다른 사람들의 행동에 다양한 이유가 있을 수 있음을 이해할 수 있도록 하는 것이 귀인 훈련의 목표이다. 우리나라의 경우 문화이해지는 통일교육 현장에서 남북한 간의 문화적 차이를 이해시키기 위한 방안으로 많이 활용되고 있다. 필리핀 문화에 대한 이해를 촉진하기 위해 교사교육 과정에서 활용할 수 있는 문화 이해지의 사례를 예시하면 다음과 같다(추병완, 2012, 225-226).

페드로의 고민

〈상황〉

미국에 살고 있는 필리핀 출신의 페드로는 회사원이다. 그는 지금 팀 프로젝트의 일원으로서 활동하고 있다. 그가 속한 팀의 팀원들은 모두가 미국인이고 여자도 몇 명 있었다. 페드로는 팀원들이 자기에게 부여된 분량의 일을 잘 하지 않는다는 것을 알게 되었다. 팀원들 가운데 일부는 자기가 하지 않은 일에 대해서도 공적을 취하고 있었다. 이러한 현상은 페드로를 무척이나 당황스럽게 하였다. 왜냐하면 그는 미국인들은 확고한 근로윤리를 갖고 있다고 들어왔기 때문이다. 지금 페드로는 집단 역기능으로 인한 가슴앓이를 하고 있다. 그러나 그는 자기가 겪고 있는 곤란을 직장 상사나 동료들에게 말하지 못하고 있다. 페드로는 팀원들의 행동이 왜 문제가 된다고 생각하고 있는가?

① 필리핀에서는 피고용자가 팀워크에 대해 곤란을 느끼는 것이 전형적이다.

② 일반적으로 미국인들은 명령을 좋아하지 않으며, 윤리적 행동에 대한 높은 기준도 가지고 있지 않다.

③ 필리핀 사람들은 집단 조직에서 일하는 것을 좋아하며 그들의 동료들에 대해 높은 충성심을 갖고 있다.

④ 미국 여성들과 함께 일하는 것이 필리핀 남성을 곤란하게 만든다.

〈해설〉

① 오답: 필리핀 사람들은 집단주의를 매우 중시하기 때문에 집단 및 팀워크를 편안하게 느낀다.

② 오답: 미국인들은 경쟁적이지만 공식적 혹은 비공식적인 규칙을 준수하는 경향이 있고, 법적·윤리적 질서를 지향한다. 페드로가 본 것은 페드로가 속한 팀 그 자체의 문제이거나 혹은 사람들 간의 개인차로 인한 것일 수 있다.

③ 정답: 필리핀 사람들은 전형적으로 집단 환경에서 일하는 것에 편안함을 느낀다. 모든 집단 성원들이 집단의 성공을 위해 일할 것이라는 높은 기대와 자긍심을 가지고 있다. 페드로는 팀원들이 집단의 성공을 위한 이상을 공유하지 않고 있기 때문에 당황하고 놀란 것이다.

④ 오답: 필리핀 남성들은 일반적으로 여성을 존중한다. 미국 여성들이 필리핀 여성들에 비해 단호할 수 있으나, 필리핀 남성을 위협하지는 않는다.

③ 역할놀이

일반적으로 역할놀이란 실생활에서 연습되지 않은 행동을 의미한다. 역할놀이란 문화적 차이로 인하여 발생할 수 있는 구체적인 상황을 참가자들에게 제시하고 그 상황에서 각 인물의 역할을 연기하는 것을 의미한다. 역할놀이를 함으로써 대인관계를 할 때 필요한 기술에 대해 알게 되고, 효과적인 반응 양식과 비효과적인 반응 양식이 어떤 것인지를 배우게 되며, 실제 상황에서 새로운 기술을 시도해 볼 기회를 제공할 수 있다. 역할놀이는 참가자들에게 커다란 흥미를 불러일으킬 수 있는 방법이다. 교사는 역할놀이를 다양하게 활용할 수 있는데, 집단의 한 두 사람만이 연기를 하고 나머지 사람들은 관찰한 후 토의를 할 수도 있고, 집단을 소규모로 나누어서 팀을 만들고 각 팀이 같은 상황에 대한 연기를 돌아가면서 각 역할을 해 볼 수 있으며, 집단 전체가 모두 한 번에 각 역할을 해볼 수도 있다.

역할놀이는 참가자들에게 타인의 역할을 경험하게 함으로써 다른 사람에 대한 공감과 이해를 불러일으킬 수 있고, 실제 행동을 해보고 다른 사람들을 관찰하고 피드백을 받음으로 인하여 개개인의 능력을 끌어낼 수 있고, 자신에 대해 평가를 받을 수 있다는 장점이 있다. 또한 서로 다른 문제 해결 방식과 기법들에 대해 배우고 시도해 볼 수도 있다. 그러나 역할놀이의 가장 큰 어려움은 다른 사람 앞에 자신을 드러내고 싶지 않은 사람들은 이를 위협적으로 느낄 수 있기 때문에 학습 동기를 저해할 수 있다. 참가자가 적극적으로 개입을 하면 흥미롭고 효과적인 결과를 나타낼 수도 있지만 성의가 없거나 방어적인 태도로 나오면 교사의 의도대로 원하는 결과가 나오지 않을 수 있는 위험이 있다. 또한 학생들이 교사가 생각하지 못했던 행동이나 정서를 유발함으로써 교사를 당황하게 만들기도 한다. 따라서 아주 능숙한 교사가 적절히 사용해야 하고 학생들을 잘 고려해야 한다. 이 방법을 활용하여 교사교육 과정에서 적용할 수 있는 적절한 상황 설정의 사례를 제시하면 다음과 같다.

〈역할놀이 상황 설정〉

영철이가 우리 학급의 새로운 친구가 되었다. 영철이는 다른 학생들에 비해 피부색이 까만 편이다. 알고 보니 영철이의 아버지는 한국인이고 어머니는 필리핀 사람이다. 쉬는 시간에 영철이 주변에 네 명의 학생들이 모였다. 네 명의 학생들은 제각기 영철이를 걱정하면서 앞으로 우리 학교와 학급에서 생활하는 데 있어서 반드시 필요한 지식과 정보들을 한 마디씩 해 준다.

④ 시각적 심상

이 방법에서 심상은 마음의 눈에 있다. 시각적 심상은 생각에 의해 그려진 것이다. 따라서

문화 감응 교육학

시각적 심상(visual imagery)은 앞으로 다른 문화를 접촉 했을 경우 어떻게 될 것인지를 머릿속으로 그려보는 것으로 주로 정서적인 측면의 느낌이나 감정 등에 초점을 맞춘다. 이 방법을 활용함에 있어서 교사는 시각적 심상에 앞서서 학생들의 긴장을 이완시켜 주어야 한다. 교사에 의해 안내된 시각적 심상은 학생들로 하여금 그들의 학습 경험을 개별화하고, 훈련 효과를 풍부하게 심화시켜 줄 수 있다. 이 방법의 핵심이 되는 것은 바로 따뜻하고 이완된 안전한 환경, 명확한 안내, 목표에 대한 토론이다. 전체 학생들에게 공통적인 하나의 주제에 대한 안내된 심상의 기회를 제공하는 것은 학생들이 정서적으로 집중해야 할 분명한 초점을 제공한다. 그것은 학생들이 간문화적 경험의 많은 측면들에 대해 준비하고 계획하고 책임을 지는 것을 도와준다. 이 방법은 전체성 속에서 간문화적 경험을 회상하게 할 수 있다. 학생들은 자신이 상상했던 것이 어떤 모습인지, 어떤 냄새인지, 어떤 느낌인지, 어떤 맛인지, 어떤 소리였는지 등을 생생하게 회상할 수 있다. 학생들의 기억 속에서 나온 자료들은 이전에 알지 못했던 것에 대한 통찰과 이해를 제공해 준다.

이렇듯 시각적 심상은 학생으로 하여금 앞으로의 새로운 생활에 대해 미리 생각하고 준비할 수 있는 통찰과 이해를 제공해 주기 때문에 생각보다 매우 강력한 효과를 내는 것으로 알려져 있다. 학생들은 지금까지와는 다른 생각과 역할·태도·행동을 머릿속으로 시행해 봄으로써 문화적 적응의 성공 확률을 제고하고, 지금까지와는 다른 행동을 단지 머릿속에서 상상으로 해 보는 것이기 때문에 심리적 위협을 크게 느낄 필요가 없다. 교사는 안내된 시각적 심상을 통해 문화적 충격과 특정 상황에서의 문제 해결, 간문화적 상황에서의 자민족중심주의, 가치 명료화와 도덕성을 다룰 수 있다. 안내된 시각적 심상은 공감 형성, 문화 특수적인 준비 사항, 일반적인 문화적 인식을 위해서도 활용될 수 있다. 물론 시각적 심상은 시뮬레이션 게임이나 사례 연구, 역할 연기, 현장 체험 등 여러 가지와 함께 사용될 수 있다. 시각적 심상의 단점으로는 어떤 학생들의 경우 이 기법에 대해 주저하면서 효과를 의심스러워 하기도 하며, 정서적으로 힘들어 할 수도 있다는 것이다. 따라서 그러한 정서적 혼란의 상태를 효과적으로 다룰 수 있는 교사의 탁월한 능력이 있어야 한다. 이 방법을 활용하여 교사교육 과정에서 적용할 수 있는 중국 문화에 관한 안내된 시각적 심상의 사례를 제시하면 다음과 같다.

문화 감응 교육학

참고 문헌

교육과학기술부, 『도덕과 교육과정』, (서울: 교육과학기술부, 2011).

정진경·양계민, "문화간 훈련의 방법", 『한국심리학회지: 일반』, 24-1(2005), 185-215.

추병완, 『다문화사회에서의 반편견 교수 전략』, (서울: 하우: 2012).

Bennett, J. M. & Bennett, M. J. (2004), "Developing intercultural sensitivity: An integrative approach to global and domestic diversity", In D. Landis, J. M. Bennett & M. J. Bennett (Eds.), *Handbook of intercultural training*, Thousand Oaks: SAGE Publications, 2004.

Byram, M. (1997), *Teaching and assessing intercultural communicative competence*, Philadelphia: Multilingual Matters.

Endicott, L., Bock, T. & Narvaez, D. (2002), "Learning processes at the intersection of ethical and intercultural education", Paper presented at AERA, New Orleans.

Fowler, S. M. & Blohm, J. M. (2004), "An analysis of methods for intercultural training", D. Landis, J. M. Bennett & M. J. Bennett (Eds.), *Handbook of intercultural training*, Thousand Oaks: SAGE Publications.

Gurin, P., Dey, E. L., Hurtado, S., & Gurin, G. (2002), "Diversity and higher education: Theory and impact on student outcomes", *Harvard Educational Review*, 72(3), 330-366.

Hamilton, M. F., Richardson, B. J. & Shuford, B. (1998), "Promoting multicultural education: A holistic approach", *College Student Affairs Journal*, 18, 5-17.

Hammer, M. R., Bennett, M. J. & Wiseman, R. (2003), "Measuring intercultural sensitivity: The intercultural development inventory", *International Journal of Intercultural Relations*, 27, 421-443.

Korte, R. F. (2007), "A review of social identity theory with implications for training and development", *Journal of European Industrial Training*, 31, 166-180.

Laura B. P. & Leonie S. (2011), "Developing intercultural understanding and skills: models and approaches", *Intercultural Education*, 22(6), 453-466.

Levey, G. B. (2012), "Interculturalism vs. multiculturalism: A distinction without a difference?", *Journal of Intercultural Studies*, 33(2), 217-224.

Lin, C. (2009), "Multicultural experiences and moral development: An empirical study of purchasing managers", *Social Behavior and Personality*, 37(7), 889-894.

Opotow, S. (1990), "Moral exclusion and injustice: An overview", *Journal of Social Issues*, 46(1), 1-20.

Opotow, S., Gerson, J. & Woodside, S. (2005), "From moral exclusion to moral inclusion: Theory for teaching peace", *Theory into Practice*, 44(4), 303-318.

Rathje, S. (2007), "Intercultural competence: The status and future of a controversial concept", *Language and Intercultural Communication*, 7(4), 254-266.

Roux, J. L. (2002), "Effective educators are culturally competent communicators", *Intercultural Education*, 13(1), 37-48.

Ruben, B. D. & Kealey, D. (1979), "Behavioral assessment of communication competency and the prediction of cross-cultural adaptation", *International Journal of Intercultural Relations*, 3, 15-48.

Ruben, B. D. (1976), "Assessing communication competency for intercultural adaptation", *Group and Organization Studies*, 1, 334-354.

Ruben, B. D. (1989), "The study of cross-cultural competence: Traditions and contemporary issues", *International Journal of Intercultural Relations*, 13, 229-240.

Sinicrope, C., Norris, J. & Watanabe, Y. (2007), "Understanding and assessing intercultural competence: A summary of theory, research, and practice", *Second Language Studies*, 26(1), 1-58.

문화 감응 교육학

ㄱ

ㄴ

ㄷ

찾아보기